名家通识讲座书系

道教文化
十五讲(第二版)

□ 詹石窗 著

北京大学出版社
PEKING UNIVERSITY PRESS

图书在版编目（CIP）数据

道教文化十五讲/詹石窗著. —2 版. —北京:北京大学出版社,2012.9
（名家通识讲座书系）
ISBN 978 - 7 - 301 - 21194 - 6

Ⅰ.①道…　Ⅱ.①詹…　Ⅲ.①道教–宗教文化　Ⅳ.①B95

中国版本图书馆 CIP 数据核字(2012)第 207716 号

书　　　　名：道教文化十五讲（第二版）
著作责任者：詹石窗　著
责　任　编　辑：艾　英
标　准　书　号：ISBN 978 - 7 - 301 - 21194 - 6/B · 1062
出　版　发　行：北京大学出版社
地　　　　址：北京市海淀区成府路 205 号　　100871
网　　　　址：http://www. pup. cn　　新浪微博:@ 北京大学出版社
电　子　邮　箱：编辑部 wsz@ pup. cn　　总编室 zpup@ pup. cn
电　　　　话：邮购部 62752015　发行部 62750672　出版部 62754962
　　　　　　　　编辑部 62756467
印　　刷　　者：三河市博文印刷有限公司
经　　销　　者：新华书店
　　　　　　　　650mm×980mm　16 开本　21.25 印张　340 千字
　　　　　　　　2003 年 1 月第 1 版
　　　　　　　　2012 年 9 月第 2 版　2023 年 10 月第 9 次印刷
定　　　　价：59.00 元

《名家通识讲座书系》
编审委员会

编审委员会主任

　　许智宏（原北京大学校长　中国科学院院士　生物学家）

委　员

　　许智宏

　　刘中树（原吉林大学校长　教育部中文学科教学指导委员会主任　教
　　　　授　文学理论家）

　　张岂之（清华大学教授　历史学家　原西北大学校长）

　　董　健（原南京大学副校长、文学院院长　教授　戏剧学家）

　　李文海（中国人民大学教授　历史学家　教育部历史学科教学指导委
　　　　员会主任　原中国人民大学校长）

　　章培恒（原复旦大学古籍研究所所长　教授　文学史家）

　　叶　朗（原北京大学艺术系主任　教授　美学家　教育部哲学学科教
　　　　学指导委员会主任）

　　徐葆耕（原清华大学中文系主任　教授　作家）

　　赵敦华（原北京大学哲学系主任　教授　哲学家）

　　温儒敏（原北京大学中文系主任　教授　文学史家　中国现代文学学
　　　　会会长　原北京大学出版社总编辑）

执行主编

　　温儒敏

《名家通识讲座书系》总序

本书系编审委员会

《名家通识讲座书系》是由北京大学发起,全国十多所重点大学和一些科研单位协作编写的一套大型多学科普及读物。全套书系计划出版100种,涵盖文、史、哲、艺术、社会科学、自然科学等各个主要学科领域,第一、二批近50种将在2004年内出齐。北京大学校长许智宏院士出任这套书系的编审委员会主任,北大中文系主任温儒敏教授任执行主编,来自全国一大批各学科领域的权威专家主持各书的撰写。到目前为止,这是同类普及性读物和教材中学科覆盖面最广、规模最大、编撰阵容最强的丛书之一。

本书系的定位是"通识",是高品位的学科普及读物,能够满足社会上各类读者获取知识与提高素养的要求,同时也是配合高校推进素质教育而设计的讲座类书系,可以作为大学本科生通识课(通选课)的教材和课外读物。

素质教育正在成为当今大学教育和社会公民教育的趋势。为培养学生健全的人格,拓展与完善学生的知识结构,造就更多有创新潜能的复合型人才,目前全国许多大学都在调整课程,推行学分制改革,改变本科教学以往比较单纯的专业培养模式。多数大学的本科教学计划中,都已经规定和设计了通识课(通选课)的内容和学分比例,要求学生在完成本专业课程之外,选修一定比例的外专业课程,包括供全校选修的通识课(通选课)。但是,从调查的情况看,许多学校虽然在努力建设通识课,也还存在一些困难和问题:主要是缺少统一的规划,到底应当有哪些基本的通识课,可能通盘考虑不够;课程不正规,往往因人设课;课量不足,学生缺少选择的空间;更普遍的问题是,很少有真正适合通识课教学的教材,有时只好用专业课教材替代,影响了教学效果。一般来说,综合性大学这方面情况稍好,其他普通的大学,特别是理、工、医、农类学校因为相对缺少这方面的教学资源,加上很少有可供选择的教材,开设通识课的困难就更大。

这些年来,各地也陆续出版过一些面向素质教育的丛书或教材,但无论数量还是质量,都还远远不能满足需要。到底应当如何建设好通识课,使之能真正纳入正常的教学系统,并达到较好的教学效果?这是许多学校师生普遍关心的问题。从2000年开始,由北大中文系主任温儒敏教授发起,联合了本校和一些兄弟院校的老师,经过广泛的调查,并征求许多院校通识课主讲教师的意见,提出要策划一套大型的多学科的青年普及读物,同时又是大学素质教育通识课系列教材。这项建议得到北京大学校长许智宏院士的支持,并由他牵头,组成了一个在学术界和教育界都有相当影响力的编审委员会,实际上也就是有效地联合了许多重点大学,协力同心来做成这套大型的书系。北京大学出版社历来以出版高质量的大学教科书闻名,由北大出版社承担这样一套多学科的大型书系的出版任务,也顺理成章。

编写出版这套书的目标是明确的,那就是:充分整合和利用全国各相关学科的教学资源,通过本书系的编写、出版和推广,将素质教育的理念贯彻到通识课知识体系和教学方式中,使这一类课程的学科搭配结构更合理,更正规,更具有系统性和开放性,从而也更方便全国各大学设计和安排这一类课程。

2001年底,本书系的第一批课题确定。选题的确定,主要是考虑大学生素质教育和知识结构的需要,也参考了一些重点大学的相关课程安排。课题的酝酿和作者的聘请反复征求过各学科专家以及教育部各学科教学指导委员会的意见,并直接得到许多大学和科研机构的支持。第一批选题的作者当中,有一部分就是由各大学推荐的,他们已经在所属学校成功地开设过相关的通识课程。令人感动的是,虽然受聘的作者大都是各学科领域的顶尖学者,不少还是学科带头人,科研与教学工作本来就很忙,但多数作者还是非常乐于接受聘请,宁可先放下其他工作,也要挤时间保证这套书的完成。学者们如此关心和积极参与素质教育之大业,应当对他们表示崇高的敬意。

本书系的内容设计充分照顾到社会上一般青年读者的阅读选择,适合自学;同时又能满足大学通识课教学的需要。每一种书都有一定的知识系统,有相对独立的学科范围和专业性,但又不同于专业教科书,不是专业课的压缩或简化。重要的是能适合本专业之外的一般大学生和读者,深入浅出地传授相关学科的知识,扩展学术的胸襟和眼光,进而增进学生的人格素养。本书系每一种选题都在努力做到入乎其内,出乎其外,把学问真正做活了,并能加以普及,因此对这套书作者的要求很高。我们所邀请的大都是那些真正有学术建树,有良好的教学经验,又能将学问深入浅出地传达出来的重量级学者,是请"大家"来讲"通识",所以命名为《名家通识讲座书系》。其意图就是精选名校名牌课程,实现大学教学资源共享,让更多的学子能够通过这套书,亲炙名家名师课堂。

本书系由不同的作者撰写,这些作者有不同的治学风格,但又都有共同的追求,既注意知识的相对稳定性,重点突出,通俗易懂,又能适当接触学科前沿,引发跨学科的思考和学习的兴趣。

本书系大都采用学术讲座的风格,有意保留讲课的口气和生动的文风,有"讲"的现场感,比较亲切、有趣。

本书系的拟想读者主要是青年,适合社会上一般读者作为提高文化素养的普及性读物;如果用作大学通识课教材,教员上课时可以参照其框架和基本内容,再加补充发挥;或者预先指定学生阅读某些章节,上课时组织学生讨论;也可以把本书系作为参考教材。

本书系每一本都是"十五讲",主要是要求在较少的篇幅内讲清楚某一学科领域的通识,而选为教材,十五讲又正好讲一个学期,符合一般通识课的课时要求。同时这也有意形成一种系列出版物的鲜明特色,一个图书品牌。

我们希望这套书的出版既能满足社会上读者的需要,又能够有效地促进全国各大学的素质教育和通识课的建设,从而联合更多学界同仁,一起来努力营造一项宏大的文化教育工程。

凡　例

一、本书凡引先秦诸子百家古籍,其出处仅注书名与篇名,如《论语·述而》《尚书·洪范》等。

二、本书所引今人著作,第一次注明作者、书名、页码、出版社、出版年;第二次出现则略去出版社与出版年。

三、本书所引《二十五史》,均略其作者名,仅注出书名与篇名。其余古籍,凡作者可考者则注明之。

四、本书引用的《道藏》,采用文物出版社、天津古籍出版社、上海书店1988年联合出版的版本,个别地方参校了台湾自由出版社1990年出版的《道藏精华》。

五、本书所引用民国以前古籍凡涉及卷数等数目字,维持原有汉字表达式,民国以后者则用阿拉伯数字;但如果是作为一般统计数字的,则仍然用阿拉伯数字表达。

六、地方志依学术界惯例,直接在其前冠以刊刻年代,如"嘉庆《惠安县志》"等。

七、本书之行文,凡涉及年号等传统干支纪年,在其后加上公元年作为说明,其括号内"公元"二字省略,如"太和丁未"(227);再如"咸和元年"(326)。年号纪年之后括号内的数目字即表示公元年。若属于公元前者,则在其前加上"前"字,如汉文帝后元二年(前162)。至于人物生卒年,若可考者一般也在其人名之后加括号说明之,括号内的阿拉伯数字即是其出生或者去世之年。

八、凡所引述之出版社为中国大陆者不注明所在地,凡所引述之出版社所在地为海外或者台湾、香港、澳门者则加以注明,如"香港中华书局",以示区别于中国大陆之中华书局等。

目录

第一讲

扎根国土的道教文化

【学习目的】 明白以往的许多小说、电影、电视歪曲道教文化的情形，明了道教文化的正确认知途径，弄清道教与道教文化的定义、内涵、特点，了解道教文化研究的意义与价值。

同学们，很高兴大家选修"道教文化"这门课。作为中国传统宗教，道教具有悠久的历史。经过长期发展，道教有着丰厚的文化积累并且渗透于中国社会的诸多领域。近年来，道教文化研究受到海外汉学界的重视。身为中国人，了解一下民族传统宗教的文化构成，是必要的。

在以往，每当上第一堂课的时候，我总要询问同学们："为什么要选修这门课？"同学们的回答各式各样。有的说"可以学到许多养生的道理与方法"；有的说"可以神游宇宙，逍遥方外"；有的说"可以领悟生死真谛"；有的说"可以透过它来了解中国社会"……

每次上课，每次提问，答案都不相同。这说明，同样一种现象，人们是可以从不同角度加以认识的。

去年的高年级同学毕业了，今年的新同学又来了。我讲课的对象换了，但课程还是一样。自然，我还要继续问为什么选修这门课程。你们不必急着回答。等下课了，我们可以在走廊慢慢交谈。

一 认识道教的偶然机缘

有位上一年级的同学曾经问我："老师，你为什么研究起道教来？别人都在追求热门的经济学、法学等比较时髦的学科，你为什么偏偏对这种老古董式的学问感兴趣呢？"我回答他："我注意到你把道教看做学问，不论你认为它是老古董还是其他别的什么。"我点了点头继续说："我承认，道教不像经济学或法学那样可以为寻求工作提供直接的效用，但就文化层面而言，它在现实生活中的意义却也不可小看。"我这样说绝不是随便应付，而是有一番来历的。

在二十多年前，我对道教可以说是一无所知。后来，一个偶然的机遇使我迈进了认识道教的门径。那是 1978 年秋季，我考上了大学。在厦门大学哲学系里，开头两年主要是学习哲学基本理论、政治经济学、革命史一类常规课程。或许是由于阅读的疲劳性积累，从大三开始，我就觉得身体不适。慢性肠炎加上神经衰弱，不仅致使学习成绩下降，而且大大消耗了体能。近一年时间，断断续续服药，并无明显效果。在此等情形下，我开始注意寻求精神调节的途径。那时，本系何乃川教授正讲授"宋明理学"的选修课程，我不假思索地选报了这门课程。在上课过程中，何先生阐述了以朱熹为代表的理学思想与道教的关系，谈到先天图、太极图及其道门养生意蕴，这引起了我很大兴趣。后来，我到何先生家拜访求教。他向我介绍了图书馆有卿希泰教授的《中国道教思想史纲》第一卷。不久，我即在图书馆借阅了这部在中国道教研究史上具有重大开拓意义的著作。读了这部书，我对道教总算有了一点初步的了解。不过，我初读这样的书时，并没有试图从事道教研究工作的念头，而只是希望从书本上找到治病的线索。于是，沿着《中国道教思想史纲》涉及的有关问题，我查阅了厦门大学图书馆古籍部的一些道教文献。在这里，我看到了一本沾满灰尘的署名白玉蟾撰的《修道真言》。由于这本小册子讲了许多比较容易实施的精神调节方法，我很快就被吸引，并作了摘录。书中所说的借助山水意境以制服心猿意马的诸多格言引起了我的思索。我反复念诵摘录下来的《修道真言》，经过两三个月，原先的神经衰弱、慢性肠炎竟然不知不觉消失了。这提高了我对道教文化的兴趣，并且促使我选择了以道教经书研究为题的大学毕业论文的写作。

我在这里叙说自己以往接触道教经典的经历，并非是鼓动大家都到道教的宫庙里去"修炼"，而只是想说明一个问题，那就是：在道教体系中尽管存在不合时宜的因素，但也具备对我们的生活有所裨益的文化内容，认真发掘此类内容，是当代生活文化建设不可忽略的工作。

二　道教认识途径的一点思考

在以往的教学中，我问过同学们这样的问题："你们是怎样认识道教和看待道教的?"这个问题包含着两个层次。第一,我想知道授课对象是通过什么途径来认识道教的;第二,我想了解青年学生对道教的看法。不言而喻,答案是五花八门的。

关于认识途径的问题,有一种回答比较引起我的注意,这就是"通过读小说或看电影、电视懂得一点道教知识"。我与同学之间曾经有过这样的对话:

"你们读过哪些小说与道教有关?"我问。"读的不是太多,有那么几本。"一位同学答。

"你能否举例谈谈与道教有关的小说情节。"

"可以。"这位同学继续说:"那是上一个学期,我读了一部叫做《九流歪高手》的作品,记得作者是台湾的李凉。这部小说以《阎王棺材店》的故事开局,紧接着一章是《神仙葬仪社》。说实在的,没读这部小说之前,我对道教还有一点好感,但读了之后整个心真的凉了。"

"为什么?"

"因为我从小说中看到:人们所推崇的'神仙'原来不过只会开葬仪社罢了。还有,书中描写以'大还丹'蚀化人的身躯,让我觉得所谓道教神药原来是用来干坏勾当的。"

"是这样的吗?"我希望这位同学确认一下他的这种感受。这位同学点点头表示肯定。

听了这位同学的话,我颇有感触。为了弄清来龙去脉,我查阅了《九流歪高手》这本书。从其描写中,我知道了主人公叫做隋管,他被当做"高手"是因为练武功而增强了性生活的技能。作者的本义并非要描写道教活动,但其情节却也涉及一些道教内容,比如说"大还丹"即是从道教来的。① 《九流歪高手》第一章有一段"大还丹"作用的细腻描述:

原来公孙虹在急着宽衣解带之际,不小心把费尽心机才弄来的少林"大还丹"掉落在地上。②

作者告诉我们:当公孙虹找到隋管时,那粒"大还丹"就被隋管偷偷塞入鞋

---

① 关于道教炼丹的事,我们将在本书第十讲再进行详细介绍。
② 李凉:《九流歪高手》上册,第 26 页,延边人民出版社,1997 年。

中，隋管在目睹公孙虹那迷人的脱衣舞时紧张兴奋得汗流浃背。那粒大还丹就在公孙虹双腿移动的时候被隋管踩裂，汗水渗缝而入，大还丹逐渐地溶化，药力也自他的左脚心涌泉穴中逐渐上移，在他走动之后，上移更急，他终于晕倒了。由于大还丹药力的作用，隋管足足昏睡了三天三夜才苏醒过来，而那位迷人的漂亮女人公孙虹不仅已经被丹药蚀化，而且连尸水也被泥土吸光，只剩下黑黄一片痕迹。

《九流歪高手》把大还丹说成出于"少林"，这首先就犯了知识性的错误。根据该小说的上下文可知，所谓"少林"乃是河南省登封县嵩山少林寺的略称。人们知道，少林寺是佛教著名寺庙。从渊源上看，少林寺的学问以禅为主，与服食的大还丹没有什么瓜葛。作者将大还丹归属少林，这在来源上就站不住脚。稍微有一点文化史常识的人都知道，"还丹"本是由某些天然矿物石炼制的药物，后来道门中人把修炼自家精气神的过程与结果也叫做"还丹"。根据其过程的复杂程度与作用的情况，"还丹"又有大小之分。从本来的目的看，道教"大还丹"乃是为了服食，而不是用来杀人的。虽然历史上确有服食外丹而丧命的现象，但也有一些外丹对人体的健康有裨益，至于修炼自家精气神的"内丹"那就更谈不上什么蚀化人体了。《九流歪高手》这样描写"大还丹"的功效自然是三流小说家构想的结果，我们不必去追究其真实与否，但从其行文却可以得出一个基本判断：许多小说家自以为知识渊博、想象力丰富，也不用查考，随便炮制一些情节，其结果常常误导了人们对传统文化的正常认识，这当然也包括对道教的认识。

值得注意的是，像《九流歪高手》这样的小说在当今的文坛上为数甚多，随手拈来，我发现《九宫飞龙》第一回《庐山炼丹话劫因》也有一段比较长的关于"丹药"的文字。作者鬼谷于以颇具神秘的笔法描写了以仙谷神医为首的一班人守护"九转回生丹"的情节：

> 儒侠王青阳听得一惊，转眼望去，只见仙谷神医皇甫珠机，一步一步走向炎热如焚的炉旁。昆仑派的法灯和尚，已经像似面临大敌，凝立一角守护。王青阳、大雄禅师急忙走前几步，分站炉脚一旁。虽然炉火焰热难耐，但是炼丹已到最后关头，绝不容有丝毫疏忽，否则就要功亏一篑，只得勉强屏住真气，咬牙忍耐。
>
> 仙谷神医皇甫珠机强忍苦热，一步一步迫近炉前，只见锅中药液，

显得一片紫青色,皇甫珠机默算时刻,知是时候,急不迭忙咬破中指,取血九滴,洒在药液上,鲜血滴处,锅药哗哗连响,在锅中转来转去,宛如波涛浪涌。①

从其情节来看,《九宫飞龙》力图告诉读者,"九转回生丹"的是由三教人物共同炼制的,其中儒家代表是王青阳,佛教代表是法灯和尚、大雄禅师,道教代表是仙谷神医皇甫珠机。这个炼丹组织简直是"大杂烩",无论从哪一个门派的立场看,这都是不可能发生的。因为在中国古代炼丹是一项十分神秘的活动,向来对于丹药炼制都有严格的传授要求。非师徒关系的乌合之众相结合,这是无法想象的。可见,作者的描写已经发挥到了非常离谱的地步,以至于可以不顾及历史常识,任意生造。再说,丹药炼制有严格的程序,一旦开炉就意味着丹药炼制的程序已经完成。《九宫飞龙》作者描写皇甫珠机一步一步迫近炉前就能看见锅中药液,这也是想当然而已。《九宫飞龙》的这种写作作风不仅反映了当今一批作家文化素养相当差,而且也错误传播了道教文化知识。

当然,也有一些现代武侠小说家在构思情节时注意到不违背历史文化常识。比如金庸确实比一般现代小说家高明些,但他的作品对道教的反映或表现也是有问题的。他运用各种手段塑造了许多道教人物,有的写得比较成功,有的也流于概念化。在他的笔下,道士之流似乎都是好斗之徒。无论是《神雕侠侣》还是《侠客行》,我们都可以感受到道士、道人与世俗之人打斗的紧张氛围。金庸笔下的道人有的甚至相当狠毒,比如《侠客行》三《摩天崖》写一道人性子暴躁,连小乞丐都狠狠地打:"那道人飞脚将小乞丐踢倒在地。那小乞丐跌得鼻青目肿……"在作品中大量充斥着这种描述,自然给人造成这样的印象,似乎道门中人都是一些亡命之徒,动不动就打。另外,还有许多作家常常把道士当做反面角色加以抨击,所以长期以来流行着"妖道"之类的贬称。我不否认作家有想象的自由,但如果每每以道士作为社会的反面角色,这就会形成一种定势,似乎道教就是社会恶势力的代表。而一般青年学子如果不分青红皂白,将小说的描述信以为真,整个道教文化就受到严重歪曲了。

---

① 鬼谷于:《九宫飞龙》上册,第 24 页,北岳文艺出版社,1990 年。

我的主张是，小说是要读的，但必须加以分析。由于种种原因，现代小说界对道教的表现存在许多问题。故而，我提醒诸位朋友，不可以小说的描绘作为认识道教的正宗途径。至于电影、电视对道教的反映或表现，大抵与小说中的情形相差不远，因为许多电影电视基本上是由小说改编而成的，尤其是那些具有武打特征的电影、电视作品更是如此。所以，我们照样应该以审视者的眼光来对待作品中反映或者表现道教的情节。

三 道教与道教文化的定义

既然小说、电影、电视在反映或表现道教文化时存在问题，我们就必须根据历史以及经典的资料重新梳理一下道教文化，并且概括出定义。

（一）道教的语义学解释

什么是道教？这是解读道教文化基本含义之前所必须说明的一个问题。按照学术界的一般看法，道教是中国土生土长的宗教。

要了解道教，应该从宗教意义陈述入手。对于"宗教"这两个字，人们向来也有不同见解。就中国传统文字学的角度看，"宗"与祖庙是密切相关的。汉代文字学家许慎所撰《说文解字》称："宗，尊祖庙也，从宀从示。"在这条解释中，"示"字是相当关键的。所以，我们应该把它搞清楚。什么叫做"示"呢？《说文解字》又谓："天垂象，见吉凶，所以示人也。从二；三垂，日月星也，观乎天文，以察时变，示神也。"按照这种文字训诂，我们知道，原来"宗"字下面本是三垂，象征日月星。古人很注意星象，认为神意是通过星象而显示出来的。因为这是天对人的启示，所以被尊敬；"宗"字内所含"示"的上部"二"乃是"高"的意思，它本表示"上"，亦即高高在上。可见"宗"意味着景仰的精神。至于"教"则是传统孝道文化的集中体现。古人因星象启示而有至尊精神，引申到家庭社会，就形成了尊崇祖先的意识。这种崇尚祖先并且以宗庙为依托的形式就是中国传统宗教的基本特点。道教当然也具备了这种特点。因为传统的祖先崇拜乃是崇本精神的积淀，而道教也讲崇本，只是这个"本"比起原始祖先崇拜来具有更深沉的意义。道教所谓"本"推衍得相当远。从根基来看，这个"本"就是"道"，或者反过来说"道"就是"本"。因以"道"作为信仰与教化的核心，所以有"道教"之称。

"道"一词由来已久。其本意当为"道路",后来引申而具"道理"之义。先秦儒、墨显学都已谈及道。如孔夫子谓:"朝闻道,夕死可矣。"①《中庸》曰:"天命之谓性,率性之谓道,修道之谓教。"又曰:"道也者,不可须臾离也。"儒家所谓"道"主要是就伦理方面说的。墨子也常论述"道",他曾叙及"先王之书,吕刑之道"②。这就说明"道"在儒家与墨家学派那里也是相当重要的范畴。不过,在先秦诸学派中,将"道"作为万物的本原、本根、本体来使用的,则莫先于道家。《道德经》第二十五章谓:"有物混成,先天地生,寂兮寥兮,独立不改,周行而不殆,可以为天下母,吾不知其名;字之曰道,强为之名曰大。"③在老子看来,"道"是宇宙万物的母亲。一方面,"道"作为本体的意义是永恒的;另一方面,它又是不断运行着的。此后的道家也都发挥老子"道论"的意义,以"道"为其哲学体系的最高范畴。

但不管诸学派对"道"的命义如何不同,它总是要用以教人的,所以"道"与"教"便逐渐连在一起了。这在《墨子》书中已可见到。如《非儒篇》称:"儒者以为道教,是贱天下之人者也。"墨子批评儒家以尧、舜、禹、汤、文王、武王制定的准则为道之教,将使人怠于从事,怠于分职,而致民贫政乱,他提出了新的道教大义,即以民众的政治教化为道教;而后来具有真正宗教意义的"道教团体",其成员对"道教"的理解均不同于儒、墨。如相传张陵祖孙所作的《老子想尔注》第十八章称:"真道藏,邪文出,世间常伪使称道教,皆大伪不可用。"《老子想尔注》指出儒者的"道教"是一种不正虚伪之教,以为儒者所信之"五经"是"入邪"的,只有透过"大伪",寻找那潜藏着的淳朴的"真道",以此教人,方能归本。《老子想尔注》关于"道"的大义虽是取自《道德经》的,但同时又加进许多神秘内容,使"道"具有人格化的一面。

(二) 文化由来与道教文化的含义

正像任何事物都有一个产生和发展过程一样,作为宗教的"道教"也有一个孕育、降生、成长过程。道教不仅以西汉以前的道家为母体,而且沿袭了原始巫教、方仙道、黄老道的某些观念和修持方法。在以后长期的发展过程中,它还不断吸收其他学术流派或宗教团体的思想内容,借鉴其他学术流

① 《论语·里仁》。
② 《墨子闲诂》卷三《尚同中》第十二,《诸子集成》本。
③ 《道德经》王弼注本。

派或宗教团体的典章仪轨。在长期的发展过程中,道教组织与其信仰者们一起创造了颇具特色的文化。这种文化就称作道教文化。为了弄清道教文化的意义,我们必须追溯"文化"的由来。

在中国,"文化"本是一个复合词。最初,"文"与"化"是各自单独使用的,"文"有"文"的意义,"化"有"化"的意义。从有关辞书的述证看,"文"有 20 多种含义。《说文解字》谓:"文,错画也。象交文。"朱芳圃《殷周文字释丛》说:"文即文身之文,象人正立形,胸前之丿、乂……即刻画之文饰也……文训错画,引伸之义也。"按照朱芳圃的解释,"文"与"纹"字相通。甚至可以直截了当地说,"文"乃是因为纹身(古作文身)而起的,它是先民们在胸前刻画线条的一种象形。因为刻画会有一定的轨迹,所以"文"又具备了"条理"的意义。《古今韵会举要·文韵》称:"文,理也。如木有文亦曰理。"从古人这些解释来看,"文"既是一种形象标记,又是一种条理规则。

至于"文化"之"化",最初是就生育现象而言的。"化"字,《殷周文字释丛》谓,"化像人一正一倒之形",这符合母产子的情况。《吕氏春秋·过理》云:"(纣)剖孕妇而观其化;杀比干而视其心。"高诱注:"化,育也。"清代黄生《义府下·化》在对此进行解释时说:"化字甚新,盖指腹中未成形之胚胎也。"作为生命萌芽,"胚胎"是新的个体雏形,它是生力的代表,所以胚胎成长降世就是生育。在词义上,"生"与"育"可以互释,"生"就是"育",而"育"也具有生养义。既然如此,"化"便是"生"的一种标志,故有"化生"一词行世。

在中国古代,所谓"化"还有"教化"、"感化"的内涵。古代的许多思想家指出,一定的方针要能为民众所普遍接受,除了它必须是社会民生之所许的特性外,还应当具有教化功用。教化是一种主动行为。《诗·召南·关雎序》有云:"南,言化自北而南也。"由北而南,体现了一种行动的轨迹,是积极推行某种思想或社会风俗的表征。

由于"化"与"文"存在着某种相互沟通之处,古人渐渐地就把它们联系起来使用。这在《周易·贲卦·象传》里便有例证:"观乎天文,以察时变;观乎人文,以化成天下。"所谓"天文"系指天的文采,即日月星辰之类,日月往来,星辰交错,构成阴阳变化的错综形态。所谓"人文"系指人的文采。出于天人相应的思考,古人把人类社会与天地自然相类比,认为人类社会也与天地自然一样,有其纹理,这就是君臣、父子、夫妇、长幼、兄弟、尊卑的人伦次序;同时,反映了这种次序的文章、礼义也叫人文。《象传》作者的意思是说:观察大自然纹理征兆之情状、寒暑阴阳之更替,可以知道四季的变化规律;观察人类社会伦理关系,"成乎文章",教化天下,成就大治之业。由此可知,所谓"文化"即由"人文以化成"缩略而来。

有关"文化"概念的内涵与外延问题,自上世纪下半叶以来,许多学者作了种种说明,同时,对其构成要素也进行了不少探讨。或以为其要素可分为物质、语言、艺术、科学知识、神话、宗教、动作、社会制度、政府、战争、家庭、财产。文化学奠基人泰纳曾经指出:文化是一个复杂的总体。他还对其构成作了划分。继此之后,关于文化的定义层出不穷;但众说纷纭,莫衷一是。

如果要进行概括的话,那么,我们可以从广义与狭义两个角度来认识文化的蕴涵。从广义上看,凡是打上人类观念烙印的客观存在都是文化。换一句话说,文化乃是人类有意识地作用于生存环境的一切活动及其成果。客观的自然存在,本来并不具备文化意义;但是,一经人类精神的渗透,留下了人类观念外化的痕迹,这种自然存在便转化为文化现象。例如考古学上的各种人类生活遗存、自然物的加工改造和利用等都属于广义文化的范围;还有人类所进行的物质生产、精神生产以及为了生产而建立的社会组织,约定俗成的习惯也应包括在广义文化的范畴之中。从狭义上看,文化则是指社会意识形态——诸如思想、道德、风尚、哲学、宗教、文艺、科学技术等等以及与之相对应的制度和组织。

基于以上原则,道教文化也应有广义与狭义之分。广义的道教文化是指"凝结"了道教精神的一切存在。按照传统的划分,道教虽然属于社会上层建筑的一部分,但作为一种信仰体系,它又衍生出一定实体与之相应。道教精神是通过道教教职人员以及广大信仰者来传播的。他们在生活过程中也要进行一定的物质生产和精神生产。凡是以道教精神作为指导而进行的生产活动及其结果就是道教文化,例如一些道士根据道教特有的延年益寿方术而研制、生产的各种"仙酒"、"仙药"、"仙茶"都可作为广义道教文化的内容看待。至于狭义的道教文化,则是指道教的精神形态,诸如道教哲学、道教仙学、道教医学、道教科仪、道教音乐、道教美术、道教文学等等。我这里所谓道教文化主要是就狭义上说的。

四　道教文化的基本特色

道教文化之所以能够存在并且在历史上发生影响，是因为有它自身的特色。故而，我们认识道教文化，就必须抓住它的特色，这是入门的一个关键问题。

道教文化特色与其基本宗旨密切相关。因此，我们要认识道教文化特色，就应该从其基本宗旨入手来加以考察。

道教的基本宗旨是什么呢？概括起来有八个字：延年益寿、羽化登仙。所谓"延年益寿"就是延长生命在现实世界的存在时限；所谓"羽化登仙"就是通过一定的修养方式来变化气质，使修行者达到"长生久视"、老而不死的目标。"延年益寿"是从人的层面来讲的，"羽化登仙"是从"化人"的层面而言的。换一个角度来看，"延年益寿"只是为了延长人的寿命而已，这个追求基本上没有超出世俗人类生活的范围；但"羽化登仙"却不一样，它所追求的是超越人类的生命局限，达到与大道合一而永存。虽然，道教在不同历史时期对"不死"含义的理解有所差异，但以"不死"成仙作为其追求的最高目标，这是毋庸置疑的。当然，道教所说的"不死"并非都是从肉身永存的意义上说的，在后来基本上是侧重于精神永存的意义了。

"延年益寿"与"羽化登仙"是道教宗旨中的两个层面。如果说前者是初级目标，那么后者则是高级目标。初级目标是高级目标的基础，高级目标是初级目标的理想结局。所谓"理想结局"意味着道门中人可以朝着这个目标进发，但并非一定能够达到。从现实世界的角度来看，道教的最高目标仅仅是一种假定，但这种假定在历史上的确推动了道门中人不断努力，激发他们寻求实现目标的各种方法。

（一）鲜明特色：具有强烈的生命意识

在前面，我已经把道教的基本宗旨稍加解释了。现在我要进一步来阐述道教文化的特色。我为什么要先说明道教的基本宗旨呢？因为道教文化实际上是在道教宗旨的推动下逐步形成并且发展起来的，其特色当然也就由其基本宗旨所决定了。从逻辑上看，不论是"延年益寿"还是"羽化登仙"，都体现了道门中人对生命的关注。

事实根据在哪里呢？我想可以从彭祖的故事入手来讨论。在道教文献中，有关彭祖的资料为数不少，晋朝道教思想家葛洪的《神仙传》对彭祖的生平事迹有比较详细的描述，大体的情节是这样的：

> 彭祖，姓篯，名叫铿，是颛顼帝高阳氏的玄孙。据说到了商朝（约公元前 15 世纪到公元前 11 世纪）末，彭祖已活了 767 岁，却不令人感到衰老。在少年的时候，他就雅好宁静心境的追求，不为世俗事务而忧虑，不为名声荣誉而经营，不去修饰车辆和穿着，而仅以养生治身作为要事。商王听说他的事迹之后，任以"大夫"的职务，但他经常自称有病而清幽居处，不参与政事。他善于"补导"的养生方法，服食水桂、云母粉、鹿角散，一直保持年少的容貌。他性情深沉而庄重，从来不声称自己有养生的道术，也不作欺诈迷惑人的鬼怪变化的事情。他的生活顺应天地运行的自然规律。年轻时，他曾周游许多地方，好独自行动，人们不知道他到哪里去，等候他也未能见到。他有车马却不经常乘坐。他出门而游，或者几百天，或者几十天，从不携带粮食，但当他回家的时候，其衣食方面却同别人没有什么区别。他经常进行胞胎式的内呼吸功法，每次行动从早上一直到中午才休息；功毕则含胸拔背端坐，以双手揩眼睛，按摩躯体，以舌头舔嘴唇，吞咽唾液。接着，面对太阳，吮吸精气几十口，这样才起来走动言笑。如果感到疲倦或者身体不舒适，便道引内气，以攻病灶所在，同时将意念注于面部、九窍、五脏、四肢以及毛发，让各器官组织都能获得心神的察照。这时会感觉到气息像云彩一样飘浮于身体之中。所以，由鼻口接纳而来的外气就能转化成内气，运行达到十指末端。一会儿，身体便宽和。商王曾亲自前往询问养生之法，彭祖没有告诉他。商王遗赠给彭祖的珍贵玩赏物品，陆陆续续，加起来达到数万金，彭祖把这些物品全部接纳了，但又转过来周济贫穷卑贱的人，毫无保留。①

以上是《神仙传》彭祖故事的部分翻译。有关彭祖的事迹，在道教其他典籍中还有不少记载，例如《列仙传》、《历世真仙体道通鉴》等书都言及彭祖的

---

① 这段话的内容见于葛洪《神仙传》卷一，本是文言文，为了便于阅读，以现代语文体翻译之。

身世并且描述了许多生动的情节。在民间,彭祖的故事可谓家喻户晓。我在小时候曾听老辈人说:在很久很久以前,有个人叫做彭祖,他活了八百岁,皮肤却和儿童差不多。据说,彭祖有蛇的特性,每过十年八年,就会蜕皮一次。他要蜕皮的时候就住进一间秘密的屋子里,躺在里边睡上三个月,像蛇冬眠一样。醒来以后,皮就自动蜕落下来,恰似换一件衣服那样简便。这样,过了八百年,那间秘密房子里装的皮干差不多已叠到大梁。

彭祖蜕皮的事情是真是假,不得而知。至于他的寿命,文献记载也有不同。不过,彭祖这个人在历史上倒是真实存在的。从先秦诸子百家的言论到《左传》、《国语》、《竹书纪年》以及汉代以来的史籍都涉及彭祖事迹,另外从民间姓氏族谱与地方志书、文人碑记中也可以发现大量的关于彭祖的资料。浏览先秦古籍,我感到道家对彭祖宣传最多,在《庄子》里,彭祖已经是一个长寿的典型,道教更在这方面进行加工发挥。于是,彭祖在道教中不仅是一个高寿的人,而且被尊奉为神仙。道教对彭祖故事的加工,实际上是在塑造一种生命理想典型。彭祖的形象代表了道教的一种理想追求,他对后来道门中人的延年益寿活动具有很大的激励作用。所以,自汉代以来,随着道教组织的发展,新的修道理想典型也不断地出现,他们本来只是一般的修道人物,后来陆续进入道教神仙谱系。这反映了道教对于生命一直抱着热诚的态度。

（二）基本形式特征:自觉地运用象征符号来传递生命意识

道教生命意识并非只是反映在神仙故事之中;如果我们扩展视野,就会看到,凡是有道教组织活动留下痕迹的地方几乎都可以感受到生命意识的强烈辐射力。这种辐射力的作用不是以直接穿透的方式表现出来,而是通过象征符号来传递的。

什么是象征呢?德国哲学家黑格尔说:"象征一般是直接呈现于感性观照的一种现成的外在事物,对这种外在事物并不直接就它本身来看,而是就它所暗示的一种较广泛较普遍的意义来看。因此,我们在象征里应该分出两个因素,第一是意义,其次是这意义的表现。意义就是一种观念或对象,不管它的内容是什么,表现是一种感性存在或一种形象。"①在这段话中,黑格尔把象征分为"意义"与"表现"两个因素,又从"表现"上升到"形

---

① 黑格尔:《美学》第二卷,第 10 页,商务印书馆,1979 年。

象"。他运用抽象分析法,对象征的构成因素作了界定。通俗一点说,所谓象征就是不直说本意,而以含蓄的存在物来暗示所要表达的意义。这样,象征就有了隐喻性,可以造成一种朦胧的诗意美。

就一般意义来讲,黑格尔把"象征"看做一种代表一定意义的"现成的外在事物",这是说得通的。需要补充的是,这种外在事物可以是存在于自然界的天然之物,也可以是人工创造的。事实上,作为外在事物,当它成为象征时本身就打上了人的精神烙印,不管它直接来源于自然界还是对自然界的肖似模拟或变形处理,都体现了人类的艺能。当同一题材的某一形象在不同场合反复出现时,这一形象便成了符号,它是某种意义的代表。现代象征形式哲学的代表人物卡西尔指出,一种象征形式应理解为一种精神能量,借其之助使一种精神的意义内容和一种具体的感性记号相连,并内在地属于此记号。他认为,"象征不只是一种指示性记号,从一个领域指示另一个领域,而且是参与这两个不同领域的记号,即通过外部物质世界中的记号显示内部精神世界中的记号"[①]。按照这种看法,象征不仅以符号的形式出现,而且是沟通表里关系、内外关系、正反关系的一种中介,它不是独立存在的,只有当记号暗示了别于自身意义的存在,象征才是存在的。

从象征符号的立场来审视道教文化,我们可以有许多与以往所不同的认识。可以说,道教文化中的诸多表现形态,诸如神仙人物形象、绘画、建筑、雕塑、科仪动作,乃至道门中人所使用的各种法器等等,都具有象征符号的意义,因为这些形态在深层次上都寄托了道教的生命意识,传递道教的基本精神。就拿道教教主太上老君的形象来说,便可以见其象征旨趣。大家知道,太上老君的原型是先秦道家学派理论大师老子(老聃),他的生平事迹见于司马迁的《史记·老庄申韩列传》。司马迁对老子的相貌着墨并不多,但到了葛洪的《抱朴子》,老子的"真形"已相当具体。葛氏谓老子身长九尺,黄色,鸟喙,隆鼻,秀眉长五寸,耳长七寸,额有三理上下彻,足有八卦,以神龟为床,金楼玉堂,白银为阶,五色云为衣,重叠之冠,雷电在上,晃晃昱昱。葛洪不仅描述了老子的"肖像",而且做了环境渲染。这种渲染乃具有象征符号的意蕴,尤其是"八卦"以及相关的数字更是如此。在传统的"易

---

① 转引自李幼蒸:《理论符号学导论》,第 493 页,中国社会科学出版社,1993 年。

学"①中，八卦出于太极，太极函阴阳，阴阳相感而八卦生。八卦会于中而成九宫，九宫之数实以一、三、五、七、九为框架，所谓老子真形在整体上意味着"太极"，在数为一。一生二，二生三，所以老子之额有"三理"。三生万物，万物各具木火土金水这五行，故老子"秀眉长五寸"；五行各有阴阳，阴阳运化，天生地成，故《易》数变，一变而为七，老子"耳长七寸"，七变而为九，故老子身长九尺。② 由此不难看出，葛洪用以描绘老子真形的那些数字是别有一番用意的。作为数码代号，一、三、五、七、九也是象征符号，暗示了宇宙间天地万物的演化系列。由于代表宇宙演化的"九宫"之数蕴涵着生化妙理，老子的身形也就有了多种变体，唐宋以来，各种老子身形变化的故事之所以纷出，即由此而发端。老子形象，只是道教中象征符号的一个小例子，但从这种形象的表现中，我们已经可以看到道教象征符号的深刻内涵。应该注意的是，道教文化象征符号不是偶然的，而是相当普遍的。如果你有机会到道教的洞天福地考察一下，就会感受到这种浓厚的象征符号氛围。因为不论是花草、树木、河流、石头，还是人工创造的图像，都是有所寄托的。至于那些叙说炼丹的诗词，往往以隐喻的形式来暗示火候操持的道理。这说明道教对于象征符号的运用已具有自觉的意识。请大家注意"自觉"这两个字，我在这里使用"自觉"是经过认真思考的。之所以用"自觉"来说明道教象征符号，是因为使用象征符号在道教中已经成为普遍的表达风格。这就是我为什么把"象征符号"作为道教文化一个基本特色的理由。

五　道教文化研究的意义

道教文化研究的意义与道教本身的地位有一定的关系。故而，在阐述道教文化研究的意义时，不能不涉及道教在中国传统文化中的地位问题。

（一）从鲁迅论道教说开来

平心而论，在相当长的历史时期中，道教是受到冷落的。许多自谓清高的人甚至一说到道教就嗤之以鼻。当然，也有人对道教的历史作用给予了

---

① 关于"易学"问题，将在下一讲具体阐述。
② 关于"一变而为七"的数变系列，见于《列子·天瑞篇》。

恰当的评估,比如我国现代史上著名思想家、革命家鲁迅先生就是这样具有实事求是精神的学者。他于 1918 年 8 月 20 日给许寿棠的信中说:"前曾言中国根柢全在道教,此说近颇广行。以此读史,有许多问题可以迎刃而解。"①鲁迅先生这番话是对中国社会与历史经过仔细考察之后得出的一种论断。对此,业师卿希泰教授指出:鲁迅先生的科学论断"纠正了长期以来在国内外都流行的一种学术偏见,即似乎儒家文化就可以代表整个中国传统文化,一说到中国传统文化,大家都把注意力集中在儒家文化的身上,认为道教文化可有可无、毫无价值,甚至主张予以彻底消灭"②。卿师这番话可谓有感而发。的确如卿师所言,由于以往对道教存在过分贬低的倾向,道教文化的价值也就不能很好地加以发掘。事实上,正当国内一些人把道教文化与封建迷信画上等号的时候,欧美许多国家的学者却对道教文化研究表现出相当大的热情。其原因固然是复杂的,但这与道教文化在中国社会中的作用的确有关联。我们从国外学者对道教文化的兴趣中似乎可以得到某种启示。

(二) 道教文化研究的意义略说

研究道教文化到底有何意义呢? 从不同的角度来看这个问题将会有不同的认识。我还是先从个人生活的立场来谈谈管见吧。我在本讲第一节实际上已经接触了这个问题。现在,我准备再作进一步探讨。

应该稍加说明的是,信仰与研究是两个不同的概念。这就是说,信仰不等于研究,而研究也不等于信仰。现在,一些人常常把宗教研究与宗教信仰混同起来,道教信仰与道教文化研究当然也有被混同的情况发生。所以,我有必要声明,这里的"意义"不是从信仰的立场,而是从发掘文化内涵的角度说的。

有人曾经问我:"道教文化研究对个人生活有意义吗?"我可以明确地回答:有意义。因为道教是一种生命意识很强的宗教。在道教思想体系中,一切教理教义都是围绕生命而展开的。因此,生命问题可以说是道教思想

---

① 《鲁迅全集》第十一卷,第 353 页,人民文学出版社,1981 年。
② 卿希泰:《重温鲁迅先生"中国根柢全在道教"的科学论断》,见《道韵》第 10 辑,中华大道出版社,2002 年。

的枢纽。《太平经》称，"人命最重"，"寿最为善"。① 这代表了道教尊重人类生命的态度。由于关注生命，道门中人长期以来注意探索治病养生的理论与方法。翻开道教经籍，我们可以发现许多有关疾病发生的精辟论述，也可以找到不少药物治疗的资料。

当然，更为珍贵的是，道门中人为了身心健康，注意探索人与天地的关系。他们从长期的生活经验中悟出，人的生存不是孤立的，而是与天地相应的；违背天道，是不利于身体健康的。因此，他们总结出顺应天地法则而生活的原则。基于天人相应的思想原则，道门中人创造了大量的养生法门，诸如道引、行气、啸法、存想，等等。② 不仅如此，道门中人还把人的身心健康与伦理道德修养联系起来考虑，认为良好的德行有利于健康长寿，形成了以德养生的基本理念。这些内容在今天看来，依然很有现实价值。

就个人而言，道教文化研究也可以激发想象力与创造力。道教为了身心健康所进行的存想活动，从表面上看，似乎仅仅是一种心理调整行为，但在客观上却推进了大脑的定向思考。因为所谓存想并非是胡思乱想，而是有方向的，例如存想某一地方的山水、存想个人所熟悉的某一幽静之处所，存想变化着的神仙形象，存想太空中的日月星辰，等等。道教存想的一个重要特点是把自我从凡俗生活中解脱出来，使注意力朝向设定的理想境界，这时的山水、处所等都不是纯客体的简单再现，而是理想化的。因此，存想的过程就是想象力发挥的过程，也是意境创造的过程。再说，存想的方法中，还有"存经宝"一项，所谓"存经宝"实际上就是对经典内容的定向思考，通过这种思考，在加深理解经典意义的同时，也集中了注意力，从而使大脑获得定向性休息，有利于思考能量的积蓄。

在长期的发展过程中，道教积累了大量的经典文献，光明代的《正统道藏》就有5000多卷，后来又陆续搜罗编辑了许多大丛书。这些文献包罗宏富，涉及天文、历法、地学、古生物学、古药物学、历史、政治、哲学、文学、艺术等诸多领域的内容。N.J.基拉多特所指出的：《道藏》的经文尽管奥秘神奇，篇幅浩繁，但给我们提供了一个异常丰富的源泉，使我们可以较准确地弄清其宗教性质、社会特征以及历史发展过程。"又说："要想了解中国传

---

① 王明：《太平经合校》，第34、222页，中华书局，1960年。
② 关于治病养生问题，将在第八、九、十讲详细谈论。

统,就得对道教在中国历史上社会的和宗教的作用作一番全面的评价。"①
基拉多特虽然是站在西方宗教学者的立场上来看待道教及其典籍的,但至
少也说明了道教经籍内容的丰富性和在传统文化中的重要性。

开展道教文化研究,不但是正确认识与全面把握中国哲学与文学艺术
等传统人文的需要,而且也是开拓中国科技史新领域、发掘中国古代科技成
就不可缺少的学术工作。英国著名科技史专家李约瑟说:"道家对自然界
的推究和洞察完全可与亚里士多德以前的希腊思想相媲美,而且成为整个
中国科学的基础。"②李约瑟博士还说,道家"发展了科学态度的许多最重要
的特点,因而对中国科学史是有着头等重要性的"③。他甚至断言:"中国如
果没有道家思想,就会像是一棵某些根已经烂掉了的大树。"④在这些论述
中,李约瑟都是从广义上来使用"道家"这个概念的,在有些场合甚至是侧
重于汉代以来的道教。尽管李约瑟博士是从西方学者的立场来评述中国文
化的,但他的提醒无疑可以使我们注意道教文化所包含的科学史价值。

开展道教文化研究,有助于增强民族凝聚力,促进社会的有序化。就基
础而言,道教文化乃以道家思想为母体。道家除了具有丰富的宇宙论与人
生哲学观念之外,还特别崇尚黄帝。与儒家崇尚尧、舜的历史传统不同,道
家乃以黄帝为道法传承之大宗。这种崇尚黄帝的传统后来不仅被道教所继
承,而且大大发展了。在道教中,黄帝不仅居于"仙传"第一的地位,而且成
为经典造作的法脉,许多道教经典都冠以黄帝之名,如《黄帝阴符经》、《黄
帝太乙八门入式诀》、《黄帝宅经》、《黄帝金匮玉衡经》、《黄帝太一八门逆
顺生死诀》等几十种,有的经典虽然没有冠以黄帝之名,但在内容上却经常
涉及黄帝,对黄帝推崇有加。就道教的修行来讲,黄帝是一个神仙的理想典
型,但就其社会人伦而言,黄帝乃是民族大祖先的象征,在深层次他是社会
和谐的象征。道教这种崇尚黄帝的传统实际上贯穿在其经典文化的各个层
面,其思想是根深蒂固的。通过研究,发掘此类资源,可以更好地为沟通海
内外华夏炎黄子孙服务。

---

① 《"任其自然"——道家之道》,美国芝加哥英文版《宗教史》杂志第二十三卷第 2 期,
1988 年 11 月。
② 李约瑟:《中国科学技术史》第二卷,第 1 页,科学出版社、上海古籍出版社,1990 年。
③ 同上书,第 175 页。
④ 同上书,第 178 页。

道教文化研究的学术意义与社会意义是多方面的,如果大家走进道教文化殿堂之中感受一下并且认真审度,将会有许多新的发现。大家可以在日后对道教文化研究的价值作进一步的发掘与总结。

六 道教文化研究的学术原则与方法

纵观国内情况可知,道教文化研究经历了不平常的发展道路。在"文化大革命"以前,我国学者虽然也有人从事该项研究,但人数相当少;"文化大革命"期间,道教文化研究完全中断;"文化大革命"之后,尤其是 1978 年以来,道教文化研究已经引起国家的重视,国家研究机构与高等院校以及地方社会科学院都有从事道教文化研究者。道教文化研究课题列入国家人文社会科学研究规划中,一些道教文化研究的学术团体相继成立,各种学术会议陆续召开,以道教文化研究为侧重点的学术刊物也涌现出来。随着研究队伍的逐渐扩大,道教文化研究的著作与论文也不断增加。在国际上,道教文化研究已经成为汉学研究的重要课题,并且取得了令人瞩目的成就,这是十分可喜的。不过,从总体上看,作为一种历史悠久的复杂的文化现象,道教文化要研究的问题还很多。再说,事物是发展的,学术研究也是发展的。为了在社会发展中有效地开展道教文化研究,探讨与总结合适的学术原则与方法,这是摆在我们面前的不能回避的问题。

(一) 应该采取"尊重事实与大胆探索"的基本原则

就一般的意义来讲,道教文化研究与其他学术研究具有共同性。因此遵循共同的学术原则,是道教文化研究的第一要求。什么是共同的学术原则呢? 我认为是尊重事实与大胆探索。这个原则包含了两个层面的意蕴。首先当然是尊重事实,因为客观事实是所有理论的最好的审判者,事实胜于权威。任何研究者都应该接受客观现实,哪怕这种现实与自己的想法相违背。其次,科学研究还应该具有怀疑精神。没有这种精神就不可能有超越和突破,固守某种一成不变的旧教条,只能把自己封闭起来。人们不会忘记,具有崇高威望的古希腊哲学家亚里士多德曾经说过:物体坠落的速度和它们的重量成正比。这一"理论"曾经被人们当做"金科玉律"奉行两千多年,直到事实证明了它的错误,人们才恍然大悟。由此可见,权威性的说法不一定代表了科学的真理。况且物质世界在发展，真理也在不断向前发展。如果我们没有具备实事求是的科学态度和审视的精神，那就很可能把一种错误的东西当做教条来"信仰"。与之相反，任何一个严谨的科学家都必须是重证据、脚踏实地的。自然科学研究是这样，社会科学研究也不例外。我想，道教文化研究是应该具有这种态度和精神的。因为在这个领域，照样存在一些禁区，照样也有一个敢不敢于超越的问题，照样应该在尊重事实的前提下大胆地进行探索。我以为这是在研究过程中能否有所突破、有所发现、有所前进的关键。

（二）还应该建立一套适合本学科的行之有效的方法

历史证明：当一位科学家进入了具体研究领域时，除了必须具备上述一般的科学研究原则和态度之外，他还应该寻求一种适合于本学科具体研究工作的稍微具体一点的原则。换句话来说，就是要把实事求是的态度和大胆探索的精神贯彻于具体的研究过程中，并提出对于本学科具有实际指导意义的一些原则来。这些原则不仅是立足于以往经得起事实检验的科学理论基础上的，而且是贯穿于本学科的具体研究过程中的。从这种立场出发，我以为道教文化研究还应该做到以下四点：

第一，坚持"文献性"与逻辑性的统一。

道教文化属于传统文化，其研究的对象不是自然界，而是古代道教学者们创造的意识形态。他们的思想轨迹的保存形式就是道教文献。这些文献就是本课题研究的主要事实。如果不能占有文献，那么建造起来的理论就只能是一种"空中楼阁"，经不起历史和未来的检验。所以，在具体研究过程中我们必须强调其文献性，这就是尊重事实的科学态度在这一领域中的具体贯彻。

不过，只看到了文献，仍然不能够发现道教文化的发展规律，不能把握本质。因此，在占有文献史料的基础上，还必须努力寻求这种文化现象的客观逻辑。之所以如此，是因为道教典籍浩如烟海，加上各种解释性材料，真叫人目不暇接。在众多的文献面前，如果没有理性的思维，没有逻辑的把握，那就会被淹没在文献的海洋之中而不能到达科学的彼岸。所以，我们不但需要驾驭文献的工夫，而且还必须理清文献的逻辑过程；不但要理清各种文献的纵横交叉的逻辑关系，而且要通过研究建立起自己的一套在客观的文献事实基础上的逻辑叙述体系。

第二，坚持历史性与时代性的一致。

道教文化，就其个别典籍来说，是由个体创作的，体现了某一个体的心灵轨迹；就整体而言，道教文化则在一定层次一定深度上反映了全民族某一方面的集体精神或者集体潜意识；但不管就个体而言还是就全体而言，道教文化又都是历史的产物，它们在一定的历史时期产生，反映了一定历史时期人们的某种追求。所以，我们决不能离开具体的历史条件来进行抽象的研究。

另一方面，道教文化研究还必须具有时代性。历史性与时代性，这两者既矛盾又统一，是相辅相成的一点两面。什么叫做"时代性"呢？这就是要在尊重历史事实的前提下，站在时代科学的高峰对道教文化做出具有时代科学精神的考察和思索。只有这样，才能使道教文化这种古老的文明载体从故纸堆中显现出来，焕发出时代的青春活力。

第三，坚持中国传统方法与外来方法并举。

在当今世界上，由于科学技术的高速发展和社会生活的变更，任何一种研究都不可能是自我封闭的。尤其是随着东西交往的发展，许多西方的科学研究方法正在逐步地传入神州本土。在这种气候下，有关道教文化研究的方法问题很可能就会像在其他领域一样出现极端：或者由于对西方文明的抵触，只采用中国传统的考据、训诂之类的方法；或者由于"全盘西化"观念的作怪，极力排斥中国传统的考据。我们以为这两种极端的方式都不利于对道教文化的真正把握，不利于发掘其中各方面的价值。所以，我们主张，应该坚持中国传统方法与外来方法并举。

几千年来，中国先哲形成了独特的文化学方法，其中最重要的有训诂章句之学和考据的方法。在今天看来，这种方法对于道教文化研究而言依然不能废弃。因为道教文献正如其他众多的中国传统文献一样，是以汉族语言为基础的，确切地说，是以古代汉语为表达工具的。这样，如果我们在研究过程中不懂训诂和考据，就不能正确理解古人的思想。而无数事实证明：那种靠曲解他人文意而获得的所谓"结论"是经不起推敲的，是自欺欺人的。所以，我们大可不必为了显示"现代风貌"而丢弃了训诂、考据这种阐释古文献的有效方法。

但是，我们也不能排斥外来（主要是西方）的一切有利于正确有效研究的方法。这是因为社会文明的发展本身就是互相渗透的。西方的文化尽管与我国的文化存在着显明的差异，然而，彼此都有各自的长处，应该互相借鉴。只看到自己的长处，而看不到他人的长处是一种故步自封的行为。所以我们必须正视西方科学界具有重要影响的那些研究方法，这包括社会科学研究领域为人们所称道的文化人类学、符号学、比较学方法。我们认为，这些学科研究方法的适当引入可以使具体的分析更加富有层次性，从而能够从不同角度揭示道教文化的内涵与特点。当然，有关文化人类学、符号学、比较学方法的引入，这也不是原封不动地照搬，更不是让它们在各自的环节上"游移"，而是把它们组织起来，在具体研究中发挥效用。

第四，坚持整体把握与局部具体分析的有机结合。

在道教文化的相关研究过程中，还必须注意整体把握与具体分析的结合问题。整体把握与局部具体分析，这也是既对立又统一的。局部具体分析离不开整体把握；而整体把握又必须依赖局部具体分析才能显示其固有的功能。因为一个事物，如果我们不正视其整体的意义，只是对局部进行分析，那就只能得出片面的结论。反之，如果我们不对某一事物的局部——进行剖析，而只是笼统概观，那又会流于"浮光掠影"。

整体把握与局部具体分析也是相对的，如果我们从历史的角度来考察道教文化，那么，其整体的涵盖面就是从其产生至今，即一切道教文化现象都在其范围之内，而某一时代的道士们与其他道教信奉者们所创造的文化则成了局部；如果我们把时限规定在某一时代之内，那么这个时代内的道教文化就成为整体，而某一阶段中该文化现象的探讨则又是局部问题。再从文献的角度看，若以从古到今所有道教文化的文献为整体，则某一派别或某一部具体的经典即是局部；若以某一经典为整体，则经典内的某一章节即为局部。这就是说我们应从多层次来应用整体把握与局部具体分析有机结合这一理论。正像画家构图一样，在任何时候都必须有图画的整体感。然而，当我们进行具体研究时，又不能够只是粗线条地勾勒几笔，而必须在全局观念指导下对局部中的具体经典或道派术数之来龙去脉作深层的细致分析，只有这样，才能在整体上显示出道教文化的有机性。

【复习与练习】

1. 什么是道教？如何理解道教文化的定义？

2. 道教文化的基本特点是什么？

3. 研究道教文化的价值何在？

4. 为什么说研究道教文化应该遵循实事求是与大胆探索的原则？

【参考读物】

1. 卿希泰、詹石窗主编：《道教文化新典·导论》，上海文艺出版社，1999 年。

2. 许苏民：《文化哲学》，上海人民出版社，1990 年。

3. 杨启光编著：《文化哲学导论》，暨南大学出版社，1999 年。

4. 司马云杰：《文化主体论》，山东人民出版社，1991 年。

5. 黑格尔：《美学》第二卷，商务印书馆，1979 年。

6. 李幼蒸：《理论符号学导论》，中国社会科学出版社，1993 年。

7. 李约瑟：《中国科学技术史》第二卷，科学出版社、上海古籍出版社，1990 年。

第二讲

多元复合的道教渊源

【学习目的】 了解"易学"的由来与体系对于道教表征方式的影响,认识道门中人在理论体系建构过程中借鉴道家黄老之学、神仙方术、儒家伦理、墨家思想、兵家方略、谶纬神学、佛教教义的情况,分析道教思想渊源的多样局面。

上一次课,我介绍了道教文化的一般情况。今天,我要谈的是道教渊源问题。这里所谓"渊源"主要是指思想渊源。如果将道教文化比作一个家族的话,那么道教思想渊源就是这个家族的祖宗了。在我们中国社会里,祖宗是不能忘记的,如果哪位英雄数典忘祖,他将会受到社会大众的抨击或嘲笑。我这样说并不是希望制造祖先崇拜的宗教狂热气氛,但确实是想提醒诸位至少不能忘记祖先。这一条原理实际上也适用于学术研究。记得有位学术界的"能人",有一天拿出自己的一部手稿给我看,他说自己的手稿体现了一种"原创精神"。我搞不清楚他的"原创"是什么意思,等到看了几章之后,才发现他在这部手稿中基本上不注明相关论点的来源。于是,我恍然大悟,原来他所谓的"原创"就是把别人的同类研究成果尽可能地抹煞或者淹没,突出自己的货色。这样看起来似乎很有"原创"意味,但明了底细的人一查就知道,那些所谓"原创"基本上是把别人的研究稍加改造然后往自己脸上贴金的结果。

有趣的是,历史上的道人不仅不张扬他们的原创成果,而且常常喜欢将他们的成果挂在祖宗或者老师,比如说黄帝、老子等人名下。我们今天当然不提倡这种做法,因为你的成果无法保证达到黄帝、老子的水平,即便达到了,黄帝、老子也不见得就同意挂名。时代改变了,黄帝与老子也要遵守著作权法,爱惜自己的名声,不搞挂名那一套东西了。但是,我要指出的是,历史上道门的成果挂名现象确实显示了他们所认同的思想脉络精神。所以,我在这里叙说道教文化,如果忘记了他们所尊奉的思想鼻祖,恐怕会遭到麻烦。有鉴于此,我今天想着重谈谈道教思想渊源的一些比较重要的方面。

一 从伏羲到汉易：道教符号基石

任何思想都必须通过一定形式来表达，道教思想也不例外。本来，如果只是谈谈某一义理，使用文字语言一般就能解决问题；但道教思想有它特殊的复杂性，比如说内丹修炼程序及其感受，这是难以用语言表达的。既然存在着"只可意会，难以言传"的内容，那就应该寻找其他合适的表达工具了。道门中人找到了"易学"①的卦象符号。当然，道门中人雅好易学，不光是择取其形式符号而已；其实，易学的思想本身对建构道教文化体系也有实质性影响。这样说的根据在哪里呢？诸位不必着急，且听我慢慢道来。

（一）伏羲画卦与易学

在道教文献中，伏羲氏也是很受推崇的，这从早期经典《周易参同契》一书中就可以找到见证。该书的上篇称："圣人不虚生，上观显天符。"②意思是说：具有高尚德操与智慧的哲人不枉费一生，他抬头观察天上的征兆瑞象，并且把它们显示出来。这里的"圣人"是谁呢？五代时期的道教学者彭晓做了解释："伏羲圣人，仰察俯观，定易象之数，知万物之情。"③在《周易参同契》上篇第三十五章中，作者明确地指出圣人就是伏羲："若夫至圣，不过伏羲，始于画八卦，效法天地。"④《周易参同契》在这里不仅把伏羲奉为最高级别的圣人，而且指出他的贡献就在于画了八卦。可见，道教确实是推崇伏羲氏的。

在中国古代知识分子当中，伏羲氏几乎是家喻户晓的。伏羲，又称作"包牺"、"庖牺"、"牺皇"等等，或以为伏羲就是"太皞氏"。旧时传，作为中国古代"群经之首"的《易经》的最基本符号——八卦，乃出于伏羲之手。伏羲氏是怎样画出八卦来的？向来有不同的说法。一种比较流行的传说是：在上古时期，黄河中浮现了一头"龙马"，它的背上布满神奇的图案，伏羲氏

① 所谓"易学"是解说《周易》文辞意义、应用与发挥《周易》原理的一门学问。
② 彭晓：《周易参同契分章通真义》卷上，《道藏》第 20 册，第 135 页，文物出版社、天津古籍出版社、上海书店，1988 年。
③ 同上。
④ 同上书，第 142 页。

受了那些图案的启发,稍加临摹,就成了八卦。不论这种传说的可靠性如何,八卦是由伏羲氏画出来的,他是上古的圣人,这在人们的心目中是没有异议的。

伏羲氏所画的八卦包括乾、坤、坎、离、震、巽、艮、兑,它们代表天、地、水、火、雷、风、山、泽。在八卦中,乾坤两卦是基础,被称作"父母卦",其他六卦被称作"儿女卦",所谓"乾坤生六子"说的就是这个意思。从卦象上看,八卦乃是两两相对、阴阳互动的,如乾坤相对,表征天地父母和合。八卦的基本线形符号是一阴(− −)一阳(—),每卦由三爻(画)构成,故而叫做"三爻卦",因为最为基础,所以称作"经卦"。八个经卦两两相重,形成了六十四卦,其卦象是六爻(画)式的,所以称"六爻卦"。据说,八卦相重为六十四卦,这项工作是由周文王来完成的。本来,八卦的功能比较简单,主要是为了表征方位,指示天象,引导人们的生产与生存活动。而相重之后的六十四卦则大大增进了功能,并且主要用在占卜活动之中。在占卜时,由于吉凶判断的需要,古代的占卜能人便于每一卦、每一爻系上解说词,称作卦爻辞。据说,卦爻辞是由周公编订完成的。有了卦象符号,又有了解说词,合起来就成了完整的书,称作《周易》。后人尊之为"经",故又谓《易经》。关于这部书的名称含义,其解释也是众说纷纭。比较有代表性的观点认为:"周"是朝代名,"易"指的是变易。在流传过程中,《周易》的解释走向哲理化,于是有了彖、象、文言、说卦、序卦、杂卦、系辞七种十篇[1],这十篇在上古时期的占卜活动中因为处于《易经》的辅助地位,所以称作"十翼"。为了区别原始的卦爻辞,后人遂将"十翼"称作"易传",表示对"经"的传承。

到了春秋战国时期,诸子百家并起。这时,各个学派为了建构自己的思想体系,都注意传授、研究《周易》这部古代经典,从中吸取思想营养。于是,学习与研究《周易》成为专门的学问,这种学问被后人称作"易学"。

(二)汉代易学与道教思想体系的建设

易学在先秦即已形成一定的传授系统。秦始皇时期,尽管发生了震惊

---

[1] 《易传》七种,为什么有十篇,是因为彖、象、系辞各分上下,这三种实为六篇,加上其他四篇,而成十篇。

朝野的"焚书坑儒"事件，但《周易》这部书因为被列入占卜行列而幸免于难。故而，该书在汉代就成为经学复兴的种子。两汉四百年间，易学传授衍生出许多流派，大体说来，主要有四派：一是训故举大义，以田王孙、服光、王同、丁宽、杨何、蔡公、韩婴为代表；二是阴阳候灾变，以孟喜、京房、五鹿充宗、段嘉为代表；三是章句守师说，以施雠、梁丘贺等人为代表；四是象象解经意，以费直、高相为代表。在这四派，若进一步加以概括，实际上也就是两派，一是侧重于卦爻辞的文意解说，包括训故、章句、象象之学；二是侧重于卦象的发挥。这两大流派，在东汉时期又有衍生。如马融、刘表、宋衷等基本上沿着费直易学的路数发展；陆绩、虞翻则侧重于解读与发挥京房易学。

两汉易学与先秦易学的最大不同在于卦象符号应用的灵活性，这一点主要是由孟喜、京房一派所奠定的。孟喜首先创造了"卦气说"的解《易》方式，所谓"卦气说"就是以"气"为本，取《周易》六十四卦与十二月气候相配合，从而形成一种解《易》的框架理论。孟喜擅长于阴阳灾变的预测，并且对京房发生比较大的影响。京房的主要贡献在于创立了"八宫卦"体系。这就是以最初的八经卦（三爻卦）为统领，号称"八宫"，将《周易》六十四卦（六爻卦）分属于八宫，形成一个新的组合系统。它们的次序是：乾宫、震宫、坎宫、艮宫、坤宫、巽宫、离宫、兑宫。在这个系统中，又分为阴阳两个支脉，其中前四宫为阳宫，后四宫为阴宫。京房撰《京氏易传》，将八卦与十个天干配合起来，形成所谓"纳甲法"，其基本特点是模拟月体的运行轨迹，表示事物的阴阳进退。孟喜与京房没有沿袭早期经师那种章句解读方式，似乎有改变家法之嫌，但他们所创立的"卦气说"、"八宫卦"以及"纳甲法"无疑扩展了易学象数的领域。

孟喜与京房的易学主象数，形成了一种独特的符号描摹体系，这对建设道教文化体系来说提供了很好的框架，故而自东汉开始，道教的经书造作都注意借鉴孟喜与京房的易学。当然，由于文化体系的整体建设需要，道教也汲取了易学的义理思想。随着道教组织的发展，道教对易学的应用、发挥的工作也频繁开展起来。从整体上看，易学的象数与义理已经渗透于道教的科仪、丹道、符法等诸多领域。可以说，易学对道教文化的影响是整体性的。另一方面，道门中人应用与发挥易学的时候也反过来推进了易学的发展，如易学中的图书之学主要是由道门中人创立和完善的。可见，道教文化与传统易学的联系是十分紧密的。

二 道家黄老之学与方仙道:道教渊源之大宗

道教文化不仅以易学为渊源,而且是在道家黄老之学与方仙道思想基础上生长发展起来的。对于"道家"这个词汇,我相信同学们并不陌生,因为近年来有关文化史的著作乃至一些文学作品常常涉及它。然而,所谓"黄老之学"却需要略作说明。这里的"黄老"指的是黄帝与老子,他们是先秦道家的旗帜,具有表率作用,因此我在这里特别强调他们。至于"方仙道"则是通过方秘术以达到成仙目的的一种准宗教形态。这种准宗教形态与黄老道家具有密切关系,所以本节将这些内容归到一起来阐述。

(一)道家黄老思想在道教文化形成过程中的作用

翻开道教的各种神仙传记,黄帝基本上居于第一的地位,如《历世真仙体道通鉴》一开始就是黄帝生平事迹的描述,至于老子则被道门中人尊为教主,可见他们在道教中是很受景仰的。道教这种尊奉"黄老"的传统发端于先秦道家,所以,我们还是应该从先秦道家说起。

"道家"这个名称首见于汉代历史学家司马谈《论六家要旨》一文中,但作为一个学派在先秦早已存在,一般而言,这是指以"道"为思想核心的文化流派。以往,学术界谈道家的时候往往只认定老子为其创始人,但道家学派在叙说源头时却都称道黄帝。

著名历史学家司马迁本身是个道家学派人物,他所写的《史记》从黄帝开始。在追溯家学渊源时,司马迁称其先君子太史公习"道论于黄子",所谓"黄子"系指"好黄老之术"的黄生。① 这说明,崇尚黄帝,在道家学派中早已成为一种传统。道教不仅继承了这种传统,而且将黄帝作为修仙楷模和教派肇端的标志。

据《史记》所载,黄帝是有熊国国君少典的次子,母亲附宝梦电光绕北斗枢星而有孕,二十四月而生。黄帝自幼即聪慧,十五岁受封国土。因设计制造了车,所以又称轩辕氏。古史传说中的黄帝有不少发明创造,因此颇受

---

① 见《史记·太史公自序》注。

歌颂。宣传黄帝最力者当属《庄子》等道家学派著作。《庄子·在宥》篇说，黄帝在位十九年，教令通行天下，听说神仙人物广成子住在崆峒山，特地前往请教"至道精微"。广成子告曰："至道之精，窈窈冥冥；至道之极，昏昏默默。无视无听，抱神以静，形将自正。必静必清，无劳汝形，无摇汝精，乃可以长生。……我守其一以处其和，故我修身千二百岁矣，吾形未常衰。"在《庄子》书中，黄帝既谦卑，又关注养生方术。而在《列子》书中，更有黄帝梦游华胥氏之国的记载。由此可知，黄帝在道家之中已是一个很受推崇的人物。

从《庄子》等书的言论可知，道家学派远有端绪；不过，就理论的成熟形态而言，则又必须落实于老子的《道德经》。

司马迁《史记》称："老子者，楚苦县厉乡曲仁里人也，姓李氏，名耳，字聃。"民间对于老子的生平事迹有种种传说。陈鼓应先生指出，春秋二百四十年间，无"李"姓，但有"老"姓，因此老聃当是老氏。"老"、"李"一声之转，老子原姓老，后以音同变为李。至于"耳"、"聃"其义相近，古或一字。①史书上没有确指老子的生卒年月。有关专家考订，他大约生于公元前570年左右，比孔子年长二十岁上下。据载，老子担任过周朝的史官。相传孔子曾经向老子请教过"古礼"。后来，孔子十分感叹地对弟子们说："我今天见老子，他就像龙一样啊！"这充分表现了孔子对老子的敬慕。据有关史料记载，老子晚年因目睹周王朝之衰败，遂"去周隐居"。不久之后，老子准备西去流沙，以化异俗，到了函谷关的时候，因关令尹喜之请求而写下五千言《道德经》②。

如果说以往有关黄帝的记载还具有传说的性质，那么《道德经》则是道家思想系统化的首要见证。经过关尹子、文子、列子、庄子等人的传播与发挥，道家思想逐步丰富起来。在战国时期，于齐国都城临淄（今山东淄博）稷门设立了稷下学宫。作为当时齐国的学术活动中心与政治咨询中心，稷下学宫网罗了很多人才，其中道家学派占据重要地位。这时的道家学派以尚黄老而著称，故其学谓"黄老之学"。秦汉之际，黄老之学大兴，尤其是西

① 参看陈鼓应：《老庄新论》，第44页，上海古籍出版社，1992年。

② 《道德经》一书，原无分章，排列也不一，马王堆汉墓帛书本以德经居先，道经居后。今本以道经在先，德经居后，凡八十一章。

汉初年,皇帝与诸大臣都信奉黄老之学,如张良、曾参、萧何等人,大力倡导黄老之学,造成了以黄老之学治理国家的社会文化氛围。西汉这种学术文化氛围虽然在儒家代表董仲舒倡导"罢黜百家"之后有所沉寂,但其传统并没有断绝。由于道家黄老之学以"道"为理论基础,其基本的经典包含许多修身养性的内容,这些内容完全可以为建设一种新型的宗教文化服务,于是黄帝与老子也成为道教的旗帜,《道德经》等先秦道家典籍在早期道教派别中被当做必读经典,道门中的领袖人物通过《道德经》的解释与发挥,建立起一套以"道"为基本信仰的教化理论。

(二)方仙道对道教的启迪

在道教形成过程中,方仙道也具有不可忽略的启迪作用。我在本节开头已经对"方仙道"这个概念稍作解释,大家可能注意到我把方仙道定义为一种准宗教形态。所谓"准宗教"就是说它已具备了某些宗教要素,但又不完全。为什么说"方仙道"是一种准宗教呢?这就必须从构成宗教的基本要素说起。一般而言,宗教必须具备经典教义、神明信仰、典礼仪式、组织机构等诸要素。根据这些条件,我们来考察一下"方仙道"就能够看出它的性质特征了。

"方仙道"的名称首见于《史记·封禅书》。它的前身是春秋战国之际的"神仙家"。所谓"神仙家"本属于百家争鸣中的一派。《汉书·艺文志》称:"神仙者,所以保性命之真而游求于其外者也,聊以荡意平心,同死生之域,而无怵惕于胸中。"意思是说:神仙家这一派的基本目标是保持生命的本真状态,为了达到这样的目的,他们遨游于世俗之外,力图排除心中的烦杂思绪,抹平生与死的界限,内心深处没有恐惧和惊慌。神仙家的特色在于寻求不死神方,研习长寿的秘术。这时还有重在推究天文地理历学的阴阳五行家也关注和研习神仙方术,由于彼此有相似的神秘性质,这两派逐渐合流,形成方仙道。这种方仙道已经有一定的组织和火热的理想追求,他们在皇帝的支持下入海求仙人与不死神药,秦始皇时期的徐福率领童男童女数千人到瀛洲仙山寻药,据说漂流到了日本。秦汉间的方仙道的主要活动是:制造和传播长生不死的神仙说,开展传道授徒、结社与著述活动,丰富和研习古代流传下来的神仙方术。这些内容表明了方仙道具有某种宗教特征,只是还比较驳杂,理论形态也还不完善。基于这些因素,我把它看做准宗教形态。①

方仙道尽管还不完善，但其所积累的延年益寿的偏方秘术却有相当大的吸引力。这种偏方秘术与黄老之学相结合，在秦汉之际的社会上影响相当广泛，从而为道教方术提供了原初形态。

三　儒墨兼用：传统伦理在道教中的神学变迁

对于社会化的宗教而言，伦理道德是不可缺少的内容。道教的思想建设当然也必定如此。但是，伦理道德不是从天上掉下来的，而是具有一定的历史继承性的。所以道教的思想建设者们不能不从传统中发掘合适的内容。于是，他们选择了儒家和墨家，通过梳理与改造而形成了道教伦理。

（一）儒家道德：道教神学伦理的内核

儒家在先秦及汉初居于"九流十家"之首，在数千年的历史进程中，儒家以其独特的思想魅力颇受世人关注。"儒"本是一种职业。在早期，所谓"儒"指的是给富贵人家相礼的一批人。《论语·子罕》说："出则事公卿，入则事父兄，丧事不敢不勉，不为酒困，何有于我哉？"孔子的话多少反映了当时儒者活动的一些情形。

从渊源上看，儒家可以追溯到尧舜时代，但真正的宗师却是孔子。孔子的思想主要保存在《论语》一书中。作为一个教育家、思想家和政治活动家，孔子的思想是很丰富的。由于他曾经向老子请教过古礼，其思想受到道家影响是有案可稽的。因此，他的有些主张与道家思想具有共同之处，如主张"守中"与"和"、反对刑罚及怀乡意识等等。但是，孔子毕竟自创了儒家学派，他的思想有自己的独特性。孔子思想的核心是"仁学"，他基于"体用一源"的哲学立场来论述"仁"的理念。这个"源"就是人心，而"仁"之体就在于如何自处。换一句话来讲，"仁"首先是一种内在修养的功夫与境界。不论是"唯仁"、"志于仁"，还是"君子无终食之间违仁"②都贯穿着自处必须以"仁"为本的精神。落实到行动上，就是要以恭、宽、信、敏、惠五种德行

---

① 参见胡孚琛：《道教与仙学》，第29—36页，新华出版社，1991年。
② 《论语·里仁》。

律己。在孔子看来，为了求仁，哪怕早上听说并且明白了"仁"的道理，晚上死了也心甘。这反映了孔子自我修养立场的坚定和矢志不移的决心。

当然，孔子的仁学也不限于个人修养范围。当自己逐步升华到"仁"的境界的时候，就必须发而为用，这就叫做"利仁"。所谓"亲亲"、"爱人"以及杀身成仁、利国为仁等等都可以看做是显"仁"之用。孔子"仁"的思想与"礼"具有密切关系。到了周代，礼已含有道德规范和政治典章制度的内容，尤其是以血缘关系为纽带的宗法制度更成为礼的主体内容。鉴于春秋时代社会秩序的破坏，孔子力图通过"礼"的文化建设来调整、改善社会关系。他充分认识到道德教化的重要地位，并且主张"神道设教"，把道德教化通过宗教礼仪表现出来。虽然孔子表面上"不语怪力乱神"，但在内心深处却也隐藏着祖先崇拜之类的传统宗教观念，他将伦理教化与宗教典礼相结合，这体现了传统的人文特色。

孔子的伦理道德思想经过孟子与荀子等儒家杰出人士的弘扬而在社会上广泛流布。汉代大儒董仲舒将先秦儒家伦理道德思想神学化，他以孔子《春秋》为基本经典依据，并且吸纳了其他思想内容，尤其是五行家的神学观念，建立起一套天人感应的神学道德。董仲舒心目中的"天"不仅有意志有神性，而且也是美善道德的化身。鉴于整顿社会秩序的需要，董仲舒进一步提出了"三纲五常"的人伦次序标准。所谓"三纲"是：君为臣纲，父为子纲，夫为妻纲。为了辅助"三纲"人伦原则的贯彻，董仲舒还把仁义礼智信概括为"五常"，从而与先秦孔孟所讲的君臣、父子、兄弟、夫妇、朋友的"五伦"相呼应。

从孔子到董仲舒，我们可以发现，儒家伦理道德并非铁板一块，而是随着社会的变迁而不断进行调整的。如果说先秦儒家的伦理道德侧重于现实的层面，那么汉代以董仲舒为代表的儒学则已具有鲜明的神学意味，这种神学化的伦理道德体系为后来道教的伦理建设奠定了理论基础，提供了方便。因此，不论是从东汉的《太平经》还是魏晋的《抱朴子》中，我们都可以发现道教经典在伦理道德建设问题上对西汉儒家神学伦理的借鉴。《太平经》说："象天者，聚仁贤，明儒道，术圣智，此者名为象天也。"[1]这种通过天象的

---

[1] 王明：《太平经合校》，第388页。

比拟而论道德的思路与董仲舒的学说颇为类似,足见神学化的儒家伦理对于道教思想建设的确具有实际的影响。

（二）墨家道德:道教济世度人的依据

韩非子曾经说过,"世之显学,儒墨也"①。可见,墨家在战国时代早已是很有影响的一派,其地位几乎与儒家差不多。但是,随着历史的推移,儒家的地位逐步上升,而墨家后来却沉寂了。尤其是汉代以来,墨家的思想基本上是由于道教的维护才使之有所传授。今存《道藏》中收有《墨子》一书,表明道门中人对墨家学说是加以继承的。

正如其他诸多流派一样,墨家也有自己的历史源头。与道家树立黄帝旗号、儒家树立尧舜旗号的情况不同,墨家尤其崇尚大禹。关于他的一般事迹,我这里就不想多说了。我比较感兴趣的是墨家对大禹的态度,所以就侧重来谈谈这个问题。在墨家的代表作《墨子》一书中涉及大禹的地方不少,在该书的《兼爱下》中,作者引用了大禹准备征讨"有苗"时的动员报告,大禹说:"济济有众,咸听朕言。非惟小子,敢行称乱。蠢兹有苗,用天之罚。若予既率尔群对诸群,以征有苗。"接着,《墨子》对大禹的行动进行了一番颂扬:"禹之征有苗也,非以求以重富贵,干福禄,乐耳目也。以求兴天下之利,除天下之害。即此禹兼也。虽子墨子之所谓兼者,于禹求焉。"《墨子》在这里首先指出大禹征讨有苗的目标不是为了个人的富贵地位,而是为天下兴利除害。接着,《墨子》表明了自己效法大禹的坚决态度,说明"兼爱"的传统根据——这就是从大禹那里得来的。由此可见,《墨子》对大禹是崇尚有加的。

墨家对大禹的推崇,这种情况连作为道家代表的庄子都有所记述。《庄子·天下》说:

> 墨子称道曰:"昔禹之湮洪水,决江河而通四夷九州也……禹亲自操橐耜而九杂天下之川;腓无胈,胫无毛,沐甚雨,栉疾风,置万国。禹大圣也,而形劳天下也如此。"使后世之墨者,多以裘褐为衣,以跂跷为服,日夜不休,以自苦为极。曰:不能如此,非禹之道也,不足谓墨。

这段话的大致意思是:墨子称赞大禹说:"昔日大禹治理洪水,疏通江河而

---

① 《韩非子·显学》。

使中国九州以及周边的'四夷'都可以由水道来往,大禹亲自操作劳动工具,他干得大腿消瘦、小腿的毛也脱落了,不论刮风下雨都不能阻挡他的行动,他终于获得成功,使天下万国归顺。禹是天下的大圣人,况且以身作则,四处奔波不已,实在令人感动啊!"由于大禹的表率作用,后来的墨家人物大多穿着朴素,夜以继日地工作,相当刻苦勤奋。他们说:如果不能这样,就不是按照大禹的道理办事,也就不足称为墨家人物了。

《庄子》不仅引述了墨子称道大禹的言论,而且阐述了墨家效法大禹艰苦朴素的生活作风。从《庄子》的记述当中我们可以看出,墨家是相当重视刻苦精神的,以为只有刻苦才符合大禹的劳动本色。

墨家这种效法大禹的本色,在道教之中也可以找到沿袭的证据。在四川省南江县有道教宫庙禹王宫,其内供奉大禹木雕造像一尊,高达4米,由整块樟木雕成,体态魁梧端庄,实属道教神像之珍品。道教不仅为大禹立宫庙,而且形成了以大禹为宗脉象征的法术,谓之曰"禹步"。《道藏》中有一部经典叫做《洞神八帝元变经》,这部书专门设立一章《禹步致灵》篇,其中说:"禹步者,盖是夏禹所为术,召役神灵之行步,此为万术之根源,玄机之要旨。昔大禹治水,不可预测高深,故设黑矩重望以程其事,或有伏泉盘石,非眼所及者,必召海若、河宗、山神、地祇问以决之。然禹界南海之滨,见鸟禁咒,能令大石翻动,此鸟禁时,常作是步,禹遂模写其形,令之入术。自兹以还,术无不验。因禹制作,故曰禹步。"这段话叙述了大禹如何模拟鸟的动作来搬动大石头的过程,其字里行间充满了神奇的气氛,但却反映了技巧来源于实际生产的情况。不论禹步是否真的出自大禹的创造,它在客观上表现的是道教对大禹的推崇。道教推崇大禹,显然是对墨家思想的一种沿袭。

我在这里追溯大禹的"圣迹"是要说明什么问题呢? 也许有人会提出:"你这一部分本来是要讲墨家道德与道教的关系,怎么讲起大禹的故事来呢? 好像有点跑题吧?"我要告诉大家,大禹的故事绝非与伦理道德无关。墨家的伦理道德不是以高喊口号的形式来表现的,在许多场合是通过形象和历史来说明的。墨家讲大禹的目的是要提倡"地德"。什么是"地德"呢? 就是效法大地宽容载物的精神。地德以谦下为本,以养物为怀。由"谦"而"兼",兼爱天下而利人济物,所谓"视人之国若视其国,视人之家若视其家,视人之身若视其身"①说的就是这个道理。如何才能利人济物呢？这就是要勤苦为大众服务。墨家认为当年大禹就是这样的，他以身作则，干得小腿都不长毛了，多么令人敬佩啊！这种利人济物的精神透过神话传说在道教中传播开来并且获得发展。在道教中有许多经典是讲如何利人济物的，如《灵宝无量度人上品妙经》就是讲广度天下人与物的。联系种种迹象，可以发现道教与墨家的关系是很深的。

四　兵家与道教修炼法门

我接着要谈谈兵家与道教的关系。也许有人会说："兵家是搞军事的，他们研究的是战略战术，而道教是一种宗教，关心的是心灵教化，两者怎么能扯上关系呢？"我要说：兵家与道教两者不仅有关系，而且这种关系还不是随便扯上的。查考《道藏》，内有《孙子注解》共11卷，汇聚了曹操、李筌、杜牧等人的注疏文字，这是关于《孙子》的一种集注汇刻本。这个集注本所引述的作者既有道士，如李筌，也有古代的军事家，如曹操等等。道教经书总集收入了传统兵家著作及其注释资料，这足以证明兵家与道教的关系非同一般。但是，到目前为止，以往的道教研究著作对兵家与道教的关系问题却少有问津。这种情况之所以发生，是因为学术界的研究者各自关注的侧重点不同，而不是道本身没有这方面内容。我研读道教经籍近二十年，一个很深的感触是：道教文化之中也包含了许多军事学资料，除了注疏《孙子》，阐发军事战略来为军事活动服务之外，更重要的是以兵家的思想为借鉴，把制服心猿意马当做一场战斗，从而将传统军事学与道门炼养理论相结合，形成一种心灵战斗的"新兵学"。

（一）兵家思想与道家的关系

为了阐述兵家与道教文化的渊源关系，我准备对兵家本身的情况稍加介绍。《汉书·艺文志》说："兵家者盖出古司马之职，王官之武备也。"《洪范·八政》："八曰师。"孔子曰："为国者，足食足兵。以不教民战，是谓弃之。明兵之重也。"所谓"司马"系掌管军政、军赋、马政的高级官员，相传

---

① 《墨子·兼爱中》。

殷商之际已设司马之职。西周时期，司马为三公之一，足见其地位甚高。《周礼》之中，司马属六卿之一，其品位亦甚显赫。

按《汉书·艺文志》所载，古有《军礼司马法》155篇。《武经七书》收有《司马法》三卷。张澍《养素堂文集》卷三《司马法·序》云："按《孙子注》云《司马法》者，周大司马之法也。周武既平殷乱，封太公于齐，故其法传于齐国。《周礼疏》云齐景公时大夫穰苴作《司马法》，至齐威王，大夫等追论古法，又作《司马法》，附于穰苴。太史公曰：自古王者而有《司马法》，穰苴能申明之。又云《司马法》所从来尚矣。"张澍所言有两点值得注意：一是《司马法》本来就有，不是到了穰苴时期才出现；二是《司马法》与姜太公有关，换一句话来说，姜太公的军事活动与思想对《司马法》的问世是有一定影响的。

姜太公名尚，东海人，其先祖有功，封于吕，故又名吕尚。《淮南子·要略》说：周文王"欲以卑弱制强暴，以为天下去残除贼而成王道，故太公之谋生焉"。司马迁《史记·齐太公世家》称："吕尚阴谋修德以倾商政，其事多兵杖与奇计。故后世之言兵及周之阴权，皆宗太公为本谋……天下三分，其二归周者，太公之谋计居多。"这说明姜太公的确是个很有智慧的谋略家。《吕氏春秋·见长篇》说，姜太公封于齐的时候，施行"尊贤上功"的政策，使邦国得到了有效治理。王明先生指出，姜太公这种思想符合"天道无亲，常与善人"的原则，孕育了后来道家等诸多学派的某些特点。[①]《汉书·艺文志》道家类著录了《太公》237篇，包括《谋》81篇、《言》71篇、《兵》85篇。所言《谋》当即是太公之《阴谋》，而《言》当是太公的《金匮》，《兵》当是太公之《兵法》。王明先生依据史家所记，判定《太公》具有"道家性质，殆无疑义"。我以为王明先生这个论断是有道理的。

从史志可知，姜太公受到道家与兵家的一致尊崇，他既是道家的先驱人物，又是兵家的历史典型。就这一角度来看，道家与兵家具有共同的思想渊源。事实上，道家理论本来即多涉兵事。唐代王真作《道德经论兵要述》，以为《老子》五千言，"未尝有一章不属意于兵也"。清代魏源也说："《老子》其言兵之书乎！"把老子《道德经》看做纯粹的"兵书"，这未必符合

---

① 详见王明：《道家与传统文化研究》，第16页，中国社会科学出版社，1995年。

其最初之创意,却也反映了其中一些真实的情形。在老子书中,有关军事的思想的确是发人深省的。

既然道家与兵家具有共同的渊源,当道家思想成为道教文化的母体时,兵家的思想被道教一并吸收,这就不足为奇了。

（二）兵家在道教中的地位

兵家对道教的影响具有多方面的表现。首先是兵家的历史典型成为道教的神仙。查道教神仙传记《历世真仙体道通鉴》卷三有姜太公吕尚的传记,称:"吕尚者,冀州人也,生而内智,预见存亡,避纣之乱,隐于辽东四十年,西适周,匿于南山,钓于磻溪,三年不获鱼。比间皆曰:'可已矣。'尚曰:'非尔所及也。'已而,果得兵铃于鱼腹中。文王梦得圣人。闻尚,遂载而归。至周武王伐纣,尚作《阴谋》百余篇,服泽芝、地髓,且二百年而告亡。有难而不葬,后子俀葬之,无尸,惟有玉铃六篇在棺中云。"①这篇传记杂糅了一些历史资料,比如关于磻溪垂钓的事,早见于《史记·齐太公世家》。不过,《历世真仙体道通鉴》的作者又着力于姜太公如何成仙的路径以及"告亡"下葬时神奇事的描述上,这就说明姜太公在道教中已经不是一个单纯的兵家人物,而是"兵家仙"了。像姜太公这种被神仙化的人物在道教中还有许多,比较突出的如张良。他本是汉代名臣,曾经辅佐刘邦打天下,战功赫赫。在道教的有关记载中,张良乃是天师道领袖张道陵的先祖,于是张良不仅进入道教仙谱,而且也是兵法的杰出传人,按照《历世真仙体道通鉴》卷十一的记载,张良的兵法是由黄石公传授的,历史上有"圯桥进履"的故事,说的就是张良巧遇黄石公的奇异历程,这个故事也载于《历世真仙体道通鉴》之中。查《道藏》中有《黄石公素书》一部,其序言在追溯该书的来龙去脉时说:"子房得之,一匡天下。"②这里的"子房"就是张良(子房系张良字)。张良得了《黄石公素书》为什么能够"一匡天下"呢? 序言称:该书"上有道德治国之行,中有全身保命之术,次有霸业匡邦之理。"③在古代,不论是治国还是匡邦,都无法离开兵学。稽考《黄石公素书》的文本,可以发现这部书文字相当简洁,主要是论述治国用兵的战略方针,也阐述大将应该

---

① 《道藏》第5册,第116页。
② 《道藏》第27册,第421页。
③ 同上。

具备的气质,如文中说:"务善策者无恶事,能远虑者无近忧,夫勇者可令进斗,不可令持坚,重者可令固守,不可令凌敌。"①作者强调了将领立"善"的重要性,有条件地肯定了"勇"与"重"的作用。这些内容与古代国家军事将领的培养有关。道教之所以注意兵学,是因为用兵问题与国家的安宁休戚相关。道教向来主张治世安邦求太平,这种出发点决定了道门中人必然关心国家的军事,有才干的道门中人在国家需要的时候也会挺身而出。

当然,更为重要的是,道教主张身国共治,道门中人把人体也看做国家一样,所以治身也需要有兵家的战略。在《道藏》中有一部著作,倡导修道、治国、治身与用兵的一致性,这部书叫做《黄帝阴符经》,共分三章,演述"神仙抱一之道"、"富国安人之法"、"强兵战胜之术"②。这部书每一章都有一个侧重点,但前后相互贯通。作者基于修仙的宗旨,从国家治理扩展到修身,兵家的理论成为修身的方略。李筌在解释《黄帝阴符经》的起兵术时说:"兵者,凶器;战者,危事,处战争之地,危亡之际,必须三反精思,深谋远略。若寡于谋虑,轻为进退,竟致败亡。所以将此耳目精思,引以用师为喻。切令修炼保护其身,非真用师也……至如古今名将孙吴韩白武侯卫公皆善用师,悉能三反昼夜,成功立事,以致荣华。"③李筌这段话先说明用兵的严重性,指出危亡的关键时刻应该慎重考虑,不能轻易进退,否则就会失败。接着,李筌将话题转到心灵方面。按照李筌的理解,《黄帝阴符经》所讲的用兵情况是一种比喻,目的是要让人们知道如何修炼养生。李筌侧重从炼养保身的角度谈用兵问题,反映了道教把兵学与养生学相结合的一种思路。

五 两汉谶纬神学在道教形成过程中的作用

道教的形成经历了长期的孕育过程,它需要各种不同的营养,除了神学、哲理、道德、管理方面的因素之外,还需要术数的涵养。所谓"术数",又称"数术",是方术与气数、数理的总称。古人将观察到的自然界的各种变化现象与人事、政治、社会的变化联系起来,认为这两种变化存在着内在联

---

① 《道藏》第 27 册,第 427 页。
② 《道藏》第 2 册,第 736 页。
③ 同上书,第 743 页。

系,这种联系可以通过一定的方式得到预测,从而形成和发展了"术数"。中国古代的术数形式多种多样,"谶纬"是其中有影响的一类。

（一）谶纬由来与流布

什么是谶纬呢? 这是我们在考察谶纬对道教的影响时应该明白的。"谶纬"是宗教神学与经学的混合物。"谶"是一种宗教性预言,前人论其特点,称之"诡为隐语、预决吉凶"。许慎《说文解字》称:"谶者,验也。"谶又名"符谶"、"符命"。有的"谶"有图有字,故称"图谶"。至于"纬"乃与经相对而言。《说文解字》谓:"纬,丝横织也。"这是以巫师方士之言附会儒家经典的意义,假托瑞应以张扬天意的一种神学形态。

谶语,在先秦早已有之。《史记·秦始皇本纪》谓:始皇三十二年,"燕人卢生使入海还,以鬼神事,因奏录图书,曰:亡秦者胡也。"秦始皇以为"胡"为北方胡人,故使"将军蒙恬发兵三十万人,北击胡"。始皇三十六年,有黔首于陨石刻字:"始皇帝死而地分。"秦始皇怒,"尽取石旁居人诛之"。汉代以来,谶语亦多流行。自西汉末至东汉,谶纬神学实际上得到官方的认可与倡导,故四方造谶作纬者纷起。今所存谶纬之书大抵依托"五经",宣扬瑞应吉凶。按照纬书的说法,孔子纂定六经,后来又作了一些补充,于是有了《易纬》、《诗纬》、《春秋纬》、《乐纬》等等。据《后汉书·樊英传》所载,纬书的篇名一般都是三个字,例如《易纬·稽览图》、《书纬·刑德放》、《礼纬·含文嘉》等。

谶纬在外在形式上具有宗教特征,作者以神秘性的语言来强化儒学的伦理道德或宣扬某种政治意图。不过,应该看到,谶纬在内容上也包含某些有价值的哲学思想。例如《易纬·乾凿度》从两个层面来解说"易学"便值得注意。在该书看来,天地形成、气象变迁、万物生长收藏,这本身就蕴涵着大易理趣。

谶纬在西汉哀帝、平帝在位年间开始比较广地流行起来,经过石渠阁①和白虎观②两次经学会议,逐步完成谶纬与经学的结合。到了东汉,谶纬大盛。这为道教的兴起提供了独特的思想氛围。

---

① 石渠阁会议于汉宣帝三年(前51)召开,这是王权对经学发展进行干预的一次会议。
② 白虎观会议召开于汉建初四年(79),这是一次促使谶纬成为法典的会议。

（二）道教对谶纬的借鉴与吸纳

道教与谶纬的关系可以从两个层面加以考察。

从形式方面看,谶纬类的书目篇名大多是三个字的,像上面所列举的五经之纬基本上是这种情况,早期道教经典对此多有模仿,像《周易参同契》就是这样,如果我们稍加分解就可以发现,这部书的名称可以分为两个部分,前者是"周易",后者是"参同契"。再如《道书·援神契》,很明显是根据纬书的形式立名的,还有陶弘景的《真诰》的中篇也采用这种三字格式,如《运题象》、《翼真检》等等。陶弘景在言及其书之篇目时说,"仰范纬候,取其义类,以三言为题"①。

从内容方面看,谶纬具有浓厚的天人感应的思想色彩,古代的许多神话传说经过谶纬制作者的加工而成为印证天人感应的材料。如《河图纪命符》说:"天地有司过之神,随人所犯轻重,以夺其算纪。恶事大者夺纪(纪,一年也);过小者夺算(算,一日也)。随所犯轻重,所夺有多少也。人受命,得寿,自有本数。数本多者,纪算难尽,故死迟;若所禀本数以少而所犯多者,则纪算速尽而死早也。又人生中有三尸。三尸之为物,实魂魄鬼神之属也。欲使人早死,此尸当得作鬼,自放纵游行……每到六甲穷日,辄上天白司命,道人罪过。过大者,夺人纪,过小者,夺人算。"这段文字把人的寿命与自身行为紧密联系起来,具有鲜明的善恶判断的伦理倾向,表现了神明监督的基调。在道教中,从《太平经》到《文昌帝君功过格》等书都以劝善去恶为教化的精神,并且也都采取神明监督的方式。这证明道教与谶纬神学的关系非同一般。

六 佛教中国化及其对道教的影响

激励道教兴起的因素主要是中国本土的文化因素,但也不可否认有外来的文化因素。其中比较重要的是佛教思想。过去学术界的一些人出于对道教的鄙视,常常说道教的经典教义大量抄袭佛教,我不赞成这种绝对性的观点,但却以为应该正视经典教义的互相影响。

---

① 《道藏》第20册,第601页。

（一）佛教的中国化问题

佛教，与基督教、伊斯兰教并称世界三大宗教，由释迦牟尼创始于古印度。其产生年代约在公元前6—前5世纪。释迦牟尼，本名悉达多·乔答摩。所谓"释迦"乃其种族名，"牟尼"系尊称。佛教历史悠久，影响极为广泛。其基本宗旨与诸多宗教一样，在于解脱人生之生老病死等苦恼，达到永恒安乐的"涅槃"境界。

佛教何时传入中国，学术界有不同看法。一般认为，两汉之际，佛教开始传入汉地，东汉明帝永平八年（65）赐楚王刘英诏证明，当时佛教已在上层社会中流传。那时，宫廷帝王、上层贵族将佛（浮屠）当做神仙，与黄帝老子并列，未将其视为外国之教主。直到汉桓帝时期，浮屠（佛）与黄帝、老子还处于并列且共同享受祭祀的地位，而早期佛教某些传说中的神功异能也被人看做神仙方术之类，例如《四十二章经》以为修持佛道者可以达到"飞行变化"、"寿终灵神上九天"、"一上一还"、"七死七生"四种果位，这种说法与中国传统的神仙飞升传说颇相类似。在早期，甚至还有一种传说，以为道家之祖"老子入夷狄为浮屠"，当时的佛教对这种说法不仅没有反对，而且还加以倡导。这使得佛教与传统道家之学具备了混融与借鉴的可能。另外，早期佛经翻译主要采用了道家的词汇，这也为印度佛经文化与中国传统文化的交融奠定了基础。随着佛经翻译渐多，信奉者方以佛为有异于黄帝老子之学，于是逐步形成了新的词汇。但是，不论情况如何，佛经要在中国生根，就必须中国化。因此，在佛经大量翻译的同时，渗透了中国传统精神的佛经经典也造作出来，其教义经过修饰和解说，更加符合中国之纲常名教。

（二）道教对佛教的借鉴

佛教中国化的进程与道教的兴起及完善是交错在一起的。佛教传来中土的时候，道教正处于肇兴过程中。由于人们最初把佛教看做如老庄道家一类的精神现象，这就使道教建设者们在确立道家思想为文化基础的时候也借鉴那些具有弥补价值的资源，佛教自然就进入了道教领袖人物的视野。不过，对佛教文化资源的借鉴并非是道教一产生就开始的，我考察了早期道教经典文献《太平经》，觉得该书主要还是以先秦及秦汉之际传统的中国学术思想为本，但魏晋以来，由于佛教流传渐广，道教与佛教人士的接触机会增加,经典的阅览也更加方便,况且那时并没有什么著作权的概念,所以互相借鉴就不是什么非法的事。像佛教的因果报应、地狱轮回之说确实可以在道教的经典中找到借鉴的痕迹,尤其是魏晋以来上清经与灵宝经系列更是如此。如《太真玉帝四极明科经》卷一说:"善恶因缘,莫不有报,生世施功布德,救度一切,身后化生福堂,超过八难,受人之庆,天报自然。"①该书认为,善善恶恶,因缘有自,报应现象是存在的。这个时期的另一部经典《太上洞玄灵宝本行宿缘经》也有类似的观念,它说:"恶恶相缘,善善相因……罪福之报,如日月之垂光,大海之朝宗。"②作者不仅肯定了报应轮回的存在,而且以极富修饰艺术的笔调力图彰显报应的状况。此类情形表明,尽管道教不是一开始就借鉴佛教的思想,但在建设完善自己的理论过程中确实注意吸纳佛教的某些观念,以充实其文化体系。

【复习与练习】

1. 为什么说易学卦爻是道教符号的基石?

2. 有人说道教与道家的关系是表面的,你对此有何见解?

3. 墨家与儒家本来具有互相排斥的倾向,为什么可以一起成为道教伦理思想的根源?

4. 如何估计兵家思想在道教文化体系中的地位?

5. 从佛教中国化的过程来认识道教经典与佛教经典的相互借鉴情况。

【参考读物】

1. 詹石窗:《易学与道教思想关系研究》第一编第一章,厦门大学出版社,2001 年。

2. 任继愈主编:《中国佛教史》第一卷,中国社会科学出版社,1981 年。

3. 《老子道德经河上公章句》,王卡点校,中华书局,1993 年。

4. 《老子道德经》,王弼注,《诸子集成》本,中华书局,1954 年。

---

① 《道藏》第 3 册,第 416—417 页。
② 《道藏》第 24 册,第 667 页。

第三讲

枝繁叶茂的道教派别

【学习目的】 探讨《太平经》与早期符法道派的关系、《周易参同契》在金丹派道教中的地位,了解道教的发生、发展与社会政治的关系,认识各个时期道教派别组织的形成过程与原因,了解其基本特点。

上一次课,我谈了道教的主要思想渊源。课后有人告诉我:"老师,道教思想渊源头绪很多,不好理顺。不知道有什么办法可以清理一下线索?"经了解,这还不是个别人的问题。到底如何来清理线索呢? 如果将目光一直盯在"渊源"问题上,对道教的整体了解将是困难的,对渊源本身的认识也不可能深入。要理清线索,还必须追溯道教的组织状况。

从某种角度看,道教组织机构是以"道派"的形式出现的。换句话来说,道派就是道教的一种组织形式。当然,广义的道派还具有比"组织"更多的意义内涵。譬如,不同的道派间往往秘传本门的经书、典章制度。这些内容是附着于组织之内的。

由于道教思想渊源的多元性与复杂性,道教的派别组织也形成了多元的复杂局面。本次课,我要与大家一起来探讨道教组织派别的形成与发展情况。

一 从《太平经》到符箓派道教

我在前面的两次课中多次引述《太平经》这部书。由于侧重点的问题,我当时还没有对这部书的由来与内容作具体阐述。因为时候未到,我不能增加太多枝节。现在,是到了应该进一步解释的时候了。《太平经》这部书可以说是道教符箓派组织的前导,有了这部书就像有了思想武装一样,组织机构就逐渐建立起来了。所以,我讲道教派别的产生不能不稽考《太平经》的来历与流传情况。在阐述了这部书之后,我将进一步说明道教符箓派组织的形成问题。

（一）《太平经》与符箓派的名义

《太平经》这部书在早期道教中是很重要的。从某种意义上讲，它奠定了道教的宗教思想基础。《太平经》或称《太平清领书》，它的前身是齐人甘忠可所造的《天官历包元太平经》12卷。甘忠可造作《天官历包元太平经》大约在汉成帝年间，《汉书·李寻传》记载了这个历史事件。甘忠可力图建造一个秉承天意的宗教哲学体系，把真人奉命传达天意与君权神授的思想结合起来，以解救当时的政治危机。

但是，甘忠可的主张没有被当时的统治者所采纳。到了汉顺帝时，于吉（或称干吉）以此书为蓝本，扩展成《太平清领书》，这就是道教相传的《太平经》。该书按照天干系列划分10部，每部17卷，总计170卷，每卷若干节。每节前有小标题，或称"法"，或称"诀"、"诫"、"条"不等。该书继承《天官历包元太平经》企求太平世道的意愿，以天帝使神仙下凡教化世人的手法来宣扬道法。每节基本上以"真人"向"天师"讨教为始，"天师"则代天传言，就宇宙天道、政治、社会、个人修行种种问题详为解答教导。

《太平经》的思想博杂多端。基于先秦道家关于宇宙的天道观，《太平经》倡导一种"太平"政治理想与"三通相合"的自然社会秩序论。它说：

> 太者，大也，乃言其积大行如天，凡事大也，无复大于天者也。平者，乃言其治太平均，凡事悉理，无复奸私也；平者，比若地居下，主执平也……气者，主养以通和也；得此以治，太平而和，且大正也，故言太平气致也。①

显然，《太平经》是以天道观为基础来阐述它的太平政治理想的，它强调"和"是有一定针对性的，正是因为汉末社会存在"不和"的情况，所以《太平经》特别说明"和"的价值。

与此同时，《太平经》大力宣扬生的意义，以此激励人们努力修行。它说："天地之性，万二千物，人命最重。"②要逃脱死亡，就必须努力修行。只要努力修行，不但可以成为"种民"，还有望长生成仙："奴婢贤者得为善人；

---

① 王明：《太平经合校》，第148页。
② 同上书，第34页。

善人好学得成贤人；贤人好学不止，次圣人；圣人学不止，知天道门户，入道不止，成不死之事，更仙；仙人不止入真；成真不止入神；神不止乃与皇天同形。"①《太平经》将成仙与为善、孝慈等德行联系起来，认为不孝不能久生，积德可以长寿，等等。《太平经》还介绍了房中术、符箓及针灸、生物方、草木方等治病方术，具有明显的法术意味，这为符箓派组织的勃兴提供了思想导向。

什么是符箓派呢？这就是以符箓②作为传教布道主要形式的道教组织。"符"的本义是相合，后被作为帝王下达旨令或调兵遣将的凭证，拥有"符"就拥有权力。《说文解字》："符，信也。汉制以竹长六寸，分而相合。"道教中人认为天神有符，授给道士后，道士就拥有了驱使鬼神的权力。一般地说，道教的"符"是用朱笔或墨笔所画的一种点线合用、字图相兼且以屈曲笔划为主的神秘形象，被认为有驱使鬼神、治病禳灾等众多功能。而"箓"的原义指记录用的簿书。道教中的箓是通神的一种符号表征。《太上赤文洞神三箓》引陶弘景曰："箓者，本曰赤文洞神式。"所谓"赤文"即经朱笔书写，"洞"与"通"相合，故"洞神"即通神，箓正是以赤文与神相通的方式。由于符、箓书写方式和基本性质大体相似，后来的道门中人将之合为一类而用之，合称"符箓"。早期道教组织太平道、五斗米道均属符箓派。

（二）太平道与黄巾起义

作为汉末一个有影响的道派，太平道因信奉《太平经》而得名。太平道的建立，除了受《太平经》政治理想的启迪之外，还有其客观的历史条件，这就是各种不平事物的存在。"不平"既表现在自然界与人的关系方面，也表现在社会人际关系方面。而太平道就是要"除尽不平方太平"。太平道的创始人是巨鹿人张角，时间约在公元168—172年间。

太平道为符箓派道教，这有大量资料可以证实。《三国志·张鲁传》注引《典略》说："太平道者，师持九节杖为符祝，教病人叩头思过，因以符水饮之，得病或日浅而愈者，则云此人信道，其或不愈，则为不信道。"从这一条资料可知，太平道吸引民众的方式就是以符水咒说为人治病。关于这种情

---

① 王明：《太平经合校》，第 222 页。
② 关于"符箓"的问题，将在第十一讲展开比较具体的讨论，这里从略。

况,在《后汉书·皇甫嵩传》中也有类似的记载:"初,巨鹿张角自称'大贤良师',奉事黄老道,蓄养弟子,跪拜首过,符水咒说以疗病,病者颇愈,百姓信向之。"这个记载反映了当时用以治病的手段是有一定效果的。

据说,张角得了《太平经》,"以善道教化天下",十余年间,徒众数十万,其组织分为三十六方,大方万余人,小方六七千,各立渠帅统领。公元184年(甲子年),张角以太平道为起义军,以"苍天已死,黄天当立,岁在甲子,天下大吉"为号召,于当年三月十五日发动了黄巾起义,以图实现其"太平"宏愿。

张角是如何把当时的诸多民众发动起来的?除了治病手段具有一定吸引力之外,还与其神明信仰有关。如果仔细考究一下以太平道为组织形式的"黄巾起义"口号,就可以发现其中的信仰奥秘。所谓"黄天当立"不仅表明太平道立志改朝换代的决心,而且蕴涵着该道派的神学信仰。因为"黄色"乃是一种象征,在传统五行方位学上,可与五方之"中"相互借代。所以,"黄天"也可以说就是中央,在古代有所谓"中黄太一"之神,太平道所信奉的主神就是"中黄太一"。史载,初平三年(192),青州黄巾军攻入兖州时曾写了一封信给曹操,其中谈到:"昔在济南,毁坏神坛,其道乃与中黄太一同……"[1]这封信是在曹操领兖州牧率兵攻击黄巾军时写的。曹操在济南时为了打击淫祀,曾下令击毁其神坛。原先,黄老道也是反对淫祀的,认为祠祀过多有害于清静之道,这种思想被太平道所继承,所以黄巾军对曹操"毁坏神坛"之举加以肯定。在这封信中,尤其应该注意的是"中黄太一",把它同黄巾起义口号联系起来就会明白太平道崇尚"黄天"并非无缘无故。

(三) 五斗米道及其"政教合一"方略

在太平道发动黄巾起义的时候,巴蜀地区出现了五斗米道。该道派的创始人是张道陵。[2] 张道陵"羽化升仙"之后,其子张衡、其徒张修、其孙张鲁努力推行和发展五斗米道组织。道教史上将张氏祖孙三代称为"三张"或"三师"。张道陵及其子孙与张修推行的五斗米道或又称"天师道"、"正一盟威之道"。

---

① 《三国志》卷一《魏书·武帝纪》裴松之注引王沈《魏书》。
② 张道陵本名张陵,后来道教信奉者为表示尊尚,遂加"道"字。

关于"五斗米道"的名称见于《水经注·沔水注》："（张）鲁至行宽惠，百姓亲附，供道之费，米限五斗。故世号五斗米道。"所谓"世号"就是世人号称的意思。由此可见，至迟在张鲁时代，世上已有五斗米道的称呼。五斗米道有时又略称作"米道"等等。

为什么叫做"五斗米道"？历史上有种种不同的解释。《后汉书·灵帝纪》注引刘艾《汉灵、献二帝纪》称"愈者雇以五斗米"。所谓"愈者"意味着五斗米道的成立与治病有关，而"雇以五斗米"是说病好了以五斗米为酬谢。按照这种说法，五斗米似乎仅是该道派的领袖人物为人治病换取的一种报酬而已。我以为光从报酬上来理解五斗米道的名义未免过于肤浅。事实上，有关五斗米道的名义问题，道教已有自己的解释。《要修科仪戒律》卷十引《太真科》说："崇仰信米五斗，以立造化，和五性之气。家口命籍，系之于米。年年依会，十月一日，同集天师治，付天仓，及五十里亭中，以防凶年饥民往来之乏，行来之人不装粮也。"这一段话包含着两个方面的内容：一是反映了五斗米在信仰上的意义，这五斗米不是普通的"米"，而是"信米"，即可以传递信息的"米"，交了五斗米表明一个人或一家人对该道派的信仰，因为五斗米乃是天地万物以及木、火、土、金、水"五行"，还有仁、义、礼、智、信这五种德行的象征，同时这又是一个家庭性命户籍的根本；二是反映了五斗米的经济意义，信仰的人交了五斗米，不但可以解决灾荒时的粮食危机，而且可以方便过往行人，有利于该道派的外交活动，以扩大社会影响。

还值得注意的是，五斗米道名称中的"五"这个数字并不是偶然使用的，它有更为深刻的信仰意义与哲理意义。考《道藏》中有《太上玄灵北斗本命延生真经》等五种关于五方星斗神的经典，学术界将这五部经典合称"五斗经"。文中称，这是太上老君于汉桓帝永寿（155—157）中降授张道陵的。从行文的信息看，"五斗经"可能是张道陵之徒根据其口述纂修而成的，大概是一种"扶乩降笔"的文字。这些经典表明，原有的自然神崇拜已经升格为以"道"为核心的信仰，老子《道德经》的主阴思想和柔道观念被贯注于五斗信仰之中。

在组织上，五斗米道实施"政教合一"的方针，早在张道陵的时候即已建立了二十四治，到了张鲁的时候又扩展到四十四治。所谓"治"相当于今日的"教区"，《道门科略》说："天师立治置职，犹阳官郡县城府，治理民物。奉道者皆编户著籍，各有所属。"可见这种组织机构已经比较完善。正如太平道一样,五斗米道也以符水咒说为人治病,这就是前人将五斗米道归入符箓派的原因。由于五斗米道的首领受尊为"天师",所传之道为"正一盟威之道",故魏晋以来多称该道派为天师道或正一道。

二 《周易参同契》与金丹派道教

在汉魏两晋时期的道派中,金丹派虽然没有符箓派那样拥有广大信众,但从理论上看却颇具特色。所谓金丹派就是以炼丹作为修道传教主要方式的道派。它以金丹炼制的经典为基础,所以我们要了解金丹派必须从其经典入手。

(一)《周易参同契》的由来与传承

道教金丹派肇始于《周易参同契》的理论。这部著作不仅在早期金丹派道教中占有重要地位,而且在后来也具有特出的影响。

金丹之学源于我国古代的巫医传统。古人认为,药物既可治病,也可延年益寿,以至长生不死。于是,很早就产生了关于"长生不死药"的传说。春秋战国时期,随着社会财富的增加,各国寻仙求药的活动非常频繁。秦统一六国以后,秦始皇曾多次派人出海,求不死之药。汉武帝秉承秦始皇求神仙方术的癖好,促进了神仙方术的勃兴。《周易参同契》正是这种背景下的产物。

《周易参同契》,一般略称为《参同契》。关于该书名称的意义,朱熹解释说:"参,杂也;同,通也;契,合也;谓与《易》理通而义合也……故名《参同契》云。"①该书素称"万古丹经王",而它之所以获得这个美称,最根本的原因在于它对道教内外丹的修炼提出了一套系统的理论构架,对此后内外丹术的实践起到了重要的指导作用。

《参同契》的作者魏伯阳,正史无载。彭晓《周易参同契分章通真义·序》称:魏伯阳,上虞人。贯通诗律,文辞赡博,修真养志。约《周易》作《参同契》。桓帝时,以授同郡淳于叔通。葛洪《神仙传》曰:"魏伯阳者,吴人也。本高门之子,而性好道术,不肯仕宦,闲居养性,时人莫知之……作《参

---

① 朱熹:《周易参同契考异》,天津古籍出版社,1988 年。

同契》、《五相类》凡三卷,其说似解《周易》,其实假借爻象以论作丹之意,而儒者不知神仙之事,反作阴阳注之,殊失其大旨矣。"五代彭晓叙魏伯阳身世亦大致如此,并记有《参同契》传授渊源:"得古文《龙虎经》,尽获妙旨,乃约《周易》,撰《参同契》三篇……所述多以寓言借事,隐显异文。密示青州徐从事,徐乃隐名而注之。至后汉孝桓帝时,公复传授与同郡淳于叔通,遂行于世。"从这些文字记载中,我们大体可以了解到作者魏伯阳以及传人的一点踪迹。

综观《参同契》一书,《易》学关于变化的思想、发展的思想、联系的思想,渗透了字里行间。一方面,《参同契》为金丹炼制找到了可靠的理论依托;另一方面,《参同契》开辟了道教解《易》、用《易》的新途径,从而为金丹派的组织奠定了思想根基。

（二）金丹派的传授源流略考

关于金丹派的传承系统,最早见于葛洪《抱朴子内篇》。该书的《金丹》篇称:

> 昔左元放于天柱山中精思,而神人授之金丹仙经。会汉末乱,不遑合作,而避地来渡江东,志欲投名山以修斯道。余从祖仙公又从元放受之。凡受《太清丹经》三卷,及《九鼎丹经》一卷,《金丹经》一卷。余师郑君(隐)者,则余从祖仙公之弟子也,又于从祖受之……余亲事之(指郑君),洒扫积久,乃于马迹山中立坛盟受之,并诸口诀,诀之不书者。江东先无此书,书出于左元放,元放以授余从祖,从祖以授郑君,郑君以授余,故他道士了无知者也。

葛洪叙说"金丹仙经"时没有言及魏伯阳的《参同契》,但在《抱朴子内篇·遐览》中则著录了它,说明其学与魏伯阳还是有一定关系的。当然,葛洪所称道的金丹派自有一个传授系统。其中所谓"左元放"就是左慈。根据《后汉书》以及《三国志》等书的记载可知,左慈,字元放,庐江人,因感世道之衰,出而学道,曾经隐居在天柱山,于山洞的石室里得到丹法传授,因有丹法而能"变化万端"。据说左慈的偏方秘术很多,曹操想试探他的丹法秘术,曾经将他禁闭于内室之中断谷一个月,他颜色不变,气力如常。张华所撰《博物志》称左慈"能变形,幻人视听"。这些描述表明左慈不仅颇具神秘色彩,而且有相当影响。至于葛玄,也是一个神异人物。他生于汉延熹七年

（264）四月八日，于吴赤乌七年（244）八月十五日"羽化"，在世间享年81岁。在道教中，葛玄素有"仙公"之称，陶弘景所撰《吴太极左仙公葛公之碑》在追溯了葛玄的家谱之后对葛玄的学问素养大加赞赏，说他"幼负奇操，绝伦党，神挺标峻，清辉卓逸，坟典不学而知，道术才闻已了"。陶弘景这些形容看起来不免有溢美之嫌，但却反映了葛玄在道教中的崇高地位。作为金丹派传人，葛玄更受人称道的是其金丹秘术，所以陶弘景接着说："吴初，左元放（左慈）自洛来，授公白虎七变炉火九丹，于是五通俱足，化遁无方。"这表明左慈是把丹道悉心传授给葛玄的。之后，葛玄又把丹道传授给郑隐，而郑隐又传授给葛洪。这样，金丹术便被发扬光大起来了。

三 魏晋南北朝社会政治与道教

道教初起于民间，本来并没有引起封建统治者的足够重视。但是，随着道教义理与方术在社会上的传播、信道人士的增加，社会上形成了以道教为组织形式的农民起义，这给封建统治者造成了极大的威胁。为了巩固旧有秩序，封建统治者不得不采取措施，对付道教的传播；不过，由于社会民众本身的需求，道教在魏晋以来不仅没有衰落，反而发展了。在这个历史时期，道教的派别组织增加了，社会影响也扩大了。

（一）封建统治者对道教的两面政策

就统治者的精神方面来讲，并非在一切场合都反对道教。实际上他们当中的许多人也有道教信仰，只是为了巩固自身地位，不得不正视壮大起来的道教组织。因此，一方面采取控制甚至镇压的手段，另一方面则对有影响的道门中人进行笼络，这就成为这个时期封建统治者对付道教的基本策略。

早在汉末，黄巾起义不久，封建统治者便采取了种种措施来对付道教的传播。孙策正是这种封建统治者的重要代表。据《三国志》卷四六《吴书·孙策传》等所载，孙策割据江东之际，有一个托名于吉的道士往来于吴会之间，立精舍，烧香读道书，制作符水为人治病，在民众当中影响很大，连孙策的部属也很崇拜他。有一次，孙策于郡门楼上集会诸将宾客，于吉穿着道服，拿着一把叫做"仙人铧"的手杖来到门下，孙策部属中的将领及宾客有三分之二下楼迎拜于吉，主持人禁止不了。孙策十分恼火，下令逮捕这位道士，并且把他杀掉。

实际上，对早期民间道教采取镇压手段的又何止孙策一个人呢？大量事实显示，在汉末动乱中起家的孙权、刘备、曹操都是镇压太平道黄巾起义的封建统治代表，尤其是曹操更在这方面大显身手。曹操的飞黄腾达是从镇压黄巾起义开始的，他先是率兵攻打颍川的黄巾军，继而又在青州、汝南等地击败黄巾军，收编其降卒数十万，从而在军事上建立起坚实的基础。另外，从汉末以来，社会上隐居修行和游方的道士越来越多，这些道士由于掌握了独特的道术，在社会上影响很大，曹操担心他们聚众闹事，便设法把他们集中起来，实行监禁。据张华《博物志》的记载，被曹操"聚而禁之"的方士道士有王真、封君达、甘始、鲁女生、华佗、东郭延年、费长房、左慈等。曹操这种举动也影响了后来的统治者，故而晋代以来的许多帝王也注意防止道教在民间进行起义宣传，对于力图发动起义或者已经发动起义的道教领袖人物，统治者的镇压是绝不手软的。像发生于西晋时期的陈瑞、李特、李雄起义都借助了道教的组织形式，但后来都被统治者镇压了。

不过，也应该看到，统治者对道教并不是单纯采取镇压政策。由于道教的前身之一神仙家在汉代以前及汉初曾经为秦始皇、汉武帝一类封建帝王奉献如何求仙药的良方，长期以来在社会上就有根深蒂固的影响，当方士转变为道士的时候，许多统治者对道教中的长寿养生之术以及特异本领仍然感到很神奇，甚至还有真诚相信者，就连镇压过黄巾起义的孙权、曹操这样的铁石心肠人物也乐于同那些被尊为"神仙"的高级道士结交。据谭嗣先《太极葛仙公传》等书所载，吴主孙权与金丹派传人葛洪的从祖葛玄过从甚密。该书称："是时，吴主爱赏仙异，尤敬惮仙公，欲加荣位，仙公不听，求去不得，以客礼待之，常共游宴。"尽管葛玄没有接受孙权赐予的荣耀官位，但孙权还是以客礼对待这位"仙公"，可见孙权对神仙方术确有相信的一面。据说，葛玄还与孙权一起观看民众祈雨，并且应孙权要求画符求雨，结果使得孙权相当欣赏。西蜀刘备对一些高道也很敬重，如他在进攻吴国时曾请李意期进行预测[1]。至于曹操，对有奇方异术的道士也采取笼络的策略。其实，从思想上看，曹操对神仙方术还是相信的，他一生写过许多游仙诗，从

① 详见《三国志》卷三二《先主传》注引《神仙传》。

字里行间可以看出他对长生不老境界的追求。这一点不仅表现在他观看甘始等人的方术试验中,而且也反映在他对张鲁的安抚态度上。起初,他以军事手段企图一举消灭张鲁的宗教化政权;当张鲁表示投降之后,曹操却给予优厚待遇,封张鲁为镇南将军,张鲁的五个儿子也都封为列侯,建安二十一年,张鲁家属、臣僚以及大批五斗米道的道民随曹操迁居北方。这说明曹操在处理道教问题上并非都采取强硬手段。

魏晋以来封建统治者的两面政策对道教的发展造成了双重的影响。道教组织受到的政治干预多起来了,这自然不利于道教机构在民间的扩大;但对于高道的集中管理,在客观上又为道士们的学术交流与探讨提供了机会,道民的迁移也使道教在不同地区的传播成为可能。自魏晋开始,道教发生了分化。一方面,由于封建统治者的介入,道教向上层发展;另一方面,道教在下层的传播并没有停止。又由于国家尚处于分裂状态,道教尚无统一领导,因而在全国形成了种种道派。

(二)天师道的传播与上清派的兴起

史书喜称张道陵所创之教为五斗米道,而在道教经书之中,"天师"之称却早已有之。除了《太平经》中经常采用真人与天师对话的形式外,五斗米道经典也常言及天师,有时甚至直称其教为天师道。在叙述魏晋道教派别时,官方史书出现了五斗米道与天师道名称并用的情形,如《晋书·王羲之传》谓王氏"世事张氏五斗米道",而同书的《殷实仲堪传》却称"仲堪少奉天师道"。可见,魏晋时期,天师道这个名称已经被官方所承认。

魏晋时期,天师道发展的一个显著特点是逐步上层化。天师道政治地位的提高以及该道派领袖人物的积极活动导致了大批高级士族的加入,从而形成了信奉天师道的许多高门世家。这些高门子弟对天师道的信仰并非是一种装潢门面的做法,而是相当虔诚的。如殷仲堪,自少年起即崇尚天师道,他不仅熟悉天师道的符箓法术,而且将之用来治病救急,他的妻子王氏家族也是天师道世家。[①] 这些贵胄名门互相通婚,且都有天师道信仰,他们的举动必然促进天师道在上层社会的进一步发展。另一方面,天师道在下层也没有停止活动。随着传播范围的扩大,天师道从道法到组织机构方面

---

① 详见《晋书》卷八四、《三洞珠囊》卷一《救导品》。

也发生了变革，曾经出现的"祭酒人人称教，各作一治"的局面得到扭转，科仪戒规也逐步完善起来。北魏时期的寇谦之与南朝刘宋的陆修静相继对天师道法进行了必要的改革。寇谦之撰写《云中音诵新科之戒》等书，注意吸收儒家伦理纲常和佛教戒律，改变以往祭酒的世袭制度；大约在寇谦之建立北天师道的前后，陆修静也在南方对天师道进行新的变革，所以历史上把陆修静所奉行的教法称为"南天师道"。

在天师道奉行革新之际，新的道派也陆续产生。上清派就是这一时期具有代表性的新道派。"上清"之名源于《上清经》。它本是指神仙居处的一种境界，即元气所化的"禹余天"，后来用以作为经典之名。道门称《上清经》为《上清尊经》或《上清真经》，它不是独立的一本书，而是以"上清"为总括的经典系列，包括了《上清大洞真经》等数十种道经，这些经典大约在葛洪《抱朴子》问世半个世纪之后产生。《真诰·叙录》说："伏寻《上清真经》出世之源，始于晋哀帝兴宁二年太岁甲子(364)，紫虚元君上真司命南岳魏夫人下降，授弟子琅琊王司徒公府舍人杨某(指杨羲)，使作隶字写出，以传护军长史句容许某(指许谧)，并第三息上计掾某某(指许翙)，二许又更起写，修行得道。"从这段话中，我们可以发现两项重要的信息：一是《上清经》从公元364年开始"降世"，这意味着一种新的经典的形成；二是新的经典是由道教信奉者通过一定的文字书写而传授开来的，这种传授经过几个阶段而形成自身的派系。根据这样的情形，我们可以说上清派在杨羲以隶书写出《上清经》并且传授给许谧时就宣告诞生。

按照道门传统的说法，上清派奉南岳魏夫人为第一代尊师。魏夫人，名华存，任城人，晋司徒魏舒之女，幼年即好道，长而读老子庄子，五经百氏，无不赅览。她在24岁时嫁人，生育了两个儿女之后，复潜心修道。据说，她因冥心斋静而感动众真下降，授予《大洞真经》，且传授《黄庭经》等。一般认为，在魏夫人降受"真经"时，上清派还只是肇端而已，真正使上清派进入组织化形态的是杨羲。他生于晋成帝咸和五年(330)，生得洁白美姿容，工于书画，与许谧、许翙早结神明之交，在得到魏夫人的传授之后，又将上清经系的部分典籍传给许谧兄弟。本来，魏夫人乃是天师道的一名祭酒，而杨羲与许谧兄弟也信仰天师道，因此他们的道法自然与天师道关系密切；但是，新出的经典却具有以往天师道经典所无的内容。从现存的上清经系经典看，该道派至少在两个方面有别于天师道：一是神仙体系①。上清派除了尊奉太上老君之外，又理出元始天王、太上大道君、太微天帝君等神谱。二是修炼的方术有所创新，该道派虽然也继承了天师道的符咒秘术，但更重视存神服气。到了南朝陶弘景时，上清派发展为茅山宗，该宗因以茅山传道而得名，其实际开创者是陶弘景。此后，茅山宗人才辈出，且都具有较高文化素养。

（三）灵宝派与楼观派的出现与流布

在上清派产生前后，江南的另一大道派——灵宝派也酝酿成熟并建立起来。如果说上清派得名于《上清经》，那么灵宝派则得名于《灵宝经》。"灵宝"一词在道教典籍中有三种基本意义：一是指精气，二是指人格化的神，三是指文诰。

有关"灵宝"系列的经典具有悠久史源。按照道门的说法，夏禹时有神人授予《灵宝五符》，东汉袁康所作《越绝书》也有类似记载，葛洪《抱朴子内篇·辨问》称《灵宝经》有《正机》、《平衡》等三篇。今所存《道藏》中有《灵宝五符序》，载其授受源流，大抵与《越绝书》同，说明《灵宝五符》由来甚古，即便经过后人润饰，也不会迟于汉魏之间。不过，道门关于古《灵宝经》的传授向来相当神秘，所以难以确认。直到东晋中叶，葛巢甫以古《灵宝经》为基础，造作出大批"灵宝"系经书并且收徒授业，灵宝派才具有明显的组织体系。葛巢甫是葛洪的重孙，关于他的生平事迹，史书未曾立传，道经涉及也不多。但是，葛巢甫因"造构《灵宝》"，而使"风教大行"却得到了道门的称赞。葛巢甫所"造构"的《灵宝》指的是《灵宝无量度人上品妙经》，该书的经文本来只有1卷，到了刘宋时期已经增加到55卷，今本则有61卷。这61卷书当然不是都出自葛巢甫之手，但由他首先"造构"却可以肯定。前人所谓"风教大行"说明葛巢甫时期不仅"造构"了新的经典，而且进行了大量的传教工作，跟随他学习的人很多，这才能"大行"起来。不论"大行"到什么程度，灵宝经系列经过一批人的传抄和推广而在社会上具有比较大的影响应该是事实。从经典的内容看，灵宝派吸收了当时佛学的许多内容，

---

① 关于神仙体系问题，将在下一讲详细展开，这里仅从上清派与天师道的区别方面略加说明。

如因果报应、三世轮回等等。在修炼方法上，灵宝派以符箓咒术为主，注重科仪典礼，许多斋醮形式成为后世的典范。

在魏晋之际，楼观派也具有比较大的势力。与上清、灵宝诸派不同，楼观派的名称是因为该道派的活动地点在陕西省周至县楼观台的缘故。为什么南北朝以前其他道派的名称大多出自其经典教义，而楼观派却得自地名呢？这是由楼观本身的历史地位所决定的。相传楼观是关令尹喜请道家先祖老子写作《道德经》的场所。朱象先辑录《古楼观紫云衍庆集》卷上《大元重修古楼观宗圣宫记》说："古楼观者，真人尹氏（尹喜）之故宅，终南名胜之尤者。按《史记》，真人当姬周之世，结楼以草，望气俟真。已而，果遇太上老君，延之斯第，执弟子礼，斋薰问道，遂受《道德经》二篇五千言焉。真经既传，大教于是乎起矣。"①按照这个说法，则老子是由关令尹喜请来的，而《道德经》就在当年尹喜修道的草楼中写成，这当然有纪念意义了。考《史记·老庄申韩列传》可知，老子过函谷关时的确得到关令尹喜的接待和请求；不过《史记》并没有说《道德经》是在楼观写的。不论老子是在哪里写作《道德经》，后世有隐居修行者在楼观研读《道德经》却是有案可稽的。

正如其他许多道派一样，楼观派也不是一朝一夕突发出现的，它经过了长期的积累，逐步形成并完备起来。据《终南山说经台历代真仙碑记》所载，秦汉间，这里已经有纪念老子的一些庙宇殿堂，也有修真问道之人汇聚，渐渐形成一种氛围。后有梁谌者，于魏咸熙（264—265）初来事郑法师履道，据说他"志尚高貌，精忱遐感"，于晋惠帝永兴二年（305）遇"太和真人"降其庭，授予《日月黄华上经》、《水石丹法》、《本起内传》等。这个资料还见载于《仙苑编珠》等书。所谓"太和真人"指的是尹轨，早先的许多道经说他是关令尹喜的从弟，是周朝人。由此看来，梁谌所"遇"的尹轨只是一种"扶乩降笔"行为，不过这恰好体现了楼观派的宗教特质。自梁谌之后，来楼观修行问道者日多，以至于形成了一个道教传播的重镇。

楼观派尊奉的主要经典是《道德经》。此外，其他如《老子化胡经》、《老子西升经》、《老子开天经》等也受到该道派的重视。该道派力主老子出关化胡成佛之说，其修炼方术兼收并蓄，而以服食草药更为普遍。后来该道派

---

① 《道藏要籍选刊》第 7 册，第 501 页，上海古籍出版社，1989 年。

归入全真道系统,探研内丹之学,亦颇有成就。

四　隋唐社会政治与道教的发展

历史证明,道教的兴衰与社会政治关系极大。早期是这样,发展时期也不例外。由隋至唐,道教的发展进入一个相当重要的阶段。在这个历史时期,统治者出于稳固封建政权的需要,在思想上采取儒、道、释"三教并用"的政策,从而推动了各自的学术探索。隋唐时期的道教由于受到官方的支持,其组织更加完善,传播更加广泛。为了方便,我这里准备从两个层面来说明:首先介绍隋唐时期统治者对道教的态度;其次阐述道教组织的情况。

（一）隋唐时期的统治者与道教

隋唐时期,道教的发展绝非偶然。要明白底细,可以从"图谶"问题入手来考察。所谓"图谶"是符图、谶语的合称,其内容大抵为符命宣传一类,于形式上多采字形离合、隐喻之法。此类形式,古已有之。隋唐之际,因改朝换代的社会变迁,图谶盛行于世,而有心于政权的人物则顺水推舟,加以利用。

隋开皇初,太原有以童谣形式出现的图谶,说:"白衣天子出东海。"杨坚即依此穿上白衣到了东海。此人为应谶说,便画五级木坛随身带上,且"常修律令,笔削不停"以事道。因为皇帝信图谶,所以诸多大臣也以张扬图谶而受到信任。史称,王劭数言符命,称陈留那地方的老子祠有棵枯柏,世代传说老子将出关的时候讲过,等待枯柏在东南向生出新的枝条并且回指,就会有圣人出世,道教将大兴于世。到了南齐的时候,枯柏果然从下面生出新的枝条来,上指东南。夜中有三个童子相和唱道:"老子庙前古枯树,东南状如伞,圣主从此去。"[1]那时杨坚仅为亳州刺史,为应谶意,便亲自到了祠树下,以标榜自己乃是"圣主",足见有皇帝欲望的人对这一类图谶是相当关注的。此后,杨坚登基,取道门劫历"开皇"[2]为年号,表明隋朝开基即已暗合道门之神学底蕴。

---

①　《隋书·王劭传》。
②　《隋书·经籍志》载:道教元始天尊开劫度人,"非一度矣,故有延康、赤明、龙汉、开皇,是其年号"。此等年号尚见于道门之《灵宝经》、《三洞珠囊》等书。

隋末,农民起义使杨家王朝受到沉重打击,李渊看准有利时机,也揭竿而起。时有《桃李谣》,流行广泛,几乎到了妇孺皆知的地步。歌谣唱道:"桃李子,皇后绕扬州,宛转花园里。巫浪语,谁道许!"①谣中所谓"桃李"系隐喻逃亡之李氏。早在隋末农民起义如火如荼兴起之际,世上便有"老子度世,李氏当王"的符谶流播,隋炀帝杨广深忌之,每每排斥李姓。李渊利用这种歌谣以应谶告,最终得了天下。此等歌谣谶语可能出于道门中人之手。据诸多文献所载,道门中人每于乱世时创作歌谣谶语且使之广为流布。如《大唐创业起居注》中便收录了蜀郡道士卫元嵩"桃源花"一类谶语,由此可证《桃李谣》之类谶语的流播具有深厚的道教文化背景。

隋唐时期,帝王不仅利用图谶为其夺取政权服务,而且也通过种种途径对道教大力扶植。首先是积极支持道观修建和道教组织的发展。关于这个方面,早在隋文帝杨坚在位时即已采取许多措施。据杜光庭《历代崇道记》所载,开皇三年(583),隋文帝"迁都于龙首原,号大兴城,乃于都下畿内造(道)观三十六所,名曰玄坛,度道士二千人"。除了京城之外,隋朝统治者对于地方上的道观建设也给予相当力度的支持。据欧阳洵《宗圣观序》所载,隋文帝曾经到该道观"沐芳礼谒,护门休征",他下令重修楼观宫宇,度道士一百二十人;诏命设立玄都观,以"田谷十老"之一的王延为观主,且提供了诸多优惠政策,使之可以更好地发展。隋朝之后,唐朝的统治者对于道教的支持比隋朝可谓有过之而无不及。李渊称帝后,一再宣称"李氏将兴,天祚有应","历数有归,实惟天命"②,他确认道教教主老子为李唐王朝的先祖,屡屡召见道门高士,封赏甚丰。为了提高道教地位,李渊甚至下诏,排定三教先后。《先老后释诏》中,李渊认定"老教孔教,此土先宗,释教后兴,宜崇客礼。令老先、次孔、末后释"③。这虽然仅是一道诏令,但因其确定了道教优先的位置,在整个唐朝道教发展中无疑起了极大的政策导向作用。此后,唐朝的大多数皇帝基本上按照这个既定方针大力扶植道教。

① 按,关于《桃李谣》,或称《桃李章》、《桃李子歌》,流传儿种变格,此所引出《资治通鉴》卷一八三。

② 《旧唐书·高祖本纪》。

③ 《续高僧传·释慧乘传》。

（二）隋唐时期道教组织的发展

与魏晋南北朝的情形有所不同,隋唐时期的道教不再打出新的组织旗号,而是巩固与发展。因此,我们考察这一时期的道教不能离开原有组织的线索。

隋唐时期,由于意识形态较为宽松,道教组织获得了更大的发展空间,各派组织的交流也加强了,从而促进了彼此的思想融合。

首先,从茅山宗的情况来看。茅山宗是上清派在茅山流衍的表现,或者说是上清派以茅山为发展中心的别称。在隋唐时期,茅山宗是道教主流派。自陶弘景之后,茅山宗发展迅速,高道辈出。其著名者有王远知、潘师正、司马承祯等。

王远知(530—635),一作远智,字广德,祖籍琅琊临沂(今属山东),后徙扬州。弱冠时即师事宗道先生臧矜,后来又随陶弘景学习道法。隋开皇十二年(592),当时尚是晋王的杨广镇守扬州时便派人召见了王远知,杨广登基当了皇帝之后又于大业七年(611)派遣崔凤举迎请王远知,相见于临朔宫。杨广执弟子之礼,请教神仙之事。唐高祖李渊对王远知也很器重,授予朝散大夫之衔,唐太宗为秦王时也从王远知受"三洞"道法。

潘师正(586—684),字子真,贝州宗城(一说赵州赞皇,今属河北)人。出身仕宦之家,自幼熟读六经,并得母口授《道德经》。隋大业间,师事王远知,得道门隐诀及诸多符咒法术。其思想主要见于《道门经法相承次序》中,这是唐高宗与潘师正在中岳逍遥谷的对话录。可见,潘师正与皇帝关系非同一般。

司马承祯(647—735),字子微,法号道隐,河内温(今河南温县)人,晋彭城王权之后。师事潘师正,隐于天台山之玉霄峰,自号"白云道士"等,颇受武则天、唐睿宗、唐玄宗等唐朝皇帝器重,但他无心于禄位,因此对力图通过隐居而出仕的卢藏用讥以"终南捷径",后来这句话成为隐居出仕的一个成语。司马承祯精通书法艺术,自创"金剪刀书",以三体写《老子》,刊正文句,一生著作颇多,主要有《修真秘旨》、《修真养气诀》、《坐忘论》、《天隐子》等。

隋唐茅山宗的传人大多出自士家大族,具有较高的文化素养。他们学了道法之后并没有厮守于茅山,而是迁移于各地名山,这就使茅山道法向各地流布。由于茅山宗传人大多出身仕宦之家,谙熟政治,故虽身居道门,也不忘名教世务。茅山宗历代宗师较重视理论研讨,他们的活动在总体上推进了道教理论的发展。

其次,从楼观派来看。自北周之后,楼观派日渐兴旺,尤其在隋唐更达到鼎盛状态。此时有道士歧晖为楼观派的兴盛打下了良好基础。

歧晖(558—630),京兆(今西安市)人,后更名平定。他于北周武帝天和五年(570)出家为道士。不久之后,由于武帝沙汰佛教与道教,歧晖被迫还俗。到了隋朝建国之初,隋皇帝复兴道教,歧晖复为道士。他师事通道观苏法师,得授三洞经法。《混元圣纪》卷八载,大业七年,隋炀帝"亲驾征辽",歧晖对门弟子说:"天道将改,吾犹及见之,不过数岁矣。"后数年,李渊起兵,歧晖将楼观台的粮草拿出来慰问唐军。高祖李渊得天下,因念歧晖相助之情,遂称其起兵反隋乃是"奉天承运",于是追认道教教主老子为其远祖,建宗圣宫为祖庙,楼观派更受到青睐。武德(618—626)初,唐皇帝敕修楼观宫宇,并赐田土十顷以充基业,又令改楼观为宗圣宫,以歧晖为宫主,赏赐甚多。武德七年(624),唐高祖李渊又亲自到楼观,祭祀老子。这对楼观派的发展无疑具有重要的推动作用。

歧晖"羽化"之后,唐高宗命宗圣宫道士尹文操任昊天观主兼知宗圣宫事。尹文操(622—688),陇西天水(今属甘肃省)人。少年起即学儒业,喜诵读《老子》《庄子》及《孝经》。稍长,则精心奉事尹真人庙,因读《西升经》《灵宝经》而深悟玄理,师事周法师。尹文操于楼观派道法探研相当勤奋,主要著作有《祛惑论》《消魔论》《楼观先师传》等。

隋唐间,楼观派著名道士大都与帝王关系密切。该道派素有崇尚"老学"(即《道德经》学)的传统。历史上,关于老子的诸多神话传说往往与该道派有关联。在理论上,该道派注意阐述老学"重玄"之理。《楼观本起传》称该道派"寻众妙之轨躅,慕重玄之指归",表明了该道派在隋唐间的思想旨趣。

复次,从天师道方面来看。作为符箓道法传授的主体,天师道自魏晋以来一直拥有广大的信众。由于发展的需要,天师道子孙约在隋唐间到了龙虎山故地①收徒授业,广传道法,由此衍生了天师道龙虎宗。从杜光庭《道

---

① 之所以称"龙虎山"为故地,是因为天师张道陵入蜀之前曾经在龙虎山修道。

教灵验记》所涉及的情形看,隋唐间,龙虎山已经成为天师道的重要基地。考唐代文献,我们也可以发现龙虎山对于天师道法的传播所起的突出作用。《全唐诗外编下》载有唐元和(806—820)初进士吴武陵《龙虎山》诗,其中有"五斗米仙真有道"的句子,徐锴撰《茅山道门威仪邓先生碑》称:茅山道士邓启霞于唐咸通十二年(871)到龙虎山请十九代天师来授"都功正一法箓"。这些资料说明,至少在唐代中后期,天师道的传播基地已经从巴蜀的鹤鸣山转移到龙虎山,并且具有相当突出的影响。

从以上几个宗派的情况,我们大体可以了解隋唐间道教组织的一些特点。这时,道士们学习的经典逐渐增加,并且注意进行社会政治交往,开展理论研讨,从而促进了道教组织的壮大。

五　宋元以来北方新道派

经历了唐末五代的动乱,道教的组织建设虽然也受到一定的干扰,但社会上的精神需求又推进了道教的演化与发展。尤其是北宋末,骁勇的游牧民族女真与蒙古族相继入主中原,沉重的民族压迫与阶级压迫给广大民众带来了难以承受的苦难。为了寻求精神安慰,一些饱经沧桑的落拓儒士遁入道门,且创立新的道教派别,为广大民众提供了新的精神避难所,一时皈依者络绎不绝。北宋末金元时期,在北方兴起的新道派有太一道、真大道教、全真道。现分别予以介绍。

(一) 太一道

在女真族进主中原之际,北方首先诞生的新道派是太一道。其创始人是萧抱珍(？—1166),又名元升,汲郡人。其祖籍与少年时代的事迹已不可考,但其创教活动在史籍中却多有记载。按王若虚《一悟真人传》的描述,萧抱珍在创教之前曾从旧派道士学习符箓秘法,并以此作为他立教和传教的主要方式。

萧抱珍所传的秘法叫做"太一三元法箓之术"。所谓"太一"本是神明之称,由来甚古,到了汉代,太一信仰就已经居于重要地位。按照传统的"九宫"格局,"太一"是居中以制外的至高无上的神明,因为"太"的意思就是最高,而"一"则意味着起点或者元始,所以"太一"神具有无与伦比的地位。道教产生之后，太一神也进入其神仙谱系，只是在北宋以前还没有以"太一"作为主神而形成的道派。萧抱珍所创立的道派的神学特征就在于确立了"太一"神的中心地位，并且把它塑造成为一位从天而降的救济苦难生灵的至上神。

以太一神的名义制作的"箓"就叫做"太一箓"，因该箓有三式，所以号称"三元"。三者，即为天、地、水，又为日、月、星，又为上、中、下，或天、地、人，早期天师道就有"三元金书玉箓"，分上中下三式，萧抱珍的太一三元法箓或许就是从天师道的玉箓演变而来的。

萧抱珍所创太一道与张道陵的天师道还有一个相似点，就是维护一姓之承袭。在太一道中，凡是太一三元法箓正传掌教人，如果原来不是萧姓，必须改姓为萧，这其实是模仿天师道的秘授之法。

自萧抱珍之后，传太一三元法箓者代有其人。其第二代是萧道熙，第三代是萧志冲，第四代是萧辅道，第五代是（萧）李居寿，第六代是（萧）李全祐，第七代是（萧）蔡天祐。此后，太一道逐渐衰微。

从萧抱珍创教到蔡天祐掌教期间，太一道之行世也有一个不断完善的过程。太一道领袖人物虽然从旧符箓派那里学到秘法，但并非仅此而已，他们还以太一为基本框架，不断充实或变革教义内容。在弘教过程中，他们倡导按照《道德经》守"柔弱"的思想原则办事，提倡笃信孝道人伦，以救济布施为乐事，对于以往社会上所存在的讲排场的浪费陋习加以纠正，太一道信奉天地混沌、至理纯一，所以应该归根还本。这既是古远淳朴遗风的体现，又反映了当时民众的现实要求。可见，太一道比较具有民众性。

（二）真大道教

太一道产生之后不久，河北又出现了另一个新道派，这就是真大道教。该道派原名"大道教"，由刘德仁创立于北宋末金初。刘德仁号无忧子，沧州人，于幼年即随母迁居盐山县，自幼读书能通大义。或许是由于社会动乱，刘德仁自小就被送进庙宇中"作物外游"。北宋亡国，金人统治北方，战争的苦难在这位敏感少年的心头蒙上了阴影。出于解脱世俗苦难的需要，他的内心萌发了以"道"教化世人的愿望。金皇统二年（1142），年仅20岁的刘德仁在一天拂晓，朦朦胧胧，似梦非梦，遇上一个须眉皆白的老者，乘青牛车，过其家门，拿出一本《道德经》，送给他，并告诫他："善识之，可以修身,可以化人。"据说老者说罢,投笔一枝而去,自此以往,刘德仁玄学顿进,大扬其道法,跟随的弟子很多。

刘德仁所创立的真大道教的宗旨,概而言之,就在于一个"真"字,它出于老子《道德经》"质真若渝"。按,"渝"字读若"输",宣泄之意。老子这一句话的意思是说:质地真朴,便可以通畅如水之泻。老子天真淳朴的思想对后来的道家与道教发生了深刻影响。真大道教之"真"正由此而来。怎样达到"真"呢?必须从扫除"不真"做起。因为在道家看来,人在婴儿阶段是最为纯洁质朴的。随着年龄的增长,人在社会中逐渐受到污染,真的东西逐渐失去,巧伪的东西逐渐多了起来,以致迷了本性。修真就是要明性而归本。为了达到"真",刘德仁要求真大道教的信徒进行伦理实践,修好人道。为了巩固真大道教,刘德仁教导其弟子要勤于耕作,主张靠自己的劳动来解决日常需要,他不言"飞升化炼之术",侧重于心地功夫。他为人治病主要靠默祷,烧一炷香,静默祈祷于天,心存诚意,恳礼而告,据说用这种办法为人治病还真治好了不少人。

刘德仁创立的真大道教在当时很受欢迎,投其门下者颇多。《真大道教第八代崇玄广化真人岳公之碑》称:"一时州里田野,各以其所近而从之,受其教戒者,风靡水流,散在郡县。"①这说明早在刘德仁创教之初,真大道教已经深得民心。金大定二十年(1180),刘德仁去世,由陈师世掌教,在任十五年;其后由青州东安人氏张信真掌教,在任二十五年;其后由毛希琮掌教,在任五年。到了金末元初,真大道教内部出现分裂。本来,在毛希琮病重时即将郦希诚从远方召进京都天长观袭掌教事,这应该是合乎真大道教的教门规矩的,但是当时的玉虚宫尚有李希安也称真大道教"五祖",并且拥有不小的势力,该分支不服从郦希诚的教令,郦氏站不住脚,只好到河北、山东一带继续传教,积蓄力量,经过十五年的努力,于戊戌年(1238)才战胜了所谓"逆魔",重新获得掌教地位。但郦希诚之后,真大道教内部并没有完全统一,时有天宝宫与玉虚宫两派势力,天宝宫一系由孙德福掌教,孙德福传李德和;玉虚宫一系以刘有明继任掌教,刘有明传杜福春。此两派势力相当,所以元代统治者对其掌教人都封真人号。杜福春之后,玉虚宫一系传

---

① 虞集:《道园学古录》卷五〇,《四部备要》本。

授不明，而天宝宫一系则仍见传承记录，至元十九年（1282），天宝宫岳德文掌教，继任者为张清志。但张清志对于谒请逢迎的礼节感到厌烦，便遁匿华山，推举两位赵姓与一位张姓者袭掌教事，但仅五年三人相继亡故，信徒只好把隐居华山的张清志找回来继续掌教，历时二十余年，真大道教有所复兴。最终因种种缘故，该道派在元末衰落。①

（三）全真道

全真道也是金初产生于北方的一个新道派。所谓"全真"，即全精、全气、全神。李道纯《中和集》卷三说："全真者，全其本真也。"《晋真人语录》说："若人修行养命，先须积行累功，有功无行，道果难成。"照此，则"全真"就是功行双全。全真道所讲的"功"也就是内功，所谓"全抛世事，心地下功"就是这个意思；至于"行"就是外行，即外在的行为，全真道以济物利他为外行的指归。功行双全，就是要内外双修。

全真道的创始人是王重阳（1113—1169），原名中孚。据说他长得高大雄壮，胡须长过腹，声音洪亮，面色如玉，很有福相。作为咸阳望族子弟，王重阳与大部分知识分子一样，早年也曾试图通过科举而跻身仕途，但他事金朝多年依旧是个"吏员"之类小官，仕途并不顺利。面对动荡的社会，王重阳十分同情劳动人民的坎坷生活，但他又无力改变恶劣的社会环境，于是辞官解印，黜妻屏子，遁入玄门。正隆己卯（1159）间，据说他遇异人于甘河镇，受其"点化"，从此尽断尘缘，过起神修生活。开头，他主要是根据吕洞宾所传的内丹功法进行修炼。他以"重阳"为号就是要去掉一切阴气而免于生死轮回。王重阳自构茅庵，穴居打坐。经过一段时间的神修之后，心灵产生了深刻变化，自觉种种灵异在心中产生，他深感前代祖师已经把弘教的重任交付给自己了。虔诚的信仰使他萌发创教念头，于是他开始走向社会，立志要化人入道。他采取了一系列非凡行动，奔波有年。大定七年，他放了一把火，将自我穴居的茅庵烧掉，婆娑起舞，浪迹江湖，一直走到胶东半岛，寻求门徒。在那里，他终于度化了七位大弟子，这就是马钰、谭处端、丘处机、刘处玄、王处一、郝大通、孙不二。这七人后来称为"北七真"。就在度

---

① 关于郦希诚之后，真大道教的传承情况，陈智超有《金元真大道教史补》一文，发表于《历史研究》1986 年第 6 期，考证颇详，可资参考。

化马钰的过程中,马钰为王重阳构造一修炼之舍,王重阳取名为"全真",这是王重阳第一次打出了"全真"旗号,标志着全真道的正式产生。

王重阳虽然也继承了旧道派的许多思想内容,但也作了变革。首先,从理论基础来看,与以往那种追求肉体成仙的理想目标不同,王重阳把神仙理解为"识心见性"的全真典范,除了修炼内功之外,更加强调伦理道德修养,倡导性命双修、三教合一。其次,在传教方式上,王重阳注意大众化,通过因人施教方式,取得特殊效果。复次,王重阳在组织上也进行了大胆的开拓,他领导七大子弟相继建立了"七宝会"、"金莲会"、"三光会"、"玉华会"、"平等会"等全真教会。

金大定十年(1170),王重阳"遗物离人",辞世而去,全真道由马钰掌教,至大定二十三年,共计十三年;继任者是谭处端,至大定二十五年(1185),共计两年;而后是刘处玄掌教,至金泰和三年(1203)止,共计十八年;丘处机是"七真"中最后一位掌教者,至元太祖二十二年(1227),共计二十四年。在"七真"传教期间,全真道形成了遇仙派、南无派、随山派、龙门派、嵛山派、华山派、清静派七个分派。元朝以降,全真道成为中国道教的一个大道派,与正一道并驾齐驱。

在动乱中产生的全真道,比较注重社会救济工作。全真道的领袖人物把利人济世当做修行全真道法的基本要求,尤其是丘处机掌教以来,全真道对社会救济活动更加热心,丘处机为了劝说成吉思汗止杀,不远万里,率徒弟北上,与成吉思汗会面。此后,全真道一直把善功作为修行的重要内容。在教理上,全真道虽然曾经有"不立文字"之说,但在具体的传教过程中却留下了大量的文字资料,建立了一套内丹心性学和系统的教制教规。

六　宋元以来南方新道派

任何一种学术思想或宗教的产生都有具体的地域文化氛围,而在流传过程中往往又因地域文化氛围的变化导致某些变更或分化出新的派系。所以,在宋、金、元三足鼎立时期道教在北方形成一些新派别之际,南方也出现了新道派。随着历史的变迁、政治经济诸因素的作用,南北新道派在一定条件下又发生融合或合并,从而呈现了多姿多彩的历史画面。

（一）白玉蟾与金丹派南宗

在王重阳于北方建立全真道的前后，南方也有一批道人潜心于性命修行理论的探讨和丹功修炼实践活动，从而形成一个以内丹修炼为特色的道派，称为金丹派南宗。该道派的主要活动地域是江南，因与北方的全真道相对，故称"南宗"。该道派祖述五代至北宋时期的道士锺离权和吕洞宾，而以张伯端（984—1082）为开派祖师。张伯端之后，有石泰、薛道光、陈楠、白玉蟾承传道法，信徒称张伯端以来五人为"南五祖"。正像早期金丹派的传授一样，白玉蟾以前虽然有内丹道法的秘密传授，但基本上是一人传一人或者二人，严格来说并未形成教团，只是到了南宋的白玉蟾才组织成一个较为严整的道派。

从渊源上看，金丹派南宗的确发端于锺离权、吕洞宾的内丹道法。锺离权道号和谷子，一号正阳子；吕洞宾，名岩，号纯阳子，自称回道人，世称吕祖或纯阳祖师，据说于唐末累举进士不第，遂萌出世学道之思，游长安，与锺离权相遇，锺离权通过玉枕催梦，启迪其于梦中悟道，所以有"一枕黄粱梦"的典故流传于世。后人编纂锺离权与吕洞宾探讨道法的言论记录，成《锺吕传道集》。这部书在金丹派南宗之内授受不绝，张伯端的《悟真篇》继承和发展了锺、吕的道法，为后世金丹派门人所推崇。

在组织与思想建设方面，白玉蟾的活动也颇受道门称颂。白玉蟾（1194—1229），世为闽人，因其母曾梦玉蟾，所以有玉蟾之名。其祖父任于琼州，所以白玉蟾生于海南，自号海琼子，后来于武夷山传道，又号武夷散人等等。据说白玉蟾幼举童子科，长游方外，师事翠虚子薛道光九年，方得其传授。薛道光去世之后，白玉蟾往来于罗浮、武夷、龙虎、天台诸名山，平日蓬头跣足，神清气爽，善草书，能作画，一生著作很多，有《上清集》、《武夷集》、《海琼问道集》等行世。

金丹派南宗以张伯端《悟真篇》的内丹修炼理论为基础，在思想上也提倡"三教合一"，以道禅融通和先命后性为旨归。白玉蟾深化了张伯端的丹道宇宙论，强调心性修炼，进一步融摄神霄雷法，将法术与内丹修炼相结合。元代以来，金丹派南宗与北方的全真道发生理论的融合，对于后来的道教思想建设具有比较突出的促进作用。

（二）江南符箓新派与净明道

江南本来就是符箓道派形成与发展的主要基地。早先，天师道虽然由于曹操等统治者的操纵而蔓延于北方，但后来该道派的领袖又南渡至江西龙虎山，形成了正一天师道龙虎宗，而原来的灵宝派与上清派从总的情况看也属于符箓派，它们在南方曾经颇为流行，这就为符箓派的分化和创新奠定了基础。同时，流传于南方的内丹派也注意运用符咒来为内丹修炼服务，这就促成了丹法与符咒秘法的相互融合。在这种背景下，出现了许多以符咒为主要修持手段并且兼容存想与内丹修炼的新符箓派，其中最主要的有神霄派、清微派、净明忠孝派。

神霄派形成于北宋末，肇始者是一位不知名的道士，后来因林灵素的推行而大行于世。林灵素，字岁昌，温州永嘉人，政和末，奉召入宫。他向宋徽宗宣传"神霄"境界，以宋徽宗为神霄玉清王者、上帝之长子，称自己是玉清王者的弟弟，号青华帝君。宋徽宗欣赏林灵素的一番说法，赐号"通真达灵先生"，下令全国皆建神霄万寿宫。神霄派以行雷法为主，行风火山水土的五雷秘法。林灵素之后，传授五雷秘法的有王文卿、萨守坚、王嗣文、高子羽。其后，历有传授，至元代有徐无极、邹铁壁等先后受学于斯法。

在江南由上清、灵宝、天师三宗符箓派分衍而出的另一重要符箓支派为清微派。正如其他诸多道派一样，该派也将其传授系统推至极早。"清微"之名，出于道教仙境说，以为元始天尊居于"清微天"，故所传之法为清微道法。学术界认为，清微派在早期基本上属于单传性质，直到黄舜申，其教派组织才成立起来。黄舜申（1224—?），名应炎，字晦伯，舜申是他的法名。黄舜申是福建建宁人，出身闽中世家，少通经史百家之学。于广西幕府侍父之际，染疾，遇南毕道，以符疗之。病愈，南毕道授予清微雷法。黄舜申继续传布该法，有弟子百余人跟随学习，宋理宗还召见了黄舜申，足见当时他在社会上有一定影响。

江南有关符箓派新的分支还有天心派、东华派等等，限于篇幅，不作介绍。这里想再稍作论述的是净明道。

净明道，又称净明忠孝道，是产生于南宋时期的一个南方道派。净明道的名称，该道派的经书已有解释，如《灵宝净明新修九老神印伏魔秘法》以为净明乃是得日月之光明，天地之本根，由此则阴阳相感，道体圆虚。

净明道的产生有一个比较长的过程。它是在民间许真君信仰的基础上发展起来的。许真君信仰在晋代已经形成。他是江西南昌人，学过道教法术，是东晋的著名道士，曾经当过蜀郡德阳县令。当时正值瘟疫流行，许逊植竹水中，以符咒神方拯治，被救活的人很多，所以许逊受到老百姓的拥戴。他在世时蜀民为了感谢其恩德，立生祠祀之。不久，因感世道衰乱，许逊弃官东归。蜀民念其德化，于起行之日，多"赢粮而送"，有的甚至跟随许逊到了江西南昌服劳役，改其姓为许，故而形成了"许家营"。人们对许逊的信仰久而久之发展成为一种宗教情感，许逊因此也被神化，其神迹在四川、江西一带广为流传。早在宋代以前，民间朝拜许逊已经成为一种习俗。据传，许真君精于杀蛇斩蛟之术，有弟子十一人，在江西多次为民除害，此类传说后来都成为道教建立许逊信仰教团的神话素材。唐代以前，许逊信仰在民间已经相当盛行，甚至受到朝廷的重视。于是，许真君最终被纳入道教神仙谱系。

到了南宋时期，由于战乱，玉隆万寿宫道士便托以许逊降世，建立净明道。其始作俑者是何守澄。据说何守澄得许真君降授《飞仙度人经》、《净明忠孝大法》，建翼真坛，传度弟子五百余人。到了元朝，道士刘玉再度扶乩降笔，度人传教，推进了净明道的发展。净明道以忠孝为修持的入门功夫，以忠孝神仙为理想典型，具有比较明显的伦理道德色彩。

综上所述，可知在长期发展过程中，道教不论在北方或南方都衍化出一些新的支派来，在理论上往往也因新的支派的出现而推陈出新。还必须看到，在一定条件下，新旧道派又发生融合或合并。正当全真、太一、净明诸道派改革教规、教义，不断发展壮大之际，原有的道派如天师道、上清派、灵宝派也大力发展教徒，扩大影响。渐渐地，各个道派的道士增进往来，促进了彼此教理的融通。

【复习与练习】

1. 什么是符箓派？早期符箓派主要有哪些组织方式？它们是如何发展与演变的？

2. 如何看待《太平经》在符箓派中的地位与作用？

3. 什么是金丹派？《周易参同契》与早期金丹派有什么关系？

4. 如何从社会政治背景来认识与理解道教组织派别的演变？

5. 试比较唐末以来南北道派的特点。

【参考读物】

1. 卿希泰主编:《中国道教》第一册,知识出版社,1994 年。

2. 胡孚琛:《魏晋神仙道教》,人民出版社,1989 年。

3. 詹石窗:《南宋金元的道教》,上海古籍出版社,1989 年。

第四讲

隐喻深远的神仙信仰

【学习目的】 了解神仙观念的由来与演变，从神仙故事透视道教的理想寄托，分析道教组织在神仙体系完善过程中的作用，认识道教神仙谱系的结构，从神仙功能的行业化与扩展化看先民的生命意识。

前面三次课，我介绍了道教的一般情况。从这一讲开始，我们将比较具体地讨论道教文化的一些专题。这些专题，是由前面三讲所涉及的基本概念或命题引申发展出来的。从什么专题入手呢？我经过一番考虑、比较，觉得应该在讲了"道派"情形之后紧接着再深入一步考察神仙信仰，因为神仙信仰是道教文化的"龙头"，有了神仙信仰的推动，道教文化才逐步发展和丰富起来，所以我们考察道教文化是不能不分析神仙信仰的。事实上，我在前面三讲中都以不同的方式涉及了神仙信仰的命题。在这门课程中，这是难以回避的，所以就干脆把它铺开，深入一步分析吧。

对于神仙问题，大家应该是不陌生的，因为无论是古代的小说、戏剧、诗词还是现代的文学创作都塑造了不少神仙艺术形象，只要有一定阅读经历的人就会对此有所感受，有所认知。不过，文学作品毕竟不能代替历史典籍，更不会以理论形态来展示神仙形象所代表的思想，所以我们还是有必要讨论道教神仙信仰的内容。有人看到这一讲的标题，或许会不由自主地说："先生，您在大学讲坛上如此公开谈论神仙信仰，这恐怕有宣传宗教之嫌疑吧？"这是预料之中的问题。不过，我要告诉大家，既然神仙信仰是一种文化现象，我们如果一无所知，那是难以全面把握中国文化的内涵和整体结构的。

首先应该说明的是"隐喻"这两个字的含义。所谓"隐喻"就是以隐晦的方式对意义的表征。我用"隐喻"来形容神仙信仰，一方面意味着神仙信仰的文化内容并不都是明白昭示的，而是以象征的法度来体现的；另一方面则意味着神仙信仰并非与人类的现实生活毫不相干，而是人类心灵世界的一种符号体现。抓住这一点,我们就不会被那些外在的纷繁复杂的神秘现象所障蔽。现在,我们就来具体发掘神仙信仰的文化内容。

一 先民超越生存局限的生命律动

大家知道,人类的各种观念不是从来就有的,而是在一定历史时期形成的,神仙观念也是如此。早在先秦时期,神仙观念已经伴随先民们的现实生活而流行。道教继承了传统的神仙观念,并且把这种观念发展成为一种具有系统意义的信仰。这个神仙信仰体系蕴涵着道教对宇宙、人生与社会的认识和思考。然而,在上古时期,"神"与"仙"本是两个相互区分的概念,后来才连通起来。为了发掘神仙信仰的思想内容,这里有必要对"神"与"仙"的本原意义及其由来略作考述。

(一) 从神、仙的独称到神仙连称

什么是"神"呢?《说文解字》谓:"神,天神引出万物者也,从示,申声。"照此,则最初的"神"是存在于天上的一种超越人类的力量,它的功能是"引出万物"。所谓"引出"意味着"生"。因此,古人心目中的"神"实际上具有万物化生的母体意义。既然能够生化万物,那就意味着"神"的功能大大超越了人的能力,因为人类尽管能够制造工具甚至发明器物,但此类东西都没有智能,而神所"引出"的万物之中还包括人类以及那些能够奔跑嚎叫的动物,可见,在先民的心目中,"神"的功能要比人大得多。甚至可以说,人所无法完成的功能最终都由神来完成了。

人为什么需要具有强大功能的神?就是因为人在茫茫宇宙之中自身能力有局限,面对各种无法控制的自然力,人的生存受到威胁,恐惧的情感油然而起。为了使自己的恐惧情感得到疏导,人在自我意识的同时分离出一种独立于人之外的精神力量,这种力量在梦境意象的刺激下,通过人自身意识的整合,逐渐形成了一种可感受的精神实体。为了显示这种精神实体的样态,先民们借助自身的形躯和种种可以感觉到的形象来表达。于是,神就有了可以代表的符号。从大量的资料来看,神的最重要的符号形式就是人自身的形体。所以,我们看到,先民们所崇拜的神,经过一定的历史时期大多具有人的形象特征。当然,先民们所崇拜的神是很多的,其外貌并不是单一的,有的神具有三头六臂,有的神具有虎、狗之类动物形态。不论神具有什么形态,它们的存在实际上代表了一种超越人的生活的力量。

至于仙,在最初只不过是一种特殊的"人"。仙字,上古时期写作"企"。《说文解字》谓:"人在山上兒"。这个"兒"乃是"貌"的古字。根据许慎这种解释,"企"是象形,表示的是人在山上的样子。引申而言,"企"有高举上升的意蕴。仙在古代又作"僊",《说文解字》谓"长生仙去"者为僊。《庄子·天地》说:"千岁厌世,去而上仙。"可见,仙的本义一是指长寿,二是指轻举上升。在汉代,"仙"字已行世,它指的是迁入山之老而"不死"者。这说明在很早的时候,就有进山隐修的人,他们站在山巅,周围云彩飘动,仿佛轻举上升于云天,这或许就是仙的观念产生的视觉基础。

仙与神,这两个概念既有联系又有区别。从某种角度说,仙可以看做特殊的神,因为在古仙谱中天仙一类都具有神的品格。但到了具体场合,仙又有许多与天神所不同的内涵。一般地说,仙主要是指通过修炼而有所谓"不死"或"死而复生"之"功能"的超人。而神的由来则不必是人,天地自然万物皆能为神。神侧重于"灵性"方面,仙侧重于"形性"方面。

人类的本能救护是仙的观念的基本前提,而人类中长寿者的存在则是仙的原型。我国很早以前就有追求长寿的希望和实际行动,古文献对此有不少记载。《黄帝内经·素问·上古天真论》说:"上古之人,其知道者,法于阴阳,和于术数,食饮有节,起居有常,不妄作劳,故能形与神俱,而尽终其天年,度百岁乃去。"这就是说,上古的人们,知道养生的道理,能够取法于天地阴阳,调和五行术数,注意饮食起居,保持其规律性,所以能够活到百岁以上。《内经》的话反映了古代人们"尽天年"的愿望。本来,这是符合生命发展规律的。然而,一旦延长生命的愿望扩充起来,就有可能发展为不死的追求,而当这种追求转化为行动时,仙的观念产生也就有了客观基础。

在先秦古籍中,"神"与"仙"有比较严格的区分,但到了秦汉时期,神与仙开始连称,彼此的界限渐趋于模糊。《史记·封禅书》载:"其明年,东巡海上,考神仙之属,未有验者。"这里所讲的"东巡"是指秦始皇率领众官往东方海上巡视,可见最迟在战国末期,神仙已经连称了。就结构来讲,"神仙"是一个词组,既可以当做并列词组看,也可以当做偏正词组看。就并列的角度而言,"仙"是超人的升格,因为有超人的功能,所以能够与神比肩;

就"偏正"的角度而言,"神"作为"仙"的修饰,落脚点则在"仙"字上。当"神"成为"仙"的修饰语时,"仙"的属性便通过"神"的功能而显示出来。这时的"仙"是指那些具有超越凡人功能的特异者。道家的所谓神仙,侧重于后一种意义,它反映的是先民的寿老追求和扩展能力的愿望。

(二) 道教神仙与人类摆脱生命局限的企盼

在道教的思想文化建设过程中,一个重要举措就是把上古时期的各种神明搜罗到自己的信仰体系之中,同时又把那些长寿的典型当做效法的对象。于是,追求的目标便有了具体可感的故事形式。事实上,早在道教组织勃兴之前,神仙故事已经开始结集流行,影响最大的要算署名刘向撰的《列仙传》。从内容上看,《列仙传》有两个鲜明特点:第一,进一步把古代传说中的"神"予以仙人化。顾名思义,《列仙传》就是专门为仙人作传的。凡在书中立传的,都可以看做仙人。然而,只要对照一下先秦子书以及其他有关经籍,不难发现,《列仙传》所谓"仙人"有相当一些是从古老传说中的神转变过来的。如黄帝,在早些时候是作为天帝和英雄祖先之神而受到崇拜的。到了《庄子》,开始把黄帝作为长生不死的典型来塑造。在《列仙传》中,黄帝已经是一个由帝王修炼而成的仙人典范了。第二,说明登仙过程是殊途而同归的。《列仙传》凡两卷,其时间跨度相当长,上自神农时雨师、常止西王母石室的古仙人赤松子,下至汉成帝时"病死而复生"的谷春。其分布的地域也相当广,遍及齐、晋、巨鹿、梁、洛、华阴、陇西、汉中、楚、会稽、丰、象林、巴蜀等广大地区。其仙人的形象也是各种各样的:有上等阶层的人物,如王子昌容、大夫彭祖,也有下层劳动者、商人,如养鸡的、沽酒的、卖草履的、铸冶的、卖药的、贩珠的等,还有少数民族,真是应有尽有,洋洋大观。在漫长的时间和广阔的地域中,不分男女贵贱,只要能够得到一种仙术,虔诚地修炼下去,就能获得"仙果",或服食草药金丹,或主施导引行气,或积德行善为人,若能自始至终,心坚如石,必有"佳音"。《列仙传》通过几十个仙人形象的塑造,试图向人们表明:仙门常开,心诚则灵;虽贵贱有别,但仙法平等。《列仙传》不仅是道教神仙故事的来源,而且成为道教的经书,后来的《道藏》把《列仙传》作为一部重要的典籍收入其中,并且对道教神仙故事传说的创造起了示范的作用。

神仙观念的流行,反映了先民复杂的思想面貌。毋庸置疑,在众多神仙故事中,我们可以感受到先民们对于自身有限能力的无奈。为了生存,先民们不得不与各种自然力进行斗争。尽管先民们可以在自然界获得许多果实,饱餐一顿,并且生发出某种自豪感,但自然力在总体上无论如何要比先民们的身体能量强大得多。在从自然界获取物质来补充自身能量时先民们也耗损了能量,外部环境中的各种恶劣因素给先民们的生存造成了极大的压力,先民们在与巨蛇、猛虎之类动物斗争时容易丧失生命,山洪、干旱等自然灾害致使疾病流行,先民们的生命在恶劣的环境下往往过早夭折,这使他们不仅感受到生存之不易,而且感受到生命的有限。不过,应该看到的是,先民们并没有在猖獗的自然力面前完全丧失生活的信心,相反,他们通过种种办法来尽量延长生命,并且获得了某种成效。这使先民们不仅增强了信心,而且开始在思想王国中自由驰骋起来。于是,当老辈人的肉体死亡时,生者希望主导生命的灵魂继续存在,希望这种灵魂能够得到新的形体的寄托;另外,先民们经历了死亡的悲哀之后,抗争死亡的意识也萌发了。他们通过讲故事的办法,塑造了各种各样的神仙,有的神仙能够隐潜入地,有的神仙无翅而飞,有的神仙能够坐致风雨、划地为河,有的神仙不怕火烧,有的神仙不怕水淹。在先民心目中,神仙至少有一技之长。先民们之所以赋予神仙超人的技能,是因为他们体会到自身能力的不足,所以通过观念意识的自由创造来补偿。从形式上看,古老的神仙故事大多是荒诞的,但这种荒诞却折射出先民们希望扩展自身能力和延长生命的要求。

二 神仙:道教的理想典型

我在上面列举了《列仙传》的例子,其目的是想说明:作为道教产生的前奏,先民们已经通过故事形式来表达生命理想,企图超越生存的局限。道教正是在这样的基点上整合了先秦各种资料来创造生命境界的。

(一) 人生病痛的叹息与不死的追求

检索一下道教早期文献,我们可以发现,道门中人一方面对生命局限表示了强烈的感叹,另一方面又积极地寻找摆脱局限的途径,这种观念明显地反映在神仙意识之中。如《太平经》说:"人生比竟天地几何,睹病几何,遭厄会衰盛进退。"①又说："夫天地之间,时时有暴鬼邪物凶殃尸咎杀客,当其来着人时,比如刀兵弓弩之矢毒着人身矣。"②《太平经》面对人世间所发生的诸多灾难苦痛疾病,意识到人生短促、生存不易,大力宣扬生的可恋、死的可惧。它认为要逃脱死亡,就必须努力修行,这样才能免于糜溃,成为"种民",长生成仙。

《太平经》对神仙的超人能力和自由自在、无忧无虑的生活作了引人入胜的描绘,认为神仙可以"长存不死,与天相毕"③,可以"变化无穷,超凌三界之外,游浪六和之中"④。在《太平经》作者的笔下,神仙具有凡人所没有的各种神奇本领,足以弥补人类的种种缺陷。从思想上看,《太平经》的神仙理论有三个特点:一是继承了古代的天神信仰,并把它与先秦道家的宇宙根源说和本体论结合在一起;二是继承了古代原始的宗教神灵思想;三是认为人可修炼成神仙。在《太平经》看来,人出生时"与天地分身",禀道以为本,人身中有与道同性的实体,即精、气、神、一,精、气、神三者皆为先天所受之元气(道),三者"共一位也,本天地人之气",且"三气共一,为神根也"⑤,因此,人可与道共存而永恒不朽。《太平经》这种神仙思想反映了早期道教摆脱世间苦难、追求生命完善的境界,对后来的道教神仙理想与生命典型之塑造具有很大的影响。

(二) 从早期神仙传记看道教的理想追求

为了摆脱人生短促的局限,与死亡抗争,超越能力不足的藩篱,道教不仅在早期就进行了神仙理论建设,而且对上古各种神仙故事加以整理。除了《列仙传》这样的作品直接成为道门中人延年益寿的典范之外,自魏晋开始,由于修道实践的频繁展开,各种修道人物故事也渐渐地被赋予神仙的意义。于是,许多原本是修行的凡人者开始升格为神仙,成为道门中人效法的楷模。例如晋代的葛洪在潜心修道理论的研究时也不忘记为其信徒们提供

---

① 王明:《太平经合校》,第294页。
② 同上书,第297页。
③ 同上书,第306页。
④ 同上书,第8页。
⑤ 同上书,第728页。

具体可感的神仙故事,他经过一番搜罗,撰写了十卷《神仙传》①,以生动和简洁的笔调塑造了修道者的形象。

葛洪《神仙传》是在搜集、整理汉晋间广泛流行的神仙传记的基础上写成的。他在自序中说得很清楚:"予今复抄集古之仙者,见于仙经、服食方及百家之书,先师所说、耆儒所论,以为十卷,以传知真识远之士。"这说明他收集的资料既有文献方面的,又有传闻方面的。

两汉以来的神仙传记,除了颇具影响力的《列仙传》之外,还有其他不少类似的撰述。从汉末应劭《风俗通义·姓氏篇》所引的佚文看,在葛洪前已有一部《神仙传》。如沃氏、东陵氏、帛氏等姓氏均取例于《神仙传》;张华《博物志》卷四《药物》亦引《神仙传》云:"松柏脂入地千年,化为茯苓,茯苓化为琥珀。"它们均不见于今本葛洪《神仙传》,很可能出自葛洪之前的《神仙传》。葛洪亦曾言及茯苓事,故其《神仙传》恐有所取资于此。②

葛洪《神仙传》的宗旨,不言而喻,是要向学道之人证实:在广袤的环宇中,虽然神仙幽隐,与世异流,但并不是不存在。用葛洪自己的话来说就是要表达"仙化可得,不死可学"③的思想。在世人看来,神仙之事实在"虚妄",就是有些以为仙道可学的修炼之士也会由于学仙试验的失败而产生疑虑。这种疑虑的发展势必动摇道教的根本信仰。因此,在葛洪看来,对于神仙之事,不仅要有一套理论的证明,更要有经验的证明,要为世人提供比较确实可靠的典型,以供效法。在葛洪笔下,仙人神通广大。比如在《王远传》中,作者写了仙人王远和麻姑同降于蔡经家事,蔡经见麻姑手爪似鸟爪,心想要是自己背大痒时有此爪扒背真妙极了。仙人王远即刻知蔡经心中所想,便于暗中以意念牵着蔡经鞭打,训斥他何以要仙姑替他扒背。如此,蔡经知其意而不见其鞭。再如班孟学仙人,葛洪说他能飞行终日,又能坐于虚空中与人谈话,能钻进地中,又能以手指刺地成井,汲水饮之,能吹人屋上瓦片飞入人家,又能口含墨水喷纸,皆成文字……像这种"神奇功效",

---

① 《神仙传》一书的卷数,按《抱朴子外篇·自叙》以及《神仙传·自序》、《晋书》葛洪本传的说法,为十卷;《隋志》杂传类亦著录为十卷;历代著录亦多为十卷,另有《崇文总目》道书类、《通志·艺文略》道家类、《国史经籍志》道家传类著录有葛洪《神仙传略》一卷,当为《神仙传》之节本。本次修订采用胡守为《神仙传校释》本,中华书局,2010年。

② 参看李剑国:《唐前志怪小说史》,南开大学出版社,1984年。

③ 《神仙传·序》,《四库全书》本。

似乎所有仙人都具备，只不过形式不同而已。这在常人看来实在难以理解，而葛洪则大肆进行这种描绘，以显示仙人异于凡人。

在对仙人超凡本领进行描绘时，葛洪对每个仙人的成仙路径和方法也都有或多或少的说明或暗示。有的是导引行气，有的是行房中之术，有的是清静守一，有的是精思交神，有的是辟谷食气，有的是胎息归真……似乎"条条道路可通仙"。

作为丹鼎派传人，葛洪偏爱炼丹服食之法。综观十卷仙传，可以发现，因炼丹服食或以此为辅助而升仙的占据大半。《神仙传》卷八《刘根传》中有一段话尤能表明他的丹鼎派立场：

> 夫仙道有升天蹑云者，有游行五岳者，有食谷不死者，有尸解而仙者。要在于服药。服药有上下，故仙有数品也。不知房中之事，行气导引而不得神药，亦不能仙也。药之上者，唯有九转还丹，及太乙金液，服之皆立便登天，不积日月矣。其次云母、雄黄之属，能使人乘云驾龙，亦可使役鬼神，变化长生者；草木诸药，唯能治病补虚，驻年返白，断谷益气，不能使人不死也，高可数百年，下才全其所禀而已，不足久赖矣。

从"仙化可得"的基本宗旨出发，葛洪在塑造神仙人物形象时较为注意相衬手法的应用。如卷二《吕恭传》写吕恭少好服食，带一奴一婢于太行山中采药，偶遇吕文起、孙文阳、王文上三位仙人，于是随之而去仙界。三天后，仙人授吕恭秘方一首，并吩咐他去探望一下乡里。吕恭即拜辞。临行，三位仙人对吕恭说："公来虽二日，今人间已二百年。"吕恭归家，仅见旧日空宅，子孙无复一人。有乡里数世后人赵辅相遇，恭问其家人何在。赵辅反问他从何而来，怎么问起如此久远的人。吕恭经过多方寻找，最终找到了二百年后自己的后裔吕习。这一则记叙把人世的时间与仙世的时间作了鲜明的对照，以示人世的短暂、岁月流逝之迅速。这种情况在卷三《王远传》里写得更为生动：

> 麻姑自说："接待以来，已见东海三为桑田。向到蓬莱，水又浅于往者，会时略半也，岂将复还为陵陆乎？"方平笑曰："圣人皆言，海中行复扬尘也。"

任何事物都在变化之中，小至微观的细胞，大至宏观的宇宙，无不如此，这本是客观世界的发展规律,我国先民早已认识到这一点。沧海变桑田、桑田变沧海的传说正包含了先民对变动不居的宇宙的素朴认识,葛洪则将此传说拿来为说明仙界的永存服务。在他看来,人世如流水,在不断而迅速地流转;然而,在万变之中有不变者在,麻姑正是找到了这个不变的灵气,故能够长存,目睹沧海桑田的交替。经过这样一番组织之后,不变与变、短暂与长久之间的对比便具体而形象了。

三 道教组织与神仙体系的互动

从道教的经典可知,道教的神仙形象不仅通过传记的形式得到展示,而且在讲述修炼之理、表达消灾解难的诸多作品中体现出来。这样,神仙的数量就不是固定不变的,而是随着时间的变更而有所不同的。如果我们进一步追溯,就会发现,神仙体系与道教组织的发展是密切联系在一起的。

（一）道教组织对神仙体系壮大的推动

在道教初创的时候,有关神仙的专书并不多。一些能文的道士编纂神仙故事主要是从上古文献寻找资料。但从魏晋开始,情况却有很大的变化。有关神仙故事的作品逐渐增加,既有专门化的传记作品,又有杂史杂传的作品。此外,那些关于地理博物、法术传承、斋醮科仪之类的作品也多涉及神仙之事。神仙体系为什么会不断扩大呢? 这固然有许多复杂的因素,但与道教组织本身的发展是分不开的。关于这一点,我在上面所介绍的《神仙传》一书已经有所反映。如书中就专立五斗米道首领张天师、金丹派方术专家魏伯阳等人的传记,说明此等人物在早期就已经神仙化了。其实,这种把道教组织中的著名人物神仙化的倾向并非仅仅在葛洪的《神仙传》中表现出来,其他诸多作品大抵也是这样。尤其是《洞仙传》更是此类作品的典型。

《洞仙传》是六朝时期重要的道教传记类作品。根据《隋书·经籍志》、《旧唐书·经籍志》、《新唐书·艺文志》等记载,《洞仙传》本有十卷,但在流行过程中却多有散失,《云笈七籖》卷一一〇、卷一一一节录《洞仙传》部分内容。即便如此,我们从《云笈七籖》所节录的部分内容中仍然可以看出道教组织的时代色彩。例如书中写郑思远:少年时代是个书生,喜欢律历、物候纬书。晚年跟随葛孝先学习《正一法文》、《三皇内文》、《五岳真形图》、《太清金液经》、《洞玄》、《五符》，入庐江马迹山隐居。据说他"仁及鸟兽"①，所居处的山头，有一只母老虎生了两只小老虎，山下的居民设法抓住了母老虎，公老虎逃脱了，剩下两只小老虎没有食物，郑思远不忍心，就把小老虎抱回山舍喂养，公老虎知道了这种情况就来投奔郑思远。后来，郑思远每次下山，就骑着公老虎，两只小老虎则驮药箱和衣物相随。有一次，郑思远骑虎到了永康横江桥，遇上一位老相识，即停下来在桥边温药酒喝，老虎很配合，帮助捡柴。突然那位老相识牙齿疼得厉害，向郑思远求虎须，以便插在牙缝间止痛，郑思远一示意，老虎就乖乖躺下，让郑思远拔胡须。——这个神仙故事颇具传奇色彩，我们姑且不必追究骑老虎的真假问题，单从经书的传授就可以看出故事的流传与当时道派组织的密切关系。其中所涉及的葛孝先(葛玄)是金丹派传人，郑思远既然跟随葛孝先学习，就证明他也是金丹派传人；其次，郑思远跟随葛孝先学习的经典中有《正一法文》，这本是天师道派的经典，在金丹派中传授天师道派的经典，反映了各道教组织在经典传授上是相互交错的，也说明了神仙故事的流传具有广阔的道教组织背景。根据《云笈七籤》的摘录，现存的《洞仙传》共有神仙故事77篇，其中的徐季道、赵叔期、毛伯道、刘道公、周太宾等23人的资料，来自上清派茅山宗创始人陶弘景所撰《真诰》，这从一个侧面反映了上清派茅山宗的活动对于南北朝时期神仙体系的壮大具有突出的推动作用。②

（二）神仙体系对于道教派别组织发展的引导功能

道教组织对于神仙体系的壮大具有推动作用，而反过来看，神仙体系的扩展对于道教组织的兴盛也具有特殊的引导功能。因为道教组织的核心是修道者，神仙典型建立起来了，被引导来修道的人也就会增加，于是道教组织便随之而兴旺。关于这一点，我想以上清派茅山宗为例来加以说明。上清派修持的一个重要方式是通过冥想，从而与神明沟通，获得所谓"神启"。该道派的许多经典实际上就是这样创作出来的。被奉为上清派祖师的魏夫人据说在独处时就雅好降灵活动，所以有许多仙真来与她对话，暗中传授修

① 《云笈七籤》卷一一〇,《道藏》第22册,第751页。
② 参见李丰楙:《六朝隋唐仙道类小说研究》第四章,台湾学生书局,1986年。

道的秘诀。其后继者杨羲、许谧等人也模仿这种方式,并且对于神明感应的事迹进行了认真的记载。到了陶弘景的时候,他根据杨羲、许谧等所留下的资料,重新进行整理,成就了《真诰》一书。按照该书的《叙》所说的,所谓"真诰"乃是真人口头面授的诰语。该书的笔法是标明某月某日有某仙真下降,并且详细记录下降时所秘授的口诀。将《真诰》前后连贯起来看,人们将会产生一种感觉:那些所谓下降的"仙真"本来也是修道者,后来就成为了神仙。于是,这些神仙就成为后人效法的榜样。值得注意的是,《真诰》除了注意记录仙真口诀之外,还常常有关于仙真修道故事的描述,如该书卷五称:晋初有真人郭声子在洛市中作"卜师",那时有刘、石、张、臧四姓的人都想学道,他们经常感叹不能遇到名师指点,于是暗中鼓励自己应该谨慎从事,以便名师暗中考试的时候不会错过。另外,书中还叙说了许多仙真在最初是如何遇上各种麻烦,但由于能够坚定意志,最后得道升仙。在此类故事中,我们已经难以分清故事的主人公到底是仙真还是修道者。实际上,他们在不同时期具有不同的身份,如果说早先他们是作为修道者的话,那么后来他们则成为后继者顶礼膜拜的仙真了。由于书中故事以相对朴素的形式陈述了修道者向仙真升格的可能性,这实际上对于人们修道具有特殊的诱导作用。因此,我们阅读神仙传记以及道派历史文献就会发现,那些在冥想中接受仙真降示的修道者后来往往变成了仙真。然后,他们的事迹又进入新的仙谱,成为以后的修道者的楷模,如此推进,道教组织也获得了发展。

四 道教神仙谱系的结构

应该指出的是,神仙谱系虽然是伴随着道教组织的发展而发展的,但其推动力并非仅仅是由于神仙可以为修道者树立理想典范,而是具有多种多样的原因。因为人的生存具有种种需要,在茫茫的环宇之中,当遇到无法解决的问题时,人们往往渴求有超人的神明来帮助。基于解决各种问题的需要,道教的神仙谱系也就愈加复杂起来。不过,如果我们将之置于传统文化的大背景中来考察,还是可以理清其基本结构的。

应该看到,就不同文献或者不同区域不同宫观的情况来看,道教神仙似乎是各自独立而没有系统的;但是,当我们把他们同道教基本的宇宙观联系起来时,便会发现道教神仙并非杂乱无章,而是根据一定的方式组合起来的。

(一)"三才之道"与天上尊神

由于受到《易经》与老庄哲学的影响,道教以简括明了的"三才"系统来描述宇宙万物的存在。所谓"三才"指的是天、地、人。按照《易经》的卦象发生法则,每一经卦三爻(三画),每一爻代表不同的层次,上爻代表天,下爻代表地,中爻代表人。所谓"立天之道曰阴与阳,立地之道曰柔与刚,立人之道曰仁与义,兼三才而两之,故《易》六画而成卦"①说的就是这种道理。不论《说卦》怎样进行伦理道德的演绎,我们依然可以明白那种认知宇宙天体的三重结构。在老子《道德经》中,"三"也是很重要的一个概念,书中说:"道生一,一生二,二生三,三生万物。"②这是老子对宇宙万物发生发展系列的最简明的概括。这种"一分为三"的法度成为道教整合神仙谱系的理论杠杆。于是各路神仙便在"三才"的框架中各就各位了。

根据"三才"的结构法,天是高高在上的,因此天神在道教谱系中也就具有特别崇高的地位。道教的最高层次天神是"三清尊神",也就是元始天尊、灵宝天尊、道德天尊。这三位尊神各有来历。

元始天尊的原型本是盘古。据说天地未分化的时候,混混沌沌,像个大鸡蛋,盘古就在里面诞生。经过了一万八千年,天与地才分开,清阳之气上升成为天,浊阴之气下降成为地,孕育其中的盘古为了助成天地的开辟,一日九变,他的气体变成风云,他的声音变成雷霆,左眼变成太阳,右眼变成月亮,四肢五体变成四极五岳,血液变成江河,筋脉变成地理,肌肉变成田土,头发胡须变成星辰,皮毛变成草木,牙齿骨头变成金石,精髓变成珠玉,流出来的汗水成为雨泽,身体中的各种寄生虫,因风所感,化为黎民百姓。这个古老的民间传说后来被道教所吸取,从而塑造出元始天尊来。道教认为,盘古开天辟地、功成名就之后,便蜕去躯壳,一灵不昧,在空中游行,遇上了太元圣女,因为太元圣女很贞洁,盘古便乘她呼吸的时候,化作一道青光,投进太元圣女的口中,后来就从太元圣女的脊背之间生出来。因为其前身是盘古,所以就称作"元始"。所谓"元"就是"本"的意思,而"始"就是"初"的意思。"天尊"就是"化运一切为极尊"的意思。

---

① 《周易·说卦》。
② 《道德经》第四十二章。

灵宝天尊据说是由"二晨之精气"化成，先是寄胎于洪氏夫人，怀孕达三千七百年，在西那天郁察山浮罗之岳诞生。他出世之后，精通道法，济度世人不计其数，身边有随从的金童玉女各30万人。

道德天尊也就是许多小说、戏曲经常提到的太上老君。他由"冥寂玄通元"所化生，从天地开辟以来，直到周初，道德天尊数次下降为师，每次下降都口吐经文一部，教化君主百姓治理世事。

元始天尊、灵宝天尊、道德天尊，本来并没有被有次序地排列在一起。随着道教组织的发展，神仙谱系也得到整饰，于是三位天尊便被合称为"三清尊神"。道门中人根据《周易》的"三才"思想和老子《道德经》"三生万物"的观念，提出了一套宇宙发生论，并以此理论来解释"三清"的来历和神通。道门中人认为，由于"道"的运动，时间的链条逐步展开，从而有"洪元"、"混元"、"太初"三个不同世纪，与之相对应，也就有了"三清尊神"。在《封神演义》中，有一个回目叫做"老子一炁化三清"，就是把道教的三清尊神看做一元之气变化的结果。由此可以明显地看出，三清尊神秩序化的理论拐杖就是"三"的结构法。

有了三清尊神，就需要相应的天上境界，于是道门中人又构想出"三清胜境"来。这"三清胜境"又叫做"三清天"。一为清微天玉清境，二为禹余天上清境，三为大赤天太清境。元始天尊住在清微天，灵宝天尊住在禹余天，道德天尊住在大赤天。这三位天尊主持三天三仙境。

在道教中，天是有层次的，所以天上神明就不止三清尊神，而是有一支浩浩荡荡的队伍。因为三清之炁又各生三气，合成九气而有九重之天；每一重天再生三天，得二十七重天，加上原来的九重天，共三十六重天。道教认为，在三十六重天中，神明众多，每一重天各有一位主神掌管。各天之神也不是各行其是，而是听从最高层大罗天三清尊神指挥的。另外，天空中还有日月星辰的众多客体，道教认为在这些客体中照样有神仙掌管。《道门定制》卷三详细罗列了北斗、南斗、东斗、西斗、中斗以及二十八星宿等星体的400多位主管神仙的名称，可见道教天神已具有巨大的团体。

（二）对应原则与地祇神明、人间仙圣

根据对应于"天"的结构规则，道教对"地"的层次也作了划分，以为上

有九天,下有九地;上有三十六天,下有三十六垒,每一垒都有土皇统治,《云笈七籤·洞渊九地三十六音内铭》列举了三十六垒的土皇名讳。据说这些土皇与天上的玉皇齐号,但分气各治,上下别名。它们除了管理一方地土之外,还可以监察学仙的情形,对于那些勤奋好道、学有所成的修行者,土皇将会根据实际情况,上奏九天之王,让得道的人有机会升天成为天上的神仙。

基于传统的灵魂信仰,道教认为地下有地狱鬼府,这是那些死亡之后不能转世、不能升仙者的去处。在道教看来,地狱事务特别烦杂,因此需要许多管理者来处理各种具体事务。道门中人心目中的地狱在不同时期有不同所指。隋唐以前,一般以为地狱在罗酆山。陶弘景《真诰》卷十五《阐幽微第一》说:"罗酆山在北方癸地,山高二千六百里,周回三万里。其山下有洞天,在山之周回一万五千里;其上其下并有鬼神宫室。"后来酆都取代了罗酆山。《三洞珠囊·二十四地狱品》称,"宛利天下酆都之山在北方癸地,山上有八地狱",山下和中央也各有八地狱,合为二十四地狱。据说"狱有十二掾吏,金头铁面巨天力士各二千四百人,把金槌铁杖,玄科死魂以治罪罚也"。[①] 既然有鬼国酆都,就有统辖酆都的神灵,叫做酆都大帝,为总管生杀大权的鬼官。道教酆都大帝信仰最初应该是从民间信仰衍生而出的,后来也受到佛教地狱轮回思想的影响。

按照"三才"的理念,天地系统也不是孤立的,而是与人间地理相对应的。所以,道教神仙谱系还与人间生活密切相关。换句话说,道教神仙谱系之中既有天神、地祇,也有由人升格而成的各种神仙。除了上面已经论及的通过修炼而得道的那些神仙人物之外,道教还对民间信仰中的一些神明加以认定,从而使之进入道教的人神系列,例如妈祖、保生大帝、开漳圣王、三山国王、关圣帝君等。另外,由于博物观念的刺激,道门中人还凭借某些游览的经历加上感性推测,整理出一个包含水陆区域在内的地理空间系统。道门中人认为在中国的四周和上方各有一国,东南西北四方与中国之间分布着广袤的海域,在海域之中有许多海岛挺立,其中最重要的是十洲三岛。其名称是:生洲、祖洲、长洲、炎洲、流洲、凤麟洲、玄洲、元洲、聚窟洲、瀛洲和

[①] 《三洞珠囊》卷七。

昆仑、方丈、蓬丘三个海岛。道教认为,这些海中洲岛都由仙人管辖。在人间修道者,达到一定层次,可以成为地仙,然后飞升到达十洲三岛,在那里过着无忧无虑的逍遥生活。

五　神仙功能的专门化

　　神仙体系是庞大的。这不仅因为道教相信通过一定的修炼程序,人可以转化为神仙,还由于上古原始宗教的影响,道教沿袭了泛神观念。在道门中人心目中,大到日月星辰、山河湖泊,小到古树、丘谷都有神明镇守。这种多神信仰反映了中国民间社会的多种精神需求。经过长时间的积累,道教的多神信仰几乎与社会民俗联为一体。应该看到的是,并非所有的道教神明都能以特异的圣迹给人们留下深刻影响;道教神仙的职能也不是千篇一律的,而是有一定分工的。从某种角度看,道教的许多神明甚至具有行业职能或专门化职能。当然,随着信奉者精神需求的增长,这些具有行业职能的神明也会衍生出新的职能来。其演变的过程是复杂的,我们只有将此类情形置于具体的历史时代来分析才能弄清其思想意义。

(一)道教神仙功能的专门化

　　检索道教经书可知,神仙功能专门化的现象在道教早期已经体现出来。这从"五星七曜星君"就可以得到证明。所谓"五星"指的是岁星(木星)、荧惑星(火星)、太白星(金星)、辰星(水星)、镇星(土星),这五星加上日、月,合为"七曜"。道教认为七曜都有神明掌管,这些神明就叫做"星君"。关于日月五星的崇拜,由来很古。西汉以前就有专门祭祀日月五星的祠庙。道教产生之后不仅继承了传统的星宿信仰,而且以虔诚的态度展示星君的各自功能。《太上洞真五星秘授经》载,东方木德真君(星君)的功能是"发生万物",并且可以变悲惨的事为舒服的事;西方金德真君的功能是"聚敛万物",与金德真君相遇,往往有灾怪刑狱的咎害;南方火德真君的功能是"长养万物,烛幽洞微",与火德真君相遇,多有灾厄疾病之忧;北方水德真君的功能是"通利万物,含真妊灵",与水德真君相遇,多有灾滞劾掠之苦;中央土德星君的功能是"主四时广育万类,成功不衍",与土德星君相遇,多有忧塞刑律之厄。从道书的描绘看,五星真君的功能都有正反两个方面。

就正面而言,它们的功能显然是不同的。这种不同基本上是依据五行的特性推想而出的。

天上星宿之神有不同的功能,地上与人间诸神也不例外。出于生活的不同需要,道教形成了主管不同行业的神,例如城隍神、土地神、雷神、门神、灶神、财神、瘟神、蚕神、厕神、药王等等。就出身而言,每一部门之神或行业神都有其不寻常的经历,它们的功能往往透过特殊经历显示出来。例如雷神,民间俗称雷公。根据王充《论衡·雷虚篇》的记载,上古雷神像一个大力士,左手引连鼓,右手推椎,当它叩击大鼓的时候,发出隆隆的响声。后来,雷神进一步拟人化或人格化。收入道教经书总集《道藏》之中的《搜神记》卷一称:陈朝太建(569—582)初年,雷州之民陈氏,在打猎过程中偶然得到一个大卵,就携带回家。忽然有一天,晴天霹雳,大卵被辟开,一个小儿子从卵中跳出来,手中拿着文书,写着"雷州"二字。陈氏很惊奇,将之取名"文玉",并且把他养大。乡民们称陈文玉是雷种。后来文玉当了雷州刺史,据说死后有灵,乡民们立庙祭祀,每当阴雨天的时候就有电光吼声从庙中传出。① 不言而喻,这个人格化的雷神就是专门管打雷的,与龙王相配合,大雨就哗啦啦下来了。有趣的是,道教雷神为了履行打雷的职责有时也会遇险,如杜光庭《神仙感遇传》卷一载:在一次雷雨中,雷公被树枝夹住,不能脱身,直到叶迁韶遇上了才把雷公救出来,雷公"愧谢之"。为了感谢相救之恩,雷公送给叶迁韶墨篆一卷,并说:"(依)此行之,可以致雷雨,祛疾苦,立功救人也。我兄弟五人,要雷声,唤雷大、雷二,必即相应。然雷五性刚躁,无危急之事,不可唤之。"②据说从此之后,叶迁韶行符请雨,很少没有效果的。比较一下《搜神记》与《神仙感遇传》,可以发现,故事的主角雷神并不是一个,人们在不同的社会背景下完全可以创造出不同的雷神形象;但有一点却是一致的,那就是在道门中人心目中雷神一定可以行使打雷的功能,尽管它们有时也会碰到挫折,但基本功能却没有丧失。

(二) 道教神仙功能与社会行业分工的关系

雷神只是道教诸神功能行业化的一个小例子,如果我们仔细琢磨一下

---

① 详见《道藏》第 36 册,第 258 页。
② 同上书,第 882 页。

蚕神、药王、厕神等特异故事就可以发现，此等神明在人们心目中确实担当着解决现实生活问题的不同责任。道教神仙功能的行业化，固然有许多原因，但最重要的应该是社会分工和生活领域层次化的形成。在人类社会早期，人们的活动并没有明确分工，所以神明的功能也比较模糊；随着社会分工的发生，神仙也获得了行业的职能。之所以如此，是因为那些被尊奉为神仙的人往往都是某一行业的行家里手、专门家，如药王孙思邈本身就是著名的医生。可见人们对于神明的崇拜是与神明本身在世时的特殊工作本领相联系的。

当然，有的神明在世时并不一定是某一行业的专家，但往往有一段与行业联系密切的事迹，蚕神可以说就是这方面的典型。干宝《搜神记》卷十四记载，太古的时候，有大人远征，家中只剩下一个女孩和一匹公马，女孩亲自喂养这匹马。她因为思念远征的父亲，就对马说："如果你能够把我的父亲迎接回来，我就嫁给你。"那公马一听说，随即挣断缰绳，飞奔而去，最后真的把女孩的父亲接了回来。由于这畜生懂人性，家人就更加细心地护养，谁知道这匹马却不肯进食，每当女孩出入，就喜怒交加，父亲觉得奇怪，向女儿询问情况，女孩就将原先的经历如实告诉了父亲。父亲听说之后就用弓箭把马射杀了，并且剥了皮，把马皮搁在庭院里。女孩的父亲又外出了。她与邻居的另一位女子在马皮旁边玩耍，作为主人的这位女孩以脚点着马皮说："你是畜生，为什么还想娶人女为媳妇呢？招来杀身之祸，多不值得啊！"这女孩的话还没有说完，马皮就快速腾起，卷着女孩飞上了天。邻居的女孩赶快告诉了被卷走女孩的父亲。过了几天，才发现马皮与女孩飞挂在一颗大树的枝条间，已经化为蚕，吐丝织在树上，其蚕茧特别厚大，不同于一般的蚕。邻居的妇女们把这蚕取下来养，它所吐的丝比一般蚕所吐的丝要多好几倍。于是，那棵树就被取名为桑树。在古音中，"桑"与"丧"同，表示对女孩与马的哀悼和纪念。因为女孩是与公马之皮一起化成蚕的，所以民间称呼蚕神为马头娘。在以往的寺观中，所塑造的蚕神是披马皮的女人形象，这在四川巴蜀地区尤其流行。根据《太平广记》卷四七九所引《原化传拾遗》的记载可知，隋唐之际，蚕神已经仙道化了。文中描述，女化为蚕后，垂流云而驾马，有侍卫数十人，自天而下，对她的父母说：太上老君因为我恪守孝道，心不忘义，"授以九宫仙嫔之任，长生于天矣，无复忆念也"。蚕女说罢，乃"冲虚而去"。晚唐道士杜光庭所作《墉城集仙录》卷六有《蚕女》篇，基本上因袭了《原化传拾遗》，个别地方作了缘由的说明："今其(指蚕女)冢在(蜀)什邡、绵竹、德阳三县界，每岁祈蚕者，四方云集，皆获灵应。蜀之风俗，诸观画塑玉女之像，披以马皮，谓之马头娘，以祈蚕桑焉。"①种种迹象表明，马头娘最初是作为民间的蚕神受到崇拜的，隋唐之间进入了道教仙谱。从原始的资料之中我们虽然看不出马头娘在养蚕方面有什么特长，但故事发生地却是桑蚕盛行之处。就表面来看，披马皮的女子本来与桑蚕并没有直接的关系，由于她生活在养蚕区，那马皮被风刮起时恰好挂在桑树上，人们就把硕大的桑蚕吐好丝的理想结果与之相连。这在客观上反映了人们提高桑蚕产量的希望。因此，历史上对蚕神马头娘的崇拜实际上是以养蚕吐丝的专门功能为前提的。在深层次上，马头娘崇拜依然体现了神仙功能的行业化。"蚕神"故事只是众多行业神仙故事中的一个小小例证。它的流行从一个侧面表现了道教神仙信仰不仅与民间信仰密切相关，而且反映了传统行业的一些特点。

六　从神仙功能的扩展看生命意识

就原型而论，道教神仙功能的确表现了某种行业特性；不过，这仅仅是一个侧面而已。从发展的趋势来看，道教信仰者既需要管理行业之类的"专家神"，也需要多才多艺的"通才神"，更需要神通广大的能够解决社会人生许许多多复杂问题的"全能神"。历史的进程表明，随着道教组织的壮大、神仙体系的扩展，一些"专家神"逐步地增进了"服务"功能，成为人们有求必应的膜拜对象。

（一）从民间信仰看道教神仙功能的扩展

"信仰"的含义相当广泛，这里所谓"民间信仰"指的是广大民众的神明信仰。大凡香火旺盛的宫庙，神明的功能往往是逐步增强的，这在民间道教神仙信仰中表现得尤其明显。道教神仙信仰与民间信仰是难以分开的。一方面，道教本来就起于民间，许多民间的神明经过"敕封"等程序大多转变成为道教的神仙；另一方面，道教的教义思想、仪式、修持方法也会对民间信

---

①　《道藏》第18册，第196页。

仰发生种种影响。就总体来看，中国民间信仰的神明虽然有许多没有进入道教神仙谱系，但有不少的崇拜对象早已被道教所认可。考察这些民间信仰，我们可以发现神仙功能扩展的一些特点。

为了论述的方便，我想以闽台盛行的"吴真人信仰"为例来加以说明。所谓"吴真人信仰"就是以吴夲为崇拜对象的一种民间道教神仙信仰。吴真人，名夲，民间称为保生大帝，一称大道公、吴真君，原本是宋代民间名医。有关吴真人生平事迹最早见于杨志所撰《慈济宫碑》，该碑文称，吴夲"弱不好弄，不茹荤，长不娶，而以医活人。枕中肘后之方未始不数数然也"①。另外，庄夏所撰《慈济宫碑》也有类似的记载。杨志是宋代进士，其碑文撰于宋嘉定二年（1209），庄夏是宋代的兵部侍郎，曾镇守漳州。他们二位的记载是比较朴实的，从中可以看出，吴真人乃是一个精通医术的人，他之所以受到崇拜，是因为有高超的医术并且能够勤勤恳恳服务民众。清同治十年《福建通志》卷二六三谓：吴夲"业医活人，按病与药，如矢破的。或吸气嘘水以饮病者，虽沉痼奇怪叵晓之状，亦就痊愈。于是病人交午于门，无贵贱悉为视疗。景祐六年，蜕化于同安之白礁。乡人肖像祀之"。这段记载表明，吴夲为人治病所使用的不是常规医学的一般方法，而是以偏方异术取胜。在他刚刚"蜕化"之后不久，当地乡民就开始祭祀他。从杨志与庄夏所撰写的《慈济宫碑》来看，祭祀吴真人的宫庙最迟在南宋已经形成。《同安县志》等书说吴真人"炼丹救世"，"以三五飞步之术，济人救物"。从此等描述来看，吴真人可能是道教闾山派的传人，因为"三五飞步之术"尽管由来颇早，但在福建则主要是由闾山派秘传的。在《道藏》中，许多净明道的经典涉及"三五飞步之术"，而净明道与闾山派具有共同的渊源。吴真人学的法术或许即出于此。又据《闽书》所载，明代永乐年间，文皇后患乳疾，梦见道人献秘方，牵红丝线缠绕于乳上，灸之，乳疾一下子就痊愈了。文皇后于梦中问道人住在哪里，道人告诉文皇后居处所在。第二天，文皇后派遣使者寻访道人处所，得到消息说：有道人自称福建泉州白礁人，姓吴名夲，昨天出门试药未归。文皇后没有能够确切知晓道人所在，就派人入闽求访，才知道泉州同安白礁有慈济宫，吴夲就是这里受到乡民朝拜的医神。②《闽书》这

---

① 见清·乾隆刊本《海澄县志》卷二二《艺文志》。
② 详见《福建通志》卷二六三撰者之按语。

个记载当然出于传说;不过从神仙信仰功能的角度看却也有其研究价值。首先,这说明吴真人信仰在元明之际具有道教属性;其次,他的医术在传说中逐渐趋于神秘化,体现了神仙行业功能的强化特色。当然,人们既然把吴真人当做神仙看待,所希望的就不止治病救人一项了,而是希望真人能够发挥更大的作用。所以,《福建通志》在描述了乡人肖像祭祀吴真人之后,紧接着又言及,"水旱疾疫,款谒如响"。这表明,人们在祭祀中同时把吴真人看做可以解决旱灾、水灾之类的神明了。这种功能在后来又有更大的发展。如《台南市宗教志》说吴真人幼习医术,曾经遇上异人,授予神方济世,兼授驱魔逐邪等术,遂成神医。不仅如此,据说吴真人还收徒授业,四出除妖,逐寇安邦。——这些描述反映了崇拜者对吴真人寄托了很大的希望,他的医术已经超出了医治身体病患的一般范围,而同时具有医治社会病魔等功能了。

如果我们进一步考察,就可以看出,神仙功能的扩展并非只体现在一小部分民间俗神身上,有相当多的神明随着社会的发展和香火的传播,其功能都呈越来越大的趋势。不论是妈祖还是八仙,不论是关圣帝君还是碧霞元君,不论是临水夫人还是三山国王,都由于有一种特殊的"看家本领"而享有旺盛的香火;随着香火的扩展,他们所管辖的范围更广了,济世功能也增进了,故而神格便上升了。在民间,我们还可以看到,信奉者为了使身阶较低的神明有可能处理更为广泛而复杂的事务,采取"晋级"形式,以提高神明的身阶。他们把小庙中的神明抬到某些大庙去受封,好像军队中的连长、营长之类卑官破格晋升将军一样,接受了高层领导授衔之后,其管辖的兵力大大增加,能力也就大大提高了。固然,神明晋级之事只是民间信奉者的一种愿望,但在客观上却开辟了神明升迁之路,反映了民间老百姓的良苦用心。

(二) 神仙功能扩展的社会心理与深层生命意识

从某种意义上说,道教神仙功能的逐步扩展,是中国民间集体潜意识的一种表现。因为这不是在单个人愿望推动下完成的,而是渗透于民间信仰社会的各个角落的。就思想层面而言,神仙功能的扩展恰好证明了人类行动自由的局限性。历史的进程表明,人类的最大生存特色就在于具有思想意识,可以思考,能够在行动之初做出决策,具有预见性。在长期的生存斗争中,人类积累了很多经验和知识,并且具有连绵不断的创造。与其他动物相比,人类的生存具有相对广阔的自由;然而,在茫茫环宇之中,人类可以说只是沧海之一粟,因此,从广袤的范围来说,人类的自由仍然是非常有限的。在许多场合,人类无法摆脱自然力的制约;自然力的作用,也使人类感到渺小。就人类自身所构成的社会而言,也有许多复杂的情况无法判明和解决。人类的生存依赖社会,而社会在某种意义上来说实际上又成为人类生存行动的制约,有时甚至就是一种压迫力量。这种社会压迫与自然压迫一起,给人类造成不安全感。在潜意识状态下,我们的祖先本就具有一种原初的不安全感。基于生存的本能,人类需要从精神上减少不安全感,在具体的生存活动中获得更多的自由。当这种目标无法通过自身的能力来实现的时候,人类惟有向外在的精神客体寻求帮助。道教的神仙正是这种集体潜意识的表征方式。这种潜意识是强烈的,甚至是顽强的,所以神仙的功能也就不断获得扩展。就社会心理层面而言,神仙功能的扩展,反映了先民们在现实生存自由局限下通过创造精神自由的理想典型来补偿的心态。从这个意义上来说,神仙功能的扩展也是一种生存境界的扩展。

在先民们的精神世界中,最大的局限莫过于生命本身的局限。摆脱这种局限,是先民们一种持久的愿望。故而,当我们考察神仙信仰体系的时候就会发现,无论是民间的口头传说还是道教的经典文献,都通过理想的方式来表达超越生命局限的愿望。于是,祖先或英雄人物在死后往往成为蜕化升仙的典型。在先民们的心目中,无论是黄帝、老子、姜太公,还是妈祖、临水夫人、关圣帝君,都是"死而不亡"①的。他们在先民心目中的存在方式就是蜕化飞升到天宫,在天上仙班享有位置,而后又降临人间,作为先民们生存的保护神。在先民们的理想境界中,神与仙已经没有明显的界限,这种神仙齐一的形象在道教经典中大量存在。例如真武大帝,它本来是一种星宿之神与动物之神的综合体,后来逐渐人格化,具有修道成仙的经历。在真武大帝的形象中,生命的长存特色与济世救人的神明功能是合为一体而不能分割的。在道教之中,神仙是生命转化的一种标志。一些影响突出的高规格神仙,甚至就是生命体通过不断转化而获得续存的象征。元始天尊、太上老君、玉皇大帝、真武大帝等以它们的化身体现了生命的无限联结。《云笈

① 老子《道德经》第三十三章。

七籤》卷三《道教本始部·道教三洞宗元》称："三代天尊者,过去元始天尊,见在太上玉皇天尊,未来金阙玉晨天尊。然太上即是元始天尊弟子,从上皇半劫以来,元始天尊禅位。三代天尊亦有十号,一曰自然,二曰无极,三曰大道,四曰至真,五曰太上,六曰道君,七曰高皇,八曰天尊,九曰玉帝,十曰陛下。"①按照这种说法,则道教尊神虽然在不同的时空里具有不同的名号,但就根本而言却是"体归一道"。这种理念在有关真武大帝出身的传说中也有典型的展示。《太上说玄天大圣真武本传神咒妙经》以真武大帝为太上老君的化生:"玄元圣祖八十一次显为老君,八十二次变为玄武,故知玄武者,老君变化之身,武曲显灵之验。"②这里的"玄武"就是真武大帝,也称作玄天上帝。在道门中人看来,真武大帝乃是太上老君的化身。既然如此,真武大帝也是元始天尊的化身,因为太上老君又称作道德天尊,它是元始天尊在另一种时空系列的表现。不言而喻,尊神的身形转化,这只是一种理想建构,在现代科学上是无法验证的,但就深层次心理来说却反映了人类希望生命永恒的企盼。

【复习与练习】

1. 如何理解道教的神仙概念? 神与仙是如何从分称到连称的?

2. 为什么说神仙是道教的理想典型?

3. 道教神仙体系与道教组织之间的互动体现在哪些方面? 为什么?

4. 如何从结构上把握道教神仙体系的基本特点?

5. 道教神仙功能的行业化与扩展化体现了什么生命意识? 如何认识其原因?

【参考读物】

1. 卿希泰主编:《中国道教》第三册,知识出版社,1994 年。

2. 卿希泰、詹石窗主编:《道教文化新典·神仙》,上海文艺出版社,1999 年。

3. 詹石窗:《生命灵光》,云南人民出版社,1997 年。

---

① 《道藏》第 22 册,第 14 页。
② 《道藏》第 18 册,第 38 页。

第五讲

别具一格的道门经籍

【学习目的】 了解道教经典流传与编纂的基本情况,熟悉历史上几种道教大丛书的体例以及沿革,尤其是弄清"三洞四辅十二类"的分类方式,认识道教经典的主要特点,掌握阅读道经的基本知识。

任何一种宗教研究都无法离开经典文献。没有经典文献为依据的研究,是不可能真正把握宗教精神实质的。对于道教研究来说,当然也是如此。所以,在对道教神仙信仰体系有一个基本了解之后,我们将集中地探讨道教经籍文献的来龙去脉和思想价值问题。大家也许注意到,我在前面几次课中已经引述了道教的一些经典,比如《太平经》和《周易参同契》、《老子想尔注》等。不过,在那些场合,我的介绍只是零星的,并且不是从文献学的角度来进行的。为了比较全面地认知道教,我在本次课中将根据历史脉络,对道教经典的由来与发展作一些说明。

中国道教在长期的历史进程中,除了奉先秦道家《老子》、《庄子》、《列子》、《亢仓子》等为诵习的功课外,还创作了大量的经籍。此类经籍是在道教活动过程中形成的,体现了道教的教理教义,涉及道教的方术、戒律、科仪等诸多领域。道门中人出于学习的需要和保存的意识,多次对其文献进行收集整理,并且结集出版。现存的《正统道藏》和《万历续道藏》是道教文献流传过程中的主体,其他还有为数不少的文献也是道门中人的知识结晶。从整体而言,我们了解道教经籍,不仅要考察收入《正统道藏》和《万历续道藏》中的文献,而且应该注意到明代万历以后的道教作品。

著名汉学家 N.J. 基拉多特指出:"《道藏》的经文尽管奥秘神奇,篇幅浩繁,但给我们提供了一个异常丰富的源泉,使我们可以较准确地弄清其宗教性质、社会特征以及历史发展过程。"①基拉多特虽然是站在西方宗教学

---

① 《"任其自然"——道家之道》,美国芝加哥英文版《宗教史》杂志第 23 卷第 2 期,1983年 11 月。

者的立场上来看待道教及其典籍的,但至少也说明了道教经籍内容的丰富性和在传统文化研究中的重要性。

一 道经缘起的神话传说

要认识道教经籍的思想意义与文化价值,我们不能不了解其历史脉络。道教经籍是怎样出现和流传的?从不同角度来观察可以得出不同结论。就道教自身来讲,有一种说法相当有代表性,那就是把主要经典看做"气化"的结晶。于是,许多经籍的由来便具有了神话色彩。我们如何看待这种精神现象呢?简单地扣上"虚妄"的帽子,显然不是一种科学的态度。为了透析其内涵,我们有必要对道经缘起的神话传说进行一番追索。

(一) 经诰发端于妙气

道教经典是怎样问世的?这个问题在道门之中有各种有趣的说法。其中一种是推源于"气"。宋代张君房编《云笈七籤》卷七《道教所起》一节概括了道门关于经诰出处的代表性观点:

> 寻道家经诰,起自三元,从本降迹,成于五德,以三就五,乃成八会,其八会之字,妙气所成,八角垂芒,凝空云篆,太真按笔,玉妃拂筵,黄金为书,白玉为简,秘于诸天之上,藏于七宝玄台。有道即见,无道即隐。盖是自然天书,非关仓颉所作。今传《灵宝经》者,是天真皇人于峨眉山授予轩辕黄帝。又天真皇人授帝喾于牧德之台,夏禹感降于钟山,阖闾窃窥于句曲,其后有葛孝先之类、郑思远之徒,师资相承,蝉联不绝。①

这段话陈述了两层意思:第一,说明"道家经诰"的发端。这里所谓"道家"实际上就是道教;而"经诰"就是神明降授的经典。在编者看来,"经诰"乃出自"三元"。在道教中,"三元"是一种十分遥远的时空表达方式。《云笈七籤》卷三《道教三洞宗元》说:"其三元者,第一混洞太无元,第二赤混太无元,第三冥寂玄通元。从混洞太无元化生天宝君;从赤混太无元化生灵宝

① 《道藏》第22册,第12页。

君,从冥寂玄通元化生神宝君。大洞之迹,别出为化,主治在三清境。"①按照这种描述,"三元"乃是时空混融的存在状态,"经诰"的发生应该追溯到"三元"的状态。编者告诉我们,发端于"三元"的"八会"经诰,是自然奥秘之气凝结而成的,它们凝聚了木、火、土、金、水五德的品质,从八面散发出光芒来。这种经诰的书写也很不寻常,其书写材料有黄金和白银,"太真"在写的时候有玉妃在一旁"拂筵",写好了并没有马上发布,而是秘密地收藏于诸天"七宝玄台"之内,所以平常人是看不到的。第二,编者为了显示道教经诰"有道即见"的情况,以《灵宝经》为例来加以说明。这部经典是由于"天真皇人"的传授才流传于人间的。天真皇人不只传授一次,而是分别传授给轩辕黄帝与帝喾,而夏禹因为至诚的缘故也感动了天真皇人降授经诰。《云笈七籤》这段文字虽然没有注明出处,但实际上是综合了道门的观点,因此可以说代表了道教关于经诰发端的基本看法。

初读《云笈七籤》关于"经诰"起源的看法,我们不免有一种雾里看花的感觉,而那些充满想象力的字眼无疑给现代的人们带来了诸多神秘感;不过,如果我们从宗教符号学的角度来加以品味,又会有另外一番感受。因为符号本身并不代表它自己,而是以特有的意象"运载"精神理念。透过那些神奇语词符号,我们可以发现先民们对现象宇宙的探索精神。道门把经诰看做"自然天书",这在深层次上否定了"人为"造作经典的取向,体现了从对象界寻求真谛的思想。

（二）三洞经书与三清尊神

在道教中,除了从气化流行的立场追溯经籍的来历之外,还往往把经籍隶属于天神名下。关于这一点,在《云笈七籤》之中便有叙录。该书卷三《道教三洞宗元》说:

> 天宝君治在玉清境,即清微天也,其气始青;灵宝君治在上清境,即禹余天也,其气元黄;神宝君,治在太清境,即大赤天也,其气玄白。故《九天生神章经》云:此三号虽殊,本同一也。此三君各为教主,即是三洞之尊神也。其三洞者,谓洞真、洞玄、洞神是也。天宝君说十二部经,为洞真教主;灵宝君说十二部经,为洞玄教主;神宝君说十二部经,

---

① 《道藏》第22册,第13页。

为洞神教主。故三洞合成三十六部尊经。①

《云笈七籤》编者首先概述了道教关于天上三清胜境的分治情形，紧接着引用了《九天生神章经》的观点。按照《九天生神章经》的看法，居处于三天胜境之中的"三宝君"各自都是教主。所谓"三宝君"就是元始天尊、灵宝天尊、道德天尊，此三天尊神为了教化天下，各自说了"十二部经"。这里所谓"十二部"不是十二本，而是十二个门类。编者将道教的经书都隶属于三天尊神的名下，体现了道门崇尚天神的基本宗教态度，这当然是一种信仰的说法，具有明显的神话色彩；不过，这种说法并非是偶然出现的。只要我们深入到具体的经典行文之中，就会看出，大多数早期的道教经典往往以"元始天尊曰"或者"灵宝天尊曰"、"道德天尊曰"之类的语气来展开。即使那些没有使用这种格式的经籍在道门中人看来也是由于神启而形成的，可见《云笈七籤》的概括是符合道教本身的立场的。

对于道教经籍来历的神话性说法，我们没有必要去稽考其历史的真实与否，因为神话本身就允许想象力的发挥；但就哲学与文献学的角度来审度"三天尊神"说经一事，却也可以得到一些有益的内容。首先，《云笈七籤》在概述"三天尊神"说经时追溯了天上胜境的气化流行状态，这体现了气本论的特色。其次，"三天尊神"说十二部经的神话蕴涵着道门独特的图书分类法，这就是"三洞"模式。② 与儒家所奠定的经史子集分类法很不相同，道教的"三洞"分类模式不是从图书体裁结构来考虑问题，而是基于古老的道家哲学理念。根据《道德经》"道生一，一生二，二生三，三生万物"的化生链条而有"三洞"之体制，至于叙说"三洞"经书的三天尊神又对应于"玄"、"元"、"始"三气，这就使"三洞"经书的发端具有了特殊的物质基础。

二　道经目录与编纂体例

从"三天尊神"说经的描述之中，我们已经可以了解到道经由来的某些信息。为了认清道教经籍的整体面貌，我们有必要从经书目录入手来展开

---

① 《道藏》第 22 册，第 13 页。
② 关于"三洞"的图书体制问题，将在下面进一步阐述，这里从略。

追溯。

（一）《抱朴子·遐览》与《三洞经书目录》

　　就历史而论,道教的经籍目录可以溯源于《汉书·艺文志》。这篇出自官方史学家之手的目录版本学著作记载了"神仙"、"方技"等八类书目,共171 种,凡 3867 卷,这可以看做道教经籍的前身,其中有许多书目与后来《道藏》的书目名称完全一致或基本一致,可见道教经籍不是无源之水。鉴于学习的需要,道门中人一开始就注重经典的传播。到了晋代,著名道教理论家葛洪遂将当时他所见到的一部分道门经籍著录汇编,就成了《抱朴子·遐览》。该篇著录了《三皇内文天地人》、《元文》、《混成经》、《九生经》、《九仙经》、《彭祖经》等 260 多种,共 1200 多卷。葛洪将这些道经目录称作"遐览",据说是"欲令好道者知异书之名目也"①。葛洪的《遐览》篇提供了当时在金丹派之中流行的道经的基本面貌,但还没有形成道教的图书分类系统。后来,陆修静编了一部《三洞经书目录》,标志着道教图书分类的成熟。

　　陆修静(406—477),南朝宋著名道士。作为早期道教一个重要的建设者,陆修静无论在道教组织还是科仪方面都有自己的贡献。他一生著述很多,刘大彬《茅山志》称其"凡撰记议论百有余篇,所著斋戒仪范百余卷"。在道经目录学方面,陆修静有《灵宝经目》与《三洞经书目录》两种,这两种经目之中,后一种影响更大。

　　陆修静的《三洞经书目录》是在道经不断增加并且道门分系授受的情况下编纂而成的。考"三洞"之名,在陆修静之前已经出现。两晋时期行世的《太上洞渊神咒经》已经屡屡使用"三洞"的名称,虽然这部著作有唐人文字窜入其中,但文中屡称"三洞"则不大可能全部是后人加入的。至于《太上诸天灵书度命妙经》也同样涉及"三洞",该书称:"玉清上道、三洞神经、神真虎文、金书玉字、灵宝真经,并出元始,处于二十八天,无色之上。"②另有《太上洞玄灵宝本行宿缘经》则以"宗三洞玄经"为"大乘之士"③。从这些文献可以看出,东晋前后的"三洞"名称还不是作为道经的总称,而只是

---

①　王明:《抱朴子内篇校释》,第 338 页,中华书局,1985 年。

②　《道藏》第 1 册,第 804 页。

③　《道藏》第 24 册,第 667 页。

作为其中一个部类而已。以"三洞"总括道教经书并且形成系统目录，应该说是陆修静的创造。陈国符先生指出："东晋葛洪撰《抱朴子》，尚未有三洞之称。至刘宋陆修静总括三洞，三洞之名实昉于此。"①陈氏此说颇为中肯。陆修静所谓"三洞"实际上指的是以《上清大洞真经》、《灵宝五篇真文》和《三皇经》为首的三组道经，分别称为"洞真"、"洞玄"、"洞神"。"洞"这个字的意思是"通"。《云笈七籤》卷六引《道门大论》谓："三洞者，洞言通也。通玄达妙，其统有三，故云三洞。"陆修静《三洞经书目录》这个划分确立了道教经书分类的基本框架，其意义相当重大。

（二）"玉纬七部"与"三洞四辅十二类"

陆修静以"三洞"法式来著录道经，这是很有创意的；不过，却不能包含全部道教的经籍文献，例如当时的天师道正一类经书和太平道经书似乎难以概括进来，于是又出现了"四辅"的分类法。"四辅"指的是太清、太平、太玄、正一四部辅经。这里的"辅"具有"辅助"的意义。具体来讲，就是以太清辅洞神，以太平辅洞玄，以太玄辅洞真，以正一贯通"三洞"和太清、太平、太玄这"三太"。这就是"三洞四辅"。合起来是"七"，因此有人将之称为"七部"，梁代的孟法师《玉纬七部经书目》是这种分类法的代表。在七部之中，除了三洞之外，四辅也各有归属，太清部以葛洪所传的《太清金液神丹经》为主，并且囊括其他外丹黄白之书；太平部以《太平经》为主；太玄部以《道德经》为首，包括注释发挥《道德经》的专书，也包括《庄子》、《列子》等道家书；正一部则收六朝时代所流传的《正一法文》等天师道的经典。

根据现存资料可知，由于"三洞"包容的范围较大，尚有进一步的分类，而"四辅"则不再分类。三洞之下各分十二类，合为"三十六部"。由十二类汇合成为"三十六部"的概念大约在南北朝后期即已形成，时有《三十六部尊经目》就是证明。在三洞之中，每一洞的十二类名称是一致的，一为本文，指经教的原本经文；二是神符，指龙章凤篆之文、灵迹符书之字；三是玉诀，指道经的注解和疏义；四是灵图，指本文的图解或以图像为主的著作；五是谱录，指记录高真上圣的应化事迹和功德名位的文献；六是戒律，指规戒和科律书；七是威仪，指斋醮仪式以及有关的制度之类著作；八是方法，指论

---

① 陈国符：《道藏源流考》上册，第1页，中华书局，1963年。

述修真养性和设坛祭炼等方法的书；九是众术，指外丹炉火、五行变化及其他术数之书；十是记传，指神仙道士的传记及宫观志书；十一是赞颂，指赞咏歌颂仙真的辞章；十二是表奏，指设坛祭祷时上呈天帝及其他神明的章奏、关文等。这十二类的划分尽管并没有始终遵循逻辑的一贯性，有些门类甚至相互重叠，比如第八类方法与第九类众术实际上难以绝对分开，但其确立无疑使浩瀚的道教经书比较容易检索。①

三　从《三洞琼纲》到金元道藏

道教经书目录与经书本身的编纂是密切相联系的。了解道经目录由来，是阅读道教经书的一个基础；但光有目录学的知识，依然是不够的，我们还需要有道经版本学的知识。

（一）"道藏"述义

在历史上，道教曾经多次编纂"道藏"。"藏"字读 zàng，它的本义是储存东西的地方，道教使用这个字原来指的是存储经书的处所或容器。《上清太上八素真经》说："后圣李君……上登上清宫，受书为金阙帝君。临去之日，乃手书五星中皇上真道君、君夫人讳字及太上五通吉日，以白玉为简，丹玉书之一通，封以云蕊之函，印以三光之章，以付西岳华阴山素石笥之内，又刻题笥上，其文曰：天地之宝珍，名山之绝藏。"可见，最初的所谓"藏"乃具有含容的意思。在中医里，有"五脏"之说，原来所谓"五脏"即作"五藏"，表示五种藏纳气血、物质的器官。道门依物象人，故而经书宝藏也具有身体含容气血的借鉴意义。"道藏"一词始于唐代弘道元年（684）十二月二十三日王悬河所作《道藏经序碑》；不过，具有收集成"藏"的大规模道经编纂活动却早已有之，北周武帝在位年间，道经之搜罗工作便具备官方活动性质，建德三年（574），朝廷建置通道观，令道士王延校定三洞经书，得八千又三十卷。虽然，通道观并没有在校订之后汇聚刊刻，但却为后来的"道藏"收集编纂刊刻奠定了基础。

---

① 参看卿希泰主编：《中国道教》第二卷，第 12—13 页，知识出版社，1994 年。

（二）《三洞琼纲》

隋唐之际有过几次道经收集与缮写活动,最有影响的是《三洞琼纲》的编纂。唐朝皇帝因尊奉道教教主李耳为其远祖,故而重视道经编纂工作。唐高宗时期,曾有《一切道经》行世。开元(713—741)年间,唐玄宗派遣使者搜访道经,纂成《三洞琼纲》。后人称此"藏"为《开元道藏》。关于《三洞琼纲》的卷数,历史上有几种不同说法,《文献通考》卷二百二十四引《宋三朝国史志》称该"藏"有3744卷;杜光庭《太上黄箓斋仪》卷五十二则称唐玄宗纂《三洞琼纲》凡7300卷,复有《玉纬》别目、记传疏论,共9000余卷;另外,《道藏尊经历代纲目》记载:《琼纲经目》有5700卷。这里所谓"琼纲"应该是《三洞琼纲》,而"经目"应是《三洞琼纲》的经书总目。由于历史上诸家记载的差异,我们现在已经难以稽考其确切的卷数,但《三洞琼纲》的编纂与缮写工作对于道教在全国的发展无疑具有重要的推动作用。

（三）《大宋天宫宝藏》与《政和万寿道藏》

从安史之乱开始,历经唐末五代,中原动荡,道经多有散失。宋代之初,重新编纂《道藏》的工作又成为道教文化建设的一项迫切任务。自端拱二年(989)起,到淳化二年(991),道门领袖人物广搜道经,得7000余卷,删去重复,存3737卷。宋真宗崇尚道教,于大中祥符二年,下诏左右衔选道士10人校定道藏,次年又令王钦若作为总校定官,率领崇文院集馆阁一批名流复校道经,还派人将秘阁所藏道书送往余杭郡戚纶、翰林学士陈尧佐选道士多人修校。王钦若以宋太宗时期所存《道藏》为基础,按照"三洞四辅"的体例,增补道经622卷,共4359卷,编定目次,名曰《宝文统录》,于大中祥符九年上进。在王钦若编定《宝文统录》之前的大中祥符五年,余杭知郡戚纶等人极力向朝廷举荐谪官宁海的张君房来主理道经编纂工作。第二年冬天,张君房被正式任命为著作佐郎,专任修校。张君房在朝廷所颁发的道经基础上,又搜罗苏州等地的旧"道藏经"数千卷,经过校定,得4565卷,按照千字文顺序编纂成藏,以"天"字为始,以"宫"字为末,加上朝廷号,名曰《大宋天宫宝藏》。这部《大宋天宫宝藏》与王钦若的《宝文统录》存在十分密切的关系,可以说其主要的底本是一致的。

到宋徽宗在位时期,搜访道经的活动再度掀起高潮。崇宁至大观间(1102—1110),朝廷设立书艺局,令道士校定道书,得5387卷,比《大宋天宫宝藏》多 822 卷。从政和三年到政和四年(1113—1114)，朝廷两度下诏，广泛搜求道经，共计有道经 5481 卷，汇成 540 函，送福州闽县镂刻，由福州知州黄裳监雕。事成，送其经版于东京(今河南开封)，因此道经成藏于政和年间，故其经藏名曰《政和万寿道藏》，时有数十部颁发天下著名道观。

（四）金元《玄都宝藏》

金朝虽为少数族统治的朝代，但并没有废弃道教。大定二十八年(1188)，世宗诏：以北宋时期的《政和万寿道藏》付中都十方大天长观(在今北京白云观西)。明昌元年(1190)，提点观事孙明道对《政和万寿道藏》进行补刊，并且印经一藏；其后，再度派遣道士搜罗天下遗经，三年下来，访得道经 1074 卷，补版 21800 余册，合计 83198 册，分为四区列库，合 35 楹，140 架。此次编纂道经，仍然按照三洞四辅的体例进行，名曰《大金玄都宝藏》，共有 6455 卷。

《大金玄都宝藏》编纂 10 年以后，天长观遭大火，经版都被焚毁。元初道士宋德方立志恢复，在太宗九年(1237)，嘱其弟子秦志安于平阳(治所在今山西临汾)玄都观总领其事。秦志安以管州(今山西静乐)的金藏为底本，并且搜罗他处道经，开展校勘和补脱工作，在乃马真后称制三年(1244)，编纂而成新的一部《道藏》，共 7800 余卷，仍然名曰《玄都宝藏》。这是一部搜罗宏富的道教经书总集，体现了元代道教发展的一些特点，在中国道教文化史上堪称一绝。可惜后来道门中人在佛道辩论之中失利，道经遭到人为摧残和焚毁，尤其在元世祖至元十八年(1281)，《玄都宝藏》除了《道德经》之外，其他道经大部分被人为烧毁，这是道教文化的惨重损失，也是中国文化的一大悲剧。

四　正统道藏及其他明清道经之编纂

古语云："野火烧不尽，春风吹又生。"道教经典虽然遭受多次人为焚毁的厄运，但并没有从神州大地上消失。当社会上恢复了道教发展的气氛时，道经编纂就会重新摆上道门中人的生活日程。明清之际，有几次比较大的道经搜访与编纂活动，尤其是《正统道藏》与《万历续道藏》的编纂更值得一书。

（一）《正统道藏》

鉴于金元时期的道藏几遭焚毁的局面，明代统治者深感有必要重新进行道经建设与编纂工作。早在明太祖的时候，他就亲自注疏《道德经》，这对于道教哲理的研究无疑起了示范作用。与此同时，明太祖采取三教并用政策，对于影响较大的正一派或者全真派道士往往给予扶植。明太祖的这种态度定下了朱明王朝崇道的基调，所以在明中叶以前，道教具备了生存与发展的良好社会环境。明成祖在位年间，社会上兴起了一股较大的崇道热潮，其标志之一就是在永乐四年诏命四十三代天师张宇初总领道藏的纂校工作。张宇初得到皇帝诏书之后，即努力行事。参与此事的还有南昌府玉虚观道士涂省躬。他们两人互相配合，兢兢业业。到了永乐八年，张宇初仙逝，其弟张宇清继续兄长的未竟之业，拟将编纂的道藏付梓刊行，但由于明成祖去世而被延搁。至明英宗正统九年，复诏邵以正督校道藏经典，邵以正当时是"京师道教事"的总领，具有较高的威望，故而也具有较大的号召力。在他的带领下，喻道纯、汤希文等人也积极参与其事，他们"重加订正，增所未备"，使得道经的编纂更加完善，然后付刊。直到正统十年（1445），道经全部刊刻完毕，所以名其经藏曰《正统道藏》。这里的"正统"是年号，而"道藏"则是沿用历史上已有的名称。

《正统道藏》是一种"经折本"，也就是可以折叠的纸质读本。每函卷首刊有道教"三清"尊神及其他圣像，并且有"御制"的题识，而卷末则有护法神像。虽然还是按照"三洞四辅十二类"的体例编排，但经书内容已重新分卷，原来凡属短卷者往往几卷并为一卷，以至于形成数经同卷的局面。《正统道藏》所收经书数量很大，所涉内容相当广泛，这是研究道教史乃至中国文化史的极为珍贵的文献。

《正统道藏》刊竣后曾陆续印制以颁赐各地著名道观，但因屡经兵乱，缺损严重，目前尚存有《正统道藏》原本的单位不多，唯有北京白云观、上海图书馆、四川省图书馆以及四川大学图书馆等屈指可数的几家，在这几处中，后两处所存《正统道藏》实际上是不完全的。另外，日本宫内厅也存有4115卷道经，据说多为《正统道藏》本。

随着时间的流逝，《正统道藏》日遭剥损。为了更好保存，商务印书馆于1923年10月至1926年4月以涵芬楼名义，借用北京白云观的《正统道藏》本，补以他处所存影印出版。此次影印乃将原来的"经折本"改为六开线装小方本，便于阅读。后来，台湾新文丰出版公司以及艺文印书馆陆续以涵芬楼影印本为底本再行影印。在中国大陆，文物出版社、上海书店、天津古籍出版社又于1988年出版了一个影印本，这个版本仍然是以涵芬楼本为底本，又借用上海图书馆所藏上海白云观旧本加以对照补缺。全藏按照十六开本精装，共分36册。该影印本实际上也包括了《万历续道藏》在内，故而大大方便了读者。

（二）《万历续道藏》

明代正统十年所编纂刊刻的《道藏》虽然花了很大的气力收集道经，但尚有为数不少的道教文献流散于各处而未能收入；再说，在该藏刊行之后一二百年间，又有诸多新的道书撰成。有鉴于此，明神宗在万历三十五年（1607）诏第三十五代天师张国祥刊刻"续道藏"。张国祥不负使命，组织道门中一批能人，以尊经弘道精神，努力行事，终成"续藏"。该藏仍以千字文为次序，自杜字至缨字，编成三十二函，共180卷。由于该"续藏"完成于"万历"年间，故称《万历续道藏》。顾名思义，《万历续道藏》乃是《正统道藏》的续集。基于整体的要求和方便起见，《正统道藏》与《万历续道藏》实际上在万历时就已经汇刻合印。两藏合计五百一十二函，5485卷，121589页。

正如《正统道藏》附有《大明道藏经目录》四卷一样，《万历续道藏》也附目录一卷，称为《续道藏经目录》。不过，《正统道藏》的目录实际上是在编纂《万历续道藏》时补上的。在《续道藏经目录》之末有刊刻年代的题识，谓："大明万历三十五年，岁次丁未，上元吉日，正一嗣教凝成志道阐玄弘教大真人掌天下道教事张国祥奉旨校梓，灵佑宫供奉。"其他收入《万历续道藏》的道书也都附有类似的题识。

《万历续道藏》补收道经共56种，绝大部分是元明之际的道书，尤其是明代新出道书占据比较大的比例。当然，也有许多是《正统道藏》未收的年代较早的道经，如《上清元始变化宝真上经》、《太上洞真回玄章》等。就总体而言，《万历续道藏》所收晚出作品在内容上多有"三教合流"的思想迹象；同时，从中也可以看出民间道教流布广泛的盛况。

(三)《道藏辑要》

自《正统道藏》与《万历续道藏》刊行之后,清代至民国期间,我国又有几次比较大的道书编纂工作,修成了《道藏辑要》等丛书。

大体而言,《道藏辑要》编纂于清代,这是没有疑问的,但具体的年代却有争议,清末贺龙骧认为该丛书是在康熙(1662—1722)年间由彭定求撰辑的,而《道藏精华录》的编者则认为该丛书乃编纂于清代嘉庆(1796—1820)年间。新近学者经过查考,指出后一种说法为实。①《道藏辑要》初刻版后来遭到焚毁,故而实际仅刊印一次,其书留存也很少。成都二仙庵的主持阎永和于光绪十八年(1892)倡议重刊,至光绪三十二年(1906),《重刊道藏辑要》问世。其刻版存于二仙庵,为便于流行,上一世纪90年代中期,巴蜀书社利用成都二仙庵藏版重印,保存了木刻本的风貌。

《道藏辑要》按照二十八星宿顺序编排,共辑录道书297种,分装218册,为方册本。顾名思义,所谓"辑要"乃是从《道藏》中辑其要者;当然,正如以往每次编道教丛书一样,《道藏辑要》编者也没有忘记增加新内容。查考可知,《道藏辑要》选择了《正统道藏》与《万历续道藏》中的道书凡204种,新增93种。将《道藏辑要》所收原有道书与《正统道藏》、《万历续道藏》所收相同名称的道书相对照,可以发现"辑要"编者并非完全保持原书的面貌,而是常有删减,这是我们引用《道藏辑要》时必须注意的一个问题。该丛书的基本价值在于收录万历之后出现的新道书,为道教史研究提供了可贵资料。②

五 道经的现代整理与刊行

自上一世纪中期以来,学术界对道教经典的整理逐步重视起来。五十多年来,无论在西方汉学界还是在中国本土,有关道经整理的工作陆续展

---

① 详见卿希泰主编:《中国道教》第二卷,第32页。
② 以上从第二部分到第四部分的资料来源主要有卿希泰主编的《中国道教史》一至四卷,四川人民出版社,1996年;卿希泰主编《中国道教》第二卷,知识出版社,1994年。与此同时,也参考了胡孚琛主编的《中华道教大辞典》有关道教经籍的部分条目,该书于1995年由中国社会科学出版社出版。

开,并且取得了令人瞩目的成绩。其中,最重要的有两个方面,一是关于道经检索工具书与《道藏提要》的编纂;二是在台湾与大陆相继进行了大规模的道藏经典校勘与重新整理出版。

（一）关于道经检索工具书与"道藏提要"

由于学术交流的推动,国际汉学界对道教经典的研究日益发生兴趣,在法国和日本等出现了一些道教经典检索的工具书。这当中尤其值得注意的是施舟人的工作。施舟人,又名施博尔,原籍荷兰,1953年赴法国留学,是法国汉学家康德谟与石泰安的学生。后来,施舟人到台湾"中央研究院"进修。施舟人在道教研究的田野考察方面非常投入,以至于拜台南道士曾赐与陈聮为师,混迹台南道教界达七年之久,收集了不少第一手资料。施舟人相当注意道教经典检索工具书的编纂工作,在1975年即出版了《〈道藏〉通检》。该书的特点是创立了"一字检索法",也就是说,任何一部道经,无论从经名的哪一个字入手都可以迅速查找得知该经的卷数、经夹本的字号以及在涵芬楼石印本中所居之册数。这部通检后来由中国台湾艺文印书馆作为目录索引附于《正统道藏》之末,大大方便了读者。施舟人还编过诸如《〈黄庭经〉通检》、《〈抱朴子〉通检》之类专书的通检。自上一世纪70年代末以来,施舟人还主持编纂了《道藏索引和提要》,并以多种文字出版,在国际上具有较大影响。

在中国大陆,有关《道藏》的提要工作也摆上道经整理的日程。先有华东师范大学潘雨廷教授依《四库全书提要》的体例编纂《道藏提要》,其中有一些篇章陆续见诸报刊,遗憾的是潘雨廷先生过早去世,因此他独自编纂的《道藏提要》全书未能及时付样。另外,从上一世纪80年代开始,中国社会科学院世界宗教研究所任继愈教授也主持了《道藏提要》编纂工作,该《提要》也仿照《四库全书提要》的体例,对《正统道藏》与《万历续道藏》的1473种道书的内容、成书年代以及作者等进行辨析,这是中国大陆学者自己编写的第一部完整的关于《道藏》经书的"提要"类著作,尽管其中关于经书年代等内容仍然存在一些疑问,但在客观上对我国道教研究工作具有较大影响,发挥了很好的作用。

（二）《藏外道书》与《道藏精华》的编辑出版

海峡两岸基于保存与研究的需要,在影印出版了《正统道藏》(含《万历续道藏》）之后，还组织力量搜罗《正统道藏》以外的其他道书，汇编成集。《藏外道书》与《道藏精华》正是这种工作的成果体现。

《藏外道书》是继《正统道藏》之后新编的大型道教丛书。所谓"藏外"就是《道藏》以外。因此，其所收的道书乃是《正统道藏》与《万历续道藏》未收的道书，既包括成书于明代以前而《道藏》未收的道书，也包括明万历以后至1949年以前的各种道书，尤其是后者数量占多数；当然，关于明万历以后的道书也并非已经搜罗殆尽，只是尽可能收集而已。

《藏外道书》在筹备、编辑和出版过程中，得到国务院古籍整理出版规划领导小组和国家新闻出版署的关心和重视，也得到了国务院宗教事务局的支持。该丛书作为国家图书出版的重点项目，在启动之后遇上了不少的困难，但在具体的筹划与工作中，中国道教协会、上海市道教协会、青城山道教协会和北京图书馆、四川省图书馆、上海图书馆等单位给予大力协助，因此进展还比较顺利。

《藏外道书》不再沿用传统的"三洞四辅十二类"的分类法，而根据图书的内容和特点分为十一类：一、古佚道书类；二、经典类；三、教理教义类；四、摄养类；五、戒律善行类；六、仪范类；七、传记神仙类；八、宫观地志类；九、文艺类；十、目录类；十一、其他。

"藏外"的道书早先是以单本形式流行的。《藏外道书》在编辑出版时保存了原来单本流行时的面貌，经过分类，编纂者将所得道书影印，汇为36册精装出版。该丛书第一册前有任继愈先生所写的序言以及编者胡道静、陈耀庭、段文桂、林万清的序言。最后一册是丛书的一字索引和子目的一字索引。该丛书工程浩大，许多罕见的版本或者抄本都收入丛书之中，得以更加广泛地流传。遗憾的是，丛书的印刷质量较差，有些地方字迹模糊，难以辨认，这既有底版的原因，也有出版技术的原因。

与大陆编辑《藏外道书》几乎同步，台湾道教学者萧天石编辑了《道藏精华》凡17集75册，于1990年由台湾自由出版社以影印方式出版。与《藏外道书》不同的是，《道藏精华》所选择的道书有些是《正统道藏》与《万历续道藏》已经存在的，但在明清时期又以单本流行的；当然，《道藏精华》也收了不少明代万历以后所出现的道书，所选底本较好，印刷技术亦较高，故而字迹大部分清晰，便于阅读。由于该丛书在中国大陆比较少见，现将各集所收经籍罗列如次：

第一集之一:《道家养生秘旨导论》、《周易参同契正义》、《周易参同契发挥》;第一集之二:《钟吕传道全集》、《悟真篇正义》;第一集之三:《性命圭旨》、《规中指南》;第一集之四:《太极图说与通书》、《金丹大成辑要》、《伍冲虚丹道全书》、《道教入门》;第一集之五:《龙门派丹法诀要》、《全真法脉清规全指》;第一集之六:《黄帝阴符经》、《黄庭内外景经》、《西山群仙会真记》、《金莲正宗记》;第二集之一:《养生内功秘诀》、《中和集》;第二集之二:《玄宗正旨》、《古本养生须知》、《太上十三经注释》、《道窍谈三车秘旨》;第二集之三:《张三丰太极炼丹秘诀》、《修道秘要》;第二集之四:《方壶外史》;第二集之五:《金丹真传》、《静坐法辑要》;第二集之六:《内外功图说辑要》;第三集之一:《文始真经》、《道德经讲义》;第三集之二:《参同契阐幽》;第三集之三:《悟真篇阐幽》;第三集之四:《黄庭经秘义》、《玄机直指》、《性命双修要旨合编》;第三集之五:《南北合参法要》、《列真语录辑要》、《太上感应篇》;第三集之六:《证道一贯真机》;第三集之七:《黄帝阴符经圣解》、《黄庭外景玉经》;第四集之一:《黄元吉道德经精义》、《仙术秘库》;第四集之二:《仙学真诠》、《贯通三教养真集》、《宋明四子明道书》、《丹经指南》;第四集之三:《太道破疑直指》、《玄微心印·三峰丹诀》、《内金丹心法秘旨》;第五集之一:《太上清静心经》、《清静经图注》、《吕祖心法传道集》、《邱祖全书节辑》;第五集之二:《张三丰太道指要》、《洪氏仙佛奇踪》;第五集之三:《补天髓》、《女金丹法要》、《仙学正传三种》;第五集之四:《历代真仙史传》;第六集之一:《悟真篇集注二种》;第六集之二:《谭子化书·庄列十论》、《上乘修真大成集》、《乐育堂语录》;第六集之三:《仙传外科秘方》、《古本十四经发挥》、《十四经脉穴歌》;第六集之四:《长生气功诀法集成》、《华佗中藏经》、《素问灵枢类纂约注》;第六集之五:《清功秘方大全》;第六集之六:《沈氏尊生书》;第七集之一:《云笈七籖》(上);第七集之二:《云笈七籖》(中);第七集之三:《云笈七籖》(下);第八集之一:《周易参同契解》、《周易参同契脉望》、《金丹心法》;第八集之二:《易道心法真传》、《无根树词注解》、《金丹大要》;第八集之三:《玄宗内典》、《灵源大道歌》;第八集之四:《北派七真修道史传》、《修道全指》;第九集之一:《指道真诠·寿世保元》、《太道真谛》、《文始真经言外经旨》、《清静经·玄门必读》;第九集之二:《吕祖全书》;第九集之三:《周易别传秘学三种》、《葛仙翁至道心传》、《明本道书秘笈八种》、《悟真宝筏金玉经》;第十集之一:《历世真仙体道通鉴》（上）；第十集之二：《历世真仙体道通鉴》（下）；第十集之三：《白玉蟾全集》（上）；第十集之四：《白玉蟾全集》（下）；第十一集之一：《三教真传》；第十一集之二：《外金丹大成集》、《三家修道秘旨》；第十一集之三：《三十六部真经》、《太乙北极真经》、《混元一旗氙妙经》；第十二集之一：《庄子南华真经副墨》（上）；第十二集之二：《庄子南华真经副墨》（下）；第十二集之三：《上乘修道秘书四种》；第十三集之一：《周易参同契真义》、《古本参同契集注》；第十三集之二：《道德经心传二种》；第十三集之三：《太乙金华宗旨》、《吕祖指玄篇秘注》；第十三集之四：《仟苑编珠》、《至言总》；第十三集之五：《丹亭真人传道密集》；第十三集之六：《备急千金要方》；第十三集之七：《千金要方》；第十四集之一：《黄庭经秘注二种》；第十四集之二：《华佗玄门内照图》、《养生导引法》；第十四集之三：《骦犝心经》、《玄珠录·观化集》；第十四集之四：《夷门长生秘书十二种》；第十四集之五：《学山证道秘书三十种》；第十五集之一：《道德经名注选辑》（一）；第十五集之二：《道德经名注选辑》（二）；第十五集之三：《道德经名注选辑》（三）；第十五集之四：《道德经名注选辑》（四）；第十六集之一：《道德经名注选辑》（五）；第十六集之二：《道德经名注选辑》（六）；第十六集之三：《道德经名注选辑》（七）；第十六集之四：《道德经名注选辑》（八）；第十七集之一：《道藏本南华经》、《庄子百家评注》；第十七集之二：《列子选辑三种》；第十七集之三：《毅一子》、《道家养生学概要——道藏精华外集》、《道海玄微——道藏精华外集》。

从以上书目大体可知，《道藏精华》所收道经乃侧重于养生文化方面，尤其是明末清代以来有关道教内丹学与医学的著作更是其首选。全套丛书以《道家养生秘旨导论》为开头，以《道家养生学概要》和《道海玄微》压阵，充分显示了道家（道教）养生文化的主体地位。至于先秦道家代表——老子、庄子、列子的著作之类虽然也选择了不少，但基本上是"注疏"之类，注疏者大多为元明以来的道门中人或者道教学者，而注疏的角度也偏重于性命修养，最终归宿依然与养生文化关系密切。《道藏精华》这种特点与《藏外道书》兼收并蓄的方式颇不相同，因此海峡两岸编纂的这两部大丛书具有功能互补的意义。

（三）《中华道藏》与《中华续道藏》

从上一世纪90年代后期开始，海峡两岸在道经整理方面的另一波热潮是兴起重新编纂"道藏"的工程。在大陆，有《中华道藏》的点校行动；在台湾则有《中华续道藏》编纂工作的策划与具体实施。

《中华道藏》。该丛书的点校编纂工作是由中国道教协会发起并且组织全国一批著名学者来开展的。作为一项重要的古籍整理工作，《中华道藏》的点校编纂得到了国家有关部门的关心和大力支持，国务院古籍整理委员会将《中华道藏》列为重大项目予以扶植。为了切实做好这项工作，中国道教协会多次召开筹备会，组织参与该项工作的学者开展编务座谈会。1996年8月16日，在北京白云观召开第一次《道藏》整理座谈会，中国道教协会、中国社会科学院、华夏出版社有关领导以及四川、北京、上海等地的部分道教专家学者出席会议，其主题是介绍整理点校《道藏》的缘起、意义及操作程序、经目分类及有关出版事宜。会议由中国道教协会张继禹（时任副秘书长）主持。会议提出了《道藏》点校与编纂体例的初步方案，定名点校后新道教大丛书为《中华道藏》，它以明代《道藏》与《续道藏》为底本，对原编各种道书作校补、标点和重新分类。会议指出，除了《道藏》所收道书之外，《道藏》以外的道教经书也将陆续收编在本丛书中。①

1997年5月2日至3日，《中华道藏》编委会在北京白云观召开，中国道教协会副会长谢宗信、闵智亭以及几位副秘书长出席了会议。此外，尚有中国道教学院副院长李养正教授、华夏出版社副社长张伟和先生以及全国各地的道教学者30多人参加会议。在这次会议上，编委们对初定的编纂体例、分类目录作了补充和重要归类，落实点校工作，并且进行具体分工。经过几次协商，《中华道藏》之编纂形成了最终的方案，在整理宗旨上，以尊重道教固有的信仰体系和经教体系为原则，并采纳当代道教研究的学术成果，以使道教适应现代文明的学术规范。在分类上，《中华道藏》保持了"三洞四辅"的基本框架，对"三洞四辅"以外的经书又进行了适当的归类，全套丛书分为：三洞真经、四辅真经、道教论集、道法众术、道教科仪、仙传道史、目录索引七大部类。丛书的分类体例和细目是由编委会邀请专家学者经过认

---

① 见《〈道藏〉经整理座谈会在京召开》，《中国道教》1996年第3期。

真细致的讨论之后拟定的,最后还经过了中国道教协会常务理事会审定通过。新编的《中华道藏》共计49册,包括目录索引一册①,每册约150万字,繁体竖排。全藏点校整理分为两种形式进行:一是点校,即是对保存完整的原藏经书作新式标点和必要的文字校勘;二是辑校,即在点校基础上,对残缺的经书以数种残卷加以校补,合成完整的版本。每一种经书在名称下均由整理者添一简要说明,注明作者、卷数、所用底本及参校本等事宜。全藏既有分册目录,又有总目录,便于读者查阅。②

对于《中华道藏》的点校、编纂与出版工作,国务院宗教局始终关怀备至,我国道教界的老一辈领导人傅圆天、闵智亭、陈莲笙、谢宗信以及道教研究的一些著名专家如卿希泰教授、王嘉祐教授,还有港台道教界、海外道教界人士对这项工作非常关心,台湾道教清微道法科仪研究会洪百坚先生转达了台湾中华道教总会秘书长张柽发给编委会的传真,张柽先生对《中华道藏》编纂工作表示支持并且提出了一些建议;一些单位和个人以具体的捐助行动来表示对《中华道藏》编纂工作的支持。例如中国道教协会副会长谢宗信等、香港青松观、蓬瀛仙馆、云泉仙馆、省善真堂、竹林仙馆、新加坡以及美国道教界的许多朋友都有具体的奉献,台湾明龙宫主持洪百坚先生不仅积极捐资,而且参与编修过程中的一些图版扫描工作,这一切在客观上都对《中华道藏》的编纂工作具有推动作用。③

《中华续道藏》。在中国道教协会组织编纂《中华道藏》之际,台湾新文丰出版公司也发起编纂《中华续道藏》。该藏书由龚鹏程、陈廖安教授任主编,台湾新文丰出版公司印行,首期出版了20册,系精装影印本。发起者之所以编纂该道经丛书,是因为看到了《正统道藏》以及《万历续道藏》收书的缺佚。编者在《〈中华续道藏〉初辑刊印缘起》中说:"《中华续道藏》系承继正续两部《道藏》④而纂辑之道教大丛书,凡正续两部《道藏》所未收之道书均属《中华续道藏》编辑之范围。举要言之,凡前代所编《道藏》,以部居错

---

① 按:最初拟定的册数是40册,后来由于校勘内容膨胀,增加到49册。

② 详见《中国道教协会关于〈中华道藏〉整理点校出版的情况通报》,《中国道教》1998年第4期。

③ 详见《〈中华道藏〉的整理编修得到各方支持和香港青松观等团体个人赞助》,《中国道教》1999年第5期。

④ 这里的正续两部《道藏》即指《正统道藏》与《万历续道藏》。

乱,板本缺失,文字歧义者加以补订,此其一;公藏道书方面,集国内外各图
书馆所珍藏之道书为主,此其二;私藏道书方面,散见国内外大陆诸道教学
者,所收藏珍贵资料,以存文献,此其三;辑录国内外罕见诸丛书、类书、诗文
集、专著碑文铭刻等道教资料,此其四;加上道教文物采集,近人论著搜访选
录及工具书编纂等,此其五。由于道书搜访不易,兼以体制浩繁,为使编辑
工作顺利进展,课日奏功,乃拟就类目,诸如仙真传记、宫观地志、经典教义、
百家众派、丹道养生、科仪轨范、道法方术、教外道典、戒律善书、道教支系、
道教文学、古佚道书、敦煌道书、域外道书、新辑道书、道教史料、论著选辑、
目录索引等,分辑出书,以嘉惠士林、宗教团体,并藉此经典,研究精粹,以发
扬固有文化,期待以现代高深科学知识之运用,获致自然、真实、合理诸结
果,俾彰禹域传统文化,而绍中华固有道德。"从这段文字可知,《中华续道
藏》乃是收录明代正续两藏之外的其他道书,其收书范围与《藏外道书》大
体相同,但分类却不一致。可以看出,《中华续道藏》的类目更为细致多样。
该丛书还计划选辑一些当代道教学者的论著,这就更具有包容性和资料实
用性。观首辑简目包括:《太上老君实录》7 卷、《白云仙表》等仙真传记凡
11 种;《龙虎山志》3 卷等宫观地志 25 种;葛玄传《老子道德经》4 卷、《吕祖
三品经》3 卷等经典教义书 152 种。编纂者对于每一部经籍的版本来源都
注明出处,对于了解道经源流颇有帮助。

六 道经阅读与使用的注意事项

了解历代道教经书的出版与流行情况,这是进入道教文化之门的文献
基础。然而,仅有一点文献知识,还是不能真正把握道教文化的内容。关键
所在,是要能够直接阅读道教的经典,这当然不是一件容易的事情。为了少
走弯路,我这里介绍几点注意事项。

（一）学习与研究应该循序渐进

一般地说,要研究,必须先学习。对于道教文化来说,当然也是如此。
现代社会,生活节奏加快,要把道教所有经书都阅读完,是非常不容易的,就
一般读者而言,也没有这个必要。因此,选择好一些的读本,就成为一个不
能忽略的问题。开始的时候,不能贪多,要根据自己的能力与时间,选择几

种可以入门的书来读。由于"易学"与道家之学在整个道教文化中占据重要地位，我建议先读一点"易学"与先秦道家经籍的著作。例如当代人关于《周易》的注疏本以及《道德经》、《南华真经》、《冲虚真经》等注疏本。在顺序上，应以《道德经》为先，《南华真经》与《冲虚真经》继之，《周易》为后。这是因为《周易》比先秦道家著作难读，如果一开始就读《周易》恐怕会使你望而却步，所以调整一下顺序，有助于建立信心。当你读完《周易》，掌握了"易学"的一些常识之后再回头读先秦道家著作，探讨《周易》对先秦道家典籍的影响，就能够理解得更为透彻。接下来，再读汉代以来的道经，照样是先选择几种可以入门的著作，如《太平经》选段，然后是《黄帝阴符经》、《周易参同契》、《黄庭经》、《悟真篇》。这些著作也是不好读的，不过也有许多注释本可以参考。以前人的注疏为拐杖，慢慢进入，理解了词汇语义，然后就可以入门。接下来就可以阅读道教的符咒、法术、科仪等著述。阅读的时候会碰到许多难懂的术语，比如"药物"、"火候"、"五行颠倒"等等，最好身边有一部道教辞典，可以随时查阅，弄通术语的基本意义，扫除阅读的障碍，兴趣便会在阅读过程中慢慢培养起来。

（二）必须养成使用工具书的习惯并且掌握如何使用的一些要领

当你建立起兴趣以后，就可以扩大阅读道经的范围。如果你希望研究问题，就要了解学术界在该领域的研究动态，寻找突破口，有针对性地阅读道经。有时我们会遇上这样的情况，即知道历史上一个有影响的道士或道教学者的名字，希望研究他，却不知道他的著作；有时候是知道一本书却不知道作者是谁，那就需要查考。通常，我们可以利用《中国图书综录》来获得某些线索，《中国图书综录》分三大册，一是总目，二是子目，三是索引。在子目里，既可以由作者查知著作，也可以倒过来由著作查知作者。不过，也只是那些相对确定的书或作者才能查找得知。

在道教之中，还有大量的著述是不知道作者或作者是托名的，这就比较难办。关于这一点，有两部书可以使用。一是任继愈先生主编的《道藏提要》，该书除了概括介绍各道经的内容外，还对许多道经作者进行稽考，有一定的参考价值。这部工具书首列任继愈先生所写的序，应该先认真地读一读，因为它交代了本书的缘起与脉络，至于其《例言》以及最后的几个附录也应该先了解一下，这样查找起来就能够得心应手。

由于《道藏提要》编辑出版比较早，关于作者以及道经产生年代的判断也不是百分之百准确，后来有朱越利先生撰写了《道教书目解题》，对一些比较重要的经典的年代与作者作了考证，提出了自己的学术见解，这是一部可以帮助入门的好书；另外，朱越利先生还撰有《道经总论》，于1991年由辽宁教育出版社出版，该书对道藏的历史与演变做了比较系统的介绍，书末附有"综合索引"，可以配合使用。有了这个基础，再读陈国符老先生的《道藏源流考》，就会豁然开朗。

（三）应该养成探索与分析的习惯

道教思想来源广泛，前人谓之"杂而多端"，这充分体现在《道藏》之中。由于历史的种种原因，许多道经往往没有署名，或者托名黄帝等中国古史人物，这给研究带来很大的困难。在还没有弄清真实作者和年代的时候应该谨慎引用。另外，还应该指出的是，基于宗教信仰的立场，道经往往以元始天尊、太上老君等神明的口吻来叙说教理教义，我们一方面要尊重教门的规矩，不可伤害正常的信仰；另一方面也应该做出分析，从具体的历史背景、文化氛围之中解读道经的精神内涵，这样才能从根本上理解道经的思想内容。

与一般的文化典籍不同的是，道经喜欢使用隐喻或者隐语来表达，有时候往往是言在此而意在彼，如果我们只是直解，反而会将意思搞错，所以应该将之置于中国文化的具体环境之中，透过符号的解码，以追溯文意。

总而言之，道经阅读不是小说欣赏，必须有一定的文化素养才能发生兴趣，也才能最终读进去；不过，也不必因此而"望经却步"。有志者事竟成，当你经过一番努力，就会发现：学习一些道经之后，再来审视中国文化，可以解决许多难以解决的问题。

【复习与练习】

1. 如何看待道经缘起的神话传说？
2. 什么是"三洞四辅十二类"？它在道教经书编纂过程中的地位如何？
3. 历史上有哪些主要的道教大丛书？这些丛书的编纂体现了什么精神？《道藏》的文化价值何在？
4. 怎样查考与阅读道经？

【参考读物】

1. 卿希泰主编:《中国道教》第三册,知识出版社,1994 年。

2. 陈国符:《道藏源流考》,中华书局,1963 年。

3. 中国道教协会主办:《中国道教》1996 年第 3 期、1996 年第 4 期、1997 年第 2 期、1997 年第 3 期、1997 年第 4 期、1998 年第 3 期、1998 年第 4 期、2000 年第 5 期。

4. 彭清深:《道教的第一部经目》,《中国道教》1996 年第 3 期。

5. 王宗昱:《三洞缘起》,《世界宗教研究》2000 年第 2 期。

第六讲

心通玄机的哲学探究

【学习目的】 追溯道教哲学形成的文化背景,通过回顾道教哲学研究的历史,理解道教哲学定义的基本内涵,认识道教哲学的主体内容、基本特点和作用。

中国古时候有一句老话叫做"文以载道"。所谓"文"就是文化典籍,"道"就是自然宇宙与人生社会存在与变迁的义理。在中国古人心目中,经典文献不是一种摆设或者门面的装潢,而是运载"道"的形式。作为人对自然宇宙与社会认识的思想结晶,"道"虽然是无形的,却可以通过语言文字表达出来,这种表达的历史延续就成为经典文献。中国历来重视经典的传承与研究,不论是儒家、佛教还是道教都是如此。

道门中人编纂那么多的经典文献是干什么用的? 归根结底是为了传播修道成仙的义理和方法。道教义理的内容相当广泛,其中包含哲学思想。研究道教哲学思想,是我们把握道教文化体系不可缺少的重要环节。

关于"道教哲学"这个概念,早在20世纪80年代初期,我国著名道教学者王明先生已经开始使用,他曾经为《中国大百科全书·哲学卷》写了《道教哲学》的条目,奠定了我国学术界关于道教哲学研究的基础①;几年之后,李刚在《哲学研究》发表了《道教哲学刍议》一文,解释了"道教哲学"概念的基本含义,并且寻找许多根据来论证道教哲学的存在,从学理上破除了那种认为道教没有哲学的说法②。近年来,道教哲学开始作为一门学科来建设,先后有卢国龙与吕鹏志撰写了同名的《道教哲学》专著,卢氏之书由华夏出版社于1997年出版,后者作为一部博士论文于2000年由台湾文津出版社出版。此外,在报刊上也陆续发表了一些道教哲学研究的论文。这说

---

① 王明先生关于"道教哲学"的看法,我们在下面第二节中还将进一步阐述。
② 李刚的论文见于《哲学研究》1989年第10期。

明道教哲学已经逐步为学术界所关注。本讲将在尽可能吸收学术界研究成果的基础上略作新的探究。

一　"玄机"与道教哲学

我以"玄机"作为本讲题目的一个中心概念，并且加上了"心通"的修饰语，同学们对此或许存在着某些疑问。现在，我就先来解释一下这个问题。

（一）"玄机"与"心通"释义

什么是"玄机"呢？简单讲，就是深奥玄妙的关键或枢要。"玄机"一词本流行于道门。唐张说《张说之集》卷九《道家四首奉敕撰》之三："金炉承道诀，玉牒启玄机。"张说这首诗的题目直截了当地表明作品是歌咏"道家"的，他所谓"道家"是个广义的概念，既指先秦以老庄为代表的道家学派，又包括了汉代以来的道教。就氛围情境角度看，实际上主要是指道教，因为诗中所用的意象"金炉"与"玉牒"都出自道教。"金炉"是道教炼丹的器具，这里象征炼丹的活动与结果；而"道诀"指的是表征大道的诀窍，即明道的要领；至于"承"具有"接续"的意思，也就是说"金炉"是因"道诀"而起的。怎样领悟"道诀"呢？作者引出了"玉牒"的意象来对应。"玉牒"是刻在玉片上的文书，道教以神仙秘藏的典籍为玉牒金书，据说得到这种秘藏的典籍就能顿悟大道的奥妙，因为"道"的要诀就在其中，所以有了秘藏的典籍——玉牒就能掌握玄妙的义理，可见道教对于修道的义理是十分重视的；不过，掌握义理，并非是道教的最终目的，道教通过玉牒所要开启的乃是直通大道的机关——这就是"玄机"的基本意义。

当然，在道家与道教中，"玄机"还有更深一层的理趣，这可以通过词组结构的进一步分析而得到显示。"玄机"是一个偏正词组，如果说"玄"是定性的修饰语素，那么"机"则是主体语素。"玄"的意思本来是指黑暗，引申之则为神妙难识；至于"机"除了作为器械、机关的意义来使用之外，还表示事物变化的根由或者迹象、征兆。如《庄子·至乐》说："万物皆出于机，皆入于机。"照此，则"机"又具有发动与造化事物的功能。将"玄"与"机"联系起来而作为一个哲学概念，所表示的就是宇宙自然与生命存在的根本或理则，所谓"神妙机宜"说的就是这个意思。"玄机"首先是象征性的表达，因为"机"作为词汇的主体，带有"木"字旁，让人容易联想到木制机关，开启这个"机关"就能够引发一系列动作；其次，"玄机"又运载着道门的抽象哲理，因为"玄"这个修饰的语素在道家与道教之中本来就是宇宙万物"造化"的表征，例如《道德经》所谓"玄之又玄，众妙之门"①就是一个例证，这里的"玄"已经被作为万物根源——道的根本特性的一种形容，从某种意义上讲，"玄"甚至就是"道"。这样一来，"玄机"便可以解读为"道机"，也就是玄妙道体的机关，缩略之，就是"玄机"。

怎样开启"玄机"呢？在道门看来，其要领在于如何用心。按照先民的认识，"心"具有意识的功能。《庄子·让王》在描述古帝舜想把天下让给善卷的时候，记载了善卷的一段话："余立于宇宙之中……日出而作，日入而息，逍遥于天地之间而心意自得。吾何以天下为哉！悲夫，子之不知余也！"②在《庄子》中，善卷是一个隐者，舜要把天下让给善卷，善卷却不接受，还说了一通让舜感到失望的话。善卷的意思是说：我站在宇宙之中，太阳出来就工作，太阳下山便休息，悠闲自在地生活于广阔的天地之间而没有羁绊，心中的意向情绪就在这种生活中得到舒展。在道家看来，人有本能的欲望，这种欲望如果超出了正常生活所必需的范围，那就会膨胀成为占有欲，从而导致心意不宁。像占有"天下"的欲望，就是使人心动的典型表现。如果被这种欲望所牵引，那就会受到羁绊而不能解脱。道教继承并且发展了道家这种看法，以为开启"玄道"之门的钥匙是人自己的心灵，惟有心灵解脱羁绊，才能通道。从这个角度来说，无欲于心，忘情于事，就是"通"，所以"心通"实际上是一种"去积返虚"的境界，有了这种境界，"玄机"开启，神与道合，形与玄俱。这就是"心通玄机"的理趣所在。

（二）"玄机妙用"与道教哲学体系的建构

道门提倡"去积返虚"的心通法门，这是不是主张完全去掉心意的作用呢？当然不是。试想一想，如果道门真正摒去心意，那就等于不要任何思考，其生活也就好像一段呆木头，毫无生机可言，更谈不上什么创作了。从事实上看，道门中人不仅在行动之中，而且保持着正常心意的发挥。千百年

---

① 《道德经》第一章。
② 陈鼓应：《庄子今注今译》下册，第744页，中华书局，1983年。

来,道门中人所创作的数以万计的经典文献可以说就是正常心意流露的结晶。因此有人以"无心"来形容道门中人,这是不妥当的。如果真的"无心",就完全没有必要提出"开启玄机"的命题了。既然这样,又如何看待"去积返虚"的心通法门呢?我认为应该从两个角度来理解这个问题。一是从心意的指向性角度;二是从心意的操作性角度。"指向性"是说人的心意本身体现着一定的方向,"操作性"是说心意可以通过一定的程序而调节方向和控制程度。"去积返虚"所体现的正是这种理念。"去积"两字是从心意方向的角度考虑的,凡俗之人的心意一般容易被占有欲望所牵引,所以其心意指向世间的名利地位;在道门看来,世间的名利地位等念头如果"蟠踞"在心中,就会形成欲望意念的积压状态,从而导致心意不通,这对于修道是极为不利的,因此"去积"指的是去掉占有欲望这种"块累",而"返虚"则是要使"心体"达到空灵无尘染的状态。这好像一座堆积杂物的仓库通过清理而释放出应有的空间,恢复了本来的功能。从某种意义来说,"去积返虚"可以看做是一种超越尘俗之意而得"玄机"的过程,简单讲,就是由"有意"到"无意",即无意于世俗的超常占有之欲,这样才能显露"玄机"而领悟路径。

然而,从客观上看,一个精神正常的人不可能永远处于"无意"的状态。道教提倡"去积返虚"的目标是为了释放心理空间从而得其"道意"[①]。从这个角度来看,这可以当做由"无意"到"有意"的过程。这时的"有意"已经不是尘俗那种膨胀的占有之意,而是具有"天人合一"境界的整合之意。从"无意"到得"道意",这是一个复杂的过程。所谓"道意"就是"道"的本质意义,道教把获取"道意"当做生命的根本。基于延年益寿、羽化登仙的生命目标,道教确立了把握"道意"的精神指向。这种精神指向引导着道门中人以各种可能的方式去认知生命、社会和宇宙,因为"道者涵乾括坤,其本无名。论其无,则影响犹为有焉;论其有,则万物尚为无焉"[②]。道既是非常伟大的,但又是无形无状的,它既在生活之中,又超越生活之外。获知道意,与道融通,这就不是绝对地要"出世间",而是在少私寡欲的前提下,通

---

① 葛洪《抱朴子内篇》卷九专列《道意》篇,可见道门是把"道意"的获得当做一件很重要的事情的。

② 王明:《抱朴子内篇校释》,第170页。

过"渐修"方式逐步地实现"合道"的境界。在道门之中有"欲修仙道,先修人道"的说法,表明修道的程序是从学做人开始的,然后达到自我超越以合道升仙。这样,探究宇宙的本根,认知自然的结构,考察人体生命与生存环境的关系,建立修身养性的方法等等,都是道教所不能缺少的。从现代的理论思维来分析,道教由探索生命、社会与宇宙所形成的认识或思想体系就是哲学。因此,道教哲学不仅是存在的,而且具有丰富的内容。

二　道教哲学概念内涵透析

对事物的认识可以通过下定义的方式进行总结,这种方式对道教哲学来说也是适用的。所以,当我们陈述道教哲学存在的理由之后,就应该进一步来探讨一下这个概念的基本内涵。

（一）道教哲学概念意义的种种理解

什么是道教哲学呢？王明先生认为:道教哲学是"产生于中国东汉晚期的一种以神秘化了的'道'为宇宙本原的宗教哲学。它把道家的'道'予以神学的阐释,结合儒学,融合佛学,形成了独特的理论"①。王明先生还对道教哲学的主要内容进行了概括性的说明,从三个方面说明道教哲学的内涵:首先是道教的哲学思想,王明先生认为道教哲学思想体系是由东晋葛洪奠定的,在这个部分里,王明先生侧重阐述了葛洪对"玄"与"道"的看法;其次是道教的道德观,王明先生罗列了道教的许多戒律,指出这些戒律体现着维护神学尊严和社会纲常秩序的永恒性;复次,关于佛道理论的斗争与融合,王明先生追溯了东汉以来的佛道关系史,意在阐明道教哲学产生的理论背景与发展过程。不久之后,王明先生还在《求索》上发表了《谈谈道教哲学的范畴》一文②。在这篇文章中,王明先生指出道教哲学的范畴是各种各样的,有道教独创的,有原来就存在但由道教赋予新意的,他通过"混元"、"承负"、"道"、"有无"、"动静"、"六情"这几个主要范畴的分析,以明道教

---

① 王明:《道教哲学》,见《中国大百科全书·哲学卷》,又见《道家与传统文化研究》,第212—215 页。

② 王明此篇文章见于《求索》1984 年第 2 期,后来收入《道家与传统文化研究》时略有修订。

哲学范畴形成的复杂情况。

1995年,胡孚琛编《中华道教大辞典》的时候也列了道教哲学的条目,指出道教哲学是道教神学的理论基础,它本身是由先秦的老、庄、杨、列道家哲学演化而来的。胡孚琛认为,道教哲学实际上是道家黄老之学的方术化和宗教化,道家哲学先方术化为可模拟、可修炼、可体得的实践哲学;另外,道教哲学又是道家哲学的宗教化或神化;同时,道家哲学还是一种自然哲学。胡孚琛虽然不是为道教哲学下定义,但却力图说明道教哲学的思想渊源、基本特色和主要组成部分。

1997年,卢国龙著《道教哲学》一书,他在《导论》中指出:"道教哲学是中国传统哲学的一个有机组成部分,是传统哲学大系统中的一个子系统。中国传统哲学作为人类一大文明体系的理论性凝结,有其独特的思想主题,而道教则是推阐这个思想主题的一种理论形态,同时也是致思于这个主题的一段探索历程。"①卢国龙从中国传统哲学的整体上来认知道教哲学,这可以为理清道教哲学产生的大背景开拓视野,同时也能够在传统文化的基本框架之中认清道家哲学的历史地位;不过,卢国龙并没有明确地说明道教哲学的定义。

2000年,吕鹏志在他的《道教哲学·导论》中试图从逻辑学下定义的原则来解释道教哲学的内涵,他继承了王明先生关于道教哲学是一种宗教哲学的看法,并且加以发挥。他指出:"为了使道教哲学的研究得以深入开展,首先应该为这一学科正名,使其内涵和外延都有明确的规定。从逻辑学的观点来看,道教哲学就像基督教哲学、佛教哲学、伊斯兰教哲学等一样,都是'宗教哲学'这一属概念下的种概念。符合逻辑的定义应该是属加种差的定义,因此道教哲学这个概念的意义应由其属概念'宗教哲学'来决定。"②显然,吕鹏志是力图从逻辑学下定义的角度来解释道教哲学的概念内涵与外延的,其用意很好,但我不得不指出其中一个小小的错误,他把什么是种概念什么是属概念弄颠倒了,就"道教哲学"与"宗教哲学"这两个概念而言,前者是隶属于宗教哲学的,因此是属概念,而后者是包括道教哲学

---

① 卢国龙:《道教哲学》,第1页,华夏出版社,1997年。
② 吕鹏志:《道教哲学》,第2页,文津出版社,2000年。按:该书封面作者名字印错,写成李志鹏,好在书脊与内页所出现的作者名没有错,得以辨明。

在内的,故而是种概念。尽管如此,应该说,吕鹏志的思路是对的,如果将被颠倒的概念关系重新再颠倒过来,那就有一个明确的方向来阐释道教哲学的意义了。

从上面诸家的文字看,学者们从不同的角度出发力图解释道教哲学,表现了不同的认知方法,揭示了道教哲学概念内涵的一些不同的侧面,这一切为我们解读道教哲学概念的意义奠定了很好的基础。

(二) 道教哲学的定义

综合上述诸多学者的看法或认识并且根据道教史料,我认为可以这样给"道教哲学"下一个定义:

> 道教哲学是以先秦道家理论为基础、以"道"为宇宙万物本原、自东汉末开始成型并且在以后的历史进程中不断创新、发展、完善的一种为修道成仙提供思想根据的宗教哲学。

这个定义既采撷了王明先生为《中国大百科全书·哲学卷》所写的条目的部分内容,也吸收了吕鹏志的合理思路。对于这个定义,我们可以从如下两个主要方面来解释。

第一,先从其种概念"宗教哲学"入手加以说明。所谓"宗教哲学"在历史上早已存在。德国哲学家黑格尔(G. W. F. Hegel,1770—1831)曾著《宗教哲学》上中下三册进行理论概括。他说:"如果我们从关于上帝(神)的表象出发,宗教哲学则应探讨这一表象的意义;根据这一表象,上帝是理念,是绝对者,是在思和概念中所领悟的本质,——这使宗教哲学和哲学逻辑学相近。逻辑的理念是上帝,是自在的上帝。然而,上帝所固有者并不仅是自在;其本质同样显现于其自为者;绝对精神不仅是独存于思中的本质,而且是显现的、赋予自身以对象性的本质。"[①]

黑格尔这段话包含两项基本内容:首先,黑格尔陈述了宗教哲学所探讨的对象是关于"上帝(神)的表象"。面对表象,宗教哲学家要考察其背后"意味着"什么,也就是说,要追索其内在本质。由于黑格尔把上帝的本质当做理念,这就把宗教哲学与哲学逻辑学联系起来。在黑格尔的学术生涯中,逻辑学是他建立庞大思想体系的理论基石,他通过有无变、质量度等一

---

① 黑格尔:《宗教哲学》上册,第21页,中国社会出版社,1999年。

系列的三段论推演,以证明世界是绝对理念演化的结果。在黑格尔看来,逻辑学推演的结局说明了它与宗教哲学是相近的,因为宗教哲学所思考的是表象背后蕴涵的思想,这种思想说到底是一套逻辑进程。其次,黑格尔指出宗教哲学与哲学逻辑学还是存在着一层不同:宗教哲学在探讨上帝理念时也面对其表象方式,宗教哲学的对象是"绝对者",但这个绝对者不是以"思"的形态出现,而是以其"昭示"的形态存在。换一句话来说,宗教哲学不仅研究上帝存在的理念,而且思考上帝理念的表象;哲学逻辑学则不是从表象出发,在进行概念推演时也不必考虑表象的形式。黑格尔为什么说宗教哲学与哲学逻辑学"相近"而不说相同,其原因就在于此。

显然,黑格尔是站在基督教的立场上来考虑宗教哲学的性质的,他的目的是要论证上帝存在的合理性,或者说合乎逻辑性。在黑格尔的心目中,上帝其实是自我发展的世界。在这个世界中,人的活动居于主要地位,由于人的活动,现实者转变为思想者。对于黑格尔的上帝存在证明,马克思早已进行批判。马克思指出:对神的存在的证明不外是对人的本质的自我意识存在的证明,对自我意识存在的逻辑证明……在这个意义上,对神的存在的一切证明都是对神不存在的证明,都是对一切关于神的观念的驳斥。[①] 可见黑格尔的宗教哲学说到底是对宗教信仰所作的哲理性论证。从根本上看,这与那种为宗教教义进行论证的"神学"没有本质的差别。黑格尔所谓宗教哲学具有典型的代表性,体现了宗教信仰的哲学论证的一派立场。

与黑格尔不同的另外一种立场是站在宗教以外来看宗教,从而建立的哲学也是宗教哲学,这与神学具有根本的区别。对于这种宗教哲学,何光沪作了很好的说明,他指出其特点是"既可表达信徒的,也可表达非信徒的或不可知论者的甚至无神论者的观点"[②]。根据这种看法,宗教哲学是一种哲学而非宗教,这"正如探讨科学的最根本问题的科学哲学不是科学,探讨艺术的最根本问题的艺术哲学不是艺术一样"[③]。

从以上两个角度来看待道教,自然可以有两种不同结果的宗教哲学,一

---

① 《马克思恩格斯全集》第 40 卷,第 285 页,人民出版社,1972 年。
② 何光沪:《多元化的上帝观——二十世纪西方宗教哲学概览》,第 12 页,贵州人民出版社,1991 年。
③ 同上。

种是为道教信仰提供哲学理论支持的宗教哲学；另一种是根据哲学的一般理性思维上来审视道教而形成的宗教哲学。然而，不论从那个角度提出宗教哲学概念，都必须具备哲学基本论题的一些内容，例如本体论、宇宙论、生命论、认识论、方法论，这才有具体可以研究的对象。虽然，道门中人在历史上并没有声称自己的一套理论是宗教哲学，不过在客观上却形成了一套哲学的论证。正是从这样的角度我们说道教哲学是一种宗教哲学。

第二，关于道教哲学的定义，我们还必须从"属差"方面来加以说明。因为如果泛泛谈论宗教哲学，就不可能将之与世界上其他宗教哲学相互区别，所以我们应该从其个性特征上来把握。

在世界上有许多宗教哲学是在宗教建立之后才形成的，例如基督教一开始基本上是一种情感化的信仰，后来到了中世纪才兴起了上帝存在的本体论证明等等，其宗教哲学体系从而建立；道教则不同，它是先有了宗教哲学的思想基础，然后才建立组织形态的。我这样说的根据在于，道教形成严格的组织之前便有了思想信仰的经典，例如汉末结集成书的《太平经》，这部书从总体上看是一种神学的著作，但其内容却广泛涉及哲学的许多命题，对宇宙、社会、人生都有深入的思考，并且进行了那个时代可能的哲学论证，它以先秦道家哲学为理论出发点，同时采用了《周易》象数学的思维模式，解释了宇宙天地万物的产生和存在状态，秦汉之际新道家的一些哲学理论如"元气论"也被吸纳成为其重要内容，如该书说："元气恍惚自然，共凝成一，名为天也；分而生阴而成地，名为二也；因为上天下地，阴阳相合施生人，名为三也。三统共生，长养凡物名为财，财共生欲，欲共生邪，邪共生奸，奸共生猾，猾共生害而不止则乱败，败而不止不可复理，因穷还反其本，故名为承负。"①这是以元气论为核心，以阐述天地万物的衍生进程，说明人与万物的相互关系，揭示人的欲望的由来以及社会兴旺与乱败的更替，尽管行文比较朴素，但其哲学意味还是相当浓厚的。这与《淮南子》关于"气"化天地的模式几乎如出一辙。

道教哲学之所以成立并且与其他宗教哲学不同，是因为它不仅在一开始就以先秦道家的理论为基础，形成自己的本体论、宇宙论和认识论等思想

---

① 王明:《太平经合校》,第 305 页。

体系,而且把"道"作为宇宙万物的本原和整个理论体系的核心概念。首先,"道"是宇宙间一切事物发生的本原和存在的根据,这是道教从道家那里继承而来并且加以发展的一种基本思想。老子说:"有物混成,先天地生,寂兮寥兮,独立而不改,周行而不殆,可以为天地母。吾不知其名,故强字之曰道。"①又说:"道之为物,惟恍惟惚。惚兮恍兮,其中有象;恍兮惚兮,其中有物。窈兮冥兮,其中有精;其精甚真;其中有信。"②在老子心目中,这个浑然一体的"道",无形、无声、无名,它不是存在于客观时空中的具体事物,而是跨越了时空的界线,超越了感性知觉的范围,具有极大的涵容性和稳定性。这种稳定性不是固止不动,而是通过永不停息的运动表现出来,即通过"周行而不殆"来证实"独立而不改"之品质。"道"不是西方哲学中超时空的纯粹理念(或绝对精神),而是一种形而上学的"实存者"③。老子的"道论"代表了先秦道家的基本立场,给汉代以来的道教以重要的思想启迪。故而,道门中人向来也以"道"为根基来建立道教哲学。早期道典《太平经》说:"夫道何等也? 万物之元首,不可得名者。六极之中,无道不能变化。元气行道,以生万物,天地大小,无不由道而生者也。"这里,尽管"元气"能够生化万物,但与"道"相比,还是降居相对次要的地位,因为元气只有"行道"才能生万物,可见"道"是最根本的。作为道教早晚功课的《太上老君说常清静经》也以十分概括的语言阐述了"道"的本始意义和化生作用:"大道无形,生育天地;大道无情,运行日月;大道无名,长养万物。"这句话指出大道在宇宙自然界中的功能、作用和地位,充分体现了"道"在道教思想体系中的根基地位。

不过,必须看到的是,道门中人并非是单纯地进行道本原论的阐述,他们进行这样的理论建设乃是要为其修道成仙的宗教实践服务。这在早期五斗米道(正一盟威之道)的经典《老子想尔注》之中已有明确的表示:"道设生以赏善,设死以威恶。死是人之所畏也,仙王士与俗人同知畏死乐生,但所行异耳。俗人莽莽,未央脱死也,俗人虽畏死,端不信道,好为恶事,奈何

---

① 《道德经》第二十五章。
② 《道德经》第二十一章。
③ 参见董光璧:《当代新道家》,第 75 页,华夏出版社,1991 年。

未央脱死乎。仙士畏死，信道守诚，故与生合也。"①在《老子想尔注》看来，人世间生死存亡现象的根源在于"道"，因为"道"可与人的行为相感应：人行恶，则道将使之死；人行善，则道使之活；多行善，则道不仅使之活，而且使之寿而仙。所以世间之人要避免死亡，就应该多行善事。这样一来，"道"就成为修炼成仙的伦理本体根据。另外，在道教之中，"道"也是成仙的方术基准。道教的修仙方术众多，而实践方术的理论指导却是混沌之大道。在这一点上，道教形成了自己独特的修行理论，从而与其他宗教哲学区别开来。

三　自然宇宙论和神学创世论

　　道教的基本出发点虽然是为了人的生存，但生存问题不是孤立的，于是道门中人放开自己的眼界去探索茫茫的环宇，思索这个容纳了芸芸众生的时空统一体，积极地思考人与环境的关系，这就形成了以"道"为本根的自然宇宙论；基于信仰的原因，道门中人还以神学的立场来表达宇宙的形成与演化，从而建立了神学创世论。由于自然宇宙论与神学创世论存在着相当密切的关系，本节拟将二者结合起来论述。

（一）自然宇宙论

　　"宇宙"一词最早见于《尸子》："天地四方曰宇，往古来今曰宙。"二字连用，始见于《庄子》。该书之《齐物论》云："旁日月，挟宇宙，为其吻合。"随后，《庚桑楚》对此词作了解释："有实而无乎处者宇也，有长而无本剽者宙也。"尽管如此，中国最早的宇宙论者却应追溯至老子。在批判继承前人理论成果的基础上，老子将实体观测与抽象思辨相结合，首次提出了较为完整的宇宙论学说，成为该领域的先驱，他在中国思想史上的地位是举足轻重的。道教宇宙论是在老庄等传统道家宇宙学说的基础上，经过不同历史时期的宗教化改造而形成的具有鲜明思想特色的理论体系。

　　道教宇宙论所探讨的基本问题是：宇宙是怎样发生的？宇宙具有怎样的结构？应该怎样看待人在宇宙中的地位？关于第一个问题，道门中人除

---

①　饶宗颐：《老子想尔注校笺》，第 27 页，《选堂丛书》本。

了以"道"作为宇宙的始基之外，还引入了"气"作为建构宇宙论的基本范畴。在道门中人看来，"道体"虽然是宇宙万物的本根，但它又是"虚玄"的，怎么化出万物来呢？为了解决这个困难，道门中人从老子《道德经》那里获得启示，根据"道生一"的逻辑，以"气"作为宇宙演化过程中的一个重要环节，这个"气"相当于老子的"一"，最初的"气"是混沌一片的，这就叫做"元气"，由元气化出太阳、太阴、中和三气。太阳之气清轻上升而为天，太阴之气重浊下降而为地，中和之气则生人，天地人交通相感而有万物。这就是道教哲学宇宙万物化生逻辑的基本理论框架。关于第二个问题，道门中人主要引入了传统的阴阳五行、八卦学说来解释宇宙的组合结构。所谓"阴阳五行"是先秦即已建立的一种理论模式。"阴阳"是相反相成的两种因素、力量或者状态，古人以为天下万物都存在着相反相成的态势，概括万物存在及其发展态势的基本概念就是"阴阳"；而"五行"就是木、火、土、金、水。最初，"阴阳"与"五行"是两种相对独立的解释系统；但到了《周易》，阴阳与五行的理论已经结合起来，于是阴阳五行并称，以阴阳统五行，以五行证阴阳。道教吸收阴阳五行理论并且加以发展。早期道典《太平经》以为"天有五行，亦自有阴阳；地有五行，亦自有阴阳；人有五行，亦自有阴阳"，"夫四时五行，乃天地之真要道也"①。在《太平经》之后，道教不仅把五行符号化和图像化，而且与气论、生命论相结合，用以解释宇宙的复杂结构及天地万物的相互关系；另一方面，道门中人还引入了"八卦"及其推衍系列六十四卦来表征宇宙的结构和时空的绵延状态。如《三才定位图》运用八卦符号理论把宇宙空间分为东西南北四个基本方位，每个方位又划分为八天，共计三十二天。关于第三个问题，道门中人注意将人置于宇宙的整体结构中来思考。在道门中人看来，人是宇宙中的人，宇宙是人的宇宙。没有宇宙，人无法生存；没有人，宇宙也失去了存在的意义。郝大通说："天在上，地在下，人立乎中，以象三才……故知上品类天之万象，以明十干之类是也。中品类人有万事，此者皆自天之下，自地之上，而居于中，以明八卦五行之属是也。"②按照这种看法，则人在宇宙之中占据特殊地位，人对宇宙的变化发展具有特殊作用，也负有不可推卸的责任。因此，人必须慎重地注意自身的行

① 王明：《太平经合校》，第336、430页。
② 郝大通：《太古集》卷四，《道藏》第25册，第879页。

为。《黄帝阴符经》指出人与宇宙万物不断进行着能量的交换,从某种意义上说,这种能量交换就是一种"盗",但是"盗"需有"道",也就是应该注意能量的平衡。根据道教的立场,人不可凌驾于宇宙万物之上,而应该"观天之道,执天之行"①,按照自然规律办事。

（二）神学创世论

道教在建立以"道"为本根的宇宙论时也形成了神学创世论,简称神创论。作为宇宙论的一种特殊形态,道教神创论建立在两个主要的基点上:一是以太上老君为"道"的形象代表,从而形成了太上老君创世说。自汉末张天师作《老子想尔注》时,"道"已经成为人格神的始基。在《老子想尔注》看来,道生一,一就代表了道,一可以聚形,也可以散形,一聚形成为太上老君,散形就是气。这样,太上老君就是"道"的化身。于是,"道"生化宇宙天地万物就被解读成太上老君开天辟地。《太上老君开天经》称老君"处空玄寂寥之外,玄虚之中"。其时,"万物从之而生。八表之外,渐渐始分,下成微妙,以为世界,而有洪元……"②在这一段描述之中,关键在于如何理解"万物从之而生"的"之"字,从上下文来看,这显然是指太上老君。既然万物处于"从"的地位,则说明太上老君具有造物的功能。在这里,宇宙的形成与演化被换上了神学的说法。这种神学宇宙论实际上是以太上老君作为"道"的显化符号,所以在根本上并没有性质的差异。二是以盘古神话和劫运思想为基础,建立了天尊创世说。在中国古代,人们曾经把天地日月万物看做是盘古身躯所化,以为盘古垂死化身,气成风云,声为雷霆,左眼为日,右眼为月,四肢五体化成四极五岳,血液为江河,筋脉为地理,肌肉为田土,发髭为星辰,皮毛为草木,齿骨为金石,精髓为珠玉,汗流为雨泽,身体内的浊虫被风所感动化为黎民百姓。道教在吸取盘古神话时将盘古改造成为元始天王,后来这个元始天王改称元始天尊。他也具有生化天地的功能,如《元始无量度人上品妙经》说:"元始生育天地,混沌成合,其数亿千。"③文中的"元始"就是元始天尊,既然元始天尊可以"生育天地",这就蕴涵着创世的精神,因为天地在古代往往是世界的代表。至于"劫运",讲的是天地

---

① 《黄帝阴符经·神仙抱一演道章》。
② 《云笈七籤》卷二,《道藏》第 22 册,第 10 页。
③ 《道藏》第 1 册,第 74 页。

之数,道教认为宇宙天地的存在和变化都由"数"来规定,而这种宇宙数最终却由道教之天神所掌握。可见,"劫运"与神创说一样,也蕴涵着道教对宇宙由来与结构的认识。

四　以人为主体的生命论

在宇宙之中,生命是最神秘、最重要的客观存在,尤其是人的生命向来被作为宇宙的花朵而受到高度的赞赏。道教一向关注生命问题,甚至可以说道教的一切理论乃是建立在对生命认知的基础上。所以,道门中人阐述生命的观点和对待生命的态度,是很自然的。

(一) 生命多样性与形神关系论

在道门中人看来,宇宙本身是最大的生命,而社会和人生则是宇宙大生命流程的中生命和小生命,除此之外,自然界的诸多存在物也具有生命的活力。例如昆虫、草木、山河、大地,都应该以生命的观点来看待。道门中人不仅承认生命的普遍性,而且提出了生命起源的共同性。基于宇宙本根论的立场,道门中人将"道"与"气"的范畴贯彻于生命论的陈述过程中,指出宇宙空间中的人类生命与其他生命一样都以"道"为始基,因为"道"化气,所以宇宙间的生命便以"气"作为存在的方式。

在承认宇宙生命多样性的前提下,道门中人具体探讨了人体生命的形神关系。道教认为人体生命不单是通过形体样态及其活力来显示,而且也以精神活动为标志,前者简称"形",后者则简称"神"。形与神是人体生命存在不可缺少的两种基本要素。形的存在是因为有"炁",这个"炁"是一种先天性的物质,对于人体生命非常重要。《长生胎元神用经》说:"炁结为形,形是受炁之本宗,炁是形之根元。"在道教中,炁与"气"常常被区别开来,但有的时候也被同等看待。如《道枢·胎息篇》说:"形无气则不变,气无形则不立。"[1]显然,这是把气当做炁,表现出道教力图解释人体生命外形的存在根据。另一方面,道教也关注人类生命之"神"的载体,其理论建设者从传统的医学典籍吸纳养分,以"心"为神的根本或者载体。《太上老君

---

① 《道藏》第 20 册,第 680 页。

说了心经》谓，"心为神主,动静从心"①。在这里,"心"是神识活动的主导,它不仅蕴涵着神,而且是决定神识活动的根据。正是由于"心"在神识活动中具有突出作用,道门中人干脆将"心"与"神"连称,谓之"心神"。

（二）形神的复杂关系与生命的形态转化

由于现实的生活体验,道门中人感受了具体的生命存在,并且从这种存在状态中认识了生与死的客观性。按照常理,生命是一个过程,有生必然有死,这是为无数事实所证明的。不过,就个体的存在而言,不否认生命延续的时间是有差别的,道教特别注意到这种差别。如何最大限度地延续生命?这是道门中人追求的根本目标。为了寻找生命延续的根据,道门中人从形神关系的角度入手来探讨。道教认为,就生命的存在而言,形与神是相辅相成的,两者不可或缺。《西升经·神生章》说:"盖神去于形谓之死,而形非道不生,形资神以生故也。有生必先无离形,而形全者神全,神资形以成故也。形神之相须,犹有无之相为利用而不可偏废。惟形神俱妙,与道合真。"②根据这种观点,形与神是相资而存的,这是生命存在的基本条件,如果不是处于相资的状态,那么生命就开始衰老直至最终消失。可见维持形神相资是非常重要的。不过,也应该看到,道门中人在形神关系问题上并非将二者平分秋色,而是基于修炼的实践来确定形神的先后主次地位。比较有代表性的说法是通过母子关系的比拟说明形神的产生及其先后次序,如《长生胎元神用经》说:"且神以炁为母,母即以神为子,子因呼吸之炁而成形,故为母也。形炁既立,而后有神,神聚为子也。"③按照这个说法,"神"也是有成长过程的,最初的"神"是炁之子,这个"神"可以看做"种子神";由于呼吸,神假借炁而生长出形来,这个"形"可以看做是由"神"的种子吸收炁的能量长大而成的;当炁衍生而出现身形的时候,身形内部之"神"也聚合起来,这个"神"可以看做"身躯神",由于身躯神是在形体具备之后聚合的,故而处于"子"的地位。由此可知,道门中人所谓形神的先后关系并非是简单化的,而是从生命过程的不同作用上来考虑的。道教之所以强调形神在生命过程中的复杂关系,是因为建立这个理论是为具体的修炼实践服

---

① 《道藏》第11册,第398页。
② 同上书,第506页。
③ 《道藏》第34册,第309页。

务的。虽然,在修炼的原则方法上道教内部存在一些不同的认识,如金丹派南宗先命后性,而北宗则先性后命,但不管是哪一个派别都强调性命双修、形神俱妙,这说明道教的形神理念在基本点上是一致的。

还值得一提的是,道教的生命论不仅基于微观上的认识,而且也从宏观方面考虑问题。根据生物禀赋之炁有精粗不同的立场,道教一方面看到了宇宙芸芸众生的区别,另一方面则认为生命形态是可以相互转化的。《抱朴子内篇·黄白》说:"……飞走之属,蠕动之类,禀形造化,既有定矣。及其倏忽而易旧体,改更而为异物者,千端万品,不可胜论。人之为物,贵性最灵,而男女易形,为鹤为石,为虎为猿,为沙为鼋,又不少焉。至于高山为渊,深谷为陵,此亦大物之变化。"[1]葛洪既强调了变化的普遍性,又侧重说明了生命转化的实在性。人是否可以变化成其他动物,这是一个有待检验的问题,但敢于探索生命形态变化的可能性,这种思想无疑是富于开拓意义的。像葛洪这种认识在道教之中并非偶然,而是有很多例证的,它从一个侧面反映了道教对于生命特质及其存在方式的极大关注。道教之所以关注生命形态的转化,主要是为修炼成仙、变化飞升寻找物证;另外也在提醒世人:生命形态可以从低级向高级转化,也能够从高级向低级回落,如果没有修行,最终不但不能保持人类的生命形态,而且可能沦为异类。

五　道教哲学的认识论与思维方法

既然人类的生命体是形与神的结合,那么这种生命体在宇宙中的存在就不可能是封闭的。从道教的修养角度看,生命要获得时间的延续,就必须解决生命体与外部世界的关系,弄清生命体存在的环境,同时也必须研究生命自身的内部机制。由此,道教便逐渐地建立起自己的认识论和思维方法。

(一) 道教哲学认识论

道教的认识对象包括四个主要方面:一是自然宇宙;二是神仙世界;三是人类生命的内部机制与外在活动;四是道门中人生命修养活动与前三方面的各种关系。认识这些对象,道教所用的方法是有所区别的。这里介绍

---

① 王明:《抱朴子内篇校释》,第284页。

几种比较有代表性的方法。

观察。从个体来讲,道门中人具有特殊的生活目标;但就人类的基本需求而言,道门中人也有人类群体所具有的一般生活需求,故而感知环境,观察外部自然世界,是道门中人不可回避的生命活动方式。受到延续生命的强烈愿望的推动,道门中人对外界的观察与认知是相当积极的。基于生存的需要,道门中人不仅通过各种可能的方法来观察现实世界,而且力图从各种观察的结果之中判断生存环境的未来变迁,考虑这种可能变迁将给人的生存造成什么影响的问题。按照修道的基本要求,道教认为一个合格的修道者应该是上知天文,下察地理,中明人和。所以,道门中人对天上的日月星辰与地上的山川物品具有特别的兴趣。《太上洞玄宝元上经》列举了天文、地理的诸多观察对象,陈述了观察的基本方法和意义,它说:"天文者,三光也。名为观者,占三光也。三光者,日月星也。周睇三道,推步玑衡,日往月来,回旋无极,岁及萤惑,太白辰镇,行常为戒,示祸显福。"又说:"地理者,三色也。名为察者,候三色也。三色者,土、山、水也。历览五方,干支位次:甲乙丙丁戊己庚辛壬癸,子丑寅卯辰巳午未申酉戌亥。"《太上洞玄宝元上经》这段话以天文、地理的典型物象为例,说明了"观"与"察"的分别,从其叙述的上下文关系可知,道教所谓"观"主要是对天体而言的,而"察"则是对地象而言的,天体中的日月星之所以称作"三光"是因为它们会发光,地理中的土、山、水之所以称作"三色"是因为它们是通过色泽来对人显示其存在的。对于天文,该书特别言及"推步",这说明道门中人不仅细致地进行观察,而且力图弄清星体之间的距离;对于地理,该书使用了"历览"的术语,并且罗列了地理中的全部方位,足见道门中人观察范围之广泛。

实验。这是道门中人认识客观世界的一种重要方法。就具体的过程来看,认识不光是以观念来把握客观世界,而且也通过感性活动来把握和作用于客观世界。道教的认识当然也不例外。基于生命与客观环境密切联系的理念,道门中人积极地寻求那些对于保护生命与延续生命有用的物品,为了了解此等物品对生命的具体作用,道门中人进行了许多实验。这主要表现在两个方面:一是采集草药并且进行服食试验。现存《道藏》之中有许多用以陈述草药性味功用的文字记载,并且配了图像,如《图经衍义本草》等等。① 如果没有实地采集,是不可能绘制逼真图像的;如果没有服食的试验,也是不可能对其药性与用途有确定陈述的。二是开采矿物,提炼金丹。道门中人继承了上古方士实施的金丹术并且加以发展。为了提炼服食的金丹,道门中人首先利用可能的条件制作炼丹的器具,早在汉末的《周易参同契》便载有《鼎器歌》,称:"圆三五,寸一分,口四八,两寸唇,长尺二,厚薄匀,腹齐三,坐垂温,阴在上,阳下奔,首尾武,中间文。"这可以看做道门最早的炼丹器具的描述,后来随着炼丹活动的进一步扩展,器具构造的技术也有了进步。道门中人把开采的某些矿物石置于丹鼎之中提炼,发明了种种具体的制作方法,其中主要有:飞、升、抽、伏、死、制、点、关、养、煮、炼、煅、炙、研、封、沐浴、酿、渍、烧、化开、固济,等等。这些术语都具有实在的操作意义,是道门中人从具体的炼丹实验中总结出来的。通过炼丹实验和总结,道门中人对矿物石等物品的形态、性质等有了理性的认识,提出了许多深刻的见解,例如万物嬗变的认识、物质性质的转移认识、人工调控在物质性质改变过程中的作用认识、诸多的化学变化与物理变化的认识,都与实验有密切关系。

体验。这是道门中人一种比较特殊的认识方式。之所以称之为"特殊",是因为这种认识方式与宗教的内心世界活动相联结。如果说"实验"是通过物质手段作用于物质世界的一种认知方式,那么"体验"就是以自身形体为凭借的一种认知方式。由于古人将"心"当做精神活动的主体,"体验"的任务便由"心"来完成。在道教的精神修炼方术之中有许多形式本身也具有体验的特质,如玄览、存想,等等。所谓"玄览"是一种心灵的直觉体验。"玄览"一词最早出现于老子《道德经》:"涤除玄览,能无疵乎?"河上公注曰:"心居玄冥之处,览知万事,故谓之玄览也。"②按照这个说法,则"玄览"就是幽居暗处的心灵对存在的一种体验。文中所讲的"万事"当然不仅指肉眼看得到的存在,而且也包括肉眼看不到的存在,因为老子《道德经》第四十七章说:"不出户,知天下。不窥牖,见天道。"不出门户就能够知晓天下诸物,这显然不是一种普通的五官认知方式,而是心灵之直觉;至于不

---

① 关于草药的内容,将在本书第八讲再展开讨论,这里从略。
② 王卡:《老子道德经河上公章句》,第 35 页,中华书局,1993 年。

出牖而"见天道"，就更是一种内心的精神把握了。唐玄宗说："玄览，心照也……人之耽染，为起欲心，当须洗涤除理，使心照清静，爱欲不起，能令无疵病乎？此教涤心也。"①这说明："玄览"首先是排除心灵的污垢，使之达到纯洁状态；其次是以"心"来察照。前一步为"涤除"，即为正式的"玄览"做好准备；后一步是正式的玄览，即心灵的直觉活动。除了"玄览"之外，"存想"也是心灵直觉的一种重要的体验方式。② 因为存想不仅可以想象体外的物品，而且可以察照体内之"神明"，如五脏之神、口鼻之"神"等等，此等"神明"可以看做人体器官的一种特殊的符号代码，所以存想体内神明也就是对自身形躯内部器官的一种直觉感受，这可以看做一种内部体验。

（二）道教的主要思维方法

哲学不仅要研究自然界的存在方式及其本质，而且要研究精神世界，而精神世界本身就包括了思维方法问题。从某种程度上说，思维方法乃是精神世界的一个核心问题。因此，研究道教哲学自然应该把道教的思维方式作为基本对象之一。道教具有什么思维特点呢？ 概括起来，主要有如下几个方面。

象数。所谓"象数"本来是易学的基本理论之一。"象"最初是指卦象，后来引申而有意象、法象等内涵。就易学来说，"象"是先民通过观察天地万物之后而创造的一种人工符号，这种特殊的符号不是随便勾画的，而是蕴涵着一定的"数"的，所谓"数"就是"象"之所以存在的内在根据。"象"与"数"是可以相互转化的，"数"的推演可以导致"象"的成型，"象"的排列也可以指称"数"的意义。由于二者存在着十分密切的关系，在易学史上常常是"象数"并称。汉代以来，易学之象数获得充分的扩展，所谓"象外生象"表明了易学象数衍括的一种客观事实。易学象数理论的建立同时也是符号象征思维的流行。从这个意义来讲，象数可以说是一种特殊的符号象征思维方式。道教自产生开始就相当注重这种思维方式的应用，并且逐步加以发挥。《太平经》说："为垂象作法，为帝王立教令，可仪以治。王道将兴，取象于德；王道将衰，取象于刑。夫为帝王制法度，先明天意，内明阴阳之道，

---

① 《唐玄宗御制道德真经疏》卷一，《道藏》第 11 册，第 756 页。

② "存想"具有丰富内涵，它也是养生的一种方术。关于存想的养生意义，本书将在第十讲再作探索。

即太平至矣。"①又说:"二月八月,德与刑相半,故万物半伤于寒。夫刑日伤杀厌畏之,而不得众力。古者圣人威人以道德、不以筋力刑罚也。"②在这两段话中,前一段遵循《周易》关于"天垂象"的思维模式,侧重言"象";后一段则引入了月份的时间概念,所谓"二月八月"就是一种时间数,这除了可以表示宇宙时间的一定跨度之外,还可以象征自然界的刑德消长。从两个例证可知,道教确实是很重视象数问题并且沿着象数思维模式来建构自己的理论。

类比。按照事物的类别和某些属性来推导其他属性特征的方法,就是类比。例如上面所引用的《太平经》把自然界的"刑德"与人类之刑德相比附,这在思维上所使用的即是类比。可见类比思维在中国古代与《周易》的象数模式具有一定的关系。就道教的教理而言,类比是一种比较常见的推理论证手段。由于受到《周易》象数推演模式的影响,类比成为《太平经》说理的基本法度。该书卷八十六《来善集三道文书诀》说:"见太阳星乃流入太阴中。太阳,君也;太阴,民臣也。太阳,明也;太阴,暗昧也。今暗昧当上流入太明中,此比若民臣暗昧,无知困穷,当上自附归明王圣主,求见理冤结。今反太明下入暗昧中,是象诏书施恩,下行者见断绝,暗昧而不明,下治内独乱而暗蔽其上也。"③这一段话所谓"太阳星"就是太阳,而"太阴"就是月亮。作者先将太阳、太阴的属性作了说明,接着将太阳、太阴与中国古代社会中的君臣民进行类比,然后从天上太阳、太阴的关系推导人间君臣民的关系,以为"下归附于上"才是合理的,否则就是反常的。虽然这种类比并不能完全保证结论的正确性,但在那个时代却是相当流行的思维方式。以《太平经》为代表的类比思维对于后来的道教文化具有相当大的影响。晋代以降,这种思维方式广泛地运用于仙传、方术、科仪等文献中,如葛洪的《神仙传》即称:"男女相成,犹天地相生也。所以导养神气,使人不失其和。天地得交接之道,故无终竟之限。人失交接之道,故有残折之期。"④葛洪是在陈述彭祖故事时说这段话的,它归属于神仙传记,但具体内容却是有关房

---

① 王明:《太平经合校》,第 109 页。
② 同上书,第 108 页。
③ 同上书,第 313 页。
④ 葛洪:《神仙传》卷一,《四库全书》第 1059 册,第 260 页,台湾商务印书馆影印文渊阁本。

中术的。作者把人间男女关系与天地阴阳相类比,指出天地之所以具备"广生"的功能,是因为得"交接之道",由此推论人间男女如果失去交接之道,就不能长寿。其结论是否可靠,另当别论;但其类比思维的自觉性却是可以肯定的。

推理。这是逻辑思维中的重要方式。从前面的分析之中,我们可以看出,类比已经包含了推理的某种方式;不过,应该指出的是,类比推理并非是逻辑推理的典型样态。典型的逻辑推理是一种三段论组合,也就是说必须有大前提、小前提,有结论。这种逻辑推理在西方相当普遍,自亚理士多德以来,西方的哲学便建立了专门的思维科学。在中国古代,形式逻辑的推理也是存在的。别的不说,就拿道教的教理陈述来讲,形式逻辑之推理也是道门中人论证修仙可能性的一种必不可少的手段。《抱朴子·论仙》说:"若夫仙人,以药物养身,以术数延命,使内疾不生,外患不入,虽久视不死,而旧身不改,苟其有道,无以为难也。而浅识之徒,拘俗守常,咸曰世间不见仙人,便云天下必无此事。夫目之所曾见,当何足言哉?天地之间,无外之大,其中殊奇,岂遽有限,诣老戴天,而无知其上,终身履地,而莫识其下。形骸己所自有也,而莫知其心志之所以然焉。寿命在我者也,而莫知其修短之能至焉。况乎神仙之远理,道德之幽玄,仗其短浅之耳目,以断微妙之有无,岂不悲哉?"[1]葛洪这里主要是为了批驳世无神仙的说法,其中包含着一个逻辑三段论。其大前提是:天地之大,无奇不有。小前提是:神仙是长寿之殊奇。结论是:学习仙人之法则可以长寿成仙。像《抱朴子》中的此等论述在其他文献之中也不少见,表明道教也具有理性思考,而并非某些人所讲的仅仅诉诸情感的信仰说教。

辩证。这是一种根据时间、地点、境况进行具体分析的思维方式。在中国古代,辩证思维的发端是比较早的。《周易》以变易为分析问题的基本出发点,同时又指出宇宙万变之中尚有"不变"者存在,这种既强调变化又承认不变的思维不是僵化的思维,而是从动态的角度来观察问题、思考问题,故而是一种辩证思维。《周易》的辩证思维直接影响于中国传统医学,中医讲"辩证施治",就是根据客观的症候来进行治疗。由《易》到医逐步完善起

---

① 王明:《抱朴子内篇校释》,第14—15页。

来的辩证思维方法被道教所继承和发挥。例如道门中人在论述"三一"的时候就使用了这种思维方法。什么是"三一"呢？《玄门大论三一诀》引孟法师云：今三一者，神、气、精；希、微、夷；虚、无、空。道教提出"三一"之说本来是用以养生的，但进行论证时却体现了辩证思维，李荣《老子注》说："希、微、夷三者也，俱非声色，并绝形名；有无不足诘，长短莫能议，混沌无分，寄名为一。一不自一，由三故一；三不自三，由一故三。由一故三，三是一三；由三故一，一是三一。一是三一，一不成一；三是一三，三不成三。三不成三则无三，一不成一则无一。"这段话一方面说明"三"与"一"是相互依存的，另一方面则从修炼的立场说明不仅应该"忘三"，而且应该"忘一"，从而达到"三"、"一"俱忘的虚空境界。这种肯定之中包含着否定、否定之中包含着肯定的论证乃贯穿着辩证思维的逻辑思考。

六　道教哲学的基本特征与作用

　　道教哲学的内容是丰富的，以上所介绍的只是其中比较重要的方面。同学们有兴趣可以进一步研读有关原始文献，以便更为深入地认知道教哲学的思想体系。在本章的最后，让我们来总结一下道教哲学的基本特征与社会作用。

（一）道教哲学的基本特征

　　任何一种特征都是通过比较而显现的，我们考察道教哲学的特征自然不能抛开比较来空谈，而应该将之置于一定文化背景下通过比较来认识。比较有两个基本的角度，一个是横向比较，一个是纵向比较。横向比较可以认知一事物与他事物之间的相互区别；纵向比较可以认知一事物在发展过程中前后的不同。现在，我们就从这两个角度来加以考察。

　　由于道教哲学是产生于中国文化背景下的一种哲学，比较的范围首先可以确定在本国之内，然后推及开来。中国的哲学，就门派而论，主要有儒家、道家，印度的佛教传入中国之后与中国本土文化相结合从而形成了中国佛教，于是传统哲学有了三家并行为主干的发展局面。接触过儒家经典的人一般都知道，早期儒家罕言鬼神、天道，而注重社会伦理，所以早期儒家哲学乃是一种侧重于伦理教化的哲学。与儒家相比，先秦道家则比较关注自然问题,老子开创了"观天道以推人事"的思维方法,奠定了道家探索自然的思想基础,由此发展起来的道家哲学乃是以探讨宇宙本体为核心的哲学。道教理论的建立尽管与先秦儒家、道家都有密切关系,但在思想指向上也表现出自身的特点,那就是确立了延年益寿、羽化登仙的基本目标,围绕这个目标,道教形成了追求生命永恒的信仰精神,通过本体论的证明与体验证明,道教构造了以关注生命为基本内涵的宗教哲学。这种宗教哲学既区别于儒家的社会政治道德哲学、道家的自然哲学,也不同于中国佛教哲学。尽管中国佛教哲学从根本上看也是一种宗教哲学,但彼此的思想旨趣却有很大的不同;如果说佛教的教化乃以人生为苦难,注重于把信徒引向来生,那么道教则追求现世生命的延续,以生活于现世为实在,并且侧重于从现世寻找生命的意义。在世界观上,佛教以缘起论为旨归,认为一切事物都由因缘和合而生,不存在什么造物主;道教从大道演化的基本精神出发,认为一切事物的最终原因在于"道",因道而化气,聚气成形而出太上老君或者元始天尊,这些崇高的道教之神也具有创世的功能,这种"道"与"神"相统一的创世论是佛教所没有的。如果我们放开眼界,将道教哲学与西方的基督教哲学、伊斯兰教哲学相比较,也会发现存在明显的区别。基督教以上帝作为宇宙的主宰,伊斯兰教则以真主安拉作为至上神,基于此等信仰所建立起来的本体论在根本点上是为至上神存在服务的;而道教哲学在叙说太上老君或者三清尊神的时候基本上是从"道"与"气"的关系进行自然主义的论证,体现了宇宙混沌的理念。再说,道教在形神关系问题上的理解与基督教等西方宗教的看法也有根本不同。一般而言,西方宗教往往坚持灵肉二分论,从灵魂与肉体可以分离的立场出发,肯定灵魂不死,褒扬灵魂,主张神离形而升天;道教认为形神是生命存在和活动不可或缺的两个因素,强调形神合一。道教之所以如此,主要是从其修炼的宗教实践出发的。道教的一整套哲学理论乃是在修炼实践中逐步完善起来的,这从一个侧面证明了道教哲学的实践性特点。总之,道教哲学与其他门派的哲学相比具有自身的许多特征,仔细地考察其特征,是把握其性质所必需的。

（二）道教哲学的主要作用

考察道教哲学的作用,可以从许多不同角度来进行,但概括起来无非有这么几个方面:一是内部作用与外部作用;二是历史作用与现实作用;三是理论作用与实践作用。这三个方面是互相交叉的,我们不能同时"三面出击",如果那样,就可能造成重复。有鉴于此,我们必须采取从一个方面入手兼及其他的思考方法。为了叙述的方便,我们就从第三个层面切入,即从理论与实践的角度开始来探讨问题吧。

当我们提出"理论作用"这个概念的时候,它既包括道教内部的理论作用,也包括道教外部的理论作用;由于理论是发展的,而发展是一个过程,过程意味着时间的展开,因此它又包含着历史作用和现实作用。

就道教内部而言,建立道教哲学,是支持其信仰体系所必需的,也是整个道教文化存在和发展不可缺少的。因为信仰如果仅靠情感化的强调,是难以说服人的,必须从哲学的理论高度展开论证,才能体现深刻的思想,才能给信众提供精神支柱。事实上,道教从一形成即注意到这个问题,后来道门中人尽管比较侧重于方术的陈述,但在讲方术时往往也贯穿着宇宙论和生命论的思想,例如道教内丹学著作多半都体现了这种特色。可见,理论的支撑对于信仰来说确实是重要的。

就道教与外部的关系来看,道教哲学的形成与完善也发生了不可低估的影响。不可否认,任何一种理论的建立都无法离开具体的文化背景,道教哲学也是如此。在历史进程中,道教哲学吸收了其他学派或者宗教团体的许多哲学思想观念,也对其他学派或教派具有一定的渗透或者启迪作用。就拿魏晋时期的玄学来说,许多玄学家本来是儒生,像嵇康、阮籍一类人物都是如此,但他们又都与道门中人接触,钻研《道德经》、《庄子》、《周易》,与道门中人一起探究修行之理。唐宋以来,儒释道三家相互渗透的趋势加强,宋明理学的核心人物基于本体论建设的需要,对于道教哲学的理论框架是有所借鉴的,如周敦颐的"太极学说"、朱熹的易学等都吸纳了道教哲学的某些合理内容。这就证明,同一文化背景下各个学派的接触是有利于学术思想之发展的。

道教哲学的理论作用与实践作用是无法决然分开的。从基本目标来看,道门中人吸纳易学与老庄哲学从而建立起来的道教哲学,首先是为了指导自身的宗教实践活动,其次是给其他信奉者以思想上的支持。就此意义而论,道教哲学从一开始就具备了实践性。由于目标的驱动,道门中人在具体的宗教实践过程中又不断地丰富自己的哲学理念;换一句话来讲,道教哲学是通过绵延的实践活动而得到发展的。因此,道教哲学的实践性又是持续的,而不是一闪即逝的。

道教哲学的实践性决定了它在道门中人的具体宗教活动过程中要发生理论指导作用。这种指导作用既是历史的,也是现实的。所谓"历史的"是说道教在长期的发展过程中,道门中人即以道教哲学为思想指导来进行生命的修养活动、观察自然活动,以及沟通天地的活动。因为道门中人所建立的宇宙模式同时也是自身生命躯体的存在模式,所以他们就可以由外部的观察而"返观内照",从而进行内在的自我体验,感悟大道的"希、微、夷"境况。所谓"现实的"是说道教哲学不仅在以往对其宗教实践活动发生指导作用,在当今的道教活动中也依然具有指导作用。因为道教哲学的宇宙论、生命论、认识论对于道门中人来讲并没有过时,况且道教哲学本身是开放的,随着时代的变迁而发展,故而它在道门中人的实践中发挥作用并且获得调整和充实,是一种必然的趋势。

道教哲学不仅对道教内部的实践活动具有指导作用,而且对教外人士的修身养性活动也有一定的启迪价值。回顾历史可知,有不少文人重视生命的修养活动并且亲身实践,例如苏东坡、陆游、朱熹等人都是如此。固然,这些士大夫人物所进行的生命修养活动在根本点上与儒家修身治国的思想旨趣是合拍的,但也在一定程度上受到道教哲学的影响。朱熹本人对道教哲学的兴趣就相当浓厚,他不仅注疏道教哲学的经典文献《黄帝阴符经》之类,而且与其门人讨论内丹问题,朱熹的易学采用了道教用以表征易道的许多图像,可见道教哲学对朱熹思想体系的建构是有一定作用的。朱熹的活动表明了道教哲学对于道教以外的人士确实具有借鉴意义。

【复习与练习】

1. 什么是"玄机"? 道门中人是如何抓住"玄机"来建构道教哲学体系的?

2. 什么是道教哲学? 它的基本特点是什么?

3. 从宇宙论、生命论、认识论的不同角度阐述道教哲学的实践性。

4. 道教哲学的发展如何"与时俱进?"

【参考读物】

1. 王明:《道教哲学》,见《道家与传统文化研究》,中国社会科学出版社,1995 年。

2. 李刚:《道教哲学刍议》,《哲学研究》1989 年第 10 期。

3. 卢国龙:《道教哲学》,华夏出版社,1997 年。

4. 吕鹏志:《道教哲学》,文津出版社,2000 年。

第七讲

重道贵生的伦理思想

【学习目的】 追溯道教伦理形成的思想脉络,了解其社会历史条件、文化背景,掌握道教伦理的基本内容和思想特点,推究道教伦理的基本原则,了解道教善书的由来和发生作用的社会根源,认识和发掘道教伦理的现实价值。

从归属上看,伦理也属于哲学的研究范围。伦理学又称道德哲学,广义上的哲学本来就包括伦理学在内。大家知道,现在中国学术界的学科划分,伦理学被作为哲学的一个二级学科。根据这样的划分,研究道教哲学本来不应该将道教伦理思想排除在外。我们这门课之所以把道教的伦理思想独立出来研究,乃出于这样几点考虑:首先是道教伦理本身具有相对独立性。尽管道教伦理与道教哲学的宇宙论、生命论、认识论存在密切关系,但其作用途径和意义却是有区别的。其次是为了介绍的方便。试想一想,如果把道教伦理思想内容与上一讲关于道教哲学的内容合在一起,我可能要从上午讲到下午,或者从下午讲到晚上。这样一来,不仅大家无法忍受,就连我的大脑和肠胃等器官也不会批准。如果身体器官各自有灵性的话,可能就会在我讲授超时的教室外"静坐",以示抗议。为了避免身体器官的抗议,我在写成初稿的时候作了调整,道教伦理就独立出来了。我相信这样处理大家应该是可以接受的。

言归正传。现在,我们就一起来讨论道教伦理思想。

一 道教伦理形成的历史根据

伦理是一个具有广泛包容性的概念。从整体上看,伦理包含了人类最一般的道德准则,也包括各行各业的部门性道德规范,等等。作为人类的一种特殊精神现象,宗教意识形态一开始即融摄了一般的社会伦理。另外,宗教意识形态还涉及人与神明、人与自然等多层关系。因此,在宗教体系之中一般还包含了神学伦理和生态伦理。作为中国传统宗教,道教也是如此。这就是说,道教不仅与世俗社会的伦理有关,而且也衍生出许多世俗伦理所没有的道德内容。

伦理所研究的不仅是道德规范本身,而且必须探讨道德规范发生和发展的根源,探讨道德规范存在的社会基础、作用途径。道教伦理研究当然不会例外。虽然,道教伦理有许多世俗伦理所没有的内容,但归根结底则应该从社会基础去寻找最后的根据。按照这样的理念,我们考察道教伦理就应该从道德规范入手,在探究其基本内容的同时更深入一层以追溯其存在的各自原因。

(一) 伦理词义考原

在中国,"伦理"之"伦"有几种不同的用法。与道德有关的用法主要有两种:一是指同辈或者同类,如《礼记·曲礼下》称:"儗人必于其伦。"注曰:"儗,犹比也;伦,类也。"所谓"比"就是上下高低之比较,因而有辈分的意义;至于"类"则表明了种属的一定范围。二是指道理或者次序。《诗·小雅·正月》:"维号斯言,有伦有脊。"《论语·微子》谓,"言中伦"。因为"伦"字具有"理"的意蕴,所以"伦理"连称便是构词趋势的自然结果。在《礼记·乐记》中早有"伦理"连用而为合成词的现象:"乐者,通伦理者也。"注:"伦,犹类也。理,分也。"据此,则所谓"伦理"本来乃是表述事物的条理。大家知道,事物在中国文化之中常常是一种泛称,它具有无限的包容性。所以,古人最初的所谓"伦理"并不单指人类而言,包括自然界也有伦理。当然,应该注意的是,伦理之"伦"是单人旁,古人造字的时候是从人的角度来看事物条理的,因此"伦"字一开始实际上已经贯注了人类的道德色彩,许慎《说文解字》谓伦从人,这就是说伦理之伦乃从属于人类之存在次序,这种次序就是"道",即存在的规则道理。由于伦理之"伦"是从人的立场观察问题而得出的,后来便出现了表示人类社会秩序的"伦常"或"伦次"之类的词汇。古人把"父子有亲、君臣有义、夫妇有别、长幼有序、朋友有信"这五种道德品性称作伦常,又叫"五伦"。

就中国社会组合来看,最初的人际伦理应该是约定俗成的。人们因现实生活需要而确定彼此间的关系,就成为伦理。由于伦理是一种"道",这种"道"可以使人们维持一定次序而获益,故而有"道德"之称。《韩非子·五蠹》谓:"上古竞于道德,中古出于智谋,当今争于气力。"《礼记·曲礼上》:"道德仁义,非礼不成。"注曰:"道者通物之名,德者得理之称。"按照这个说法,则道德之"德",通于"得",即得其物理而生存有序。可见,在古代,道德与伦理是密切关联的。在现代,人们干脆将"伦理道德"并称。

（二）道教伦理的产生

我在上面做了诸多引证来解释"伦理"一词的含义,目的是为阐述道教伦理之形成与特征服务的,因为道教是中国固有的传统宗教,道教文化是中国传统文化重要的组成部分,所以道教伦理不可能独立于中国传统文化之外而凭空出现。既然如此,我们研究道教伦理就必须回归于中国传统文化的系统中加以分析。当然,中国文化是人类文化的重要形态,它在深层次中潜藏着人类的生存智慧,也积淀了人类成长的某种经验教训。我们研究道教伦理也不能离开特定的人类心理。只有拓展视野,从人类深层的精神律动方面寻找根源,才能认清道教伦理的真面目,明了其性质功能。

任何事物都有其成长过程,人类也不例外。追溯历史可知,人类的早期充满了想象和好奇心,先民们以其本能的方式释放着身体的各种欲望,力图通过各种活动形式来满足自身的欲望。尽管人类早期抵御自然灾害的能力是低下的,但力图控制自然界的欲望却出乎寻常地强烈。"原始巫术"正是早期人类企图控制自然界的一种特殊手段。在相当长的历史时期中,巫术在人们的生活中占有举足轻重的地位。丹皮尔说:"在纪元前二世纪,一个新的巫术浪潮随着占星术由亚洲流入欧洲,使人们以为有了控制自然、天神和星宿的希望。"①丹皮尔所说的"亚洲"在很大的程度上是指中国。可见,中国历史上也曾经是巫术盛行的国度。传统的巫术是一种驳杂的文化现象,它既包含医学、天文等科学成分,但也具备了相当神秘的内容。巫术的最大特征是利用相似性原理企图复制自然现象,达到控制自然界的目的。在一定历史时期,巫术对于人类的生存来说曾经具有某种积极意义,因为它提高了人们的自信心;但是,从本质上看,巫术却是反伦理的,它在深层次中

---

① W.C.丹皮尔:《科学史及其与哲学和宗教的关系》,李珩译,第 80 页,商务印书馆,1975 年。

体现了人类的最大占有欲望。

　　人类通过巫术活动拓展了想象空间,在一定程度上满足了占有欲望,但也导致了自身欲望的放纵,造成生活的无序。基于自我欲望控制的需要,人类出现了伦理。或许是由于巫术曾经特别兴盛的缘故,中国古代也相应地发展出强大的伦理系统。因为只有伦理系统足够强大才能抵制巫术的盛行。查考《尚书》等古代文献,我们不难发现中国先民对于伦理的高度重视。由于建立和巩固社会秩序的需要,中国先民通过强化伦理来达到控制自我欲望的目的。到了尧舜时期,虽然以占卜为主体的巫术依然兴盛,但在实际应用过程中已经逐步伦理化,换一句话说就是巫术的使用被纳入了伦理系统,为伦理实践服务。《尚书·虞夏书》有一段话可以为证:“禹!官占惟先蔽志,昆命于元龟。朕志先定询谋佥同,鬼神其依,龟筮协从,卜不习吉。”这是舜帝传位给禹时所说的话,大意是讲:禹啊!官占的方法必须先断定志向,然后才命令大龟显示吉凶。我把帝位授予你的志向已经确定了,询问众人的意见,他们都没有异议,况且鬼神依从,龟卜占筮的结果也协同一致。再说,占卜是不能一而再、再而三地反复进行的,就以这一次定准吧。

　　舜的话表明占卜等巫术成为帝位传承的验证手段。如果说帝位的传承体现了一种政治伦理,那么占卜巫术正是促使政治伦理得以实施的工具。后来以孔子为代表的儒家大大发挥了《尚书》中的伦理观念,他们在总结历史文化遗产的同时,根据社会需要,逐步完善了中国伦理思想体系。所谓仁、义、礼、智、信、“三纲五常”等等道德信条成为维系中国古代社会的准则。在漫长的社会发展过程中,此等社会准则的确产生了重大作用。然而,必须指出,世俗伦理本来并非强制性地要求人们恪守;再说,由于社会经济制度的变故,伦理准则也受到冲击,于是出现了世俗伦理的某种危机,其约束力不可抗拒地下降了。这说明,以儒家思想为基础的世俗伦理并非完美无缺,而是具有某些局限性的。道家正是看到了这种局限性,所以一针见血指出古礼是“乱”之首①。从顺乎自然的立场出发,道家建立了以“道”为思想根基的宏观伦理体系,此等伦理体系超越了社会伦常的知识理性层面,寻找一个无形的“道”来作为伦理支撑的哲学根据。由于“道”的混沌性本身

---

　　① 《道德经》第三十八章。

可以给人造成一定的神秘感,汉代的道教在形成组织之后为了教化的需要,遂强化了"道"的神秘性质。道门中人以天神教化的口吻来宣扬社会伦理,在某种程度上可以达到解决社会伦理危机的效果。可见,道教伦理的形成也是具有社会历史必然性的。

二　道教伦理的主体内容

任何一种文化体系的研究都必须以具体内容为考察的基本对象,道教伦理研究也是如此。道教伦理到底包含哪些主要内容呢?从不同立场出发,其认识将会有差异,甚至是大相径庭的。然而,一个不争的事实是:道教是迄今为止对生命最为关注的中国传统宗教,它的一切活动是以人类生命的存在与生存时间的延续为宗旨的,由此引发出来的伦理体系说到底是一种生命伦理。因此,完美考察道教伦理的现实内容,从主体方面看实际上就是考察一种具有中国特色的生命伦理。

不言而喻,任何宗教都崇尚超自然的力量,故其伦理也就具有神学色彩。道教生命伦理作为一种宗教伦理,是不可能摆脱神学意义的。然而,任何宗教神学说到底都是现实世界的反映。所以,当我们透过种种神秘面纱之后,现实世界的伦理内涵便从色彩斑斓的道教文化体系中显露出来。这里主要从以下三个层面来加以探讨。

（一）人与人之间的生命关系

在道教看来,人与人之间的关系是一种特殊的生命关系。所谓"特殊"指的是此等生命不同于其他没有思想理念的动物生命。由于人有思想,可以交流,彼此结合,通过一定的社会组织而生活,人类个体与个体之间就形成了生命的社会关系。就最终的目标而言,道门中人乃是为了延年益寿、羽化升仙,但仙是由人修炼而成的,要成为神仙,就应该先学会做人,所谓"欲修仙道,先修人道",表明了学会做人的基础意义。从现实社会来讲,"成仙"虽然只是一种假定的理想,但对于道门中人来讲,却是一种确定的奋斗目标。因此,学会做人就被当做生命升华的前提,如果人都做不好,那就谈不上生命升华而成仙了。如何做人?这首先涉及如何对待从父母那里遗传来的生命。按照儒家的看法,"身体发肤,受之父母,不敢毁伤,孝之始也"①。道教不仅认可这种观念,而且将之强化,成为其生命伦理的基本出发点。在道门中人看来,保持自身形体的完整与健康,不仅是孝敬父母的基本要求,而且是天道流转人间的必然体现。当然,道教也主张孝敬父母应该有具体的服务行动,如净明忠孝道的典籍记载吴猛为了母亲夜间睡得安宁,每日先让蚊子吸自己的血,然后再请母亲入房间。在今天看来,这尽管显得有些笨拙,但却体现了一种淳朴真诚的精神。其次,道教认为,做人养生,还必须遵守那些合乎生命大道的社会公德,例如不偷盗、不取非义之财、不得苟合邪淫、不得妄语诽谤他人、不得两舌恶骂、不得心怀阴谋,等等。② 在道教中涉及生命社会公德的戒律大量存在,如《要修科仪戒律钞》、《正义法文天师教戒科经》、《虚皇天尊初真十戒》、《太上老君戒经》、《上清洞真智慧观身大戒文》等数十种。这些作品可以说是近两千年来有关社会公德行为规范在道教中的特出表现,其中所蕴涵的生命伦理观念是不应该忽略的。

(二) 人与众物之间的"生命"关系

就道教的立场而论,修道生活不仅必须处理好人与人之间的生命关系,而且还必须处理好人与物之间的生命关系。因为大道显化,宇宙万物既生成便有存在之理,所以修道者应该广施"仁德"于天下,尤其对动物的生命更应该加以保护。《太上洞真智慧上品大诚·智慧度生上品大诚》第三条规定:"含血之类,有急投人,能为开度,济其死厄,见世康强,不遭横恶。"③这里所谓"含血之类"意义很广,不仅包括人类,而且广涉飞禽走兽等。根据《智慧度生上品大诚》前后行文的关系,可知"含血之类"主要是指人以外的动物,因为该篇的前两条戒文已有专门针对人的穷急所应该采取的措施,所以"含血之类"就有了特指意蕴。道教认为,动物也有危难的时候。当它们碰到麻烦,人类不应该投井下石,而应该帮助它们解除危难。如果能够这样,对于人类自身也是有好处的,这种好处具体说来就是能够使自己身心健康,体格雄壮,而不至于遭到横祸。道教不仅提倡救济动物于危难,而且提

---

① 《孝经·开宗明义章》。
② 详见《太上二十四品飞天法轮劝戒妙经》、《太极真人说二十四门戒经》,《道藏》第3册,第409—414页。
③ 《道藏》第3册,第393页。

倡省己之食,以喂养鸟兽,如《太上洞真智慧上品大诫·智慧度生上品大诫》第四条规定:"施慧鸟兽有生之类,割口饴之,无所爱惜,世世饱满,常在福地。"①文中所谓"割口"指的是分割自己口中的食物,所谓"饴之"就是喂养鸟兽。推而广之,道教主张应该仁及昆虫之类,如《太上洞真智慧上品大诫·智慧度生上品大诫》第五条规定:"度诸蠢动,一切众生,咸使成就,无有夭伤,见世兴盛,不履众横。"②文中的"蠢动"指的是昆虫爬行之类。要"度诸蠢动"也就是希望昆虫之类都能够正常生长,得其天年。此外,对于植物之类,道教有关戒律文书也有相应的规定。《要修科仪戒律钞》卷六称:"不得以火烧田野山林,不得无故摘众草之花……不得无故伐树林。"③《太极真人说二十四门戒经》第十八戒也谈到"不得耗蠹常住攀摘花果、损折园林"。从基本精神上看,道教对于宇宙之物的伦理态度是:"常行慈心,愍济一切,放生度厄。"④道教主张对众物怀仁慈之心,这虽然是基于个体修道的需要,但也体现了伦理行为的宏观性。因为道教面对众物所进行的伦理思考是从人的生活立场出发的,换一句话说,就是把人类社会的关系推衍到自然界,于是无论昆虫草木、飞禽走兽都进入了人类社会的生命伦理辐射圈。

（三）人与诸神的关系

一般地说,具有相对完整理论的宗教总是持有神论,道教虽然以重道贵生为修持的基本原则,但在信仰上却也没有偏离一般宗教的方向,只是道教在言及"神"的时候不像基督教、天主教等西方宗教那样把至上神作为统治人间的无法超越的崇高力量,而是在"神明"之前寻找到了更加根本的混沌大道,以之为万物发生的源头。这样一来,神明的地位和作用与西方一神教相比要显得弱些;但是,由于道教产生原因的复杂性,其多神信仰却也特别明显。我们在第四讲之中已经阐述了道教神仙系统的基本构成,说明道教的神仙信仰氛围是相当浓厚的。既然如此,人与诸神之间的关系问题在道教中便不可避免地提出来了。自产生开始,道教就确立了"敬神"的规矩。

---

① 《道藏》第 3 册,第 393 页。
② 同上。
③ 同上。
④ 同上。

《太平经》说："其失天神意者,皆不能平其治也。是故谨顺四时,慎五行,无使九神战也。故当敬其行而事其神事。"①魏晋以来,随着道教组织的发展,戒律由之而兴。在各种戒律之中,敬神也是基本的要求。在科仪活动过程中,为了表示对神明的敬重,有关戒规甚至对言行举止穿着都有严格的规定。如张万福所撰《三洞法服科戒文》申明不穿法服不得登坛入静礼愿启请,也不得逼近经戒,在抄写经书的时候必须烧香跪拜,等等。道教告诫信奉者要敬重神明,这除了畏惧心理的作用之外,主要是为了求得平和。因为在道教思想体系之中,神明乃是宇宙自然存在的象征或者力量的代表,如五方之帝乃是五气运转的表现,敬重神明从某种意义上看,乃是要顺自然之气,以保证天下太平,生命得安。所以,说到底,道教的神学伦理的本质还是贯穿着生命理念,它是生命伦理在神学信仰上的一种变形的表现。

三　道教伦理的基本特点

就实际情况看,道教伦理的内容确实与一般社会伦理存在相当密切的关系,其中有许多方面甚至就是现实社会伦理的翻版;然而,必须指出的是,体现道教伦理精神的各种戒律条规、科仪教义在根本上是为"修仙"目标服务的,由此也就形成了如下主要特点。

(一)"劝善成仙"精神奠定了道教伦理的主调

道教所谓"成仙"既有肉体成仙,也有精神成仙。在早期,道门中人所希望的是肉体成仙,即经过一定的修持程序使个体身躯达到与道体通合而不灭的境地;晚唐以来,道教淡化了肉体成仙的宣传,侧重于精神成仙的追求,特别是全真道基本上否定了肉身"不死"的目标,而以精神或者灵魂的超越为其追求的崇高境界。但是,不论是早期的肉体成仙追求还是晚唐以来的精神成仙希望,都与"劝善"的伦理教化相联系。《太微仙君功过格·序》称:"《易》曰,积善之家必有余庆,积不善之家必有余殃。《道科》曰,积善则降之以祥,造恶则责之以祸。故儒道之教,一无异也。古者圣人、君子、高道之士,皆著盟诚,内则洗心炼行,外则训诲于人,以备功业矣。余于大定

---

① 　王明:《太平经合校》,第400页。

辛卯之岁仲春二月子正之时,梦游紫府,朝礼太微仙君,得受功过之格,令传信心之士。"①所谓"功过格"是道门伦理修行的一种记录或检验形式。而"太微"本是星宿之名。《史记·天官书》载:"南宫朱鸟,权,衡。衡,太微,三光之廷。"《索隐》称:"宋均曰:太微,天帝南宫也。"既然"太微"有"仙君"之称,就说明此等天体已经人格化和仙道化,成为道门中人神仙信仰的一种表征。文中所谓"朝礼太微仙君"具有两层意义,一是表明其功过格是由"太微仙君"传授的,二是隐含修持功过格可以最终升入"太微"天庭,列入仙班,成就生命升华的目标。可见,这种劝善去恶的教化具有明显的仙道理念与生命伦理色彩。尽管"成仙"寄托着浓厚的宗教意义,但"劝善"却又是以现实社会生活为空间的具体行动。在这里,成仙的理想是否可以实现已经并不重要,关键的是"劝善"确实可以对道教信仰者起到一种引导作用。②

（二）神明监督是道教伦理的强化手段

人们知道,伦理本来是调整社会成员之间的一种意识形态,它是在社会交往过程中自然形成的,其维系具有习惯的特质;就个人而言,一般的社会伦理主要是通过内心认识和观念的升华,逐步达到自律的效果,儒家基本上是在这样的意义上来进行社会教化的。道教将儒家的伦理教化观念与上古的"神道设教"思想相结合,力图通过神明监督来强化伦理规范。这种强化的特色表现就是"司命"说的逐步完善。所谓"司命"本是星宿名。《楚辞·九歌》有"大司命"之称,《史记·天官书》载,文昌宫中有六星,其第四为司命。据说司命之星主灾咎。《礼记·祭法》谓,宫中所祀者有司命之神。可见,司命在先秦已经神格化。就词义而言,"司命"就是掌管人的寿命。这种思想被道教继承并加以发挥。早期道书《太平经》在讨论人的善恶行为时称,"司命易子籍矣"③。这里的"子"是当时道门领袖"天师"对前来请教道法者的客气称呼。"易子籍"就是改变前来请教的人在天庭籍簿的寿命记录。按照《太平经》的说法,天命之寿是有定准的,"上(天)寿百二十为度,地寿百岁为度,人寿八十岁为度,霸寿以六十岁为度,仵寿以五十岁为

---

① 《道藏》第3册,第449页。

② 李刚有专著《劝善成仙——道教生命伦理》,于1994年由四川人民出版社出版。该书的引言与第一部分至第三部分,比较系统地论述了道教劝善成仙思想的形成与发展过程。

③ 王明:《太平经合校》,第34页。

度。过此已下,死生无复数者,悉被承负之灾责也"①。为什么遭受"承负之灾"呢? 这是因为观念与行为招致的结果,如果不能思善、行善,就会感应灾咎;相反,如果能够时时刻刻思善、行善,就不仅可以免灾,而且能够增寿。但是,其善恶观念与行为由谁来监督呢? 这就是"司命"之神。《太平经》这种神学化生命伦理思想对后来的道教产生了很大的影响。随着社会需要的增长,许多神明都被赋予道德监督的功能,从道教最高层次的三清尊神到一般的世俗神,从外在世界的自然神到人体内部的脏腑器官神,从男神到女神,几乎都承担起对人的道德行为的监督责任,以至于民间有所谓"抬头三尺有神明"的说法。从现代社会看来,道教关于"神明监督"的伦理观念固然有不合时宜之处,但从历史的立场看却具有独特的社会效果。

(三) 道教伦理的符号示范

道教伦理并非只是通过"神明监督"来强化,而是具有相应的辅助表征方式。此类形式以一定的物象寄托思想,故而具有符号功能。在道教中,作为符号的物象可以是客观世界本来存在的,也可以是人工创造的。前者主要是指人们生活依赖的自然界中的土地、山河、树木、花草之类存在物,后者主要是指人所创造的意义寄托形态,诸如仪式、衣着、建筑、绘画、音乐,等等。不论前者或后者,道教都贯注以思想观念。在这种贯注中,生命伦理成为其中重要的因素。就广义而论,道教文化的各种符号表征物象其实都具有生命伦理意义,因为它们都以有形的存在来寄托、传递无形的生命伦理道德观念。如果我们放开眼界,纵观道教文化体系,就可以发现,像宫观建筑、道门书法绘画、诗词、小说、散文、戏剧等往往也通过艺术形象,寄托道德修养的内涵,发挥生命伦理教化的符号功能。西方符号主义哲学家卡西尔曾经把人当做能够创造和应用符号的动物,以为人与动物最大的不同就在于置身符号世界;英国学者特伦斯·霍克斯(Terence Hawkes)说:"在人的世界中没有什么东西纯粹是功利的:甚至连最普通的建筑也以各种方式组织空间,这样,它们就起指示作用,发出某种关于社会优先考虑的事项,这个社会对人的本性的各种先决条件、政治、经济等方面的信息,除了对提供蔽身之所、娱乐、医疗等问题的公开的关心以外,全部五种感官:嗅觉、味觉、触

---

① 王明:《太平经合校》,第464页。

觉、听觉、视觉,都可以在符号化的过程中发挥作用:即作为符号的制造者和接受者。"①是的,我们每个人都无法离开符号世界;甚至可以说,离开符号世界,人就无法生存。道教以符号形式来传达伦理规范,进行社会人伦教化,其中所贯注的生命意义无疑是丰富多彩的。

四　道教伦理的思想原则

在重道贵生精神的指导下,道教建立并且逐步完善其伦理思想体系,形成了一整套道德规范。其内容涉及生活的诸多方面。不过,应该看到的是,道教的伦理道德并不是杂乱无章、主次不分,而是有自己的体系的。在道教伦理体系之中,既有一般的日常生活起居所应该遵守的规范,也有指导性的原则精神。大体而言,道教伦理的思想原则主要有三条,这就是自然、无为、尚中。

（一）"自然无为"是道教伦理的核心准则

"自然无为"之说本出于先秦道家,尤其是老子《道德经》更有深刻的论述。该书称"道法自然"②,又说"道常无为而无不为"③。在道家思想中,"自然"与"无为"既有联系,又有区别。如果说"自然"是人生与社会之行动所应遵循的一种原则,那么"无为"则是实现"自然"价值的途径或者方法。④ 先秦道家这种思想被汉代以来的道教所继承和发挥。稽考道教文献,我们可以发现有关自然无为的大量论述。如《太平经》在谈到如何积善的时候说:"无为之事,从是兴也。"⑤《抱朴子内篇》说:"天道无为,任物自然,无亲无疏,无彼无此也。"⑥《黄帝阴符经》说:"圣人知自然之道不可违因而制之。"从这些经典论述看来,道教所谓"自然无为"主要是从遵循天道

---

① 特伦斯·霍克斯:《结构主义和符号学》(*Structuralism and Semiotics*),第 138 页,上海译文出版社,1987 年。

② 《道德经》第二十五章。

③ 《道德经》第三十七章。

④ 关于"自然"与"无为"之关系,刘笑敢先生所撰《老子哲学的中心价值及体系结构》可资参考,详见《道家文化研究》第 10 辑,上海古籍出版社,1996 年。

⑤ 王明:《太平经合校》,第 12 页。

⑥ 王明:《抱朴子内篇校释》,第 124 页。

规律的角度讲的。在道门中人的心目中,宇宙有自己的运行规律,人不可以主观的意志来强行干预。道教之所以继承并且发展先秦道家的自然无为观念,是因为它把人类置于宏观的宇宙之中来定位自身的行动,充分认识到宇宙多样事物相互协调关系的特出价值。基于万物皆有"道性"的立场,道门中人得出了一种"泛生命论"的思想。例如《太平经》把大地看做一个人的身躯,大地中的各种成分犹如人的各种器官组织,泉水是血,石头是骨头,良土是肉,认为它与人一样有精神和感受,如果随便穿凿大地,就会造成大地的病痛。因此,人类应该善待大地,把它看做母亲一样。《太平经》说:"地者,万物之母也。"①既然大地是母亲,就应该好好孝敬,而不是随便开凿。《太平经》警告人们,如果妄凿大地,造成大地生病,人也会相应地得病损寿。② 这种将地病与人病对应起来的思考不仅体现了道教根深蒂固的生命意识,而且反映了宇宙生命相互依存的宏观伦理精神。道教所谓"自然无为"正是基于万物皆有生命的思想而引发出来的一种伦理原则。纵观道教的发展历史,可知"自然无为"的原则实际上贯穿于道门中人伦理生活的诸多方面,成为他们修道与处事的行动指南。

(二)"尚中"是道门中人的伦理方法论

除了"自然无为"之外,"中"的思想在道教伦理道德体系里也是占有特殊地位的。"中"的思想之所以重要,是因为它在我们的民族文化里本来就具有悠久的渊源。人们不会忘记,我们的民族叫做"中华民族",我们的国家叫做中国。谈起"中"字与伦理道德的关系,人们可能比较容易地就会联想起儒家的"中和"、"中庸"说法。的确,在儒家文化里,"中"具有突出的地位。但是,如果进行历史追溯,则"中"的思想在儒家产生之前就已经存在并且在人们的现实生活里发生了不可替代的方法作用。在《易经》里,"中"已经是一种很重要的思想,老子《道德经》也讲"守中",可见其由来已久。在中国传统文化里,"中"既是一种精神,也是一种法象符号。

由于特殊环境的熏陶,道教继承和发展了中国传统的象征思维模式,这在有关伦理教化的文献中得到鲜明体现。或许是实践操作的需要,道教很

① 王明:《太平经合校》,第 120 页。
② 按:《太平经》指出:"多深贼地,故多不寿,何也,此剧病也。"见王明《太平经合校》,第 120 页。

重视"法象"模式。所谓"法象"就是可以作为行动效法的符号现象,《周易·系辞上》说:"法象莫大乎天地,变通莫大乎四时。"我国先民从天地诸现象中获得启迪,形成了独特的符号描摹与解释系统,例如木、火、土、金、水的"五行"学。道教创立之后,对五行理论情有独钟,而在五行中又特别关注"土"的功效。早期道教典籍《周易参同契》说:"土王四季,罗络始终。青、赤、白、黑,各居一方,皆禀中宫,戊己之功。"①从这段文字,我们可以看出,道教不仅强调五行中"土"的作用,而且将之与青、赤、黄、白、黑这五色配合起来。按照"五行"与"五色"的配合原则,"土"与黄色是相配合的,既然"土"居于"中宫"而"王"于四季,则黄色也就具有独特的法象意义。在道教中,作为法象的五行符号还可与东西南北中的方位以及"五帝"神明相互转换或者相互指称。由于"土"的核心地位,黄色便受到特别的强调。从生命伦理的立场看,强调五行之土,在深沉意义上乃是先民们崇拜民族大祖先——黄帝的一种符号表征。事实上,倘若我们考察一下先秦至秦汉间的文献就可以发现,道家对黄帝是特别推崇的,以至于自战国以来在道家文化中"黄帝"与"老子"并列,号称"黄老之学"。这种崇拜黄帝的思想观念在道教中获得了神学性加强。稽考道教经书总集,可知有关黄帝崇拜的文献特别多,他高居神仙榜首。道教对黄帝的崇拜,意味着一种民族血缘纽带的延续,这种血缘纽带通过符号法象展示了"中和"的伦理意义,因为黄帝是居于中土之位的,他象征着四方与四季和合于中。这种"和合"既体现了一种整体的生命力,也反映了个体存在发展的条件。道教把这种五行符号学应用于个人的身心健康活动和国家的治理之中,在道教看来,一个人的身体就像国家,而国家反过来也可以当做人体看待。葛洪《抱朴子内篇·地真》说:"一人之身,一国之象也……神犹君也,血犹臣也,气犹民也。故知治身,则能治国也。夫爱其民所以安其国,养其气所以全其身。民散则国亡,气竭则身死。"②葛洪的论述代表了道教的基本观点。从伦理的角度看,"中"已经成为道门中人治身与处事的思想方法,道德健康需要贯彻"中"的方法,而国家治理言及调节人与自然之关系都不能离开"中"的基本尺度。以为"中"意味着"正",所谓"中正"而天下治就是这个道理。在这里,个人

---

① 《道藏》第 20 册,第 120 页。
② 王明:《抱朴子内篇校释》,第 326 页。

的道德修养与社会伦理教化都由于"中"的思想方法而获得统一。

五　道教伦理与善书教化

伦理道德涵养在道门中人的修道生活之中具有特殊意义。从某种程度上说,内心的修养和道德实践活动,本来就是修道的重要内容。因此,几乎所有的道教典籍都涉及伦理道德问题,甚至是那些阐述丹功法门的书籍往往也夹杂着伦理戒规。当然,比较而言,道教的"善书"具有更为丰富的伦理道德内涵。甚至可以说,道教善书乃是专门用以伦理道德教化的经典。故而,我们研究道教伦理是不能回避善书的。

"善"与"恶"是相互对应的一组概念,有"善"必有"恶",反之,有"恶"必有"善"。善恶对应,意味着一种道德的价值判断。当人们使用了"善恶"概念来评判某种社会现象的时候,本身就表现出一种明确的态度:认为某事善,这就是肯定;认为某事恶,这就是否定。善恶判断在古今中外的伦理学之中都是一个基本的命题。道教伦理当然也包含着这个基本命题。道教的善书实际上是以一种特殊的宗教语言对社会道德现象进行的评价,这种评价以树立典型形象的方式来进行正面的道德诱导,同时通过种种"灵迹"以警示行恶的坏结局。从这个意义上说,善书是以善恶对照方式来强化社会道德观念,规范人们的社会行为。善书作者在肯定某种道德行为的同时便意味着对相反的道德行为之否定。这是我们探讨道教善书所必须注意的。换句话来说,就是要从正面读出反面,从反面推出正面。

(一) 道教善书的由来与发展

道教是如何通过善恶的判断来进行伦理道德教化的呢? 这首先涉及善书的流传问题。因此,我们在研究道教善书的思想内容时有必要对善书的形成与流播状况进行一番稽考。

从根源上看,道教善书是因道教伦理教化的需要而产生的。基于"欲修仙道,先修人道"的思想逻辑,道教从创立开始就把"劝善"作为宗教教育的基本内容。《太平经》吸纳并且发展了《周易》关于"积善之家必有余庆,积不善之家必有余殃"的思想,提出了"承负"的伦理教义,认为"承者,乃谓先人本承天心而行,小小失之,不自知,用日积久,相聚为多,今后生人反无辜蒙其过谪,连传被其灾,故前为承,后为负也……负者,乃先人负于后生者也;病更相承负也,言灾害未当能善绝也"。① 按照《太平经》的看法,先人的行为对于后人是会产生影响的:先人积善就像在银行里存款,后人可以继承;先人行恶,就像欠了债务,本人无法还清,那就由子孙来承担。《太平经》虽然不是专门为了善恶教化,但却已经确立了"劝善"思想观念。此等观念经过诸多道教理论家的发展,逐步扩展起来,以至于形成了专门进行道德教化的善书。

从过程上看,道教善书不是一朝一夕形成的,而是经过长时间的积累逐步成熟起来的。不过,有资料显示,宋代是道教善书的成熟时期。因为在这个历史时期,《太上感应篇》、《太微仙君功过格》、《文昌帝君阴骘文》等一批讲善恶感应的书相继出现。到了明清时期,由于世俗化的发展趋势增强,道教善书遂盛行起来。道门中人与奉道之文人学士不仅对原先的一批善书加以注疏和发挥,而且创作了许多新的善书,诸如《关圣帝君觉世真经》、《丹桂籍注案》、《除欲究本》、《指淫断色篇》、《石音夫功过格》等流布于市井之间。这些善书由于对当时的社会教化起了独特的作用,官方给予扶植,甚至连皇帝都亲自出马为之作序推广。

（二）道教善书的分类与主要伦理思想

就现存情况来看,道教善书形式与内容不一。概括起来,主要有三种类型:一是以说理为主;二是以操作为主;三是以纪事为主。

所谓"以说理为主"就是侧重讲述善恶感应的道理。在说理的导向上,不同的善书往往又有所侧重,有的侧重讲述行善的感应,有的侧重讲述为恶的感应。所谓"以操作为主"就是侧重介绍如何行善、如何避免作恶。所谓"以纪事为主"就是侧重记述善恶故事,通过具体的事件来警示世人。因为善书所面对的主要是广大老百姓,讲故事的形式便具有比较大的吸引力,所以此类形式也比较能够为善书制作者所采纳。有的作品甚至采用了章回体小说的体裁,像《断色篇》就是这样。该书共十三回,通过张珍奴拜师吕洞宾、孙夫人学道于王重阳的种种情节,暗示"戒淫"的重要性。这种方式直到清末和民国早期还不断流行。如《洞冥宝记》,因袭《汉武帝别国洞冥记》

---

① 王明:《太平经合校》,第70页。

的手法,通过离奇的神仙故事,抨击劫运时期礼崩乐坏的流弊,告诫世人当改过从善。

就整体而言,道教善书的内容比较复杂。由于社会教化的需要,道教善书通过神仙的口吻强化了世俗伦理道德规范,教人尽忠为孝、恪守五伦、提倡仗义疏财、诚实、勤劳、谦虚、简朴等。除此之外,道教善书还从社会的具体情形出发,教人遵守职业道德,指出为官应该正直、慈祥,经商应该公平有信。道教善书还反对赌博、吸毒等不良习气。针对教徒的实际情况,道教善书也涉及诸多戒规,从人的生存需要出发,道教善书提倡保护自然生态,如《文昌帝君阴骘文》叫人"勿登山而网鸟群,勿临水而毒鱼虾"、"勿宰耕牛"等等,提倡仁及草木昆虫,提倡放生。总之,道教善书的基本理念是"诸恶莫作,众善奉行",具有很强的劝善伦理色彩。

六　道教伦理的现实价值

大量事实表明,在道教的众多文献之中包含着相当丰富的伦理道德思想内容。虽然,道门中人及其信道文人在叙说道教伦理的时候往往掺杂神秘的因素,但在本质上却是从人的现实生存需要和修道理想追求出发来考虑问题的。从今天的社会生活视角来审视道教伦理,我们是可以从中得到某些启示的。

(一)道教伦理把道德修养与身心健康联系起来,强调行善去恶对于延年益寿的重要作用,同时也注重药物治疗,这种内心道德治疗与药物治疗相结合的思想为现代社会的健康生活理论建设提供了有益的思想资源。

人如何对待自己的生命? 按照"命定论"的说法,人生的一切都是由天定的,人对于命运是无法改变的。这种思想至今在相当一部分人之中依然具有根深蒂固的影响。道教虽然也承认人生有"运数",但又高呼"我命在我不在天"。道经认为人的寿命是可以改变的,多行善事,不仅有益健康,而且可以延年益寿。面对现实社会,道门中人思考了疾病发生的根源,一方面承认外因对于诱发疾病的作用,另一方面也看到了不良道德行为可以导致疾病的发生。基于此等认识,道教强调治病应从伦理道德的检讨入手。在早期道教中,这种通过检讨伦理道德来治病的形式即已形成。如汉末的五斗米道设立净室,让病人处其中思过,这就是一种道德心理治疗方式。五斗米道之所以重视道德心理治疗，是因为该道派认为人的许多疾病是病人的伦理过错造成的，由于伦理过错，致使内气不通畅，所以应该思过以通血脉。尽管这种认识并非完全符合现代科学理论，但看到道德观念与行为在身心健康中的作用，无疑是可贵的，因为人的内心道德意识确实可以对人的健康产生直接或者间接的影响。五斗米道这种道德心理治疗形式被后来的道教所继承和发展。只要检索一下道门经书，就可以发现，有关"忏悔"的文献相当不少，如《太一救苦天尊说拔度血湖宝忏》、《太上瑶台益算宝籍延年忏》、《太上灵宝朝天谢罪大忏》等34种，此外，还有许多科仪经典也多涉忏悔之事。这些道经的核心理念是"忏悔"罪过，消灾延年。所谓"忏悔"就是通过一定的仪式向神明交代自己的过错，放下包袱，达到精神放松的效果。如果我们把"神明"看做是抒发内心世界情感与思想的对象，实际上也就形成了一种心理治疗的符号中介。当然，道教并非仅仅提倡道德治疗，它也注意药物治疗。对于那些由外在因素引起的疾病，道门中人不仅充分考虑药物的实际意义，而且通过实践来达到祛病延年的目的，他们既引入祖国医学的基本理论，又在实践中加以发展。在道教经书总集之中保存了大量的药物学与临床学的著作，这些著作与中国古代科技文化密切相关。这种道德反省与科学知识相结合的治病养生手段在今天依然具有实践价值与理论价值。

（二）道教伦理建立了修道的整体性原则，把个人的身心健康置于宏观环境之中来加以考察，这为当今人类的整体健康提供了有益的参照系。

所谓"修道整体性"意味着延年益寿的修养活动不仅是个人行为，也是社会行为。道教从先秦老庄学派那里继承了"道"的范畴，作为基本信仰的根基。在道教看来，"道"乃是宇宙万物起源与化生的根本，人的生命也是因"道"而化生。《太上老君内观经》说，人"从道受分谓之命，自一禀形谓之性，所以任物谓之心，心有所忆谓之意，意之所出谓之志，事无不知谓之智，智周万物谓之慧，动而营身谓之魂，静而镇形谓之魄，流行骨肉谓之血，保神养炁谓之精，炁清而驶谓之荣，炁浊而迟谓之卫，总括百神谓之身，万象备见谓之形，块然有阂谓之质，状貌可则谓之体，大小有分谓之躯，众思不测谓之神，邈然应化谓之灵，气来入身谓之生，神去于身谓之死"[①]。《太上老君内

---

① 《道藏》第 11 册，第 396—397 页。

观经》对构成人的诸要素一一加以说明,追索了性命的本原以及存在与消亡的根据,从本体论与化生论的角度阐述了生命的过程与存在特征。就生命伦理本体论的立场看,道化生天地万物与人,这是一种无私的善举,因为道化生天地万物与人并无占为己用的欲望,因此"利生"可以说就是大道所固有的自然善德。本来,人由大道化生也具备了这种先天的自然善德,但由于降生世间之后受到了种种不良信号的干扰,情欲膨胀,故而躁动不安,致使生命不能持久而早衰,修养自我就是要排除干扰,恢复善根,回归于永恒之大道,这种回归的基本途径就是法道之善德,清静心灵,利人利物。如果说清静心灵是道教伦理的内修表现,那么利人利物则是道教伦理的外修要求。这种伦理本体论与修养论的结合对于今天人们的身心健康而言是富有启迪的。

(三)道教伦理强调阴阳协调、和合美善,这对于维持人口生态的良性发展具有发人深省的现实功效。

道教不仅注重人类生命机制的考察与探索,而且进行了理论概括与思想升华。通过历史的追溯与实践的反省,道教认识到阴阳协调对于事物存在与发展的极端重要性。在中国思想史上,"阴阳"是一对基础性的范畴。早在西周末期,太史伯阳父论地震时即使用了阴阳概念,而素有"群经之首"雅称的《易经》尽管没有出现阴阳概念,却充满了阴阳回复的辩证法精神。先秦道家的理论代表老子《道德经》将《易经》的阴阳观念发掘出来并且作为建构理论体系的思想基础,他说:"万物负阴而抱阳,冲气以为和。"[①]老子不仅明确地指出了万物皆有阴阳两个方面的存在依据,而且以"和"为事物存在与发展的美善境界。老子这种思想透过《易传》和儒家《大学》、《中庸》的媒介,在后来的道教中迸发出强烈的思想辉光。无论是原始时期的道教还是发展时期的道教,我们都可以从其经典之中找到大量的关于阴阳协调与和合的论述。尤其是《太平经》应用阴阳理论说明人类生命存在不可男女偏废,更显得深邃。该书《守三宝法第四十四》说:"天统阴阳,当见传,不得中断天地之统也,传之当象天地,一阴一阳,故天使其有一男一女,色相好,然后能生也。何乃正使一阴一阳,夫阳极者能生阴,阴极者能生

---

① 《道德经》第四十二章。

阳,此两者相传,比若寒尽反热,热尽反寒,自然之术也。"①按照《太平经》的看法,阴阳乃是天地之道统,这种道统表现在人类社会就是男女关系的存在,一男一女的配合,这是天经地义的。基于此等认识,《太平经》严肃地批判社会上重男轻女甚至杀害女子的行为,它说:"今天下失道以来,多贱女子,而反贼杀之,令使女子少于男,故使阴气绝,不与天地法相应。"②又说:"今天下一家杀一女,天下几亿家哉?或有一家乃杀十数女者,或有妊之未生出,反就伤之者。"③这种描述真令人感到触目惊心。《太平经》认为随便杀害女子的行为不仅绝了"地统",而且乱了社会秩序,造成"王治不得平"④的危害,甚至会"灭人类"⑤,这是多么危险啊! 所以,它大声疾呼:"救冤女之命"! ⑥《太平经》这种描述使我们看到了中国社会轻贱女子的历史由来。直到如今,在农村中扼杀女婴的现象依然存在,据有关部门统计,中国人口的男女比率是116:100。这已经到了严重失调的地步了。回顾一下《太平经》的拳拳告诫,我们仿佛听到了深沉的警钟。

【复习与练习】

1. 道教伦理是怎样形成的? 其主要内容包括哪些方面?

2. 道教伦理有什么特点? 它是如何发生作用的?

3. 什么是道教伦理的基本原则? 如何看待"尚中"精神在道教伦理体系中的地位?

4. 道教伦理的现实意义何在? 从现实生活出发,进一步发掘道教伦理的社会价值。

【参考读物】

1. 李刚:《劝善成仙——道教生命伦理》,四川人民出版社,1994 年。

2. 陈霞:《道教劝善书研究》,巴蜀书社,1999 年。

---

① 王明:《太平经合校》,第43—44 页。
② 同上书,第34 页。
③ 同上书,第36 页。
④ 同上书,第34 页。
⑤ 同上书,第36 页。
⑥ 同上书,第34 页。

3. 杨青:《当代生命伦理所面临的问题》,《道德与文明》1997 年第 2 期。

4. 孙翠华:《生殖技术发展对生命伦理的挑战及对策》,《中国卫生事业管理》2001 年第 8 期。

第八讲

救己济人的医学法脉

【学习目的】 了解道教医学研究的学术动态,琢磨道教医学的定义,认识道教医学作为祖国传统医学一大流派的理论依据,从道教医学发展的历史脉络和思想建树之中,品味道教医学的实践精神,弄清道教医学与文化环境的互动关系,探索道教医学在未来发展的合理途径。

在宇宙间,生命是无法离开一定的"关系"而存在的,人类生命的存在也是如此。"关系"的范围非常的广,从不同的立场看,可以引出不同的关系观念,例如外部关系、内部关系、社会关系、自然关系、上下关系、左右关系、前后关系、大小关系等等。有了关系,就会有关系学。任何研究对象都是因一定关系而存在的。由此而建立起来的诸多学科从某种意义上都可以视为关系学。我们在上一讲所讨论的道教伦理问题,实际上是一种特殊的社会自然关系学,或者称为"品会关系学"。所谓"品会",表示宇宙间各种事物的交错汇合,因为宇宙间的事物存在着复杂的关系,所以需要建立一定的伦理规范。然而,必须看到的是,"品会关系"并非永远都处于正常状态。从辩证法的观点来看,有正常必然有异常,有健康必然有病态。如果说宏观的道教伦理是以"品会关系"的正常维持为考虑的着眼点,那么道教医学则是以"品会关系"的异常状态为研究的出发点。换一句话来说,道教医学乃是为了解决异常的"品会关系"而建立并逐步完善起来的。当然,就内容看,道教医学所面对的"品会关系"也是有其侧重点的。准确地说,道教医学所涉及的"品会关系"是以人体生命为基本对象的,它所要解决的主要是人体生命的异常问题,由于人体生命的异常首先表现为内部品会关系絮乱,道教医学的目标定位便是以理顺人体生命内在品会关系为主、以维护人体生命的外部品会关系为辅。从广义上看,道教医学与道教养生学存在着相互交错的关系。所以,研究道教医学是不能抛开道教养生学的。不过,出于课堂讲授的需要和信息数量的限制,我们拟将道教养生学单独处理。

一 道教医学研究的学术回顾

道教医学是伴随着道教组织的建立而发生的。因此,道教医学已经具有相当长的历史;不过,关于道教医学的学术研究却是近二十多年来的事。为了认知道教医学的内容与特色,我们有必要从学术的立场进行一下历史的回顾。

(一) 道教医学研究之肇端

20 世纪 80 年代的初期,我国迎来了"科学的春天",开始了全面的学术复兴。编纂《中国大百科全书》成为当时的一件盛事。这部大百科全书的规划者们是富有远见的,当时就把"宗教卷"作为全书的组成部分而列入规划之中。在道教专题里,最初便立了"道教医学"的条目。这个条目先由丁贻庄教授撰写,她反复推敲,征求意见。记得我在 1983 年考入四川大学宗教学研究所攻读硕士学位后,丁先生讲授《道教与中国古代科技》这门课时就将她写的《道教医学》条目发给我与另一位同学。经过几度修改加工,最终收入《中国大百科全书·宗教卷》之中。出版时,这个条目的名称作了变动,称为"道教医药学"(Taoist medicine):"道教为追求长生成仙,继承和汲取中国传统医学的成果,在内修外养过程中,积累的医药学知识和技术。"① 在阐述其内容时,该条目明确地使用了"道教医学"的概念。从其所涉及范围看,《中国大百科全书》所谓"道教医学"也就是道教医药学,即包括了医理与医药两大层面。

一年之后,日本学者吉元昭治所著《道教与不老长寿医学》对道教医学下了定义,他指出:"道教医学,可以说就是以道教为侧面的中国医学。"按照这个说法,道教医学是一种中国医学。吉元昭治还从民间疗法之中去寻找道教医学的踪迹。既然言及"疗法",就无法回避医理与医药两个方面,所以我们可以认定吉元昭治所讲的道教医学就是道教医药学。1995 年,胡孚琛在《中国中医基础医学杂志》第 4 期发表了《道教医药学述要》一文,大体谈了道教医药学的内容。在同一年里,胡孚琛主编的《中华道教大辞典》

---

① 《中国大百科全书·宗教卷》,第 73 页,中国大百科全书出版社,1988 年。

出版,列了"道教医药学"的条目,胡孚琛亲自撰写了这个条目(署名中孚子)。在这个条目之中,胡孚琛也是把道教医学与道教医药学交互使用,他首先指出:"道教医药学是在道教文化中发展起来的医药学。"在展开其内容时,胡孚琛又说:"道教医药学是以长生成仙为最高目标的医学。"可见,在胡孚琛看来,所谓医药学也可以表述为医学。因此,道教医药学即道教医学。在解释其特征时,胡孚琛进一步说:"道教医学是一种社会医学和宗教医学,重视调节人的社会环境和心理因素,激发患者的宗教感情来抗病,有用精神疗法治病的特点和人神交通的巫术倾向。"①胡孚琛从许多层面阐述了道教医学的内容,他抓住了"抗病"这个核心,显示了道教医学乃是为了解决异常问题而形成的,同时从社会环境和精神疗法诸多方面指出道教医学的特征,使人们可以初步明了道教医学的宏观范围。

（二）道教医学的专题研究与纵深发展

自《中国大百科全书·宗教卷》出版以来,一些学者开始投入精力研究道教医学中的某些专题。比较早从事这项工作的有钱安靖先生,他由西南少数民族与道教关系研究领域延伸于道教医学领域。1994 年,钱先生在《社会科学研究》第 5 期发表了《试论道教与道教医学》一文,侧重考察道教组织与道教医学之间的关系。1994 年,王余庆、旷文楠合著《道医窥秘——道教医学康复术》。该书所谓"道医"就是指道教医学;不过,作者并没有对道教医学的具体内容进行定义上的概括,而侧重于康复术方面的介绍。功夫下得比较多的是盖建民,他从 1992 年开始,参加我所主编的《道教文化新典》。这部专书虽然初版于 1996 年,但实际上 1994 年就完稿了。在这部著作中,盖建民负责《金丹》与《医药》部分的撰稿工作;后来,他在攻读博士学位期间,以道教医学为主要研究专题,写成了《道教医学导论》一书,于 1999年由台湾中华道统出版社出版。2001 年,盖建民将该书作了一些修改,由宗教文化出版社再版,更名为《道教医学》。这是到目前为止该领域最有深度的一部学术专著。业师卿希泰教授在该书的序言之中指出《道教医学》一书"本着实事求是和大胆探索的理论勇气,将道教与中国传统医学的关系置于广阔的学术视野中进行具体考察,从史料文献、哲学、宗教学、社会

---

① 胡孚琛:《中华道教大辞典》,第 878 页,中国社会科学出版社,1995 年。

学、自然科学多维角度进行细致研究,在扎实研究的基础上明确提出并论证了道教医学作为中华传统医学一个流派的客观存在,显示了青年学者勇于开拓、勇于创新的可贵精神"①。著名道教研究专家李养正先生也给了很高的评价,指出盖建民所著《道教医学》"为我们提供了一幅比较完整的道教医学画面,有力地论证了道教医学源流在中华传统医学文化史上的地位和影响,对学术界过去长期忽视乃至否认道教医学流派存在的学术是非,给予了彻底澄清,拓展了道教学研究的新领域。此书堪称是我国第一部系统研究道教医学的学术专著"②。两位老专家的评价并非溢美之词,而是中肯的。建议有志于进一步研究道教医学的朋友们阅读这部著作。

近年来,还有许多学者陆续在报刊发表了道教医学研究的专题论文。到目前为止,盖建民这方面的论文最多。此外,也有一些学者在该领域相继进行探讨,有一些成果问世。例如王晓在《江西社会科学》1999 年第 6 期发表了《道教医学的哲学思考》;王明辉、蒋士生、王凤雷在《药膳食疗研究》1999 年第 2 期发表了《道教医学中的食养与药疗》;陈乐平在《学术季刊》1996 年第 3 期发表了《儒道医,中国传统文化的基础架构——对中医学在中国传统文化建构中的作用和地位的哲学思考》。这些文章对于我们了解道教医学的内容及其与中国传统文化诸多侧面的关系是有帮助的。

二 道教医学的流派根据

经过一段时间的讨论,道教医学的存在被越来越多的学者所承认。但是,把道教医学作为祖国传统医学的一个流派的说法似乎并没有为医学界所接受。原因是自清末以来道教医学的影响逐渐减少,人们对道教医学的内容缺乏了解。至于那些坚守西方医学并且力图扼杀民族传统医学的专家不承认道教医学的存在,是不足为奇的,因为"道不同不相为谋",历来如此。

现在,我们需要提供论证的问题是:为什么可以把道教医学作为祖国传统医学的一个流派? 其理由何在?

---

① 卿希泰序,见盖建民:《道教医学·序》,第 6 页,宗教文化出版社,2001 年。
② 李养正序,同上书,第 11 页。

（一）道教医学与祖国传统医学主体内容的相容性

当我们把道教医学作为祖国传统医学的一个流派时,首先意味着此等医学并不是游离于祖国传统医学的整体之外,而是作为该整体的组成部分而存在。根据这样的逻辑,道教医学与祖国传统医学的主体内容就不应该是相互排斥的,而是可以相容的。换一句话来说,在祖国传统医学的诸多流派之中,尽管各自的传承和治理方法存在种种不同,但彼此之间应该有一些最基本的共同点,正是这些共同点使得诸多流派可以在归类上归入祖国传统医学的整体中。

祖国传统医学的主体内容是什么呢? 从基本理论方面看,有阴阳五行学说;从生命组织方面看,有脏象学说;从生命机理来看,有经络学说;从病理诊断方面看,有四诊八纲与辩证施治学说;从药物学方面看,有本草学说。这些内容几乎是祖国传统医学各个流派的基础,道教医学当然也不会例外。我这样说绝不是基于某种假设,而是以事实为根据的。查考《道藏》及其他道教丛书,我们可以发现祖国传统医学的许多基本的典籍都被收入其中,例如《黄帝内经》就是道门中人长久以来授受不绝的中医要典。这部著作奠定了中医基本理论的基础,道门中人相继传授此经典,可见在基本理论方面,道教是予以接受的。另外,从历史上一些著名道教思想家的著作中也可以看出祖国传统医学重要经典在道门中的流布情形。例如葛洪在《抱朴子内篇》中就引用了《神农四经》,将药物概括为上药、中药、下药三品。由于原书已经不存,我们无法断定《神农四经》是否就是中医界所盛称的《神农本草经》,但从前人的征引可知该书也是将"丹砂"之类作为上品之药的,其路数基本相似。葛洪之后,南北朝时期的著名道教理论家陶弘景撰《本草经集注》,体现了当时道教界对传统药物学的高度重视。这部著作可以说是对《神农本草经》以来到南北朝阶段我国传统药物学成就的一次系统的总结,它丰富了《神农本草经》的内容,但在思想逻辑上却是一致的。从学理与用药这两个最基本的方面可以证实:道教医学与祖国传统医学的基本精神是相互贯通的,所以把道教医学作为祖国传统医学的组成部分的说法是可以成立的。

（二）道教医学作为祖国传统医学流派的事实

不过,必须指出,任何一种"流派"的出现绝不是对系统的简单重复,而是有自己的个性特点的。我们以"流派"来表述道教医学与祖国传统医学之间的关系,也意味着一种个性化内容特点的存在。

"流派"一词本来是指水的支流。《全唐诗》卷三九张文琮《咏冰》云:"标名资上善,流派表灵长。"从象征思维出发,人们在使用"流派"一词的时候渐渐引申出组织派别或者学术派别的意义。如清代朱彝尊《曝书堂集》卷三九《刘介子诗集序》称:"南渡以后,尤延之(袤)、范致能(成大)为杨廷秀所服膺,而不入其流派……斯善于诗者矣。"尤延之等三人佩服杨廷秀却不入于其流派,说明此三人的学术主张与杨廷秀为代表的学术圈子不相同。这种合于整体却又因个性特征而区别的意义在现代学术研究中也是作为一个逻辑原则来遵循的。我们正是基于此等逻辑原则而把道教医学作为祖国传统医学的一个流派的。

道教医学作为"流派"的要素有三项基本内容。第一,从服务宗旨来看,道教医学与祖国传统医学的其他流派表现出一定层次的差异。道教医学除了救治疾病、康复生命的任务之外,还被作为修炼成仙的手段。"修仙"既是为己之学,也是为人之学。从"为己"的角度看,就是通过医学手段使自己具备健康的身体,进而延年益寿;从"为人"的角度看,行医救人,是仙道伦理的必然要求,换句话说,修仙必须度人。《道藏》之中有《灵宝无量度人上品妙经》,把救度世人作为仙道的任务。这样,治病救人便成为仙道修持不可缺少的世俗任务。第二,从思想基础方面看,道教医学是以道教本身固有的宗教哲学作为其理论支撑的。道教医学与其信仰体系具有密切关系。道教的宇宙论、天人观、象征思维都使其医学理论与方法具有自身的思想色彩。基于观物取象的逻辑,道教把身体与国家对应起来,从而建立了"身国共治"的生理观与疾病观。葛洪说:"夫爱其民所以安其国,养其气所以全其身。民散则国亡,气竭则身死,死者不可生也,亡者不可存也。是以至人消未起之患,治未病之疾,医之于无事之前,不追之于既逝之后。"[①]这种人天一体、身国同构的思维方式虽然在其他医学流派之中也是存在的,但应该说道教更为突出。第三,从医疗方法来看,道教医学除了使用祖国传统医学的一些常规方法之外,还注意把精神疗法与符号疗法相结合。所谓精

---

① 王明:《抱朴子内篇校释》,第 326 页。

神疗法包括忏悔之类的道德疗法、存想和祝由之类的心灵调节疗法；所谓符号疗法，就是以各种音像符号，通过视觉与听觉的调节，作用于神经系统，从而达到康复的目的。另外，道教医学在用药方面也是有自己的传统，可以说祖国传统医学关于丹药的使用乃是从道教开始的。这一切足以说明道教医学确实具有自身的特点。故而，将道教医学作为祖国传统医学中的一个流派，是可以成立的。

三　道教医学的实践精神

道教医学之所以能够形成自身的特点并且在历史上发挥作用，有许多原因。不可否认，作为一种宗教医学，道教医学与宗教信仰体验有一定的关系，但更重要的是道门中人面对皈依民众的疾病，能够从实践出发，认真总结经验，从而形成了一套能够为民众所接受的基本理论。

（一）从方药看道教医学的实践精神

医学实践最重要的莫过于寻找治病的材料与摸索治疗方法。这种工作早在巫医时代就已经开始了。据《山海经》等书的记载，上古有所谓"十巫"依灵山而上下，在她们（他们）身边就有"百药"。① 这说明，巫医是进行采药实践活动的，否则就不可能积累百药在身边。据说炎帝神农氏为了救治民众疾病，亲自尝百草。道家学派对这种实践作风是非常赞赏的。《淮南子·修务训》称："神农尝百草之滋味，水泉之甘苦，令民知其避就。"这虽然只是客观描述，字里行间却寄托着道家学派对神农的尊崇，他在实际上已经被道家学派当做学习的典型。我们知道，道家思想是道教理论的基本源头。所以，道家推崇神农必然对道教发生影响。这样，道门中人通过品尝自然界的草木果品，从而了解它们的性质功能，用以治病，这是合情合理的。从古文献之中，我们的确可以看出道门中人对草木方药品性的记载，例如《太平经》卷五十便存有《草木方诀》：

> 十十相应愈者，帝王草也；十九相应者，大臣草也；十八相应者，人民草也；过此而下者，不可用也，误认之草也。是乃救死生之术，不可不

---

① 详见袁珂：《山海经校释》，第270页，上海古籍出版社，1985年。

审详。方和合而立愈者,记其草木,名为立愈方;一日而愈者,名为一日愈方;二日而治愈者,名为二日方;三日而治愈者,名为三日方。①

《太平经》所说的"帝王草"、"大臣草"、"人民草"不是表明治病时要根据身份来用药,而是用社会等级来比喻药性等级,记录药品的实际功效。它告诉人们,在治疗过程中,如果不能保证八成以上的成功把握,其药就不可再用。这表明《太平经》在用药问题上是相当严格的。值得注意的是,在上面这段引文中,作者使用了一个"记"字,这反映道门中人在用药实践中谨慎科学的态度。"记"就是记录,通过试验、观察,将那些有效的方药记录在案,以便日后凭依。

(二) 从治疗方法的总结看道教医学的实践精神

在道教中,除了注意品尝草木以确定药性的实践活动之外,还在治疗方面反复探索,总结出许多治病的方法。首先是对古代所流传下来的针灸、食疗加以应用和变通。

关于针灸方面,《太平经》已经做出一些总结。该书《针灸诀》描述了道门中人运用针灸治病的过程和认识:

> 针刺者,所以调安三百六十脉,通阴阳之气而除害者也。……欲乐知天道神不神,相应与不也,直置一病人前,名为脉本文,比若书经道本文也。令众贤围而议其病,或有长于上,或有长于下,三百六十脉,各有可睹,取其行事,常所长而治诀者以记之,十十中者是也,不中者皆非也,集众行事,愈者以为经书,则所治无不解诀者矣。天道制脉,或外或内,不可尽得而知之也,所治处十十治诀,即是其脉会处也。②

作者把针灸的实践活动与脉象的认识对应起来。文中所谓"天道"就是自然规律,这种自然规律不仅表现在春夏秋冬的周而复始、三百六十天(大数)的推移,而且反映在人体的脉象上。怎样验证这种天人相应的现象呢?道教是通过针灸的实践活动来进行的。在一个病人躯体上针灸,"众贤"就围绕在病人四周观察并且议论,很像现代医疗中的"会诊",这说明他们对针灸时的脉象观察、生理认识是认真的,体现了实践与认知相统一的特点。

---

① 王明:《太平经合校》,第172页。
② 同上书,第179—180页。

与品尝百草的实践活动一样,针灸的结果是必须记录的,这就是经验的累积。《太平经》作者坦承天道与脉象的关系相当复杂,其内在的机理不可能全都搞清楚,这种"知之为知之,不知为不知"的态度乃实事求是精神的体现。

从具体的情况看,道教医学实践活动是丰富多彩的。那些最体现道教医学特点的"祝由"心理疗法实际上也具有实践的特质。就"祝由"来看,道门中人从创教开始便已经付诸实践了。《三国志·张鲁传》注引《典略》言及当时的五斗米道以静室使病人处其中思过,祭酒主教授信徒老子五千文《道德经》,为病人请祷,"请祷之法,书病人姓名,说服罪之意,作三通,其一上之天,著山上,其一埋之地,其一沉之水,谓之三官手书"。尽管这种方式带有明显的神秘色彩,但其心灵疏通的特点却也是毋庸置疑的。大量资料显示,道门中人运用"祝由"的心理疗法治病并非出于一时心血来潮,而是反复进行的,据说还具有相当特殊的疗效。其作用机制如何,这是值得考究的。这种方法至少可以产生心灵的疏导作用。我们知道,精神因素对于一个人战胜疾病来说非常重要。所以,道门中人这种以"祝由"为手段的心灵疗法应该说有其独特的历史价值。

四 道教医学的历史发展与思想建树

因治病救人和自身健康的需要而推动医疗实践,因医疗实践而进行经验总结,从而获得认识,如此不断地向前推进,这就是历史。道教医学就是在这种实践与认识的交错过程中获得发展的。与此同时,作为宗教文化体系中的重要文明成果,道教医学由于有信仰的推动,特有的体验和专心致志的精神激发了道门中人在医疗实践过程中的创造力。在历史发展过程中,一批具有实践态度和理论创新的道教医学名家应运而生。

（一）道教医学的兴衰变化脉络

从历史来看,道教医学的发展可以概括为三个主要阶段。第一,东汉魏晋南北朝阶段;第二,隋唐宋元阶段;第三,明清与民国阶段。

由于道教组织是在兵荒马乱、疾病流行的东汉末产生的,当时的道门领袖面临的基本任务是治病救人。故而,要能吸引民众,拥有信奉者,就必须能够为人治病，尤其是那些疑难杂症，更应该有办法排除。基于消除瘟疫和对抗疑难杂症的需要，道门领袖人物注重以医传教。从某种意义上说，道教组织者要在民众之中建立威信，就必须通晓医疗手段，能够为民众排忧解难。所以，这时候的道门领袖几乎个个精通信仰疗法，具体来说就是符水禁咒的治病方式。不论是张道陵传授的五斗米道、张角兄弟建立的太平道，还是以李八百为首的李家道，其领袖人物都通过符水禁咒之法来为人治病。魏晋南北朝，道教组织获得了稳固发展，在原有道教民俗医疗继续获得传播的背景下，道门领袖基于修道成仙的考虑，把医术作为修道的基本课。梁朝的著名道士陶弘景说："夫学生之道，当先治病，不使体有虚邪及血少脑减、津液秽滞也。不先治病，虽服食行炁无益于身。"①陶弘景这个说法代表当时道教界修持的基本立场，体现了道教医学在道教文化中地位日益提高的迹象。

自魏晋南北朝之后，道教迎来了新的发展机遇。尤其是唐朝，由于皇帝与道教教主缔结了特殊的"宗教亲缘关系"，道教组织发展得到朝廷的有力支持。在这样的背景下，道门中人具有更多参与社会活动的机会，道教医学实践与理论研究更加受到重视。有资料显示，当时社会上的不少医学名家同时也是道教信士，甚至是道教思想家。其中比较有代表性的人物有杨上善、王冰、孙思邈等。关于杨上善的生平事迹，正史无载，但从大量的医道文献看，杨上善具有道教信仰是无疑的。"上善"之名乃出自老子《道德经》"上善若水"的名句。据《旧唐书·经籍志》记载，杨上善撰有《老子注》二卷、《老子道德指略论》二卷等著作多种，引述老子之书必恭称"玄元皇帝"，足见其信仰之虔诚。这样一位笃志于道的人曾经是隋朝的太医侍御，他以道教义理对医典《黄帝内经》进行诠释，所作《黄帝内经太素》至今被中医学界列为经典十大名著之一，可见其影响颇大。继杨上善之后，王冰也是一个信道的医学名家，他在《注黄帝内经素问》一书的序言中称自己"弱龄慕道，夙好养生，幸遇真经，式为龟镜"，取道号"启玄子"，师事道门高士玄珠子，得其真传，作《玄珠密语》。王冰所作《注黄帝内经素问》，中医学界视为医学古籍整理的典范，享有盛誉。至于孙思邈，更被当做药王。他的道教信仰

① 《真诰》卷十《协昌期第二》，《道藏》第20册，第551页。

也是显而易见的,史称孙氏"善谈《庄》、《老》",他也注释过《老子》、《庄子》,隐于终南山等地,悬壶济世,医学著作甚多,主要的包括《备急千金方》三十卷、《千金翼方》三十卷、《神枕方》一卷、《医家要妙》五卷、《千金髓方》二十卷等。孙思邈不仅有丰富的医学实践经验,而且笔耕甚勤,治学严谨,民间流传许多孙思邈治病救人的故事,如起死回生故事、拯救小蛇的故事等等,这些故事在历史上曾经是脍炙人口的,说明孙思邈在民间的威信相当之高。孙思邈之后,宋元时期道教中虽然没有涌现像唐代那么著名的医学专家,但把修道与学医、行医结合起来,可以说一直是道教的传统。无论是全真道还是净明道都很重视医术,如王重阳、刘玉、黄元吉等都在这方面下了功夫,有相当深的造诣。

明清至民国时期,由于借医弘道的需要,精通医学并且广泛实践的道士名流仍不断涌现,如赵宜真、高濂、娄近垣、黏本盛、陈撄宁等人也在道教医学方面有自己的建树。赵氏宜真,道号原阳子,明初人。在久病之后,他弃儒归道,钻研净明道法,著《原阳子法语》、《仙传外科秘方》等书。前者以论道为主,后者以明医为主。论道重在弘扬净明忠孝之学,明医重在阐释外科枢要。高濂,字深父,别号瑞南道人,明代著名医学养生家,主要著作有《遵生八笺》十九卷、《治万病坐功诀》、《解百毒方》、《服食方》、《绝三尸符咒》、《仙灵卫生歌》等多种。娄近垣,号朗斋、上清外史,清代正一派道士,曾以符水医治雍正皇帝疾患,深受朝廷赏识。黏本盛,号眉春子,清代康熙年间人,精于易学,著《道养全书》,以儒道相融法度,论述养生治病之理,认为道养功夫不仅可以治病,而且平常人都能够学习,为众人治病养生开方便法门。陈撄宁,清末民国人,自幼好学,曾得童子痨,久治不愈,因之而潜心传统医学和仙学,探研全真南北二宗心法,撰《黄庭经讲义》、《中华仙学》、《道教与养生》等,办《扬善》半月刊,以丹法汇通医道,多有心得。从赵宜真到陈撄宁,体现了明清至民国时期道教医学绵延不绝的一些侧面。

（二）道教医学思想与成就

以上部分主要以核心人物为线索介绍了道教医学形成与发展的大体脉络。现在,我们可以在这个基础上进一步考察道教医学的一些思想建树。

面对疾病,重要的是如何为患者解除痛苦。因此,拟定不同的治疗方案对患者的作用是不同的。道教医学在继承祖国医学辩证施治传统基础上,以济世为原则,力求在用药问题上能够"价廉、简单、灵验",形成了"救急、方便、实用"的特点。自葛洪开始,道门医学家就编纂了许多救急良方,如《肘后备急方》、《肘后救卒方》等等,体现了道教为民众服务的精神。

为了达到除病、健身的目标,道教医学提倡食养与药疗相结合。基于"道法自然"的信念,道教医学主张通过食物疗法来治病和养生。古谚素有"民以食为天"的名句,反映了先民们对饮食的高度重视。很早的时候,我们的先民便懂得将食物加工成汤液或甜酒之类,用以治病。这样,食物便具有药物的功效。在长期的生活过程中,先民们还发现,许多天然的植物或者动物既可以提供生命活动的能量,又可以治疗某些疑难疾病。于是食养与药疗便逐渐统一起来,成为治疗疾病的重要方法。道教医学在这方面尤其大力提倡。像孙思邈的《千金要方》即专列《食治》一门,主张在临床之中将食养与药疗相结合,所谓"药食两攻",成为道教医学的基本治疗原则,贯彻于具体的临床医学实践中。

从延年益寿的基本宗旨出发,道教医学特别注重疾病的预防工作。这种重视预防疾病的思想可谓由来已久。在《黄帝素问》里早有"治未病"的精神,道教医学吸收并且发展了这种思想。魏晋时期,道教理论家葛洪面对社会动荡情形,目睹瘟疫流行给民众造成的危害,充分认识到预防疾病的极端重要性,提倡把疾病预防与日常养生保健结合起来,告诫世人治身养性应该"务谨其细",指出:"不可以小益为不平而不修,不可以小损为无伤而不防。"①唐代孙思邈进一步发展了葛洪这种重视预防与日常保健的思想,他说:"上医医未病之病,中医医欲病之病,下医医已病之病。"②孙思邈把预防疾病摆在第一位,当然也不否认应急处理的需要。他强调要注重检查,一发现疾病就及早治疗,以免酿成重病。

鉴于人命关天,道教医学把为人治病看做十分严肃的事情,在实践过程中形成了丰富的医德思想。道门强调医家应该对患者的生命健康高度负责,以"人命至重"和"志存救济"为座右铭和行为准则。《太平经》一再强调处方用药必须"慎之慎之",因为这是"救死命之术,不可易",所以"不可

---

① 王明:《抱朴子内篇校释》,第240页。
② 孙思邈:《千金要方》卷一《序例》。

不详审也"。① 在道教医家看来,行医是"至精至微"的学问,要做一个大医,不仅要广泛涉猎医学经典,在技术上精益求精,而且应该身怀救济之志,不为名利,救死扶伤,在行医过程中还应该一视同仁,不分贵贱,在临床过程中,应该集中精神,严格认真。孙思邈《大医精诚》指出:"凡大医治病,必当安神定志,无欲无求,先发大慈恻隐之心,誓愿普救含灵之苦,若有疾厄来求救者,不得问其贵贱贫富,长幼妍蚩,怨亲善友,华夷愚智,普同一等,皆如至亲之想,亦不得瞻前顾后,自虑吉凶,护惜身命,见彼苦恼,若己有之,深心凄怆,勿避险巇,昼夜寒暑,饥渴疲劳,一心赴救,无作功夫形迹之心,如此可为苍生大医。"②这种全心全意为百姓服务的精神在今天看来依然是发人深省的。

由于注重实践和医德,在技艺上强调精益求精,经过长期的临床经验,道教医学在理论上也具有特出的建树。从《太平经》到明清民国时期的道教医学专家们都注意分析病因、病理,为对症下药提供了基本的依据。在这方面,陶弘景有比较精辟的论述,他说:"案病虽千种,大略只有三条而已。一则脏腑经络因邪生疾;二则四支九窍内外交媾;三则假为他物横来伤害。"③陶氏不像以往那样侧重于"外淫"、"内情"的分别陈述,而是从内外因相互关系的角度说明疾病发生的缘由,思考的角度比较新颖,体现了道门中人的探索精神。

道门中人在行医过程中通过观察和总结,对许多疾病的认识与治疗取得了突破性成就。例如葛洪的《肘后备急方》对伤寒、温病、狂犬病、结核病、天花等的发生和流行症状作了详细的记载,对其病因认识深刻,体现了当时一流的医学水平。孙思邈作为一个医学名家,全面总结了唐代以前的医学成就,他的《千金要方》等著作广泛涉及临床医学和预防医学的诸多领域,他在内科、外科、儿科、妇科以及传染科以及针灸等方面都有很高的造诣。例如,对于麻风病、痈疽等疑难杂症,孙思邈都建立了行之有效的治疗方法。

治病需要药物。道教医学实践者在具体的行医与养生活动过程中,不

---

① 王明:《太平经合校》,第 173 页。
② 孙思邈:《千金要方》卷一《序例·大医精诚第二》。
③ 《华阳隐居补阙肘后百一方序》,《肘后备急方》,人民卫生出版社,1982 年影印本。

仅认真总结历代的本草学成就,而且大力寻求新的药物资源,特别是在丹药方面更具有创造性。道门中的许多富有创造精神的杰出人物自己制作炼丹器具,制作可以治病的丹药。葛洪《抱朴子内篇》的《仙药》与《登涉》等篇记载了许多丹药治病偏方,陶弘景的《肘后百一方》也有同样丰富的丹药疗方,如矾石、硝石为末治女疸,雄黄膏治恶疮等等。外丹烧炼是道教的一大长处,它在客观上推动了火药的发明和应用,这已经被许多科学史专家所论及,但丹药在医学上的作用却还没有引起人们足够的认识。尽管历史上有许多人为了长生不死曾经多食丹药而丧命,但丹药的制作无疑是开了化学药物治病的先河,它在科技发明史上的意义是突出的。

五 道教医学与文化环境的互动关系

道教医学能够形成并且取得突出的成就,不是偶然的,而是具有复杂原因的。如何认识道教医学的发展过程,从不同的角度可以做出不同的解释。除了从道教内部寻找原因之外,还应该将之置于更为广阔的背景下来加以考察。换一句话来说,就是必须推究道教医学与其文化环境的相互关系。

(一)"文化环境"的意义及其生态结构

从历史与现实的连续性角度看,"环境"是一个开放性的空间概念。所谓"开放性"意味着变动性和容纳性。对不同的对象而言,环境意味着不同的生存发展空间。就人类来说,面对的物质空间以及该空间所具有的一切物质形态都是人类的生存环境。人类在生存本能推动下,利用物质环境的诸多因素进行创造性活动,其精神与物质交互作用,积淀成为一定的存在,这种存在就是文化。当人类为了生存而面对自己原来创造的文化时,这些文化形态就转变为"环境"。因为这时的环境已经染上了人文的色彩,渗透进文化的精神,所以此等状态之环境就是"文化环境"。必须指出,文化环境并不是单纯地表现为精神形态,而是具有多样的复杂结构,即便是"物质"在人类产生之后也已经是"人化"的物质,而任何精神观念在传递过程中也越来越依赖于物质手段。这样,文化环境便是一种精神与物质的交合体。

文化环境本身具有生态属性。因此,为了解读道教医学的存在与发展,还应该从生态学的视野来加以考察。科学史表明，生态学是关于"有机体与环境相互关系的科学"。它是由德国人哈克（Haeckel）于1869年提出来的。后来，许多学者加以丰富和完善。经过两个多世纪的发展，生态学已经成为一种非常重要的学说而广为应用。生态学的内容相当丰富，其核心问题是关于生态系统的理论。英国学者坦斯利（A. G. Tansley）指出，生态系统的基本概念是物理学上使用的"系统"整体，这个系统不仅包括有机复合体，而且也包括形成环境的整个物理因子复合体。根据这种理论，生态系统包括有生命的成分和无生命的成分。有机体与环境各组成部分之间并非孤立存在、静止不动的，而是相互联系相互制约的，并且处于不断的运动变化之中。在生态系统内，一种因素的变化会引起相关因素也跟着变化，甚至影响到整个生态系统的结构。这种理论本来是用以解释和说明自然存在状态的。随着人类环境问题与环境科学的发展，生态系统的认识范围被扩展开来，于是有了自然生态与文化生态等诸多概念。

从研究对象的生存发展空间看，自然生态与文化生态也处于对立统一的运动过程中。在不同的历史阶段、不同的区域，自然生态与文化生态的对立统一运动造就了不同的文化环境。正如印度、埃及等国创造了富有特色的文化环境一样，历史上的中国也形成了自身富有特色的文化环境。道教医学正是在具有生态意义的文化环境中存在和发展的。

（二）道教医学与文化环境的互动表现

道教医学所面对的文化环境具有复杂的结构。就存在的现实性来说，文化环境也可以看做一个系统。在系统的整体中包含着许多因素，有主要因素和次要因素，这些因素的地位不是固定的，而是随着社会历史的发展而发生变化的，在一定条件下为主要因素的东西，在另一种条件下可能变为次要因素，但不论诸因素地位如何变化，彼此发生相互作用是毋庸置疑的。就生存统一体的整体状态而言，当道教医学形成之后，它也作为文化生态中的一种因素与其他因素发生相互影响、相互作用的关系。当道教医学面对其他因素时，整体文化生态中除了道教医学之外，其他诸多因素便成为道教医学存在和发展的文化环境。

由于文化环境在一定空间状态下乃具有区域性的特质，道教医学所受的文化熏陶也就同样具有这种区域属性。明确地说，道教医学是在中华土地上产生的,一切认知与理论也就具有民族风格。中华国土以黄色为本,而其人种也称作黄种人。或许是自身颜色的缘故,中华民族对"黄色"可谓情有独钟。从《易经》开始,黄色便受到了崇尚,所谓"黄裳元吉"①在相当大的程度上表明了黄色在中华民族思想中的的主体象征地位。这种以黄为尚的精神不仅贯穿于整个祖国医学的理论体系之中,而且成为道教医学的"象数思维"基础。② 因为黄色代表"中土",延伸到祖国医学上就发展出尚中平衡的认知原则和治疗理论。所谓"中医"既是中国传统医学的简称,也是"尚中"治疗理论的集中体现。这一点可以追溯到医与道未分的混沌时期。先秦道家讲守中,而中医则以养中为大要,所谓"养"的基本功夫在于心脾。就精神活动的意义而言,心为中;就纳物活动的主导而言,则脾为中。不论是养心还是养脾,都体现了"尚中"的精神。道教初起之时,即以"尚中"为治国治身之本,强调天地人的和合。《太平经》说:"气之法行于天下地上,阴阳相得,交而为和,与中和气三合,共养凡物,三气相爱相通,无复有害者。太者,大也,平者,正也;气者,主养以通和也;得此以治,太平而和,且大正也,故言太平气至也。"③《周易参同契》说:"黄中渐通理,润泽达肌肤。"④梁丘子《黄庭内景玉经注》说:"黄色,中央之色;庭者,四方之中。外指事,即天中、人中、地中;内指事,即脑中、心中、脾中。故曰黄庭也。内者,心也。景者,色象也。外喻即日月星辰云霞之色(象),内喻即筋骨脏腑之象。心居身内,存观一体之象色,故曰内景也。"⑤这几部道书在言及"中"的时候都把人体与天地物象联系起来,既体现了《易经》以来的"象数思维"特点,也反映了道教宏观的医疗理念。种种迹象表明,文化环境对道教医学的熏陶是错综繁复的。天文、历法、地理、道德、民俗等等,物质的因素与精神的因素相互交合,给道教医学的形成与发展提供了多方面的滋养,这就是道教医学为什么涵摄了其他诸多学科内容的缘由所在。

当然,道教医学与文化环境的互动不是单向的。这就是说,道教医学在受到环境因素影响的同时也将自身的能量散发传递出去,从而使文化环境

---

① 《周易》之《坤》卦《象传》。
② 关于"尚黄"的思想分析,请参看本书第七讲。
③ 王明:《太平经合校》,第 148 页。
④ 《周易参同契古注集成》,第 13 页,上海古籍出版社,1990 年。
⑤ 《黄庭内景玉经注·序》,《修真十书》卷十五。

也打上了道教医学的烙印。首先是道教的符号疗法对社会民俗具有广泛的辐射作用。从功能发生作用的途径看,符号疗法实际上是通过刺激感觉器官而调动体能来恢复健康、抗击各种干扰因素的一种特殊的医疗手段。在道教中,除了以特殊的线条组合方式来引导患者集中注意力的治疗法门之外,往往还通过诵经、微祝、歌诀,辅之以音乐旋律来疏导人的心灵,促使堵塞的"心灵通道"畅通而得其平和。道教医学符号疗法的典型表现形式是斋醮科仪①。在这种仪式中,以曲直相兼的线条所组成的各种符号、阴阳进退有序的舞蹈程序、寄托天人相应理念的古典音乐旋律、循环往复沟通神人的步虚声韵等信息传递形式组成一个多层次的符号系统。这个带有一定神秘意味的符号系统以其天人感应的特有形式叩击生命之钟,力图使那些暂时发生混乱的生命密码重新有序化,以便同大自然的固有旋律对应起来,从而恢复生命乐章的持续演奏。不论其实际机理如何,符号系统信息的释放的确可以给人的感官造成实在的辐射。因为科仪活动所使用的各种器具乃是物质化的,即使是科仪实施者所发布的音像也是具体可感的,所以其心灵调节作用也就能够实在地发生。有趣的是,这种具有综合特质的符号系统长期以来一直贯注在民间的生命礼俗之中,无论是幼婴降生,还是婚丧红白之事,无论是民宅建筑还是公共生活设施的营造,老百姓或自觉或不自觉地接受着道教符号医疗系统的本初信息。还有久久流布的药签的使用、卦象明理医疗的运作,这一切从不同的层次显示了道教医学与文化环境的诸多因素几乎已经融通起来,构成了社会物质生活与精神生活的统一整体。

六　道教医学的历史地位与未来发展

毋庸讳言,在现代科学主义几乎压倒一切的态势下,道教医学的地位在人们的心目中是受忽略的。到底怎样看待道教医学的历史地位和未来的发展走向呢? 这只有通过道教医学价值的发掘途径来重新审视和认知。

（一）道教医学的历史地位

任何价值判断都应该置于具体的历史条件下进行,道教医学的价值考

---

① 关于斋醮科仪的详细内容,将在本书第十二讲深入展开讨论,这里从略。

察当然也是如此。在一些人的眼中,道教医学很可能就是"伪科学",因为这些人长期以来差不多把整个中国传统医学当做"伪科学"看待,具有某种神秘意味的道教医学自然也就被列入"伪科学"的行列之中了。

必须看到,在道教医学体系中确实包含着一些不合时宜的内容,但它曾经在历史上发生巨大的民间医疗作用,这也是不可否认的事实。从上面的阐述可知,自汉末以来,中国历史上有一批影响深远的医学家出自道门或者具有道教信仰。《古今图书集成·医部·医术名流列传》列有封君达、董奉、葛仙公(葛玄)、许逊等一二十人,他们已经成为魏晋南北朝时期相当重要的民间医疗力量;另外,那些被作为大医的人物也有不少是道门中人或者具有道教方术的造诣,人们比较熟悉的华佗,是一个对传统医学各个领域都有很好素养的名医,葛洪说他撰有《金匮绿囊》、《崔中书黄素方》及《百家杂方》五百卷左右,而他实际上也具有道教信仰,曹操当年广泛招致的方术道士就有华佗在列。《后汉书》华佗本传注引《佗别传》说华佗曾见仙人服食青黏,仙人告知此等名贵药材的功用。所谓仙人就是有名望的道教人物,可见华佗在药物学方面是有道教医学渊源的。据《南史》以及《北史》等书所载,南北朝时期浙江一带出现一个以徐熙为宗的医学世家,自徐熙以下六七代十多位传人均为名医,这个医学世家即源于道医。《南史》卷三十二《张邵传》说徐熙曾得道士传授医书《扁鹊镜经》,"因精心学之,遂名震海内"①。徐熙的后人继承家族传统,业医救济,为世所称道。这里所列仅仅是道教医学历史影响的一小部分例子,但已经足以说明其地位非同一般。事实显示,道教医学在中国历史上是具有很深影响的,它的实践与理论在中国医学上举足轻重,而不是可有可无的。

(二) 道教医学的未来发展

曾经在历史上有过辉煌时期的道教医学在今天的确是被冷落了。然而,这并不意味着道教医学已经变得毫无可取之处,可以进入历史博物馆了。其实,只要深入民间社会生活,就不难发现道教医学蕴涵于民间社会深处的生命力。就系统而论,道教医学是中国古典自然科学与人文科学相结合的产物。在医疗手段上,道教的药物疗法,也包含着传统实验科学的成

---

① 《南史·张邵传》,中华书局标点本第三册,第838页。

分,不论是本草学,还是矿物石提炼制作的丹药,都具有实验科学的某种特质,因为草药的配方、丹药的制作,都不是凭空进行的,而是经过相当长时间摸索才确定的,体现了经验的累积。另外,道教医学之所以依然以某种形式扎根于民间社会,是因为它在表现形态上的人文特点,道教医学将药物疗法与符号疗法、信仰疗法、明理疗法相结合,这些疗法的施行过程实际上就是人文精神的一种作用过程,不论是符号疗法,还是信仰疗法、明理疗法,都贯注着以人为本的精神,都包含着道德心灵的健康意义。从这个角度看,道教医学乃是生理物质治疗与精神文化治疗的综合,说到底这是一种具有民族风格的文化治疗。

当今世界,社会竞争越来越激烈,人的心灵承受着比以往任何时候都巨大的压力。在人类的心灵健康面临着新的危机的时候,相信道教医学的文化疗法可以在医治疾病以及疑难杂症方面发挥特有的效力。

为了恢复道教医学的生命力、推进道教医学在新的背景中的发展,社会管理部门应该给道教医学合理的生存空间,对历史上道门中人经验过的药物偏方、秘方进行整理研究;另外,对符号疗法、明理疗法的进行过程以及作用机理展开探索,让道教医学以传统的优势来排除现代化所造成的某些弊病,恢复人的本性和完全形态,焕发健康的魅力。

【复习与练习】

1. 如何理解道教医学的定义? 请通过学术史的回顾,推敲琢磨道教医学的定义。

2. 为什么说道教医学是祖国传统医学的一个重要流派? 其根据何在?

3. 道教医学的实践精神表现在哪些方面? 请从道教医学的历史发展过程来把握道教医学的实践意义。

4. 道教医学与文化环境的关系如何? 请从这种相互关系角度探讨道教医学的人文精神与科学精神。

5. 将道教医学的疗法概括为药物疗法、符号疗法、信仰疗法和明理疗法,有道理吗? 你对此有何意见?

6. 道教医学与中国古代自然科学的关系如何? 请列举其相互关系的一些表现,探索其思维特征。

【参考读物】

1. 盖建民:《道教医学》,宗教文化出版社,2001 年。

2. 胡孚琛:《道教医药学述要》,《中国中医基础医学研究》1995 年第 4 期。

3. 王明辉、蒋士生、王风雷:《道教医学中的食养与药疗》,《药膳食疗研究》1999 年第 2 期。

4. 盖建民、詹石窗:《道教医学模式及其现代意义》,《厦门大学学报》1999 年第 1 期。

5. 王晓:《道教医学的哲学思考》,《江西社会科学》1999 年第 6 期。

第九讲

我命在我的养生精神

【学习目的】 从主体与客体相互关系角度认识养生的哲学基础，弄清道教生命自主精神与奉行"天地格法"的思想旨趣，掌握以德养生和身国共治的精神实质，明了"德"与"气"的关系、形与神的关系，发掘道教养生学关于"修玄德"的生态学价值，理解道教养生还淳返朴的复归指向。

在前面一讲当中，我已经指出道教养生可以归属广义道教医学的范围。既然有广义，也就有狭义。如果我们从疾病治疗的狭义层面来把握道教医学，那么预防与健身的内容就可以主要归之于养生学的领域了。根据这样的认知，我们把道教养生独立出来考察不仅方便学习，而且也有了学理上的根据。

就人类的生存而言，养生存在着人们所能普遍接受的共性内容；但是，养生的理论与具体方法又是不同民族、不同国度、不同的人们在不同的社会生存环境下形成的，因此，养生也表现出特殊性来。道教养生就是在中华土地上产生的具有特殊文化内涵的一种身心护养活动与理论方法。从语义学的角度看，道教养生具有两层主要内涵：一是指为了身心健康而开展的活动；二是指一种关于身心健康的学说。这两层意义是互相联系的，因为道教养生学说是以往先民养生经验的继承和发扬，也是以具体的养生实践活动为基础的；学说由于具体活动而产生，又反过来指导具体活动。这就是道教养生活动与道教养生学说之间的实际关系。当我们把道教养生作为研究对象的时候，首先面对的是道教体系中的各种文化典籍，所以对其学说的研究便被凸现出来。当然，这样做并不是忽略道教养生活动，而是寻找一种进入的门径而已。

从整体上看，道教养生学说既包括基本的养生精神，也包括养生方法。所谓养生精神指的是养生的一般原则和要领；而养生方法乃是具体的操作程序。本讲将以阐述养生精神为主。

一　道教养生的主体意义

　　"养生"一词在先秦早已有之。道家重要典籍《庄子·养生主》称："吾闻庖丁之言,得养生焉。"陈玄英疏证:"遂悟养生之道也。"所谓"道"就是道理,引申之则为哲学。古代思想家从人与天地相互对应的角度来思考养生的道理,并且形成了系统的理论,这就是"养生学"。顾名思义,"养生"就是为了生命健康长寿。道教养生正是基于这样的理念而形成的,它包含着生命的主体意义。如何认识这种主体意义,对于掌握道教养生的基本精神而言具有基础性的价值。

（一）养生主体性的内涵

　　"主体"是与"客体"相对而言的。本来,这是一对哲学范畴。主体指认识者,客体指被认识者。不同的哲学流派对于主体与客体的关系具有不同的解释。一种观点认为,客体不依赖于主体而独立存在,但主体并非直观地反映客体和消极地适应客体,而是在实践中能动地认识客体与改造客体;另一种观点认为,主体先于客体而存在并且派生客体。但不论哪一种观点,都承认主体与客体的密切关系。本讲之所以借用哲学上这一对范畴来解释道教养生的含义,是因为养生活动是在一定的观念指导下进行的,此等观念提升到理性的层面就是哲学。这就是说养生活动可以由哲学的理性思维来加以指导,也可以从具体活动过程中总结出一套理性知识系统,这样的知识系统我们可以称之为"养生哲学"。从某种意义上看,养生哲学乃是养生文化的核心内容。既然如此,我们从主体与客体的关系角度来考察道教养生,就不仅有合理的思想根据,而且是必不可少的环节。因为养生活动过程本身也是一个认识过程。在这个过程中,不仅要认识养生者自己,而且要认识养生活动赖以展开的环境。对于养生者来说,环境就是客体;对于环境来说,养生者就是主体。由此推及道教养生,我们照样可以得出主体与客体的相应内涵。如果说具有养生活动的道门中人或者道教信奉者是主体,那么他们所面对的自然环境与社会环境就是客体。养生活动是一种实践过程,道教养生活动当然也是一种实践过程。实践必然要有主体,这个主体就是在道教思想观念指导下所开展的养生活动的实施者。实践的过程是主体性显示的过程,道教养生实践也就是道教养生活动主体性显示的过程。道教养生实践之所以体现了主体性是因为这种实践活动是由道门中人或者道教信仰者来实施的,在本质上贯注着一种特殊的信念,它的目标不仅是为了健康,而且还要延年益寿,最终成为"仙人"。这样,实践活动与认识就不可分割地联系在一起,通过养生实践既达到对自我生命的认识,也达到对养生环境以及人与环境关系的认识。

（二）"我命在我不在天"——道教养生的主体精神

既然,道教养生体现了主体性,那就必定有一种指导其实践活动的主体精神。这种精神概括起来就是一句话:"我命在我不在天"。在道教中,这个提法不是偶然的闪现,而是深思熟虑之后的一种见解。无论是《养性延命录》还是《真气还元铭》、《悟真篇》都表达了类似的看法。《养性延命录》在陈述了"我命在我不在天"这个基本命题时还有所发挥:"夫形生愚智,天也;强弱寿夭,人也。天道自然,人道自己。"①而《悟真篇》则从金丹修炼的视野来说明通过特殊实践过程能够达到生命自主的境界:"一粒灵丹吞入腹,始知我命不由天。"②《悟真篇》与《养性延命录》代表了道教在生命问题上的基本看法。与那些把寿命长短完全看做由上天决定的想法不同,道教相信人的生死命运是可以由自己掌握的,生命的主动权就操纵在自己手中。这种生命自主思想,集中表现为坚信生命演化过程是可逆的,人可以凭借主观努力,逆转生命演化之路,复归到生命的根源上,实现生命形态的转化而逃离生死之度数。

道教"我命在我不在天"的观念是有思想基础的。早在春秋战国时期出现的"方仙道"便通过神奇的想象来抒发生命自我控制与身心自由的理想。道家的大师级人物庄子对此也津津乐道。《庄子》书中描绘了许多具有生命自由境界的理想典型,他们的肌肤像冰雪一样洁白,容貌像处女那样美丽年轻,据说吸风饮露,不食五谷,生活逍遥自在,能够乘云气,御飞龙,游于四海之外,能够与"造物者"共游,与"处死生无终始者"为友,其行动已经可以不受条件限制。道家所塑造的自由理想典型在生命形态上就表现为

---

① 陶弘景:《养性延命录》卷上,《道藏》第 18 册,第 476 页。
② 王沐:《悟真篇浅解》,第 118 页,中华书局,1990 年。

"合道"而脱离生死之域，至少是可以"长生久视"。《庄子·在宥》记载，黄帝的老师广成子因"抱神以静"，修身一千二百岁，形体却没有衰老的迹象。《列仙传》等书称，古有彭祖，因修习"吐故纳新，熊经鸟申"的方法，活了近八百岁，形体依然健康。像这样通过一定的学习途径而延年益寿的故事传说在上古的文献中有不少的资料，它们无疑给道门中人很大的启示，从而形成"长寿"是可以通过一定的学习途径而获得的观念。另外，道教的生命自主观念之所以能够化成具体的养生实践活动，与生存环境所存在的变化多样性也是有关系的。由于生存的需要和好奇心的驱使，道门中人仰以观天象，俯以察地理，发现某些生命的存在可以发生形态的转化，如《抱朴子内篇》记载猕猴寿八百即变为猿，猿寿五百岁则变为玃。不仅飞禽走兽，自然界的一切事物都是千变万化的，变化乃是事物存在的普通现象："改更而为异物者，千端万品，不可胜论。"①道教甚至认为这种变化可以越过种属类别。谭峭《化书》就说："老枫化为羽人，朽麦化为蝴蝶，自无情而之有情也；贤女化为贞石，山蚯化为百合，自有情而之无情也。"②不论其中所描述的生命形态之改易是否事实，我们从字里行间都能够品味出道门中人对于生存环境诸多事物的观察是认真细致的，他们从观察中感受到变化的普遍性，从而与自身生命形态相类比，激发了变化自身生命形态的愿望与热情。在对客体的观察与认识过程中，道门中人也认识了自己，坚定了"我命在我不在天"的主体精神，以激励自身的养生活动。

二　阴阳大化与"执天之行"

道教养生是我国先民的生存主体精神的一种高扬，但并不意味着这种养生主体精神可以无限膨胀，以至于沉浸在无限的遐想之中而不能自拔。在道教养生文化中，一方面贯注着热爱生命的激情，另一方面则又显示了脚踏实地的态度。如果说塑造长寿的理想典型是为了更好地激励养生实践者孜孜不倦地努力，那么面对茫茫宇宙脚踏实地地探索与认知，又表现了理性的力量。因为养生活动既然也是一种实践认识活动，主体实事求是地面对

---

① 葛洪：《抱朴子内篇》卷十六《黄白》，《道藏》第28册，第231页。
② 谭峭：《化书·老枫》，《道藏》第23册，第590页。

客体,从而理解客体的存在性状,明白主体在生存环境中的地位,以便调整自身的行为,便是道教养生哲学所必须解决的课题。于是我们发现,当道门中人在长寿国的理想境界遨游一番之后,便回归到现实的世界中来。在思维的转换过程中,养生主体与养生客体表现出一种矛盾:一方面养生主体希望超越养生客体的局限,达到自身的自由;另一方面养生客体却又以种种灾难显示了超越的困难。主体与客体的矛盾促使道门中人更加意识到养生活动并非一种单向行为,而是双向关系行为。故而,如何发挥养生主体的能动作用,以理性的态度准确地把握养生客体,是道门中人在其活动过程中需要认真考虑的任务。

（一）阴阳大化的养生客体

怎样处理养生主体与养生客体的矛盾关系呢? 道门中人在具体的养生实践活动中面对而且承认客体的复杂性,通过吸纳前人的思想成就,总结生存经验,认识到养生客体处于“阴阳大化”的运动过程中。研究过古代思想史的人们不会忘记,“阴阳”之说是中国文化中极为重要的概念,从《周易》到《老子》、《庄子》,从魏晋玄学到宋明理学,“阴阳”的概念几乎成为中国文化的思维杠杆,推动着学者们去铸造理论系统;然而,不同时期不同流派的人们对阴阳概念的使用却具有不同的特点,随着历史的变迁,阴阳概念便与不同的语境相联系。如果说先秦时期,学者们心目中的阴阳是两极世界的一种理论概括,那么在道教中却成为沟通养生客体与养生主体的一座“桥梁”。在道教养生家看来,养生客体无论怎样纷繁复杂,只要从理性上加以把握,就可以发现其阴阳运动的特质。《太平经》说:“天虽上行无极,亦自有阴阳,两两为合。”“地亦自下行何极,亦自有阴阳,两两为合。如是一阴一阳,上下无穷,傍行无竟。”①这里所谓“行”就是运动,“上行无极”就是运动没有止境,天在运动,地也在运动。在《太平经》看来,天地不论如何运动,总是以阴阳对应的形式存在着。由于阴阳两极是相互对应的,因此能够相合。《太平经》尤其重视这种“合”的状态。与《太平经》差不多出于同一时代的《周易参同契》则运用易学卦象的符号体系来表征天地阴阳之进退,它说:“天地设位,而易行乎其中矣。天地者,乾坤之象也。设位者,列阴阳

---

① 王明:《太平经合校》,第 653 页。

配合之位也。易谓坎离；坎离者，乾坤二用；二用无爻位，周流行六虚。"[1]《周易参同契》所讲的"天地"与《太平经》所讲的"天地"具有同样的意义，实际上是当时人们所面对的自然宇宙。从道教养生学的角度看，"天地"也就是养生客体的总称；而"易"就是日月，在《周易》卦象中，"坎离"既表示水火，也表示日月，《周易参同契》侧重从日月的象征角度来陈述"坎离"的意义，所以有"易谓坎离"之说。《周易参同契》把"坎离"当做"乾坤二用"，这实际上是以乾坤为体，而以日月为用。因为日月本身是一阴一阳相互对待的，故而以坎离为用，就是以阴阳为大用。与《太平经》相类似，《周易参同契》所强调的是天地阴阳的运动不息，这代表了道门中人对养生客体复杂性的基本认识。

（二）从阴阳大化中把握养生活动之玄机

道教为什么如此重视养生客体的阴阳运动呢？主要是为了从动态方面来认知养生主体地位，把握养生活动之玄机。从宏观的立场上考虑生存问题，道门中人不仅看到了天地阴阳大化的状态，而且看到了人与天地大化的对应关系。在道门中人心目中，人乃是天地阴阳交合的一种结果，因为天地之原初乃是元气，"元气恍惚自然，共凝成一，名为天也；分而生阴而成地，名为二也；因为上天下地，阴阳相合施生人，名为三也。三统共生，长养万物"[2]。按照这种看法，元气分化而有"一阴一阳"，阴者成地，阳者为天。古有所谓"一阴一阳之谓道"的说法，道教是继承这种说法的，因此"元气"乃是"道"的另一种表述方式。在道教看来，一阴一阳，一上一下，运动不息，相互交感，人就在这种交感过程中被造就出来。沿着此等逻辑推衍，则天地阴阳是父母，人类是子女。从这个角度看，人类与天地之间存在着"血缘关系"。由此而引申于养生，就可以说，养生主体与养生客体本来就存在着共同的本质。这种"主客同质"观念的进一步推衍，导致大小宇宙"同构对应"论的形成。在道门中人看来，天地乾坤既是大宇宙，人体就是小宇宙；在大宇宙之中有日月星辰、河流山川，在人体之中也有对应的品物存在。这种"同构对应"论引申到养生学之中来，就意味着养生客体与养生主体彼此可

---

[1] 《道藏》第 20 册，第 196 页。
[2] 王明：《太平经合校》，第 305 页。

以相互作用。一方面，天地阴阳之运动会发生异常，从而造成灾害，威胁养生主体的生存；另一方面，养生主体的行为也会导致养生客体的变化，这就是所谓"天人感应"。道教从"天人感应"的立场观察问题，认为自然灾害的产生乃是人的不良行为"断天道"①的结果，于是"天也不得久生，地也不得久养"②。天地既然不能生养，人的生命存在就成了问题，这是养生主体的最大悲哀。

基于养生主体与养生客体之间存在着生态效应的认识，道门中人极力倡导顺应天道而行。《黄帝阴符经·神仙抱一演道章》开篇即说："观天之道，执天之行，尽矣。"③所谓"观天"，从养生学的立场看，就是养生主体对养生客体的观察认知。这种观察认知不是走马观花式的行为，而是应该具备细致的科学精神的，因为"观"的目的是要认识"天道"，也就是自然界的运行规律。在古代，天往往是自然界的总代表，所以"观天之道"可以看做是对自然规律的探索。明白了天道自然之后，就要按照天道自然规律办事，在养生问题上，也就是要求养生主体认识养生客体的性状，遵循养生客体的运动变化规律。《黄帝阴符经》进一步说："宇宙在乎手，万物生乎身。天性人也，人心机也，立天之道以定人也。"④这不仅表明养生主体可以把握养生客体，而且体现了"开机"的能动精神。这里的"机"并不是世俗人之机巧变诈之为，而是宇宙自然的"玄机"。从空间的关系角度看，养生活动必先明了天地门户之所在。《太平经》说："然门户者，乃天地气所以初生，凡物所出入也。是故东南，极阳也，极阳而生阴，故东南为地户也。西北者为极阴，阴极生阳，故为天门。"⑤在中国古代，时间与空间也是对应的，所谓"初九起甲子，初六起于甲午"⑥即是时空对应的一种表示。"初九"与"初六"本来是《周易》的术语，"九"代表阳爻，"六"代表阴爻。在《周易》中，卦象既是空间的符号，也是时间的代码，故而"初九"的卦爻空间对应于"甲子"的时间，"初六"的卦爻空间对应于"甲午"的时间。时空对应的关节点也就是天地

---

① 王明：《太平经合校》，第 244 页。
② 同上。
③ 夏元鼎：《黄帝阴符经讲义》卷一，《道藏》第 2 册，第 722 页。
④ 同上。
⑤ 王明：《太平经合校》，第 227 页。
⑥ 同上。

"玄机"。识破"玄机"就是养生主体对养生客体奥秘的解码。云峰散人夏元鼎说:"机缄之运不疾而速,机关之应,若合符节耳。人能明此之机,心同造化,自然机应不失,则天道立矣。固非曰舍人道而别立天道,亦非曰先立天道而后定人道也。盖人道即天道,天道即天机,天机即天性,所谓存其心,养其性,所以事天也。"①这真是养生家的肺腑之言!照此,认识与把握养生之玄机并不是把"人道"与"天道"分别开来,而是贯通起来,因为人是小宇宙,"天机"就在自己的心中,存心养性,天机自然显露,时来运转,益寿延年。

三 以德养生与身国共治

既然人与天存在着相互对应的机制并且可以相互感应,那么养生主体的能动作用就包括如何积极调整自身行为的内容,这种调整是为了达到良好的感应,以便造成天人关系的有序化。同时,这也是养生主体在阴阳大化过程中把握养生客体以开启"玄机"的切实需要。在道教看来,调整自身行为实际上就是协调个体生命与天道自然的关系历程,贯彻到生命健康的操作领域,就形成了"以德养生"的思想与身国共治的原则。

(一)以德养生的理论根据

"以德养生"在表层上是依据一定的社会伦理规范来保养精神和形体,但从深层次方面看,却蕴涵着顺应天道以尽心知性的养生理念。在先秦文化中,"德"是一个基本的概念,与"得"相通。《道德经》第五十一章说:"道生之,德蓄之,物形之,势成之。"在老子看来,"道"是最初的宇宙本原,它赋予万物以生命,积累成形就是"德",这个"德"规范万物的本性,万物彰显"德"的性状,势成就万物的功用。如果说道是德之体,那么德就是道之用,道因德而化生大千世界,德是道用以化生大千世界的基本范式及能量。对于"德"与"道"的这种关系,《管子·心术上》作了发挥,它说:"德者道之舍,物得以生,生知得以职道之精。故德者,得也。得也者,其谓所得以然

---

① 夏元鼎:《黄帝阴符经讲义》卷一,《道藏》第 2 册,第 723 页。

也。以无为之谓道,舍之之谓德。"①《管子·心术上》赋予"德"更明确的意义,并且直接将之解释为"得",所谓"得"就是因"道"而得其精,因精而获其生。这种自然而然的宇宙运化法则就是道,以有形之品物来彰显宇宙运化法则就是"德"。汉代以来,道教继承发挥了《道德经》与《管子》关于"道德"的学说,并且将之与儒家的伦理思想沟通起来,用以指导延年益寿的修炼活动。在道门中人看来,人类社会乃是自然界的一种延伸,追其本原,依旧应该回溯于混沌之道。混沌之道的最大功德就是生养万物而不居功,保持淳朴的本性,这才能复归于道,与大道融通而为一体。引申到生命伦理的领域中来,以"孝"为本,修养心性,这是崇高的生命之德。因为"孝"乃是以报恩的胸怀来对待生身之父母,这实际上是伦理导向上的复归,即从我身推源于父母,由父母推源于天地,由天地推源于混沌之道。推源过程就是淳朴心的恢复过程。这样一来,"孝"不仅是一种伦理的境界,而且是一种精神调节的方法,即养生的方法。在中国古代,"孝"与"忠"是联系在一起的。所谓"忠"在儒家看来就是诚恳为人,《论语·学而》有"忠信"之说,表现了儒家推己及人的基本伦理价值观念。道教在吸收儒家"忠信"伦理观念用于养生时侧重从"心正"的角度来加以阐释,因为"中"就是"正",心存"中和"即是"忠"。在历史上,"净明道"一派特别强调"忠孝"养生法。该派所谓"忠孝"尽管吸纳了儒家的思想内容,但却将之作为还本复归的养生操持手段。这是力图通过内在的心灵修养,达到与"天心"相印,实现天人合一的境界。所谓"大忠者,一物不欺,大孝者,一体皆爱"②,显示了净明道由心灵修养而推源于天的精神逻辑。在这里,以老子为代表的道家之"德"已经与以孔子为代表的儒家之德交融起来。根据道门中人以养生主体合于养生客体的思维逻辑,不论是儒家之"德"还是道家之"德",在养生实践过程中都是不可或缺的。因为道教所倡导的是由人道修养进至仙道修养,以人道修养为基础,以仙道修养为指归。这样,儒家之德与道家之德便被巧妙地编排在养生实践活动过程中,成为相互连接的两大程序,本来属于人文范畴的伦理道德内容在道教文化体系中却技术化了,这可以说是一种人文思想与传统养生科技的结合,或者说是人文文化向实用操作技术的转化。

---

① 戴望:《管子校正》卷十三,第220—221页,《诸子集成》本,1954年。
② 《净明忠孝全书》卷三,《道藏》第24册,第635页。

(二) 身国共治：以德养生的技术模式

道教在贯彻"以德养生"精神时还建构了基本的技术模式，这就是"身国共治"。所谓"身国共治"实际上是一种通过类比思维逻辑而形成的精神操作模式。具体而言，就是把身体当做国家，把国家当做身体，从而建立可操作步骤。

"身国共治"理论是以"身国互喻"的象征思维为前奏的。顾名思义，"身国互喻"就是"以国喻身"和"以身喻国"，即把身看做"国"，或者反过来把国看做"身"。这种思维路数在道教文献之中常有蛛丝马迹可寻。如《周易参同契》有许多地方描述君主统御百官治理国政，如："辰极受正，优游任下。明堂布政，国无害道。内以养己，安静虚无，原本隐明，内照形躯。"①关于这段话，彭晓做了解释："辰极受正，优游任下者，谓神胎居中宫，喻君处明堂，如北辰也。阴阳五行之气，臣下也。但君臣191内，如北辰正天之中，则阴阳五行之气顺和，鼎室金水之液滋生。君得以养己安静，任运虚无，自然变化也。原本隐明，内照形躯者，谓金能隐明，又能自照，得火而同益光明也。"②据此，则所谓国君于明堂中统领百官的"理内"举措也是形容，其用意乃在于治身。尽管如此，这种比喻却显示了作者对政道的谙熟。此等"以国喻身"的法式在陈致虚《灵宝无量度人上品妙经注》中更加明确："人以身为国，以精为民，以气为主，以神为帅，山川林木，具在身中……心君一宁，万神听命。"③很显然，这是把身体当做国家看待，依据国家的管理法度来修炼身心。

同样道理，国家也可以反过来看做身体。如严遵《道德真经指归》在阐释老子《道德经》关于"含德之厚，比于赤子"的时候称："是故建身为国，诚以赤子为容。则是天下尊道贵德。"④严遵所指"建身"之"建"，是从"设置"的意义上说的。人们不禁要问：身既然存在，为什么要"建"呢？其实，这个"建"在此具有假设其形象而为譬喻的意义。下文所说"以赤子为容"表述得非常清晰，就是以"赤子"的身形禀性作为形容。严遵之后，著名道教学

---

① 彭晓：《周易参同契分章通真义》卷上，《道藏》第 20 册，第 137 页。
② 同上。
③ 《道藏》第 2 册，第 396 页。
④ 严遵：《道德真经指归》卷十，《道藏》第 12 册，第 366 页。

者葛洪在《抱朴子内篇·地真》中也兴致勃勃地"以身喻国"，他说："一人之身，一国之象也……神犹君也，血犹臣也，气犹民也。故知治身，则能治国也。夫爱其民所以安其国，养其气所以全其身。民散则国亡，气竭则身死。"①按照葛洪的看法，人体简直就成了国家机器。他根据道家的"三分法"，把人之所以为人的要素概括成三个方面，又将它们分别作了比喻：在人体的"国度"中，君臣民具备；就"治身"来说，养气乃是培本壮根，由此推及"治国"就应该爱民。

"以身喻国"或"以国喻身"，作为"比观"的两个方面，是中华民族"观物取象"的易学思维方式的体现。在易学中，"个别"是离不开整体的，每一具体的卦都从某个角度传递着《易经》卦象网络的"全息"。出于这种思维模式的"身国互喻"也是如此。不论从"治身"的角度或从"治国"的角度看，"身国互喻"的意念指向都是整体性的。一方面，就"理身"而言，将"身"看做一个国家，就可以更好地注意到诸器官的协调，百官有序，脏腑通气。本来处于"微小"状态的身体因被作为"国家"而得到"放大"，于是，"治身"也就有了明朗的操作性。另一方面，就"治国"而言，既然"国"已经与"身"等量齐观，那么完全可以依据《周易参同契》所描述的那种"循卦炼功"法度，把国家内部关系的调理当做一个"内丹修炼"过程，"治国"即是"炼丹"，治国火候的操持因有卦象"承成比应"②的"量"与"度"的显示，从而获得比较准确的把握。而更为重要的是，这种"身国互喻"，搭起一座身国共治的桥梁，这座桥梁的主干就是以德为宗的调控框架。道教之所以把"德养"的治身法门与治国联系起来，从治身到治国，又从治国到治身，是因为个体生命的存在是无法离开国家整体的，只有国家整体达到和平的境界，个体生命的修炼才能趋于完善。

四 "德化和气"与生态整体维护

身国共治之所以可能，在道教看来，是因为人世之"德"本得于道，通过

---

① 王明：《抱朴子内篇校释》，第 326 页。

② 所谓"承成比应"这是古易学家阐释《周易》的一种理论，其要义所在是揭示卦象爻位相互关系。

培养良好的德行,可以纠正生命过程中所发生的某些错误的自我复制信息,维护身体和国家内在生态的平衡。

(一)"德化和气"说的由来

根据"身国同构"的逻辑,道教提出的"共治"理论,其着眼点依然在"德"字。而"德"与修养的层次又是密切相关的,不同的修养层次将对应于不同的"德"。最深厚的"德"叫做"孔德"①,这种德是"唯道是从"的。因为"道"恍惚而无形无象,所以"德"同样是无形无象的,它用不着人去张扬,而是默默行事,这就叫做"玄德"。所谓"玄"是幽而不显的意思,故而"玄德"也就是最深远的"德"。老子《道德经》第六十五章说:"玄德深矣,远矣,与物反矣。然后乃至大顺。"老子所讲的"与物反"表示"玄德"不是具体事物所表现出来的狭隘的"德",而是包容广大、生养万物却不居功劳的"德"。这种"德"就像大海一样,因"处下"而容纳百川。修道的思想境界就是不断地趋向于"玄德"。

在中国古代,"德"是可以化"气"的。老子《道德经》第十章在论及"专气致柔"的身心调理法时以"玄德"为旨归,从其字里行间可以看出,老子其实是把修"玄德"作为"得气"的要领。儒家学派重要代表人物孟子也有类似的思想,他有一句名言叫做"我善养吾浩然之气"②。这种"气"是怎样养的呢?那就是"配义与道"③,即在内心上培养正直的道义,从而与天地相感通,激发内气的作用。从《道德经》到《孟子》所蕴涵的"德化气"思想给道教以极大的启发。《太平经》通过自然现象的观察,认识到天地生养万物之"德"是以"气化流行"来体现的,它说:"德者主养,故物悉养于南方。天之格法,凡物悉归道德,故万物都出生东南而上行也,天地四方六阳气俱与生物于辰巳也。"④《太平经》把东南西北与春夏秋冬配合起来,将自然宇宙的运转划分为两大时段和两大空间位置,以"刑德"来说明其功用特质。就时间而言,春夏为德,而秋冬为刑;就空间而言,东南属德,西北属刑。德主生,

---

① "孔德"一词首出于《道德经》第二十一章,后来道门中人解释此章多有发挥,遂成为伦理养生的重要范畴。
② 《孟子·公孙丑上》。
③ 同上。
④ 王明:《太平经合校》,第231页。

刑主杀。① 为什么德主生呢？因为德行，天地与东西南北四方之阳气便兴起，生养万物于"辰巳"之位。所谓"辰巳"是东与南交错之点，《太平经》认为这是阳气发端之所在。不论这种描述是否合乎客观情形，我们都可以看出，《太平经》所讲的"德"之所以"主生"，是因为代表了"阳气"的形成与运转。《太平经》这种思想在道教其他典籍中也经常出现，尤其是那些解释《道德经》的著述更是如此。如全真道理论家邓锜《道德经三解》中在阐述老子关于"德交归"的名言时即称："人身兼乎天地大国也。五脏六腑，十二经十五络，三百六十骨节，穴俞八万四千，毛窍腠理，血长八百一十丈，气畜一万三千五百息，小鲜也；若治人身，以心肾水火烹之，其气交归于体而不至于散乱；若治大国，以阴阳水火烹之，其德交归于道而不至于苛细，故天下以圣人为主，人身以心君为主。"② 在邓锜心目中，人的一身就像天地，也是个大国家。他把人的身体与天地国家相类比，把"气交于体"同"德交于道"对应起来，暗示了"德"与"气"是可以融通的。从这个意义上说，"以德养生"也就是"以气养身"，使气"交归"而完形。至于治国中的"阴阳水火"，实际上也具有"气"的意义，因为"阴阳"乃是"两仪之气"的转换性说法；而"水火"也是"气"的一种关系存在方式，"水火"是五行之二，道教认为五行运化而为气，所以"烹炼水火"实际上就是"身气"、"国气"的一种调节，使之达到"和"的境界。《道德经》第五十五章说："含德之厚，比于赤子。"邓锜对这种厚德的赤子状态作了说明，以为赤子之所以终日"号而不嗄"，就在于"和之至也"。③ 赤子之"和气"是与生俱来的。修道者就是要以赤子为榜样，培养淳朴之德，恢复原本之生机。

（二）依"玄德"而治的生态功用

"玄德"是怎样在修身过程中发生特殊效用的呢？这关系到养生主体与养生客体的存在状态及其结构的认识问题。在古代养生家看来，不论是养生主体还是养生客体都有实在的结构，这种结构在混沌之道化生宇宙天地时就已经确定了。《周易》以太极、两仪、四象、八卦及六十四卦的衍生符号链条来说明宇宙天地的发生过程及其所形成的结构；《道德经》以"道生

---

① 关于时空与"德"的关系，详见《太平经合校》，第 11—12 页。
② 邓锜：《道德经三解》卷四，《道藏》第 12 册，第 222—223 页。
③ 邓锜：《道德经三解》卷三，《道藏》第 12 册，第 219 页。

一,一生二,三生万物,万物负阴而抱阳"这样的逻辑来概括宇宙时空的展开程序。道教将《周易》与《道德经》的理论统合起来,形成了象数与义理并用的陈述方式,用以表示宇宙存在结构及其相互作用状态。《黄帝阴符经》说:"爰有奇器,是生万象,八卦甲子,神枢诡藏。阴阳相胜之术,昭昭乎进乎象矣。"①这段话力图以具有高度概括意义的卦象来表征天地万物的发生及其复杂结构。对此,云峰散人夏元鼎有一段解释,他指出:《阴符经》篇末数语,"总括始终,亦犹乾坤之彖辞,备六十四卦之大义"②。按照这个说法,《黄帝阴符经》乃暗藏着一套卦象陈述系统。夏元鼎遵循这个思路,从人体小宇宙与天地大宇宙相对应的角度进一步阐述事物演化程序与存在的结构体系,他作《奇器万象图说》,将《黄帝阴符经》关于"奇器"的意义明示出来;其图内有炼丹之鼎器,以"坎、离、震、兑"四卦为四正之方;中环十二地支,以"艮、乾、巽、坤"四卦界四隅之位,外有十二消息卦与二十四节气环绕,体现了人体与宇宙相对应的结构。邓锜《道德经三解》也有类似的演化模式,他在解释《道德经》第四十二章关于"道化"的历程时说:"道者,太极一圈,出入动静也;道生一,天地两仪,各得一奇一偶也;一生二,四象也;二生三,八卦也。先天三画之卦,《易》之真数也。三生万物,刚柔相摩,八卦相荡,变化而为六十四也,故万物负阴而抱阳,天地冲气以为人而和万物,以成三才之道,而为万物之主矣。"③邓锜以易学卦象语言来解释《道德经》的宇宙演化过程论,在客观上形成了"易道参和"的表征模式。根据这个模式,宇宙演化与存在结构既符合老子《道德经》的"道化"程序,也符合《周易》的卦象发生系列。从邓锜对《道德经》的阐释与夏元鼎对《黄帝阴符经》的说明中,我们可以看出,道门中人在许多场合都注意揭示宇宙的发生过程与存在结构。

从养生学的立场来看,道门中人对经典的解释包含着他们对养生主体与养生客体的性状及其相互关系的认识。此等认识显示,养生主体与养生客体都具有一定的结构。从某种意义上看,这种结构具有生态学的价值。如果说人的五脏六腑的存在状态及其关系体现了养生主体的生态,那么人

① 李筌:《黄帝阴符经疏》卷下,《道藏》第 2 册,第 746 页。
② 夏元鼎:《黄帝阴符经讲义》卷三,《道藏》第 2 册,第 730 页。
③ 邓锜:《道德经三解》卷三,《道藏》第 12 册,第 210 页。

所面对的宏观宇宙的状态与诸因素的相互关系就是养生客体的生态。养生主体与养生客体的生态虽然分属两大系列，但可以通过同一种模式来加以展示，因为在道门中人心目中人与天地都是"道化"的结果。在道化生天地与人之后，本来一切都处于有序的状态，这就是"和"。然而，有"和"就有"仇"，所谓"仇"就是养生主体与养生客体之生态结构中诸因素对立、斗争所造成的混乱无序状态。为了纠正这种混乱状态，恢复养生主体的内在生态与外在环境生态的秩序，道门中人力主"玄德"修养说。因为心存"玄德"，中和之气即运化。《太平经》说："龙德生北，位在东方……朱雀治病，黄气正中。"①这里所谓"龙德"就是东方苍龙之德，因为二十八星宿之苍龙起于东北角，所以说"龙德生北"；因为苍龙七宿乃以"心房"居东方之正位，所以说"位在东方"。因为东方为木，木运而生火，火是南方朱雀七宿的代表，以养火之法化运，火可生土，居中为黄色，所以说"黄气正中"，这就是"和"的表现。《太平经》叙说五行化运，以龙德为本，这是《周易》"乾坤和合"之义的发挥。《象》称"乾元"为万物资始，其大德在于"保合太和"；坤元为万物资生，其大德在于承天载物。在传统文化中，乾坤乃天地总法象，代表天地"大生"与"广生"之德。道教倡导乾坤之德，即是为了使养生主体与养生客体恢复有序和谐状态，因为人身"貌肖天地"，所以效法天地乾坤之德就可以维护阴阳之平衡，使脏腑器官太平而大安。可见，涵养德操也是维护养生主体与养生客体内外生态的一种技术手段。这种技术手段虽然不太容易把握，但由于有易学卦象符号的表征，其基本精神还是可以领悟的。

五　形神俱炼与生命复归的逻辑指向

从生理上看，养生主体的生态因素当然是众多的，但如果从类别上进行划分，那就可以概括为"形"与"神"两大系列。形神关系问题在道教中既是一个哲学问题，也是一个养生方法论的问题。长期以来，道门中人通过具体的实践，总结出"形神俱炼"的养生原则，这种原则在根本上体现了生命复归的逻辑指向。

---

① 王明：《太平经合校》，第 339 页。

（一）形神俱炼的理论依据

关于"形神关系"问题,我们在第六讲第四节中已经从哲学的角度略作讨论,现在要从"养生主体生态"的立场继续探讨这个问题。

所谓"养生主体生态"就是养生实践者自身诸因素的存在状态及其相互关系。这里的"养生实践者"是一个全称概念,也就是说它包括了所有进行养生活动的个体,故而"养生主体生态"同样也是对所有养生活动之个体而言的。不言而喻,任何个体的状态都是有区别的,我们面对具体的人才不至于把张三误认为李四,或者把李四当做张三,因为个体的外观是不同的;但是,任何个体又都是整体的一部分。个体之所以能够融入整体之中,是因为个体之间又有共同的本质存在,这种共同的本质是类别划分的基础。

构成养生主体生态的因素虽然复杂多样,但如果从本质上看,无非就是"形"与"神"两大方面。所谓"形"是物质性的形体存在,这种物质存在包括躯体的外观,也包括组成躯体的诸多器官、血脉等等;与"形"相对应的就是"神",所谓"神"就是躯体内无形的指挥系统,这个系统虽然无形,但也是客观存在的。如果以"电脑"来比喻,那么"形"可以看做是电脑的硬件,而"神"则是电脑的软件。当然,从相互作用的角度看,形神关系毕竟是一种活的动态关系,而不像电脑硬件与软件之间那种固定的关系。道教常常把"形"比做"舍宅",把"神"比做舍宅之主人。通过这个比喻,道教旨在表明构成养生主体的两大子系统——"形"与"神"是在相互依存、相互作用的状态下存在和运作的,不论哪一个子系统发生故障,都可以影响于相对应的另一个子系统。这种影响既可以是正面的,也可以是负面的。当"神"这个子系统发生故障时,用以支撑"形"存在的"气"就绝,于是"形"就要谢了;反之,如果形体出现问题,神也是无法继续维持的。这就叫做"身劳则神散,气竭则命终"[①]。为了维持生命的正常延续,道教从先秦道家那里吸取理论营养,建立了"形神俱炼"的养生理念。这种"俱炼"法门既主张形神之炼有路径之分,又认为两者可以兼顾。司马承祯《坐忘论》说:"道有深力,徐易形神,形随道通,与神合一,谓之神人;神性虚融,体无变灭,形与道同,故无

---

① 王明:《抱朴子内篇校释》,第110页。

生死。"①按照这种看法，"形"与"神"是可以随着道力的增进而改变的。在修持过程中，不仅要促使形与神合，而且要与道相通，因为道是永恒的，所以形与道合也就可以维持生命之绵延不绝了。司马承祯这番论述既反映了道教追求长生不老的理想信念，也体现了道教"形神俱炼"的思想旨趣。

（二）形神俱炼的理论导向

从初阶看，"形神俱炼"首先是为了维护生命的健康，保持青春之年华。在道教看来，炼养活动是循序渐进的，正如伦理修养必须从"人道"入手一样，形神之炼也应该以人之健康生存为要务，因为没有健康的体魄，是谈不上什么神仙境界的。然而，健康是与疾病相对而言的。道教从生命演化的理论出发，认为人与生俱来就有精、气、神，在降生之初，生命体中的精、气、神本来是合一的；但是，随着年龄的增长，意识的开启，人就受到外界诸多不良信号的干扰，从而使先天所禀赋的精、气、神逐步分离，如果继续分离下去，生命最终就结束了，这就是死亡的到来。毋庸置疑，道教是承认现实世界死亡现象的存在的。《太平经》说："夫物生者，皆有终尽，人生亦有死，天地之格法也。"②认为人与其他生物一样皆有终了的观念，体现了道教的现实主义态度。不过，与一般社会认识所不同的在于，道教并非主张人们应该"顺命安死"，而是以积极态度去寻求解决办法。受到《道德经》"长生久视"思想的启发，道教在看到宇宙演化的顺向过程时，推想其逆向过程。在道教看来，宇宙的发展既然有一个顺向的旅程，那就也可以有逆向的复归。生命是宇宙的缩影，所以生命也是可以复归的。《道德经》第二十八章说："常德不离，复归于婴儿。"老子设想返老还童的程序是可能的，因为万物可以归根复命，所以作为宇宙万物之一的人类当然也可以复归。这种复归，从修持的意义上讲就是恢复淳朴的本性，达到"常德"之状态。道教把老子所说的"婴儿"作为炼养的初阶目标，第三十九代天师张嗣成说："吾身妙于婴儿，天地妙于无极，道体妙于大朴。"③张嗣成以婴儿为人生之妙，并且与天地、道体相提并论，这就表明复归本根的确是道教所追求的。怎样复归呢？陈致虚说："万物含三，三归二，二归一。知此道者，怡神守形，养形炼精，积

---

① 《道藏》第 22 册，第 896 页。
② 王明：《太平经合校》，第 341 页。
③ 张嗣成：《道德真经章句训诵》卷上，《道藏》第 12 册，第 631 页。

精化气,炼气合神,炼神还虚,金丹乃成,只在先天地之一物耳。"①这里的"万物含三"指万物都有精、气、神,这三者是天赋的。在人的生命活动过程中精、气、神逐渐分离了,修道就是要使分离的精、气、神再度融合起来。"三归二"就是炼精化气,使精气相结而有形。从这个角度说,"三归二"就是炼形的初步功夫;至于"二归一"就是炼气化神,由此再进入"炼神还虚"的阶段,那就可以使婴儿之体再现。这里虽然包含了许多复杂的环节,但归结起来无非是"形神俱炼"原则的展开。

六　生命自我超越与"道性"发明

道教力图通过形神修炼来恢复生命过程所耗损的能量,实现自我修复的健康目标,在这样的目标下,道教所倡导的是形神相守、抱一不离。不过,必须注意的是,道教炼养目标也具有不同的阶段要求。如果说形神相依、延年益寿,是道教炼养的初阶,那么自由控制形神离合,就是道教所要达到的自我超越的生命境界。

(一) 形神"亦离亦合":生命自我超越的自由状态

道教不是静止地看待形神关系,而是从能动的角度来思考。南北朝时期的道教思想家陶弘景有一段话颇具代表性,他指出:

> 凡质象所结,不过形神。形神合时,则是人是物;形神若离,则是灵是鬼。其非离非合,佛法所摄;亦离亦合,仙道所依……欲合,则乘云驾龙;欲离,则尸解化质。不离不合,则或存或亡。于是各随所业,修道进学,渐阶无穷,教功令满,亦毕竟寂灭矣。②

陶弘景首先说明了人与灵鬼的区别。在他看来,人之所以为人,是因为形与神相合;灵鬼之所以为灵鬼,是因为"形"与"神"相离。不过,"灵"与"鬼"之间尚有本质的区别。古人以为,鬼者,归也,表现为人的生命形体的消失,在这种状态中,形神相离是被动的;与"鬼"的状态不同,"灵"虽然也表现为形神相离,但这种相离却是主动的,也就是可以自我控制的。陶弘景

---

① 陈致虚:《上阳子金丹大要》卷四,《道藏》第 24 册,第 16 页。
② 《华阳陶隐居集》卷上《答朝士访仙佛两法体相书》,《道藏》第 23 册,第 646 页。

在阐述"相离"状态时使用了"灵"与"鬼"的不同概念，原因就在于"相离"的主动性与被动性的分别。

其次，陶弘景把佛教的形神观与道教形神观做了比较。他认为，佛教主张形神"非离非合"；而道教则主张"亦离亦合"。佛教以现实之人处于生死轮回中，是精神与肉体之结合，这就叫做"非离"；但佛教又追求精神解脱，以超越轮回为终极目标，力图摆脱肉体的束缚，这就叫做"非合"。与佛教不同，道教以生存为乐事，故而把人道修养与仙道修养统一起来。所谓人道修养，最基本的目标就是维持人的形体存在，形体与精神既然是相互作用的，就必须"形神俱炼"，或炼形以抱神，或养神以完形，这就是维持"形"与"神"之"合"。不过，道教并不是主张停留在这种初级的"合"的阶段，如果仅仅维持这种初级之"合"，那就与凡人没有什么区别。因此，道教养生家还必须跨过凡人的生存方式，进行仙道之修炼，从而进入"亦离亦合"境界。

所谓"欲离"就是主观上想要形神分离。陶弘景认为，修炼到达一定的程度，自由地进行形神分离是可以实现的。这种分离的直接表现就是"离形尸解"，也就是弃尸于世，使自己的真神"解化"而成仙飞去。陶弘景的"离形尸解"说法并非无本之说。早在汉末三国时期金丹派鼻祖葛玄就已经提出了"尸解"主张，他自称为当时的天子逼迫炼丹，只好"尸解"，于是他"衣冠入室，卧而气绝"[①]。尽管葛玄"尸解"是被天子逼出来的，但却体现了他力图控制自身形体存亡的努力。后来，这甚至成为修炼成仙的一种流派，由此等方式而成仙者称作"尸解仙"。不论"尸解"是否成为现实，道门中人力图控制自身形神，是有案可稽的，直到元明时期的丹道修炼者还提倡离形修炼法，即让形体安息于一处，自身之神志从形体出走到它处。《性命圭旨》等书具体陈述了其修炼程序，反映了形神自我控制的努力在道教之中一直没有停息。

所谓"欲合"是指形神已经自由分离的情况下依靠自我控制能力再度使之相合。在道教中，这表现为两种情况，一是神虽然已离形，但其形却还没有彻底坏朽，当修炼者希望使自己的神灵与形体复合的时候就复合起来，好像一个游子出门而去，过了一段时间又回到了自己原先的住处。比如传

———————————

① 葛洪：《神仙传·葛玄》。

说中的八仙之一张果老就有这种神奇的本事。《续仙传》卷中记载,唐代武则天女皇征召张果老,他虽然勉强出山,但心里却不是很愿意,走到妒女庙的时候突然就"死"了,那时正好是盛夏,没有过多久,张果老的"尸体"就开始发臭,甚至生虫子,使者向武则天禀报,武则天相信张果老已经死了,但后来有人于常州山又看见张果老。开元二十三年,唐玄宗召通事舍人裴晤驰驿于常州迎接张果老,一见面,张果老立刻"气绝而死",裴晤赶快焚香启请,表明天子求道的诚恳态度。过了一会儿,张果老就复苏了,正常行动。此等"神迹"也记载在《旧唐书》之中,向来被当做形神相离之后再度复合的例证。二是形神相离之后,由于自然原因,自身形体逐渐坏朽,其神无法回到原先的形体"宅舍",于是只好寻求新的寓居之所。如八仙之一铁拐李据说就有此等"经历"。仙传说他是得道隐士,形貌魁伟,因履约奔赴华山参加老君神仙会,将肉体停留于山洞中,嘱咐弟子谨守七日,而以"阳神"出游。到了第六天的时候,守护的弟子因为家中老母病危,急着要回家,无奈之下,于次日就把铁拐李的肉体火化了。铁拐李"阳神"回来时找不到自己原先的肉身,只好附在路边一个饿昏的乞丐身上还魂,所以民间所画铁拐李的形象蓬头虬髯、坦腹跛脚。这样的记载,在道教文献以及民间传说中并不少见,尽管无法验证其真假,但却体现了道教力图控制自身神形的意图。

在道教中,修炼者对于对自身形神加以控制以获得高度自由的理想是充满信心的。早在东汉时期,道教金丹家魏伯阳便已对此成仙路径热情赞扬,他在《周易参同契》中说古之圣贤"怀玄抱真",可以"化迹隐沦","变形而仙"[1];后来的《老子想尔注》等书更有聚成形、散为气的具体描述。这些虽然都只是设想,但却体现了道教修炼者对自身形神自由控制的坚定信念和积极的探索精神。

(二)道性复归:生命自我超越的精神指向

道门中人为什么倡导形神离合的生命境界呢?那是因为现实中的生命受到了种种限制,疾病、自然灾害致使人的寿命难以达到较高的期限,有的甚至在儿童时期即已不存于人世。面对生存困境,道门中人渴求超越自我

---

① 详见《周易参同契分章通真义》卷下《惟昔圣贤章第七十九》,《道藏》第20册,第153页。

生命局限,于是有了离合神形、尸解出世的种种故事流传。此等故事从一个
侧面表现了道门中人是希望改变现状的,也是富有想象力的。

然而,想象是一回事,能否达到想象的目标又是另一回事。当道教从想
象力的世界回到现实中来的时候,又以比较理性的精神来考虑达到目标的
方案。这就好像当今许多科幻小说家与科学家之间的关系一样,小说家驰
骋其无尽的想象,创造出琳琅满目的艺术形象,忽而上天,忽而下地,上天则
揽星摘月,下地则缩身隐形。此等设想和故事激发了科学家的探索热情,所
以有关上天的计划接二连三地炮制出来,并且付诸行动,什么飞机、宇宙飞
船、潜水艇之类,什么基因技术、纳米技术,代表了人类超越自身局限的种种
努力。与现代科技的发展状况相比,道教虽然没有可能制作可以延长人体
器官功能的器具,但却相当注意从人类自身去开发潜能。这种开发并非是
在躁动不安的情形下贸然激进,而是在想象力的推动下以冷静的态度来行
事。所以,我们在阅读仙人故事感受到道门中人求仙的坚定信念的同时,也
会发现他们那种认真而理性的思考。"道性"问题正是这种思考精神的一
种体现。

根据宇宙众生都发源于"道"的逻辑前提,道教认为人应该具备"道
性"。所谓"道性"就是大道所具有的品性。唐代道教理论家施肩吾说:"从
道受生谓之性。"①可见,"道性"是道所赋予人的本质。从理论上讲,每一个
人的道性本是先天具备的;但是,道教理论家们又指出,社会中的人在出生
时的禀赋有所不同,有的禀赋好,得的是纯阳之气,因此道性就保持得比较
好,有的禀赋比较差,得的是混杂之气,所以道性就被掩盖而不明了。道教
还认为,后天的环境对人的影响极大,各种干扰足以使先天的道性泯灭,所
以强调后天之修持是特别重要的。这种修持的基本原则,就是由后天而返
先天。在修持路径上,道教紧紧抓住"修心"二字来做文章,因为被后天尘
缘迷惑染蔽都是通过人心起作用的,因此修持的根本归根结底是"修心"。
司马承祯《坐忘论》详细阐述了修心之法,他说:"夫欲修道成真,先去邪僻
之行,外事都绝,无以干心。然后端坐,内观正觉,觉一念起,即须除灭。随
起随制,务令安静。其次虽非的有贪著,浮游乱想,亦尽灭除。昼夜勤行,须

---

① 《西山群仙会真记》卷二《养心》,《道藏》第 4 册,第 429 页。

臾不替,唯灭动心,不灭照心,但冥虚心,不冥有心。不依一物,而心常住。"①凡尘之心既除,真性元神自然常住,由此人也就复返到其原初契道的本性,人的心灵自然也就摆脱了各种束缚自身的因素,获得生命的完全醒悟与自由,正所谓"常处如虚空,逍遥自在"②。这就是道教生命自我超越的一种现实主义表现。

【复习与练习】

1. 如何理解养生主体与养生客体的辩证关系?"我命在我不在天"主体精神的现实意义何在?

2. 发挥养生主体的能动作用与奉行"天道"是不是相互矛盾?如何处理二者之间的关系?

3. 什么是"以德养生"?道教关于"身国共治"的提法的现实价值是什么?

4. 什么是"形神俱炼"?如何从现代科学角度对道教的形神理论进行新的解释?

【参考读物】

1. 李远国:《道教炼养学》,燕山出版社,1993 年。

2. 韦大文、董锡玑主编:《中医养生学概要》,中国医药科技出版社,1993 年。

3. 詹石窗主编:《三玄与丹道养生》(甲、乙),中华大道出版社,2002 年。

---

① 《坐忘论·得道七》,《道藏》第 22 册,第 897 页。
② 《水云集》卷上《示门人语录》,《道藏》第 25 册,第 852 页。

第十讲

多彩多姿的炼养方技

【学习目的】 对照道教的养生原则与基本精神,考察各种具体的炼养方法,了解其历史源流,弄清其机理,发掘其合理价值,为当代社会的养生活动服务。

道教不仅有自己的养生思想原则,而且形成了具体的多彩多姿的养生方法。这两者是一个问题的两个方面。上一次课主要是阐述道教的养生原则,本讲将侧重从方法方面来考察。看到这一讲的题目,同学们可能注意到其中使用了新的术语"炼养方技"。这样一个提法在前面的内容中还没有出现过,所以有必要先对这个术语略作解释。

作为一个合成词,"炼养方技"是由"炼养"与"方技"两部分组合起来的。大家对"方技"应该不会太陌生,因为许多文献都使用它,《辞源》还专门立了"方技"条目。最初的"方技"主要是指保生延命之术。《汉书·艺文志》称:"方技者,皆生生之具,王官之一守也。"《汉书·艺文志》这番话是在罗列医经、经方、房中、神仙这四种保生之术之后说的。颜师古在对"方技"作解释的时候谓之"医药之书",这说明原来"方技"的意义是较为狭窄的,后来逐渐被引申。《后汉书》所列《方术列传》的传主大多擅长医术及占验术,可知其所谓"方术"实际上通于"方技"。到了唐宋,史书多立《方技传》,包括的范围更加广泛,像推步、卜相等也进入了方技的行列。不过,"方技"作为"偏方技术"的意义却一直延续着。本讲正是在"偏方技术"这样的层面来使用"方技"一词的。

至于"炼养"一词,大家恐怕比较不熟悉,因为《辞源》等文字工具书找不到这个词汇。较早使用这个词汇的是李远国在 1993 年出版的《道教炼养法》,他在该书第一章考察道教炼养源流,对"炼养"有所解释,指出"道教炼养法"或称"道教养生法"。按照这个解释,则"炼养"与"养生"没有什么区别,只是说法不同而已。1999 年,张钦以《道教炼养心理学引论》为题做博士论文,对"炼养"的含义有特别的规定,指出道教炼养学是指道教养生术中专门阐论身心炼养的一门学问,不包括服食养生学和外丹术;又说,从内修外养的角度,它专指内修一门,具体包括对修炼者身与心的调控、炼养与开发。张钦从自己的论文写作出发,规定了"炼养"的范围,这是允许的;但是,就文字本身的意义来说,"炼养"是否仅仅限定在"内修"之中却是可以再探讨的。所谓"炼养"实际上是"修炼"与"养生"的缩略式合成。因此,"炼养"应该包括其辞源上的基本意义,既涵盖了"修炼",也融摄了"养生"。在道教传统中,"修炼"不仅指内丹而言,而且也适用于"外丹"。因为本来所谓"内丹"、"外丹"的基本术语是共用的。再说,人体之修炼,又有"炼形"的层面,这就很难说"炼养"仅仅针对内修而言了。我这里所讲的"炼养"泛指道教为了延年益寿、羽化登仙所采取的特殊的锻炼手段或方法,是具有"炼"的特质的养生法门。作为一个偏正词组,"炼"体现了"养生"的特质,而"养"则是"炼"的落脚点。

一　集中意念的守一、存思术

炼养的途径法门众多,对修炼者个人的心灵进行调控是比较重要的方式。如何排除烦恼,集中注意力是基本的训练内容。怎样"集中"呢? 道教提出了"守一"、"存思"法门。这两种技术在道教之中流行相当广泛,而且历史悠久。

(一)"守一"技术的由来及其在道教中的发展

从现存的文献看,最早使用"守一"概念的是《太平经》。该书卷十八有《守一明法》,卷九六又有《守一入室知神戒》;另外,《汉书》卷六四下《严安传》也用了这个词汇:"故守一而不变者,未睹治之至也。"《汉书·严安传》所讲的"守一"还不是从修炼身心的角度说的,而是从治国的角度说的。道教的"守一"与《汉书·严安传》的"守一"显然是有区别的。

考"守一"的修炼源头,当推及先秦道家。老子《道德经》虽然没有使用"守一"一词,却有"抱一"之说。该书第十章称:"载营魄抱一,能无离乎?"老子所说的"抱一"指的是魂魄相守为一。在《道德经》中,"一"是一个出现频率较高的概念,第三十九章连续七句都使用"得一",说明《道德经》已

经把凝聚为"一"作为生存的基本精神状态。《庄子·在宥》篇继承和发挥
了老子的思想，并且使用了"守其一"的短语。这个"守其一"与"守一"仅
一字之差，是后来道教"守一"修炼术的最直接的源头。《太平经》的"守
一"修炼术可以说是在《庄子·在宥》篇启发下建立起来的。基于身国共治
的精神，《太平经》充分阐述了"守一"的功能妙用，以为"守一"可以度世，
可以消灾，可以事君，可以不死，可以理家，可以事神明，可以不穷困，可以治
病，可以长生，可以久视。① 怎样"守一"呢？《太平经·守一明法》作了具
体的介绍，指出："守一精明之时，若火始生时，急守之勿失。始正赤，终正
白，久久正青，洞明绝远复远，还以治一，内无不明也。"②根据这番描述，可
知汉代道教使用的"守一"是一种光色引导法，先是看见如火初燃时的亮
光，那是赤色的，接着转为白色，最终是青色的。为什么会有这样的颜色转
换呢？《太平经》在下文把此等感受同"太阳"联系起来，可知这种"守一"
法乃是以"太阳"为法象，因为太阳初升是红彤彤的，所以谓之"赤"，太阳升
高时其光变白，太阳消失时山色与天浑融，所以由白色向青色转换。

　　"守一"之"一"，在不同的道教文献中有不同的内涵。根据其内涵，
"一"往往又以相关的语汇来修饰，故有"真一"、"玄一"、"三一"等等表述。
葛洪的《抱朴子内篇·地真》把"守一"具体表述为"守真一"，他自称此等
法门是从先师那里得到传授的，"一在北极大渊之中，前有明堂，后有绛宫；
巍巍华盖，金楼穹隆；左罡右魁，激波扬空；玄芝被崖，朱草蒙珑……守一存
真，乃能通神"③。葛洪所讲的"真一"是有景观的，从其描述的字里行间看，
似乎是一种人体之外的场景；不过，如果对照一下道教的其他典籍，那就不
能简单地将这种"一"当做外景，因为道教常常使用比喻，比如"明堂"之类
用语在陶弘景《登真隐诀》中被用以指称人体中的某个部位，该书卷上《九
宫》篇在论及头部内景时称头有九宫，"两眉间上却入三分为守寸双田；却
入一寸为明堂宫"④。由此可见，所谓"真一"有可能是体内之景观。至于
"玄一"，葛洪在《抱朴子内篇·地真》也有论及，他指出"玄一"是一种"自

---

① 王明：《太平经合校》，第 743 页。
② 同上书，第 16 页。
③ 王明：《抱朴子内篇校释》，第 324 页。
④ 陶弘景：《登真隐诀》卷上，《道藏》第 6 册，第 607 页。

见"之法,开始的时候乃"求之于日中"①,不外"知白守黑"之道。在"守玄一"的基础上,道教发展起"守三一"的法门,所谓"三一"或指精气神,或指泥丸、绛宫、丹田,等等。

道教"守一"的内容不一,但其基本旨趣却是一致的,即"以一念代万念"。在守的过程中,道门中人有许多讲究。一方面要选择环境,设立静室,避喧哗之声,喜良好采光,并且通风;另一方面则要求调心,控制情感活动,排除忧虑,然后才能进入"守一"的具体修持。从本质上看,"守一"乃是一种意念集中的方法,长久练习,可以使人培养起控制自身情绪的能力,排除干扰,使心情处于平静状态,从而有益健康。

(二)从"守一"到"存思":道教心灵调节术的扩展

最初的"守一"比较单纯,不过是要求形神相抱而已,但到了"守三一"技术形成的时候,"一"已经扩展出许多丰富的内涵,一变化为三,函三复为一。于是有了存思泥丸、绛宫、丹田的步骤兴起。

"存思"与"守一"具有共同的渊源,它们同属于意念的修持法门。"存思",又作"存想",简称为"存"。顾名思义,"存思"就是引导自身的意念集中于某处。《太平经》说:

> 使空室内旁无人,画象随其藏色,与四时气相应,悬之窗光之中而思之。上有藏象,下有十乡,卧即念以近悬象,思之不止,五藏神能报二十四时气,五行神且来救助之,万疾皆愈。男思男,女思女,皆以一尺为法,随四时转移。春,青童子十,夏,赤童子十,秋,白童子十,冬,黑童子十,四季,黄童子十二。②

按照这段记载,汉代道教为了使存思比较容易把握,先是画像挂在窗口明亮之处,画的是脏腑之像,还有"十乡"景色。其形态如童子,色彩随四季转换。怎样存思?《太平经》特别指出应该是"男思男,女思女",这可能是为了避免激发性欲。如果是男思女,而女思男,将是一种什么情景,是可想而知的。

魏晋南北朝时期,道教存思术有了很大的发展。上清派在这方面尤其

---

① 王明:《抱朴子内篇校释》,第325页。
② 王明:《太平经合校》,第14页。

擅长,主要经典《上清大洞真经》载有多种多样的存思方式。该派强调诵经、扣齿、存思相结合的修持方式。诵经一开始,先在室外秉简当心临目,扣齿三通,然后存思室内有紫云之气遍满,郁郁来冠己身,再存思玉童玉女侍卫在经典左右,日月星三光照耀室内。如此经历有时,然后扣齿三通再念咒。《上清大洞真经》还描述了许多存思神明的场景,介绍与神明感通的法度,文中所出现的各种神明往往与自己五脏六腑相对应,可以看做是自身器官的符号表征。与此等路数大抵相似的是《黄庭内景经》与《黄庭外景经》,此外尚有《黄庭中景经》,道门将它们合称为《黄庭经》。"黄庭经系列"也大量涉及"存思"的问题,甚至可以说这些著作乃是以讲述"存思"法门为重点的。现举一章,以兹佐证:

> 至道不烦诀存真,泥丸百节皆有神。发神苍华字太元,脑神精根字泥丸;眼神明上字英玄,鼻神玉垄字灵坚;耳神空闲字幽田,舌神通命字正伦;齿神崿峰字罗千,一面之神宗泥丸;泥丸九真皆有房,方圆一寸处此中;同服紫衣飞罗裳,但思一部寿无穷。非各别住居脑中,列位次坐向外方,所存在心自相当。①

这里所引用的是《黄庭内景经·至道章第七》,凡 17 句。该章前后都出现了"存"或"思"字,表明作者的描述是从存思的角度考虑问题的。这一章主要是针对头部说的,从头发写到面部五官,作者一一指明了头部各部位的神明名称,可见所存思的就是体内之神。这种情况几乎贯穿于《黄庭经》的始终。

魏晋以来,道教存思术被广泛地应用于许多修持活动中,张君房所编《云笈七籤》卷四二至卷四四作了摘录,其中包括《存大洞真经三十九真法》、《大洞消魔神禁内祝隐文存诸真法》、《存思三洞法》、《老君存思图十八篇》、《思修九宫法》、《思九宫五神法》、《存元成皇老法》、《存帝君法》、《存玄一老子法》、《存司命法》、《太一帝君大丹隐书》、《镇神养生内思飞仙上法》、《三九素语玉精真诀存思法》、《紫书存思元父玄母诀》,等等。《云笈七籤》这些篇章基本上是宋代前流传的经典摘编,尽管不是全部,但已经相当丰富了。从其行文可知,道教的存思术基本上有三种主要类型:一是存

---

① 刘长生:《黄庭内景玉经注》,《道藏》第 6 册,第 501—502 页。

思身中景,即所谓观内景,这种类型所出现的景观往往以体内之神的形象为主,通过体内神的存思而达到对脏腑的察照和调理。二是存思体外景物,举凡日月星辰、大地、河流、云彩等等都是存思的对象。当然,道教存思外景,更多的是一种宗教境界的想象,诸如神仙胜景以及仙人遨游天宫等等场面。三是体内与体外诸景观之存思相结合。这一类是最为普遍的,其过程也相当细致。比如存思三洞法,入室东向,扣齿三十二通,先存思素灵宫清微府中青气、赤气相沓,郁郁而来,进入自己的泥丸上宫;然后咽气九次;其次存思兰台府中赤、黄二气相沓,如先前一样下来进入自己的绛宫,咽气九次;复次存思皇台府中白黑二气相沓,如先前一样下来进入自己脐下丹田之中,咽气九次;再咽三洞气;然后仰头祷祝。这样一个过程,体外之景与体内之景已经难以分辨了。在存思中,随着景观的变换,色彩也发生变化。

道教存思法尽管包含许多神秘性的内容,但在客观上对于人的精神应该是有一定调节作用的。因为存思法既可以使注意力集中,也可以使注意力得到转移。我们知道,人的注意力不能涣散,但也不能长期过度紧张。在涣散的时候可以通过景观的存思方式使之重新集中起来;在注意力紧张的时候也可以通过存思内外景观,促使它发生转移,这样可以解除大脑的疲劳。

二　顺畅血脉的服气、胎息术

从上面的行文中可以看出,"存思"与"服气"这两种修炼法门本身有一定关联。修炼者往往把存思与服气之法交错进行,以调理体内的阴阳气血。"服气"到了高深境界其实就是"胎息"。因此,我们在探讨了"守一"与"存思"法门之后,紧接着就可以进一步来考察"服气"与"胎息"之术。

(一) 服气术的理论基础及其类型、要领

"服气"是一种以气息吐纳为主的炼养方法,古来名称不一,或称"行气",或谓"调息"、"吐纳"等等。《云笈七籤》将与调息有关的炼养方法统称为"气法",因为历史上存在着许多不同的调息流派,所以有"诸家气法"。

考《云笈七籤》，从卷五六到卷六二，都属于"诸家气法"的内容。[1]

道教"服气"术的理论基础是生命元气论。古人向来对"气"相当重视。在坚持"道"的本体地位时，道教还以"气"作为生命赖以维持的根源之一。这种思想在道教典籍中有大量的资料。我们姑且不说《太平经》的"气本论"思想，也不论《老子想尔注》关于聚气成形的修仙大法，光是《云笈七籤》卷五六所摘引的《元气论》就足以证明道教对"气"的充分认识。该篇首先描述"气"在宇宙形成过程中的重大作用，然后论证人体生命与"气"的密切关系，说："人与物类，皆禀一元之气而得生成，生成长养，最尊最贵者，莫过人之气也。"[2]以"尊贵"的字眼来形容"气"，表现了"气"在道门生命活动过程中的特出地位。《云笈七籤》旁征博引，从天地演化到生命存在，从五行生克到阴阳相包，从经络脏腑到血脉流行，层层递进地加以阐述，体现了成熟期的道教不但进行"术"的秘传，而且注重"理"的建设。

服气之法虽然各有门派路径，但概括起来无非两大类型，一是服内气，二是服外气。这两者既有区别，又有密切关系。

所谓"服内气"，实际上就是通过一定的意念导引，激发内气运转，以增进内脏功能。例如"申天师服气法"就属于此类。该法的要点是：在夜半之后或者五更以后，以水漱口，仰卧，伸手足，徐徐吐气十二次。等到谷气消尽、心静定时，即忘情闭气，将心念贯注于下丹田气海之中，寂然不动；咽气三两次便闭气，仿佛将心"送"入丹田中，渐渐感觉丹田内有声音鸣响，即将心念移入气海。这样，坚持一会儿，即开口徐徐吐气，又闭口咽气。如此反复二三十次。当感到"气饱"的时候，就冥心忘情，消息万虑。久而久之，感觉口中津液甘香，"食"即有味道，这就是内气运行的气象。

与"服内气"相对应的是"服外气"。道教所讲的"外气"，是指身体以外的自然气，比如五方五行之气、紫气、云气、日月五星之气，等等。不过，也不是什么气都服食，因为自然界存在着对人体健康不利的气，那是绝对不能服食。道教把那些对人体有利的气叫做"生气"，把那些对人体不利的气叫做"死气"。因此，服食之气应该是富于生机的气。例如五方灵气、日月

---

① 在《云笈七籤》中，"胎息"也归入"气法"之中，但它与吐纳导引以及服食日月精华之气还有较大差别，所以本讲拟将之独立出来考察。
② 《道藏》第22册，第383页。

206

生气,都是可以服食的。在道教中有一个传说,古时候有个书生进山采药,不慎掉进一个窟窿中,这窟窿很深,幸好底下积累了不少树叶,书生掉进去以后并没有摔伤,只是在里面无法出来,实在难受。几天过去,书生感觉又饥又渴。冥冥之中,他睡着了。醒来时,看见一线之光透进窟窿,有许多大蛇和乌龟面对那一线光伸展脖子,张口吸气。奇怪的是,大蛇等动物并没有把书生当做可口的"食品佳肴",而是不理不睬。书生这才壮了胆,也跟着伸展脖子吸气,他观察了一番之后,发现那光线原来是早晨的太阳光,于是更加卖力地伸展脖子吸气。这样,坚持练习了些时候,渐渐地,他的饥饿感消除了。后来又沿着亮光的源头,找到了出口,回到人世。这个故事看起来有点离奇,但表现了道教服食外气的构想可能与意外的生命遭遇有关。

"服内气"与"服外气",只是从侧重点方面说的。在具体操作过程中,两者并没有明显的界限。在许多情况下,道教阐述"服气"时常常是两者相结合,内外沟通,天人感应。《幻真先生服内元气诀法》称:"夫人皆禀天地之元气而生身,身中自分元气而理,每咽及吐纳,则内气与外气相应。"①这句话说明了道教早已注意到内、外气的密切关系。

道教服气之法,有一定的针对性。许多文献言及,服气应该根据不同的病症,采用适当的方式。这方面以司马承祯所撰《服气精义论》为代表。该书的《服气疗病论》及《病厚论》指出如何根据五脏六腑不同病症来调整气息②;另有《姑婆服气亲行要诀问答法》谈到许多具体疾病的气疗方式,像水肿、头痛等等,具有实用性③。此外,道教文献还涉及炼气过程中的许多注意事项,如《初学诀法》指出初服气时每日应该进行四次,朝暮二时用"仰、覆"的姿势,夜半及日中惟用"仰"的姿势,注意枕头不可过高;《覆仰法》言及咽气应该深而不得浅,否则将会咳嗽,服气时不得想念平常肠胃进食的品味;初学服气不可过劳,应该时时步行,等等。这些都是经验之谈,值得注意。

(二)胎息:服气的高深层次

在《云笈七籤》中,"胎息"也归入"气法"之列;但从操作的程序上看,

---

① 《云笈七籤》卷六○,《道藏》第22册,第421页。
② 《云笈七籤》卷五七,《道藏》第22册,第400—402页。
③ 《云笈七籤》卷六二,《道藏》第22册,第439—441页。

胎息与一般的吐纳食气法门还是有较大的差别的。

"胎息"是模拟婴儿内呼吸的一种养生方法。《太清调气经》说："胎息者，如婴儿在母腹中十个月，不食而能长养成就，骨细筋柔，握固守一。"①道教认为，达到胎息的功夫，就可以返老还童，跳出生死局限之外。

在现存文献中，有关胎息的资料不少，诸如《太上养生胎息气经》、《胎息抱一歌》、《高上玉皇胎息经》等。尤其是《诸真圣胎神用诀》收录了海蟾真人胎息诀、玄胡真人胎息诀、袁天罡胎息诀、于真人胎息诀、徐申公胎息诀、烟罗子胎息诀、达磨禅师胎息诀、李真人胎息诀、抱朴子胎息诀、亢仓子胎息诀、元宪真人胎息诀、何仙姑胎息诀、玉云张果老胎息诀、侯真人胎息诀、鬼谷子胎息诀、黄帝胎息诀、陈希夷胎息诀、逍遥子胎息诀、张天师胎息诀、郭真人胎息诀、中央黄老君胎息诀、柳真人胎息诀、骊山老母胎息诀、李仙姑胎息诀、天台道者胎息诀、刘真人胎息诀、朗然子胎息诀、百嶂内视胎息诀、曹仙姑胎息诀。这些胎息法诀，有的叙说胎息的要领，有的记录胎息的程序等等。

根据前人记载，最早懂得胎息的养生家当推彭祖。《神仙传》卷一说他"常闭气内息，从旦至中，乃危坐拭目"，这里的"内息"就是"胎息"。《神仙传》虽然没有具体描述彭祖胎息的方法和过程，但认为彭祖实施过胎息功法却很明显。根据有关记载，彭祖乃是颛顼时代的人。由此推论，则胎息渊源当追溯至古史传说的"三皇五帝"时期。殷周以来，胎息之法开始在许多隐者之中流行，例如苏林、琴高、仇先生据说都通胎息之法。大约生活于周幽王（前781—前771年在位）时期的异人章震"时闭气不息，举之不起，推之不动，屈之不曲，伸之不直，百日（或）数十日乃复起"②。这位异人，道门称之为"玉子"，他的"闭气不息"功夫应属胎息之类。一旦"闭气"，旁人推举不得，屈伸无效，一气达百日，这功夫不可谓不高深。汉代之后，胎息之法被道教所吸收，成为重要的仙术，在道门中秘传。尤其是唐宋期间，有不少道士学过胎息。唐太宗在位年间，庐陵道士萧灵护，遇"至人"，传"胎息"大道，遍访名山；唐睿宗时，鲁郡人唐若山，"为衡岳道士，得胎元谷神之要，常召入内殿"。③唐宣宗时，杭州盐官县道人马湘，"醉于湖州，堕云溪，经日而

---

① 《道藏》第18册，第406页。
② 《历世真仙体道通鉴》卷十，《道藏》第5册，第163页。
③ 《历世真仙体道通鉴》卷三五，《道藏》第5册，第300页。

出,衣不湿,坐于水上"①。他醉醺醺地掉进溪流中,不但没有被淹死,反而训练了水性,能够潜水,也能够浮在水面上,简直是运用自如了。如果他没有闭气的胎息功夫,是很难想象的。这一类记载,传说色彩较浓,不一定完全真实,但至少说明胎息之法在道门中确实得到应用和实践。

胎息是修习气法者所追求的一种高深境界。按照《胎息杂诀》所说,其基本要领是"无思无虑,体合自然,心如死灰,形如槁木"。这是实施胎息功夫在意念上的要诀。胎息方法的修习,各个派别有所不同,有的说"无气是胎",有的说"闭气不喘是息",等等。

《云笈七籤》卷五八录有《胎息精微论》一篇,说得比较具体,容易掌握。这种方法的修习,要选择半夜过后的时刻,也就是"子时"(23:00—1:00),开始调息咽津。一呼一吸称为一息,每六、七息咽津一次。咽津时若自我感觉到有水流过坎陷之处所发出的声响就是"气通"的征兆。此时,即徐徐用意把它导入气海(肚脐下一穴位),好像凝结于腹内,其充满似含胎之状。接着,便想象清气凝结为胎,浊气从手、足、毛发散出。如果调息的时间掌握不准,可以屈指而数,先是以数至十为一息,循序渐进,等功夫长进了就可以不断延长每一息的时间,由十数到百数。如果一息的时间可以"屈指"三百数,那就算作胎息功夫"小通",这时耳目聪明,百病俱除。坚持每日修习,就能使关节开通、毛发舒展,气自往来。到了这一境界,鼻口之呼吸自然被毛发、皮肤之呼吸所代替。于是绝粒休粮,胎息之道成。

从修习的过程看,胎息的宗旨正是要恢复婴儿于母腹中的自然呼吸状态。这种恢复,既是思想意念由杂而专的纯化过程,又是后天呼吸法式向先天呼吸法式的复归。

三 以仿生为特色的动功炼养法

不论是守一、存思,还是胎息,基本上属于静养功夫。除了静养之外,道教也提倡动功,即通过一定的动作套路来达到养生健身的目的。

---

① 《历世真仙体道通鉴》卷三六,《道藏》第5册,第308页。

（一）动功的由来及其法理

所谓"动功"主要是指那些具有仿生特点的炼养动作体系,也包括根据人体生理特点而形成的炼养动作体系。"仿生"是对生物某种结构和功能的模拟。在现代实用技术科学领域有仿生学,通过建造技术设备以获得生物的特殊技能。在中国古代,尽管没有仿生学,却有仿生的行动。许多古籍记载,先民们为了健康,在很早的时候就开始模仿动物的举止行为了。传说中的大禹是个治水英雄,他的事迹在受过传统教育的人们中广为传颂。或许是由于治水劳累,大禹得了偏枯病,他跛脚了,走路不方便。在一次偶然的行动中,他发现有一种鸟在地上走着奇怪的脚步,形成了特殊的轨迹,据说这种鸟的脚步可以引动周围的石头。大禹受到启发,创立了"禹步"。这也是一种奇妙的动作体系,据说也能让石头运动起来。道教对"禹步"相当赞赏,称之为万术之根本,广泛地用于科仪法术活动中。从形态上看,禹步实际上是一种动功,大禹当年可能是运用这种动作来治疗自己的偏枯病。不论他是否治愈,这后来的确成为道教重要的养生手段。此外,像彭祖模拟老熊的导引法也是历史上一种相当有名的动功。道教在继承古代各种动态养生法门的同时,积极开发,形成了丰富多彩的动功文化。

道教之所以在提倡静养的同时也注意动功文化建设,是因为其基本教理本身就包含了动静相兼的思想。本来,动静是先秦哲学用以说明宇宙万物状态的一对范畴。老子《道德经》一方面描述"道"化宇宙天地万物的运动过程,一方面也指出了万物"归根复静"的方向。《易传》也有类似的思想,既强调刚柔相推的变动,又指出"易""无思无为"、"寂然不动、感而遂通"的特征。先秦道家与易学的这种动静观念成为道教认识事物的一种思想基础。道教在继承传统观念时侧重从宗教修养方面建立自己的动静方法论。在道教教义中,"道"是有动有寂的。天地万物也是有动有静的。天地有阴阳,阴阳有动静,阳为动,阴为静,阴阳相合而生万物。人之生也符合阴阳动静之理。养生之切要在于阴阳平衡,如此才能"长生久视"。所以,《周易参同契》说:"动静有常,奉其绳墨,四时顺宜,与气相得。"①《周易参同

---

① 彭晓:《周易参同契分章通真义》卷中,见《周易参同契古注集成》,第 24 页,上海古籍出版社,1990 年。

契》所讲的"动静"首先是就天地来说的。在它看来，"动静"是宇宙万物的基本存在状态。人的生存应该效法天地阴阳之动静，这就叫做"奉其绳墨"，即以天地动静为准绳。天地阴阳，有动有静，故而有四时之迁移，养生必须奉天合时，才算得其精髓。这种思想普遍地贯彻于道教修炼的领域中，所以养生方法就不但有静功，也有动功。

（二）动功的要领及其基本类型

经过长期的实践，道教创编了各式各样的动功方法。例如魏伯阳破风法、蓝采和乌龙摆角法、汉钟离鸣天鼓法、孚佑帝君拔剑法、曹国舅脱靴法、陈泥丸拿风窝法、薛道光摩踵法、白玉蟾虎扑食法、曹仙姑观太极法、孙不二姑摇旗法，等等。道教各种动功尽管形态各异，但其基本精神却是一致的，这就是力图通过形体姿态之"导引"以使内气顺畅、阴阳平衡。

"导引"一词在《庄子·刻意》以及《黄帝内经》等书中已经使用。从字义上看，"导引"有广义与狭义之分。广义的"导引"包括静的与动的各种修炼法门；狭义的"导引"仅指动功修炼。杨上善《黄帝内经太素·遗文》称："导引，谓熊经鸟伸、五禽戏等，近愈痿痹万病，远取长生久视也。"按照杨上善的看法，可知各种动功都属于导引的范畴，导引的目的就在于治病和长生。为什么导引可以治病长生呢？《抱朴子》说，导引"一则以调营卫，二则以消谷水。三则排却风邪，四者以长进血氝。故老君曰：天地之间，其犹橐龠乎！虚而不屈，动而愈出。言人导引摇动，而人之精神益盛也。导引于外，而病愈于内，亦如针艾攻其荣俞之源，而众患自除于流末也"[1]。这段话谈到导引的四大功能，也就是动功的四大作用，作者还引用老子《道德经》中的格言作为导引的理论根据，表现了道教对动功已有深刻的认识。

道教动功是在生活实践过程中总结形成的。生活实践本身包含着养生主体对养生客体的认知。由于注意观察，道门中人从动物的行为中得到了许多启示。因此，道教动功有明显的模拟性，最典型的要算"五禽戏"。这是汉末三国时期道医华佗创立的一种动功修炼法门。华佗根据先民关于"流水不腐、户枢不蠹"的认识，沿着《淮南子·精神训》所讲的模拟熊、鸟、虎、猿、鸱之动作思路，编成这种动功修炼术。华佗所谓"五禽戏"指的是模

---

[1] 《云笈七籤》卷三六，《道藏》，第22册，第252页。

拟虎、熊、鹿、猿、鸟这五种动物的动作套路。一是"虎势戏"。其要领是：闭气，低头，状如老虎发威之态势，两手如提千金，轻轻起来莫放气，平身吞气入腹，使神气上而复下，觉腹内雷鸣。在动作套路上，先四肢踞地，然后向前三踯，再却二踯，长引腰侧，脚仰天退返，踞行前却各七过。二是"熊势戏"。其要领是：闭气，如熊侧身起，左右摇摆，前后立定，气通两胁，骨节鸣响。在动作套路上，先是正仰，以两手抱膝下，举头左擗地七次，再右擗地七次，然后蹲于地，以手分左右托地。三是鹿势戏。其要领是：闭气，低头，如鹿转身顾尾，平身缩肩，立脚尖跳跌，通身振动。在动作套路上，先是四肢踞地，然后引项反顾，左三右二；再伸左右脚，同样是左三右二。四是猿势戏。其要领是：闭气，如猿爬树，转身运气，汗出为度。在动作套路上，先是攀物自悬，伸缩身体，上下各一七；然后以脚拘物自悬，左右各七次；再手钩却立，按摩头部七遍。五是"鸟势戏"。其要领是：闭气，作鸟飞翔之状，吸尾闾之气朝顶虚，双手躬前，仰头。在动作套路上，先是双立手，翘一足；再伸展两臂，而后扬眉，各二七；继而坐，伸脚，手挽脚趾各七次，缩伸两臂各七次。[1]

五禽戏可以说是一种具有典型意义的道教动功炼养法门，它的特点就是仿生性，体现了先民向动物学习的思想认识。除了这种类型之外，道门中人还根据人的生理病理特征创编了许多动功炼养技艺，诸如八段锦坐功法、四段锦法、石景按摩法、左右开弓法、老子按摩法、赤凤髓四十六势、易筋面功法、易筋身功法、易筋腹功法、易筋背功法、易筋手功法、易筋口功法、易筋舌功法、易筋齿功法、易筋腰功法、易筋肾功法，等等。此外，尚有根据一年二十四节气的变换而形成的坐功系列。各种功法具有不同的炼养针对性，也具有不同的功能，但有一点是共同的，那就是动功与静功一样都讲究集中意念。如果说，静功是通过直接的意念调整而达到炼神的目的，那么动功则通过一系列的动作来集中意念，调动阴阳气血的运转，以达到炼养的目标。

四　啸法：动静相兼的养生奇门

在道教炼养方技中，"啸法"是相当奇特的。许多经典文献都涉及它，

---

[1]　参见胡孚琛:《中华道教大辞典》，第 1043—1044 页。

一些文人的诗歌散文也对它多有颂扬。尽管前人颂扬啸法出于不同形态，但我们从中却可以发现它在道门炼养方技中的特殊地位。

（一）啸法的内涵与技艺特点

"啸"一般指的是通过舌头与口形的调整而发出长又清越的声音。为了说明"啸法"的特点，让我们先来读一读《虞初新志》卷十一关于"啸翁"的故事。

啸翁，姓汪，名京，字紫庭。因为他年纪较大还能长啸，所以人们尊称其为"啸翁"。一天夜半阳气初起的时刻，啸翁登上高山之顶，放声长啸。顿时，啸声在山谷中回荡不停，连树木都被震动，禽鸟惊慌地在空中疾飞，豺狼虎豹害怕得到处乱跑。已睡觉的人一个个被巨大的啸声惊醒；还没有睡觉的人更是恐慌战栗，因为担心山崩地震，大家都提高警惕，不敢躺在床上。直到第二天早上，大家互相询问，才知道是汪京发出长啸。

据说汪京的啸法传自"啸仙"。他能够模拟鸾、鹤、凤、凰的鸣叫声，每一次发出这种啸声，则百鸟翱翔、鸡鹜翩翩起舞，其景观煞是好看。汪京还善于做老龙吟唱之啸，每当要"龙啸"之前，他便喝酒，直到喝醉了，就躺在大江边上，长啸数声，鱼虾都顶着风浪游过来，集聚在他跟前，龟鳖之类一只挨着一只，迎着波涛，列队前来朝拜。

有一天，山樵、瞎汉、渔夫等十多人登上平山六一楼，请汪京行啸。开头，汪京以牙齿脱落推辞，众人千磨百说，汪京才答应啸叫几声，让大家听一听。于是，他面南吸气，开始啸叫起来。刚刚发声的时候，好像是在空山中奏响铁笛，音韵悠扬优美。接着，好像白鹤在长空中引颈长鸣，声响传到银河九霄。再过一会儿，汪京转身朝着东方而啸，只觉得大风从西向东而吹，野地上的蒿草都被吹倒了，门户被震得咚咚响，破旧的楼房摇摇欲坠。然后，汪京又转身朝着西方而啸，风则从东向西而吹，好像有千军万马在前方奔驰，又好像两军对战，有短兵相接之势。久而久之，屋顶上的瓦片都快飞动起来，树木好像被台风刮过一样，东倒西歪。这时候，炷香燃尽，汪京气竭，忽然昏倒在地。众人大惊失色，急忙喊来山庙中的僧人，把开水灌进他的嘴里，老半天，汪京才苏醒过来。等到他们回家的时候，发觉夜幕已经降临，月色印在前溪。

汪京这种啸法，看起来有很强的功能，能够引起气流的快速运动，直至影响自然物与人工建筑物。尽管他啸到最后昏了过去，但照《虞初新志》卷十一《啸翁传》的描述来看，其功夫当属上乘。当然，作为一种笔记体小说，《啸翁传》所叙汪京长啸的故事不可否认经过作者的文字加工；不过，如果联系一下前人对啸法技巧的论述以及史书的记载，则不能不感到其中乃包含着古老啸法的信息。

唐代孙广《啸旨》之序言曾从发声的特点和功能上说明"啸"与表情达意的语言之间的区别。他指出，"夫气激于喉中而浊谓之言，激于舌而清谓之啸。言之浊，可以通人事，达性情；啸之清，可以感鬼神，致不死。盖出其言善，千里应之；出其啸善，万灵受职。斯古之学道者哉！"孙广对啸法功能之叙述，无疑也有夸大之处，但其中关于清浊之说，则有助于理解啸法的含义。作为一种声响，啸离不开发声器官的作用，但它与交流感情的语言相比，无论从发声的部位或表现形式上看都是不同的。《啸旨·权舆章》罗列了行啸十二法：外激、内激、含、藏、散、越、大沈、小沈、疋、叱、五太、五少。这些技巧都是从舌头的运用位置、出气的轻重缓急以及意念的强弱方面说的。

啸在最初当是对自然声响的模拟。《啸旨·深溪虎章》说："深溪虎者，古之善啸者听溪中处声而写之也。"按照这种讲法，深溪虎啸的技法乃是古人根据溪谷之中老虎的啸叫声而创立的。这种情况，我们从早期的神仙传说之中也可以寻找到一点踪迹。《山海经·西次三经》在描绘西王母的形象时说她"豹尾虎齿而善啸"。西王母为什么会有这样的模样？很可能是由人们的相关性联想造成的。大概她曾学老虎啸叫，颇有威严，于是便被安上老虎的牙齿，又由于虎与豹在种属上极为相近，因此再为她安上一条豹子的尾巴，这在古人的思维中也是合情合理的。西王母这样的相貌，虽然是古人直观联想所致，但却为我们留下了有关啸法起源的一点线索。

除了深溪虎啸之外，《啸旨》还叙及流云啸、高柳蝉啸、空林夜鬼啸、巫峡猿啸、鸿鹄啸、古木鸢啸，等等，这些形式也都是模拟自然声响而成的。

（二）啸法形态的演变及其影响

由于自然声响的节奏包括规则与不规则两类，模拟自然声响的啸渐渐地就分化为两种形态，一种是节奏自由的便于灵活掌握的"气啸"，另一种是节奏相对规则整齐的"歌啸"。气啸带有巫术禁咒性质，基本上还保留了原始形态；歌啸则朝着人工音乐的轨迹演进，渐渐地被赋予人伦乐教的内容。不过,这两种基本形态也有互相融合的一面。故而,我们阅读古籍的时候,会看到这样的情况:一些会气啸的人有时也兼能歌啸,仅是主次不同而已。

啸法流传到汉代,被道教所吸收,成为一种特殊的炼气方法和禁咒之术。随着道教组织的壮大,各种啸的传说不断产生。相传福建泉州有个女子化为丈夫,此人名叫徐登,精通啸法巫术;还有浙江东阳人赵炳也有高超的啸技,据说他只要大啸一声,江河湖泊就会掀起大浪。有一天,他俩相约到了吴宁县乌伤溪水边行啸。徐登以气禁溪水,溪水不流。赵炳以啸气吹枯树,枯树长出绿芽来。他们还以啸法为人治病。此事载于《后汉书·方术传》。又据葛洪《神仙传》所载,汉桓帝时期,豫章太守栾巴也善于行啸法。据说,栾巴刚刚到豫章当太守的时候,了解到庐山上有一座神庙,其"神"能在帐中同外人说话,每每饮酒,在空中传递杯子。栾巴断定这是精怪作祟,准备捉拿,精怪害怕,化为书生,骗了齐郡太守,因其"善谈五经",齐郡太守把女儿嫁给这位"书生"。栾巴赶来揭露真相,然后朝着空中长啸,"书生"现了原形,原来是一只狸。这一类记载在今人脑中是难以想象的,用理性的眼光来分析,也将被当做向壁虚造。大概传说之类,总免不了添油加醋。不过,既然道门中人把上述人物尊为神仙,则啸法必然会在道教中被秘密传授、使用、发展。

由于气啸节奏自由,在抒发内心情感方面有其独特作用,文人们颇为喜欢。如《晋书》卷四九《阮籍传》载,魏朝"竹林七贤"之一的阮籍曾经在苏门山遇到隐士孙登,想同孙登商讨"栖神导气"之术,孙登不做声,阮籍心里不舒畅,于是长啸而退,阮籍走到半山腰的时候,忽然听到一种声音像是鸾凤鸣唱,在岩谷里回荡,原来是孙登之啸。阮籍与孙登这一次在苏门山见面,尽管没有言谈,但却把啸技露了一手。他们不说话,或许正是为行啸做准备。因为孙登不理不睬,恰好可以激起阮籍血液的加速流转、气的压缩,使之形成冲击力,从而啸得有劲。

从炼养角度看,啸法具有动静相兼的特点。一方面,行啸必须有舌头嘴巴的动作,由于动作,气流从人体呼吸道振动而出,这必然对躯体器官肌肉产生内在的按摩作用;另一方面,行啸是一个复杂的意念调动过程,行啸者通过内在意念调整,以达到暂时的忘我境界,这可以进入内功态。啸法因为具备了动静相兼的特点,古代的道士与奉道文人都喜欢此等技艺。当今社会,一些喜欢修炼形体的人往往也会在空谷野外叫喊几声,尽管不同于古代的啸技,但说明通过发声来锻炼身心,是人的一种本能。

五　效乾法坤、颠倒五行的金丹大道

"金丹"这个词在道教中出现的频率也是比较高的。所谓"金丹"本是一种由矿物石炼制而成的药物,后来进一步引申,把锻炼人体精气神的功夫也叫做金丹。可见,金丹学说包含着两个基本的层次:前者属于"外炼"功夫,其结果称为"外丹";后者属于"内炼"功夫,其结果称为"内丹"。由于金丹的修炼乃是以天地为法象,以阴阳为进退,以宇宙论为思想基础,所以有"大道"的功用。"金丹"与"大道"连称,表明这种养生延年法门在道教中的突出地位。

（一）金丹大道的渊源与历史发展

正如道教其他修仙方法一样,金丹大道也有它的思想渊源。相传黄帝时期即有外炼的金丹出现。根据《史记》等书的记载,黄帝曾经铸鼎于荆山,在那里炼制丹砂,进而提炼出"黄金"。据说,黄帝铸鼎炼制金丹有成,一条巨龙飞来迎接黄帝升天。这虽然是一种传说,但也透露了中国早期金丹炼制的某些信息。在《归藏》一书之中,更有"嫦娥奔月"的记载,这反映了上古的金丹实践与得道升天思想是联系在一起的。金丹大道的另一种思想渊源是上古的心斋养生术。据《庄子》的描述,上古时期有女偊,精于心斋之法。所谓"心斋"实际上是一种炼心养性之术。它的特点是通过不断排斥心中各种干扰信号,使人的精神逐步趋于宁静。由于此等养生术与炼制外丹的功夫都强调效法天地阴阳的规律,所以后来逐步汇通起来,于汉代时期形成了独特的金丹理论,其代表作是《周易参同契》的诞生。它以一套特殊的符号语言来象征外丹与内丹修炼的共同原理,体现了道教的整体养生理念。

从基础理论看,道教金丹学说主要是以古代天人相应理论作为操作的依据。古人从天人相应的立场出发,认为人体与宏观宇宙是相对应的。就存在性质而论,人体也是一个小宇宙,大宇宙具备的运行规律,在人体小宇宙之中也是存在的。天体中有日月星辰,人体也有日月星辰。金丹炼制理论强调效法周天运行规律。为了说明这个问题，道教金丹家引入了《周易》的卦爻符号，以乾、坤为鼎炉的符号，以坎、离为药物的符号，以六十四卦阴阳进退作为"火候"掌握的依凭，以木、火、土、金、水"五行"相生相克作为药物质地转换的向导。

就发展的趋势看，早期金丹大道的实践具有比较明显的外丹倾向，以葛洪为代表的一批金丹家通过一系列的实践，探索外丹炼制的规律，制作出诸多丹药，以供服食。根据陶弘景等人的试验，有一部分外丹对于治疗某些疾病有一定效果。由于外丹含有毒素，故服食丹药造成瘫痪甚至死亡的事时有发生。自唐末开始，金丹大道学说朝内丹方面发展，以钟离权、吕洞宾为代表的一批道教学者注重内丹修炼。这种倾向在宋代表现得更为明显，陈抟、张伯端、王重阳等人力主内丹之学。其后，论述内丹的各种著述纷纷问世，并且形成了许多流派，其中有所谓中派、东派、西派之分。所谓"中派"以元初从金丹派南宗合流于全真道的李道纯为代表，李道纯总结南北二宗之学，其丹法以性命双修为特色；"东派"以明代的陆西星为代表，陆氏的丹法从筑基、炼己、摄心修性入手，在见性之后则男女双修；"西派"以清代四川的李西月为代表，李西月宗承张三丰、陆西星等人的丹道学说，于炼心方面多有精辟见解。

（二）内丹修炼的要素、法象

由于内丹在身心锻炼过程中的特殊效果，道门中人特别重视这种方法。经过长期的总结，形成了系统的理论。其中，最基本的有三个方面：

首先，应该明了内丹修炼的一些要素。古代的金丹烧炼有三大要素，即"鼎器"、"药物"、"火候"。从辞源学方面看，这三个术语显然肇始于外丹术，但道门中人往往从象征的角度来使用它们，于是它们同时也就成为内丹操持的基本术语。

"鼎器"包括鼎与炉两件东西，这是炼丹的基本工具。无名氏《周易参同契注》说："乾坤，谓鼎器也。乾为上釜，坤为下釜。"清刘一明《参同契直指》称："金丹之道，《易》道也。《易》道以乾坤为父母，丹道以乾坤为鼎炉。"就人体来说，首为天，属乾，腹为地，属坤，一上一下，即为鼎炉。这就是说，人体本身也可以看做一个鼎炉，通过精气神的"烧炼"，最终可以结成内丹。

　　"药物"即炼制金丹的主要物品。从内丹角度说，主要是指精气神。《玉皇心印妙经》说："上药三品，神与气精。"三者之中，精是基础，气为动力，神为主宰。道教养生家以易学中的"坎离"二卦代表药物，就内丹而言，坎离就是一元之气内在阴阳两个方面。道门认为，将欲养性延命，应该考虑人之本初。人之成形，乃是阴阳相感所致，气布精流而成。元始之际，是为先；成形之时，是为后。为了归根还元，返老还童，就得调理药物，使坎卦中的"阳爻"回复到离卦中的"阴爻"位置，让离卦变成纯阳的乾卦，这就叫做"后天返先天"，或曰"会乾坤"。

　　"火候"指炼丹过程中阴阳变化的数量界限。掌握"火候"是至关重要的一环。陈致虚《金丹大药》卷七《运火行符须知》说："火者，药火也；候者，符候也；将者，符合也。圣人下工炼丹之初，须知铅汞。两相逢迎，真一之铅将至，运己汞以迎之。铅汞一合，而即得黍粒之丹饵，归黄金室内，以为丹头也。"无非是说，火候的掌握就是懂得阴阳和合之度。炼丹必须掌握好变化的"度"，这就叫做"火候操持"。

　　其次，内丹修炼，应该弄清五行颠倒的法象意义。按照伍守阳的说法，其关键所在是懂得"逆而返还"①的道理。在意念操作上，就是遵循从"有"归于"无"的过程，从而达到"五气朝元"的境界。

　　根据陈抟"无极图"的法象精神，"五气"系指五行之气、五脏之气。在图像上，五气表现为水火木金土的生克关系。题为尹真人弟子撰的《性命圭旨·五气朝元》中有一段详细的说明。按照作者的看法，混沌之初，原只一气，后来才分化为阴阳两仪。两仪既立，随之而有五常五方，五方之气不相同，故有五行之运。如此轮转不息，则五行之气就不能收合，其结果必然是人体耗散。修炼之人必须反散为聚。这是逆势思想的一种转换形式。怎样反散为聚呢？首先必须明了五行之气散居五方的数理。原来，古人以水居于北方壬癸之位，配天之生数一；以火居于南方丙丁之位，配地之生数二；以木居于东方甲乙之位，配天之生数三；以金居于西方庚辛之位，配地之生数四；以土居于中央戊己之位，配天之生数五。六以上之数皆由中央之五与四方之数相合而成。所以，俞琰说："《易》曰：天一、地二、天三、地四、天五、

----

　　①　伍守阳：《天仙正理直论》，《古本伍柳仙宗全集》上册，第44—46页，上海古籍出版社，1990年。

地六、天七、地八、天九、地十。乃五行生成数也。子华子云：天地之大数莫过乎五，莫中乎五。"[1]这说明中土之"五"是相当重要的。"一"与"四"合为五，"二"与"三"合亦为五。"五"者，伍也。相合为伍，聚之大用成。另外，一二三四相合为十，与五相应，聚于中，成为一个整体，故称"归一"。由此可以看出，陈抟的《无极图》以土统摄四方，其用意当在于示人导五气，聚而归中元。

六　以男女俱仙为目标的房中术

在道教的炼养方技中，"房中术"是比较敏感的一种，也是争议比较多的。长期以来，许多学者往往对道教房中术嗤之以鼻，认为那是淫秽黄色的东西。其实，把"道教房中术"戴上黄色淫秽的帽子，那是以偏概全，存在误解之处。到底如何看待道教房中术呢？我们只有通过历史的具体资料考察才能得出中肯的结论。

（一）道教房中术的历史考察

房中术，又称"男女合气之术"、"黄赤之道"、"阴丹"等等，属于男女性技巧之类。据说此法的秘诀本口口相传，未书于典册，所以外人难以窥其真谛；不过，有关房中术行为的故事或者资料却是不少的。

从古文献的记载来看，房中术当是适应古代宫廷中王侯将相的性生活需要而产生的。葛洪《神仙传》卷一载有商王命采女求道于彭祖的故事。在彭祖与采女的对话中就涉及房中术。彭祖对采女说："身不知交接之道，纵服药无益也。"又说："但知房中闭气，节其思虑，适饮食，则得道也。"所谓"交接之道"即"房中之法"，而"房中闭气"即是于交接之时兼凝神炼气的一种方式。在此，房中术成为长生升仙的一个"砝码"。这种功效虽然带有葛洪本人的猜测成分，但从其行文中我们却得到一个信息，即：古代的王公大夫们对房中术是颇为留心的。彭祖本人据说就是一个大夫，他把房中术传给采女，背后有一个动因——商王的请求。当商王得到了采女由彭祖那里学来的房中术之后，曾经亲自试验，且有所"裨益"，活了300多岁，但由

---

① 俞琰：《周易参同契发挥》卷四，《道藏》第20册，第217页。

于"不能戒妖淫"而死。商王到底是哪一个？书中没有明指。不过，就"戒妖淫"事观之，则房中术当是王宫调节性生活的一种手段。班固在《汉书·艺文志》中对此讲得更为明确，他指出："房中者，情性之极，至道之际。是以圣王制外乐以禁内情，而为之节文。传曰：先王作乐，所以节百事也。乐而有节，则和平寿考。及迷者弗顾，以生疾而陨性命。"既然房中术同音乐一样是为了禁内情，使之宣而有节，则在这种方术出现之前，当存在着许多性生活过度而导致疾病流行的现象。因为事物的发展到了泛滥成灾的时候，人们自然会紧迫地想出解决或限制的办法来，这就像有了艾滋病，人们就会想到如何治疗艾滋病一样。所以，性生活中出现的流弊，当是房中术产生的客观原因之一。

考《汉书·艺文志》录有"房中"八家，其中包括《容成阴道》26 卷、《务成子阴道》36 卷、《尧舜阴道》23 卷、《汤盘庚阴道》20 卷、《天老杂子阴道》20 卷、《天一阴道》24 卷、《黄帝三王养阳方》20 卷、《三家内房有子方》17卷，共 186 卷。此外，像《隋书·经籍志》、《旧唐书·经籍志》还有著录；湖南叶德辉编《双梅景庵丛书》收有《黄帝素女经》、《天地阴阳交欢大乐赋》等多种。这些书的作者或者托以帝王，或者托以帝王师，或者是风流文人，这就进一步证明了房中术在历史上曾经作为宫廷王侯们性生活的指导。

因为古代的房中术以宣泄和节制情欲的面目出现，并且具有"补导寿考"的种种传奇色彩，恰好与道教延年益寿的心理需求契合，所以当传授房中术的方士转变为道士的时候，房中术自然也就成为道教方术的组成部分，并且受到一些道教信徒的推崇。葛洪是早期道门中人对房中术谈论最多的一个，由他所撰的《抱朴子内篇》一书仅 20 卷，其中涉及房中术的就有 8 卷。在该书里，葛洪反复说明房中术是修道成仙不可或缺的手段。在《微旨》篇中，他指出，"人不可以阴阳不交，坐致疾患。若欲纵情恣欲，不能节宣，则伐年命。善其术者，则能却走马以补脑，还阴丹以朱肠，采玉液于金池，引三五于华梁，令人老有美色，终其所禀之天年"。又说："凡服药千种，三牲之养，而不知房中之术，亦无所益也。"①葛洪所说的"人"是泛称，既包括男人，也包括女人。在他看来，成年人若不过性生活就会导致疾病；相反，若能有

---

① 王明:《抱朴子内篇校释》，第 129 页。

节制地行房事,则不但可以长寿,而且有利美容。在《释滞》、《极言》、《杂应》、《辨问》、《至理》篇中,葛洪也一再强调阴阳之交的必要性。继葛洪之后,南北朝时期的著名道士陶弘景也宣称行男女合气术的益处。在《养性延命录》卷下《御女损益篇》里,陶弘景认为:男不娶,女不嫁,都不是好事。因为男无女、女无男,均可致心意动荡,神劳寿损。这些论述可以说是现实生活的经验总结,反映了中国古代重视性医疗的思想认识。

(二)道教房中术养生机理分析

一般地说,注意性生活的适当节制,是道教的基本立场。陶弘景《养性延命录》卷下《御女损益篇》指出,如果在性生活问题上过于冲动,无所节制,对一个人的身心健康来说是不利的。"俗猥精动欲泄,务副彼心,竭力无厌,不以相生,反以相害。或惊狂消渴,或癫癫恶疮。为失精之故。"①这就是说,过分的两性房事活动,往往为了讨得对方欢心,不遗余力,纵情耗精,不但不能延年,反而产生有害的结果。有的患了糖尿病,有的得了麻风、梅毒、疯癫之类恶疾,这是何等的危险!他还指出,有些不过夫妻生活的人,四处寻花问柳,随便交合,结果"风湿犯之",虽得一时之快欲,却种下了痼疾恶根,于是乐极生悲,不寿早逝。他以总结性的口气说:"若孤独而思交接者,损人寿,生百病,鬼魅因之共交,失精而一当百。"②鬼魅交媾之事,自然只是宗教性的说法,但陶弘景显然已经看到了淫念的极大危害。这种看法与伦理修行中的"戒妄念"思想在宗旨上是不矛盾的。

从实施过程看,道教房中术不仅讲究收视归心,而且有许多禁忌。所谓"收视归心"就是告诫人们不可以在行房事时精神涣散,这样才不至于神疲力竭;所谓"禁忌"就是告诫人们行房所应该避免的事项。陶弘景说:"房中之事,能生人,能煞人。譬如水火,知用之者可以养生;不能用之者,立可死矣。"③他认为,尤其应该禁止在醉饱时"交接";欲小便,忍之以交接,令人得淋病,或小便难、茎中痛等等;大风恶雨,地动雷电,霹雳交加,大寒大暑,春夏秋冬之节气转换日,以及喜怒忧愁悲哀恐惧之时,皆不宜行房事。这种心境要求及有关禁忌,体现了道教的房事养生思想。

---

① 陶弘景:《养性延命录》卷下,《道藏》第 18 册,第 484 页。
② 同上。
③ 同上书,第 485 页。

由效法天地的立场出发,一些道门中人不但把房中术看做性生活的节宣技巧,而且直接作为修身炼形、养形变体的手段。他们通过《易经》卦象来说明这种手段的可行性,认为天地为乾坤,男女为坎离,坎离为水火。坎卦中有一点阳①,即阴中有阳气;离卦中有一点阴②,即阳中有阴气。若能于交接之际,行"守一"之术,即男女双方各自存思肚脐中赤色大如鸡蛋,导引行气,则坎中之阳可抽,离中之阴可填,抽坎填离,水火既济,于是后天之坎离回到先天之乾坤位置上,变成纯阳与纯阴之体。这是因为坎卦中爻,由阳变阴,则三爻皆阴,故成纯阴之坤;离卦中爻,由阴变阳,三爻皆阳,故为纯阳之乾。纯阴广生,纯阳大生,广大相须,天长日久。可知这种方法不但表现了阴阳相得、"男女俱仙"③的精神,而且也符合"逆式"的修行原则。因为抽坎填离,由后天而返先天,即是复归父母生身之本真,重现婴儿之生机,所谓"返老还童"就是此意。道门中人在解释这种设想并且具体操作时强调守脐中(守一),静默不语,无形之中使大脑得到休息,这大概就是道教把"房中术"又叫做"还精补脑术"的缘故。由于抽坎填离的目的是"男女俱仙",房中术当然就会吸引两性的一些修行者付诸实践。

必须看到的是,道教虽然主张在合法夫妻的原则上实施房中术,但并不否认夫妻的多元性,葛洪《神仙传》记载彭祖向采女传授房中术时特意让彭祖叙说"丧四十九妻"的旧事,这即是向后人宣扬多妻的合法性。陶弘景甚至还宣称:能御十二女,令人老有美色;能御九十三女,年万岁。虽然陶弘景的意思是御而不泄,但不排除"御女多多益善"的想法。显然,这是不合时宜的,当今的人们应该以理性的眼光加以审视,不可盲目相信。

【复习与练习】

1. 什么是"守一"与"存思"术? 彼此的关系如何?

2. 什么是"服气"术? 为什么将"胎息"独立出来专门研讨? "胎息"炼养的基本精神是什么? 在今天有现实意义吗?

3. 为什么说道教的动功包含着仿生原理? 道教动功有何现实价值?

---

① 坎卦三爻,外两爻为阴爻,中间一爻为阳爻。

② 离卦三爻,外两爻为阴爻,中间一爻为阴爻。

③ 陶弘景:《养性延命录》卷下,《道藏》第18册,第484页。

4. 金丹大道贯穿着什么思维方式？如何修炼内丹？

5. 从正反两个方面认识道教房中术。

【参考读物】

1. 陶弘景:《养性延命录》卷下,《道藏》第 18 册。

2. 彭晓:《周易参同契分章通真义》,见《周易参同契古注集成》,上海古籍出版社,1990 年。

3. 詹石窗主编:《三玄与丹道养生》(甲、乙),中华大道出版社,2001—2002 年。

第十一讲

消灾祈福的法术禁忌

【学习目的】 了解道教法术的历史由来、主要形式，分析其结构内容，以理性的精神审视道教法术的作用，发掘其中所包含的科技因素和人文精神。

　　基于生存理念，道教不仅建立了一套医学养生理论，而且形成了道法秘术系统。这是因为人们所面临的客观环境是相当复杂的，其运动既是有规律的，又是充满变数的。于是，在人们感受成功的快乐时，自然界不可抗拒的灾难也频频降临。为了消灾解难，祈求成功，先民们积极地探索和思考，创造了种种的方法与技巧，因其具备神秘性质，故而称之"道法秘术"。从广义上看，道法秘术包含的内容很广，甚至连前面所介绍的出于养生目的的炼养方技也可以归入道法秘术系统。从狭义上看，道法秘术主要是指那些用以消灾祈福的占卜预测术，如相地、相宅、星命、太一、六壬、遁甲，等等。本讲乃是从狭义角度来考察道法秘术的。

　　古代中国，占验预测法术相当盛行，这方面的文献也很多。从实施的主体角度看，占卜预测法术在道教中占据重要地位。在历史上，道门中人在研究传统的占卜法术基础上加以创新和完善，提出了许多独特的形式，体现了道门中人的创造精神。为了达到消灾祈福的目的，道门中人还实施了种种禁忌。本讲也将对此等内容进行考察。需要说明的是，本讲所谓"法术禁忌"是在并列的意义上使用的，而不是以"法术"来修饰"禁忌"。

一　占筮之法：道教基本预测术

　　"占筮"是"占卜"与"易筮"的合称。"占"字，意取"候、视"，《楚辞·离骚》有"命灵氛为予占之"的句子，就是从"候、视"的角度来使用的。至于"卜"指的是用火灼龟甲取兆以预测吉凶的法术现象。随着历史的发展，在传统龟卜基础上又建立了"易筮"之法。"易"指的是以卦象为基本符号并且辅之以文字解释的古代经典;"筮"是利用一种草本植物——蓍草为工具所进行的演算预测技术。由于这种技术是在《易》典的指导下进行的,后人遂称之为"易筮"。

(一) 道教占筮的主要思想来源

道教占筮源远流长。从形式与内容两个方面综合来看,道教占筮的渊源可以追溯于上古的《易》占。因此,要了解道教占筮,我们首先应该弄清《易》占的基本情况。

在传统文化中,被称作《易》的书本来有三种,一是《连山》,二是《归藏》,三是《周易》。由于这三部书都以卦象为基本框架,体现了日月交替、阴阳变化的理念,人们把它们统称为"三《易》",也就是三种变化的书。《连山》基本上失传,难以查考;《归藏》一书,近年来有了地下发掘资料,证明先秦确已有之。对照起来,我们可以发现,道教中的一些典故往往与《归藏》有一定的关系,例如"嫦娥奔月"在道教中就相当流行,杜光庭所作《墉城集仙录》甚至据之而衍生出月宫的女仙系统。

就占筮的角度而论,《连山》与《归藏》对道教的影响都不及《周易》。按照前人的解释,《周易》之"周"有周而复始和周普的意义,也有朝代的意义,而"易"字侧重于变易。在结构上,《周易》由符号系统与语言文字系统组成。符号系统的基本因素是卦象,最初有八卦,由八卦推演则有六十四卦。每卦六爻,卦有卦辞,爻配爻辞,这就形成文字系统。

《周易》一书在先秦是诸子百家共同的经典,而道家与儒家对该书尤其重视。由于史官的特殊经历,道家鼻祖老子遵循《周易》古经"观天道以推人事"的思维法度,在其思想体系中应用和发挥《周易》古经的方法论和变化观。老子之后,列子、庄子等道家学派的主要传人也对《周易》的基本理论颇多涉及,他们根据《周易》的思想框架来建构天道自然观等学术体系,在历史上留下了可贵的文化遗产。儒家虽然把注意力放在社会问题上,但对《周易》的兴趣也是相当大的,孔子在早期曾经向老子请教过古代典章制度,后来他感叹学《易》可以无大过,并且亲自对包括《周易》在内的五经进行文字整理。从孔子创立儒家学派以来,《周易》一直在该学派中授受不绝。汉末出现的道教尽管以先秦道家的思想为母体,但并没有排斥儒家文化,而是兼收并蓄。这样,《周易》成为道教的经典并且广为应用,就具备了广阔的文化背景。

当然,从实际情形来看,道教的占筮与汉魏易学有更直接的关联。由于汉王朝历代统治者都提倡经学,被尊为群经之首的《周易》成为"显学",儒家经师以及其他各派的学者几乎都涉足"易学"这个神圣庄严的思想王国。他们"探赜索隐,钩深致远",促使解《易》著作如雨后春笋一样层出不穷,易学体系开始演变,并且形成了许多支派。就其治《易》的宗旨与方法来看,汉代易学主要可以划分为两种类型,第一种是以孟喜、焦赣、京房为代表的官方易学,它以占卜明人事为宗旨,注重六十四卦的结构与象数内涵的研究,被后人称为象数学;第二种是以费直为代表的民间易学,它以《十翼》①为依据来解经,以阐发六十四卦的哲理意义为己任,成为义理学的先驱。纵观汉代易学,在当时社会政治生活中发生主导作用的乃是象数学,它对后来的易学乃至思想文化的发展产生了深远影响。在这样的文化环境下诞生的道教当然不可能不打上《周易》象数学的思想烙印。

（二）道教占筮的主体形式

道教应用《周易》来占筮,这在神仙故事中可以找到不少典型的事例。《洞仙传》记载,有个叫做许季山的人,久病不愈,清斋祭泰山,祷告祈求,希望自己的病症能够消除。忽然有神人出现在许季山身旁,问道:"你是什么人,为什么这样苦苦哀求? 天帝派遣我来,你可以把话实说。"许季山告诉神人自己得病的过程和症状。来者即称自己是仙人张巨君,研究过《易》道,可以通过占卜断定病根所在。许季山立刻下拜,希望仙人占卜告示。张巨君为许季山筮卦,得《震》之《恒》,也就是"震卦"变成"恒卦",其中有三爻发生变化,即初九阳爻变阴爻,六二、六三阴爻变阳爻。张巨君根据这样的卦象,判断之后说:"你是无状之人,入了死亡簿,病怎么会好呢?"许季山一听慌了神,祈求张巨君进一步指点迷津。张巨君说:"你曾经带客人朝东方而行,为了报父仇,在路上把客人杀了,并且将尸体抛进空井中,弄一块大石头盖在上面。现在,这个冤死的人上诉天庭,你的病是因为上天的惩

---

① 所谓"十翼"指的是解释《周易》的十篇著作,它们像翼羽一样辅助《易经》,故而又称《易大传》,简称《易传》。

罚。"许季山听了张巨君的判断分析,连称自己"实有此罪"①。

张巨君仅仅依靠筮卦就断定许季山杀人,这在现代人的心目中无疑是很离奇的事,但其故事本身却也表明张巨君的《易》筮水平已达到相当高的地步。记载张巨君故事的《洞仙传》成书于南北朝,其资料来源则更早,可见他在两晋南北朝已经被道门中人奉为占筮的典范加以效法。

无独有偶,在《洞仙传》中,扈谦也是一个善于《易》占的高手。扈谦是魏郡人,生性不羁,行为乖张,常常穿着破烂衣裳却不羞愧,嗜好饮酒,不择粗细,经常边走边唱着这样一首歌谣:

> 风从牖中入,酒在杯中摇。手握四十九,灵光在上照。巍峨蓁著下,独向冥中笑。②

这首歌谣可以说正是扈谦《易》筮生涯的写照。因为其中所出现的数字"四十九"正是《易》筮实际使用的数。《周易·系辞上》说:"大衍之数五十,其用四十有九。"五十根蓍草,挂一不用以象征太极,只以四十九根来占筮。扈谦手里握着的即是这决定吉凶的四十九根蓍草,有了这四十九根蓍草,好像天地神明的灵光就在头顶上照耀着,似乎可以百筮百中,所以他洋洋得意,独在冥冥之中狂笑不止。这真是活灵活现地把自己的占筮生活披露出来。据载,扈谦经常在建康(今南京)后巷许新妇店前为人筮卦,每筮一卦收费一百钱,每日限筮五次,共得五百钱。过此,即使有人给千钱筮一卦,他也不干。他的养母就住在尚方门外路西,由养女三四人料理其起居,扈谦每日送三百钱供养母膳食,剩下的两百钱作为自己饮酒和救济贫寒人之用。扈谦筮卦,在晋代颇有名气。当时的统治者对扈谦也相当器重,他先后为两个要人筮卦,一个是晋废帝海西公(司马奕),另一个是被历史学家视为叛逆典型的武将桓温,并且都应验。《洞仙传》举了几个例子说明扈谦筮卦的高超技巧,如谓晋废帝早起时看到有一条赤色的蛇盘绕在床上,一会儿,蛇自动离开。晋废帝让扈谦筮卦。扈谦演算一番之后,引述《易林》说:"晋室有盘石之固,陛下有出宫之象。"晋废帝问扈谦有解救的办法没有,扈谦说,后年应该有大将北征失利,只要用三万人在寿春之北加以抵御,晋朝可以继

---

① 《云笈七籖》卷一一〇,《道藏要籍选刊》第1册,第754页。
② 同上书,第759页。

续维持,后来桓温北伐果真失败,海西帝也被废。《洞仙传》在叙说扈谦故事时称之为尸解仙,可见他是被道门中人奉为典型的。

像扈谦与张巨君这样精通易筮又被奉为仙人的神异故事在道教典籍以及正史、野史之中屡见不鲜。他们的占筮活动或神异故事势必在道教界产生深刻影响,引起道门中人对《易》学筮法的高度重视,从而推进《周易》象数学在道教理论体系中的发展。

二 占筮变体:太乙、六壬、遁甲及其他

道教虽然以《周易》为本,但并非原封不动地照搬,而是根据自身的特点和需要加以改造、发挥,从而形成了形式多样的占筮体系。其中最重要的有太一、六壬、遁甲,等等。从基本原理上看,此类占卜法度都属于《易》学占筮的变体。

(一) 太乙占卜之由来及其在道教中的应用

“太乙”或称“太一”、“泰一”等等,它作为一种占卜术到底产生了何时尚无定论。前人传说,黄帝与蚩尤打仗,蚩尤作乱,残害生灵不计其数,黄帝不忍百姓受苦,与蚩尤数阵对战,却无法取胜。在危急关头,天帝派遣玉女传给黄帝“三式”灵文,所谓“三式”指的是包括“太乙”在内的占卜预测与布阵打仗的三种法术。这当然是神话,不足为凭。史志最早记载太乙占卜术数的资料是《史记·日者列传》,其中涉及汉武帝汇聚占卜家讨论娶妇的事就出现了太乙家,可见太乙占卜术数在汉武帝时已经相当盛行,否则是不可能作为重要的代表参与朝廷决策的。另外,《汉书·艺文志》“五行类”载有“《泰一阴阳》二十三卷”、“《泰一》二十九卷”。这里的“泰一”当是“太乙”的另一种表述方式,属于占卜术数之类。1977 年,安徽阜阳“双古堆”西汉汝阴侯墓出土了一具汉文帝十五年(前 165 年)的“太乙式盘”,证明太一占卜术数是由来甚古的。

太乙式盘由圆盘和方盘组成。上面的圆盘象天,为天盘;下面方盘法地,为地盘;中有轴心相连,可以自由旋转。天盘以五居中,一、八、三、四、九、二、七、六分列于四方,其数字具有符号代码意义,分别指陈君、相、将、吏与百姓,等等。该占卜之法以太乙神下行九宫的格式,依节气变化来推算吉

凶。其易学的根据主要是依照《周易·系辞》关于"太极"生化的逻辑来确定天盘与地盘，根据"两仪生四象"的演化链条，建立了四时、节气、八卦互相配合的符号系统。

在道教中，太乙是常用的一种术数法式。现存《道藏》保存了不少关于"太乙"的文献书刊，例如《黄帝太乙八门入式诀》等等。此类书籍记录了"太乙"占卜术数的干支推演方法和具体的吉凶判断方式。道门中人运用太乙占卜术数主要是为了推测人事之吉凶。有些道教信仰者把太乙占卜术数应用到战争中去，于是出现了"九宫八卦阵"，此类记载在古书中是屡见不鲜的。在具体的实施过程中，道门中人把太乙占卜术数的基本原理与人身安全的理念结合起来。他们以念咒为手段，发挥其存思的功能，让自己与太乙神一道遨游神仙世界，以达到避难、驱邪、长寿的目的。《黄帝太乙八门入式诀》卷上《避难躲闪入杜门法》云：

> 太上曰："子欲过度三灾九厄，应作是言：'我以天为父地为母，吾居其中常为赤子。日为功曹月为主簿，雷公电母在吾前后。风伯雨师在吾左右，六甲直符周匝围绕。青龙扶吾左，白虎扶吾右。朱雀在吾前，玄武从吾后。北斗覆吾头，天罡指吾足。腾蛇在吾手，与吾灭殃咎。吾居丹房中，太乙为吾偶。左三右七，戴九履一，二四为吾肩，六八为吾足，吾居中间以为腹实。吾今勅下千邪万鬼，各还本乡。当吾者死，背吾者亡。速出奔逃，隐匿深藏。'……"

其中所说的"戴九履一"等数字排列方阵就是"太乙行九宫"的法门，道门中人凭借此法，力图驱除自己心中的杂念以及外界的不良干扰信号，从而进入一种宁静的境界，在那里与仙为偶共乐。这虽然染上浓厚的神秘色彩，但也体现了道教注重心灵调整的精神。

（二）六壬占法的基本内涵及其在道教中的流布

六壬占法是中国古代一种重要术数形态，道教对这种术数形态也相当重视。《道藏》中保留了《太上六壬明鉴符阴经》等书多种，陈述了六壬占法的具体方式；此外，还有许多经籍虽然没有冠以"六壬"之名却涉及六壬内容，说明此等术数在道教中是不容忽视的。

从名称上看，"六壬"就是"六十甲子"中带有"壬"的六个干支组合单位，即壬申、壬午、壬辰、壬寅、壬子、壬戌。本来，这是记载时间或者标志空间的符号,与人事吉凶并不相干,但前人出于预测的需要,就将之纳入易学的大框架中,经过一番推演而成所谓"神课"。

六壬占法,有四课式,六十四种课体,共七百二十课。其占卜的用具为六壬式盘。近代考古发掘出多具汉代时期的六壬式盘,该盘由圆盘和方盘组成,圆盘嵌在方盘上,中有轴心相连,可以自由旋转。基于"天圆地方"之理,圆盘即是天盘,而方盘则是地盘。两盘分别刻着天干地支、二十八星宿。据《阜阳双古堆西汉汝阴侯墓发掘简报》介绍,六壬圆盘（天盘）的中央刻有北斗七星星座,北斗之外有三层符号环绕,里层刻着十二月次,中层刻着二十八个圆点,外层按照逆时针方向刻着二十八星宿。方盘（地盘）之边至圆盘间刻着两道方框线,框内外有三层文字,其外层四方罗列二十八星宿,每方七宿;中层十二地支,每方三个;内层是天干,每方两个,由于"戊己"的特殊地位,被置于四角。占卜时,转动天盘,待停稳之后,对照地盘得出所值干支及时辰部位,以此判断吉凶。当然,古人占卜所用六壬式盘并非只有一种形式,而是具有多种变体,有的式盘配有八卦,有的则没有八卦。即便是六壬八卦式盘,也有某些差别,有的地盘刻着四维（四门）①与四仲②,有的则没有四仲仅有四维。

在思想上,六壬占法蕴涵着易学五行生克之理与象数法度。六壬占课以水为五行之发端,十天干配五行,壬、癸皆属水,壬为阳,癸为阴,"举阴以起阳",故以壬为宗。按易学"大衍"之数,天一生于北方水位,地六成之,天一与地六相合,"举成以该生",故用六。根据卦象排列,四仲卦各有所属。震卦属于木,代表春天;离卦属于火,代表夏天;兑卦属于金,代表秋天;坎卦属于水,代表冬天。道教将十二地支配以十二神君,通过吉凶测算,力图调遣十二神君来破贼寇、隐匿兵,达到化凶为吉的目的。虽然这种术数是古代宗教意识与传统科技的杂糅,但其时空的对应则体现了道门中人注重最佳时机选择的理念。

（三）遁甲的结构内涵与道教的变通

在道教占卜的三种主要法式中,遁甲是具有包容性的,太乙、六壬的基

---

① "四维",指的是天地人鬼四门,居于式盘的四角。
② "四仲",指的是四季中每一季度的第二个月。

本原理实际上在遁甲中也被贯彻着。

　　"遁甲"又称"奇门遁甲"。作为道教占卜体式中的支柱，"遁甲"的名义本身就具有哲学理趣。所谓"遁"其义有三：一是表示逃走，二是表示回避，三是表示隐去。"遁甲"之学乃取第三种意义，以隐遁为用。《遁甲符应经》卷上《遁甲总序》第一称："古法遁者，隐也，幽隐之道。"至于"甲"，本是十天干之首，后来术数家通过六十甲子的演算，将带有"甲"的时辰隐于"六戊"之下，以示尊而不用。

　　遁甲的基本法则乃出自《周易》。首先，遁甲以"三才之道"为本，立三层之象。其外观由四个大小不一的同轴圆盘组成，即山顶、上层、中层、下层，它们各自八等分，山顶最小，往下逐层扩大。山顶之圆列六神，即值符、腾蛇、太阴、六合、勾陈（或白虎）、朱雀（或玄武），以及九地、九天；上层象天，为天盘，列九星，即天蓬、天任、天冲、天辅、天英、天禽、天芮、天柱、天心；中层象人，为人盘，开八门，即伤门、生门、杜门、景门、死门、休门、惊门、开门；下层象地，为地盘，列八卦，即坎、离、震、兑、乾、坤、艮、巽。八卦九宫八门有一定的排列法则，如九宫、天蓬及休门与坎卦相对，称为三才定位。其次，遁甲以"虚数之法"为布局指归。所谓"虚数之法"本起于《周易·系辞上》，该篇称"大衍之数五十，其用四十有九"，此为"虚一之法"。后来，扬雄仿《周易》，作《太玄经》，对"虚一之法"加以发挥，立"虚三之法"，他说："《玄》天地之策各十有八，合为三十六策，地则虚三，用三十三策。"遁甲之学将"虚一之法"与"虚三之法"统一起来，以甲为诸阳干之首，虚而不用，又谓日生于乙，月明于丙，丁为南极星精，故以乙、丙、丁为"三奇"，乙为日奇、丙为月奇、丁为星奇，亦虚而不用。戊己庚辛壬癸为六仪，分阴分阳，顺逆相推，六甲周流而隐。复次，遁甲布局也合于《易》洛书之数，九宫八卦分列，井井有条。

　　遁甲式法到底起于何时？古以为黄帝与蚩尤战不能克，有九天玄女派遣六玉女送给黄帝《遁甲符经》，黄帝依法行事即大败蚩尤。这当然是神话，难以查证。从现存文献看，最早言及遁甲的是《后汉书·方术列传序》。由此可知，两汉时期，遁甲作为一种占卜法式应该已在社会上流行。道教继承了这种法式，又加以变通。《道藏》中有《秘藏通玄变化六阴洞微遁甲真经》根据隐遁之理推演兵阵，反映了道门中人将遁甲占卜用于军事活动的设想和实践。其中涉及张良、诸葛亮等军事活动家的一些事迹，值得推究。

三　符咒之法:道教沟通人神的主要媒介

"符咒"是符箓与咒语的合称。一般地说，"符"指的是用朱笔或墨笔所画的一种点线合用、字图相兼且以屈曲笔画为主的神秘形象，道门中人声称它具备驱使鬼神、治病禳灾等众多功能；"咒"指的是具有特殊音频效应的口诀，道门广泛地用以养生辅助、祈福消灾或者召驱鬼神以达到施行者的特殊目的。

（一）符箓的由来及其结构功用

关于"符"的起源，说法不一，比较有代表性的主要有三种。第一，以为它起源于古老的云书。相传黄帝作"云书"，故以"云"纪官。大概云书就是模拟云彩飘动而成的，流云变化万千，宛如上苍神灵与人间交流种种信息，令人遐想。作为一种神秘文字，云书在早期为巫师所垄断，随着道教对巫术的吸收运用，云书也成为道教主要法术之一，并逐渐变迁着。第二，认为"符"是由古代君主传达命令或调兵遣将用的凭证发展起来的。开始时以竹为之，后来用金、铜或玉制成，双方各执一半，合之以验真伪。第三，认为符与桃梗传说有关。在传说中，桃木与缣绢等皆可以驱鬼避邪。《荆楚岁时记》说："桃者五行之精，厌服邪气，制百鬼也。"随着时间的流逝，桃木与缣绢等附着在上面的文字图形（如桃印、桃符、缣绢书写）逐渐与其载体分离而成为驱邪避鬼的象征。

从以上关于符的起源的诸种说法中，我们可以发现符的两个基本特征：一是形式特征，即字画点线相结合的图案样式；二是功能特征，即被当做人与神交感的一种工具。所谓"符者，合也，信也，以我之神合彼之神"，"此作而彼应，此感而彼灵"①。

至于"箓"，作为道教的秘文，原指簿书。《三国志·吴书·孙策传》裴松之注引《江表传》："此子已在鬼箓，勿复费纸笔也。即催斩之。"符命之书也称为箓。《文选·永明十一年策秀才文》曰："朕秉箓御天。"李周翰注："箓，符命也。天子受命，执以之御制天下也。"本来就具有浓厚神秘色彩的

---

① 《道法会元》卷四，《道藏》第 28 册，第 692 页。

"箓"，其神秘性在道教中更为加强。《太上赤文洞神三箓》引隐居先生陶弘景曰："箓者，本曰赤文洞神式。"所谓"赤文"指的是箓的书写方式，而"洞"与"通"之义相合，故"洞神"即为通神。在道门中人看来，箓正是以赤文跟神相通的方式。箓具有两种不同的功能：一是表明道士名登道箓，才有学道和施行法术的资格；二是用以奏请和召唤神灵，以对付妖魔邪鬼的威胁。箓的两种功能决定了它的两类内容：前者为道士名册，称为"登真箓"，记载道士的姓名、道号、师承和道阶；后者是天神名册，载有天神的名讳、职能等。

由于符和箓的书写方式和基本性质大体相似，后来道门中人遂将之合为一类而用之，称为"符箓"。《北史·魏献文帝纪》载：帝幸道坛，亲受法箓，曲赦京师。《隋书·经籍志》载：魏太武帝亲受符箓。从此以后，魏朝的每一个皇帝登基，都要接受道箓。这成为一种制度。

（二）咒语的缘起与特点

"咒"，又称"祝"，指一些被认为对鬼神、自然事物、社会现象有神秘感应或禁令性质的语句。咒语与符箓一样，都是远古时代巫术的直接产物。《礼记·郊特牲》所录《蜡辞》说："土反其宅，水归其壑，昆虫勿作，草木归其泽。"《辞》唱道：泥土回到原有的地方，大水归向山壑里，昆虫不可乱动作，草木归向低洼之处。——这便是原始的咒辞。再如，汉代大傩中有一首唱辞也具有咒语的特质："甲作食物凶，胇胃食虎，雄伯食魅，腾简食不祥，揽诸食咎，伯奇食梦，强梁、祖明共食磔死亡寄生，委随食观，错断食兵，穷奇、腾根共食蛊虫。凡使十二神追恶凶，赫汝躯，拉汝干，节解汝肉，抽汝肺肠。汝不急去，后者为粮。"[①]这首唱词罗列了十二种奇神吞食各种凶恶之怪物，具有强烈的祈使情感，"咒诅"的意义跃然纸上。

道教的咒语吸收了原始咒语的某些特点。其施行体现了道士力图通过声音的振动传播信息，从而与天神感应而使之显灵。他们希望在这种活动中能够促使心目中有一种美善境界产生，或者促使某种已发生或将发生的恶果消失。《太平经》说："天上有常神圣要语，时下授人以言，用使神吏应

---

① 《续汉书·礼仪志》。

气而往来也。人民得之,谓为神祝也。"①《太平经》所指的"祝"也就是咒语。按照该书的看法,这种咒语乃是神灵秘密授予人的,所以人就可以凭借它与神灵"应气",从而调遣神灵"往来"。从某种意义上说,《太平经》这段话代表了道门中人对于咒语的基本理念,在其背后隐藏着远古先民力图透过某种超自然力量以补充人类能力不足的心愿。

在道教中,咒语与符箓常常是结合使用的。道门中人行其术,或以咒语为主,兼之符箓,或以符箓为主,兼之咒语：这就是为什么常常把咒语与符箓合称为"符咒"的缘故。

（三）道教符咒思维模式与易学的关系

道教符咒法术,本质上是古老巫文化的变形。因此,符咒法术必然续存着巫文化的"遗传基因",或者说发展了巫文化的信息符号。巫术文化的观念核心是"相似性原理",所谓"相似性"并非完全地重复某种现象本身,而是取其"近似"而已,相近似的事物被归为一类,这就造成了类比思维。这种思维表现在传统易学中,积淀而成"观物取象"的模式。比起原始阶段巫术那种寻求"相似性"的观念来,"观物取象"的符号化思路显然更高一筹,所以影响也就更大,故而汉代以来,道教"符咒"也贯穿着这种"观物取象"的类比思维。就"符箓"之形态而言,尽管形式多样、千姿百态,却都具有"象"的品质。符箓有聚形与散形的分别。所谓散形实际上就是一种分解形态,这些分解形态可以看做组合单元,类似于易学中的阴阳爻;而聚形则是由诸符号单元汇拢起来的。符箓的散形尽管有不同的状态,但基本的也可以用"阴阳"二字概括。这就是说,其散形千变万化,但万变不离其宗,基本单元就是一阴一阳。这种可散可聚的功能恰好与卦爻的组合原理相一致,它们都是以"物象"为其本原的。

至于咒语,虽然充满神奇的描述和神灵的名号,但神灵在道教中本来就具有符号代码的特点,比如说《大木郎神咒》所要召请的主要是"雷神",因此其咒辞不仅对起雷闪电的境况进行了绘声绘色的摹写,而且直接使用了卦象名称："乾精流辉玉池东,盟威圣者名青童。掷火万里坎震宫,勇骑迅

① 王明:《太平经合校》,第181页。

发来太濛。混沌凿开透崆峒,绿波擎天转勾戎。"①《神咒》这样描述:乾卦的精华发出光辉闪烁在玉池的东边,通过割发刺血立下誓言而获得神咒传授的这位圣人名字叫做"青童"。真言神咒一经念动就激发出闪电的火花,催送到了万里之远的坎卦之宫与震卦之宫。像勇敢的骑兵传递快讯,很快就洒落蒙蒙细雨。当混沌云雾显出亮光,它必然穿透崆峒妙境,降下的倾盆大雨使江海飞扬起绿色的波浪,这波浪几乎与天上北辰之星接壤。——从《神咒》的氛围看,雷部之神对应于易学中的震卦,但震卦居下之一阳乃出于乾元,所以咒辞说"乾精流辉"。召雷部之神的目的是为了降雨;而降雨需要"水",故咒辞涉及易学中的坎卦,这是由于坎卦象征着"水"。显然,《大木郎神咒》所遵循的还是"观物取象"的思维法度,它以语词为咒说,形成一种语言代码,试图通过这种代码而感动雷部之神。其咒辞的实施是否有效,另当别论,但就语言符号的建构而言却也可以从客观世界之中寻找到物象的根据。

四 堪舆之法:道教的环境选择方式

在道教法术中,堪舆也是很重要的一种方式。正如遁甲、太乙、六壬一样,道教堪舆法术不仅具有悠久的渊源,而且形成了一套系统的理论,内容驳杂,需要仔细分析,方能弄清其功能特点。

(一)道教堪舆与古老的生殖崇拜

按照许慎《说文解字》的解释,"堪"原指天道,"舆"原指地道。天在上而高,地在下而卑,天地覆盖,是为堪舆。由此引申,则仰以观天之象,俯以察地之文,堪舆即为勘察。用到地形勘察方面来,则堪舆无疑是相地术的一种文雅的名称。在长期发展过程中,堪舆存在许多不同的称呼,如风水、形法等等。

在道教产生之前,已经有相地的活动存在,《诗经·大雅·公刘》描述周朝迁都于豳之前,公刘在原野上四处查看,他先后进行瞻、登、相、看一系列活动,与后世的堪舆活动颇为类似,可见其源远流长。汉魏以来,道门中

---

① 《道藏》第 2 册,第 49 页。

人出于修道传教的需要，也进行堪舆实践活动和理论总结，例如卜应天的《雪心赋》、李淳风的《李公龙法》、吴景鸾的《龙格歌》等都是这方面的代表作。

从本质上看，道教堪舆乃是先民生存意识的一种表现。在古人心目中，土地也是有生命的。盖房子、造坟墓，关键是找准地穴，而找地穴就像寻找胎儿的子宫。这种观念在唐朝道士卜应天的《雪心赋》中有明显的反映，该书在言及"点穴"的时候说："倘若龙虎护胎不过穴则为漏胎。"①众所周知，"胎"本是妇女怀孕问题的一个专有术语。道教把"点穴"看做妇女怀胎，反映了先民对生殖问题的高度重视。

如果我们进一步深入发掘，就可以看出，道教堪舆法术所包含的生殖意识是根深蒂固的，这从"青乌"这个用语的内涵就可以得到证明。传统的堪舆术又叫做"青乌术"。唐代王瓘《轩辕本纪》说："黄帝始划野分州，有青乌子善相地理，帝问之以制经。"按此，则青乌子为黄帝时人，是一位精通堪舆法术的高手。这种说法在道教中流传不断，从葛洪的《抱朴子内篇》到《历世真仙体道通鉴》都有关于青乌子"相地"的记载。在表面上，"青乌"是一个人的名称，但经过长期的文化积淀，青乌已经成为一种符号，这个符号传递着古老的生殖崇拜观念，因为"青"从生从丹，而"生"的象形是一种被当做社木的桑树。在古代习俗中，植桑成林，是为桑林，这是男女社交的场所。由于"社"具有宗教含义，象征桑林的"青"便意味着生殖崇拜。至于"青乌"之"乌"同样反映了这种生殖崇拜的传统，因为古代的"乌"是一种太阳鸟，它是男性生殖器的象征。"青"与"乌"连称，寄托着中国先民阴阳和合化生的理念。相地寻找穴位，正是这种传统生殖理念的实践化。

（二）道教堪舆程序与基本原则

由于生殖崇拜意识的作用，中国先民一向重视堪舆问题；不过，也必须看到，除了生殖崇拜意识之外，道教堪舆还包含着其他许多思想理念。从整体上看，道教堪舆乃是随着先民们生存需要的增进而发展起来的。生存不仅意味着种属的延续，而且意味着在一定环境下的持续活动。故而，从可感的直接层面而言，道教堪舆实际上是在先民们生存需要推动下的一种环境

---

① 卜应天：《雪心赋》第七章《论龙穴真假》。

选择活动。经过实践与总结,道教堪舆形成了一套程序,具有规范的步骤,这就是:寻龙辨脉、察砂、观水、点穴、立向。

"寻龙辨脉"是堪舆活动的第一步功夫,意味着对山脉走向以及变化形势的认知与辨别,在道门中人心目中,山势就像"龙"一样变化多端,所以必须仔细辨别。"察砂"是堪舆活动的第二步功夫,意味着对主龙山脉周围的小山的勘察。"观水"是堪舆活动的第三步功夫,因为山水是相伴而行的,水是龙的血脉,所以必须相当注意水流的形势。"点穴"是堪舆活动的第四步功夫,意味着指定一个最佳的营建基址,道教堪舆师遵循拟人的思维模式,将地形按照人体结构划为头部、脐眼、阴部,以阴囊之区的"下聚之穴"为最佳的穴位所在,此穴象征女阴"生生之根本",是真正的藏风聚气之所。"立向"是堪舆活动的第五步功夫,就是根据风水原理确定建筑基址和布局的方向、朝向。一般来说,"立向"工作是凭借罗盘来完成的。

从步骤上看,道教堪舆与一般的民俗堪舆没有本质区别,这是因为道教本来就发源于民间,它的思想观念是因民间的生活需要而形成的,所以在堪舆活动过程中合乎民俗堪舆的一般步骤也就是很正常的。不仅如此,在选择营建地址和如何营建的问题上,道教堪舆也具有很强的民间性,这具体表现在三个方面:一是迎合世俗的求子得福心理。道门中人运用《周易》卦象理论对大地形貌进行分类概括,又运用《周易》"天地之大德曰生"的思想来指导阴宅、阳宅地址的选择,强调阴阳配合的重要性,认为"一不能生,生物必两"①。基于阴阳关系的认识,道门中人在寻龙、观水、察砂、点穴、立向过程中遵循阴阳感应的原理。二是迎合世俗的升官发财长寿心理。就其最终目标而言,道教并不是为了世俗间的升官发财,但出于世俗社会的实际需要,道门中人在为世人开展选址营建活动时却充分考虑到这方面的问题,他们根据五行生克理论,分别地形地貌之贵贱,以益寿作为生存空间选择的基本原则。三是迎合世俗以孝为本的道德要求。在道教堪舆活动过程中,"孝"被作为一种重要的精神贯注着。从这个角度来看,道教堪舆过程实际上就是一种孝道伦理的教育过程。

当然,也必须看到,道教堪舆活动也与神仙信仰密切相关。从延年益

---

① 卜应天:《雪心赋》第七章《论龙穴真假》。

寿、羽化登仙的理念出发，道教堪舆强调天人合一、谐和有情。道教继承了传统的空间示意符号文化，以青龙、白虎、朱雀、玄武代表东南西北，强调彼此的呼应、人与环境的谐调，体现了自然生态与社会文化生态感通的精神。在今天看来，道教堪舆活动尽管也存在一些不合时宜的因素，但强调生态平衡的天人感应思想却依然不失其正面价值。

五　禁忌之法：身心健康需求的表现

道教的各种法术活动往往与禁忌相伴随。反过来看，道教禁忌往往通过法术的形式来展开。从广义上来看，禁忌也具有法术的某些特点。所以，介绍道教法术，是不能忘记禁忌的。

（一）禁忌的由来与主要类型

禁忌起源于人类早期的原始社会，是带有普遍性的文化现象。在国际上，学术界把这种文化现象叫做"Taboo"或者"Tabu"。按照汉代古文字学家许慎《说文解字》的解释，"禁"指的是吉凶之忌，"从示，林声"。禁字既然"从示"，就与神启有一定的关系，古人以为："示，天垂象，见吉凶，所以示人也。从二；三垂，日月星也。观乎天文，以察时变，示神事也。"这说明，最初的"禁"是与"神事"相关的一种现象，人们根据"天"的暗示来决定自己的行动，能够做的便去做就是"行"，不能做的便止，这就是"禁"。至于"忌"则表示憎恶的情感。由于"忌"也具有不欢迎的意义，与"禁"近似，于是有了"禁忌"的合成词。朱天顺先生在《原始宗教》一书中指出：原始宗教之所以产生种种"限制人们向自然界斗争的禁忌和麻烦的仪式，正是来源于人们在向自然界斗争时所遭到的失败和损失"[①]。可见，禁忌是人们从现实生活中悟出来的。

在原始社会中，图腾崇拜是一种非常古老的现象，考察图腾崇拜，人们会发现，那时的禁忌已经相当严格。德国学者冯特（Wundt）指出：图腾禁忌是"人类最古老的无形法律。它的存在通常被认为远比神的观念和任何宗教信仰的产生还要早"[②]。当图腾被作为祖先的象征而受到顶礼膜拜的时

---

① 朱天顺：《原始宗教》，第 75 页，上海人民出版社，1964 年。

② 冯特：《图腾主义》，倍松著、胡愈之译，第 29 页，开明书店，1932 年。

候,禁忌实际上也被注入了宗教的体系之中,成为宗教信条的重要内容。这时候,禁忌不仅具有习俗的特质,而且具有"法"的职能。在图腾崇拜中,禁忌以公共强制的办法保证人人无条件地恪守,违反者被认为是"罪孽",要遭到各种惩罚。这种惩罚在最初是相当严厉的。① 随着图腾信仰的衰落,这种处罚由严而变轻,不过,禁忌的观念却没有消亡。因为习俗是一种非常顽强的观念,经过一代又一代的传承,这种观念遂根深蒂固。

禁忌是一种社会文化现象,在不同的民族与不同的国度中,人们所信奉的禁忌条规有所区别。由于人们生活领域的扩大,禁忌所涉及的范围也相当广泛。根据不同的标准,人们对禁忌可以有不同的分类。依据表现形式与物质手段,一般可将禁忌划分为:语言禁忌、行为禁忌、行业禁忌、环境禁忌,等等。②

(二) 道教禁忌的内容与特点

正如世界上其他宗教一样,道教也有自己的禁忌内容。就历史的情况来看,道教禁忌是在我国上古宗教禁忌的基础上发展起来的。中国上古时期,宗教是人们的社会生活与精神生活的思想引导,故而生活中的各种禁忌往往以宗教禁忌的形式表现出来。上古的神明祭祀活动就有各种禁忌,至于笼罩在宗教背影下的诸多方术形式也往往与禁忌相伴随,诸如房中术实施过程中所出现的"龙盘虎戏"宗教配偶仪式也并非是毫无顾忌的性生活放纵,而是在一定禁忌条规下举行的,先民们认为雷雨霹雳等等不可抗力出现时必须避免行房中交媾之事。上古时期的各种禁忌方式成为道教禁忌的重要来源。

道教禁忌是随着道教组织的形成和发展而不断充实内容的。早在汉代末年,道教禁忌即已初见端倪。五斗米道由于崇拜北斗,因此就有禁止北向理发、便溺、脱衣的条规,该道派的经典之一《老子想尔注》提出的"不食五味以恣"的道诫也具有养生禁忌的意义。魏晋南北朝以来,道教思想建设日益完善,道教禁忌的内容也更加具体,尤其是各种戒律实际上是以宗教法规的效力来体现道教禁忌精神。

---

① 何星亮:《中国图腾文化》,第 157 页,中国社会科学出版社,1992 年。
② 卿希泰、詹石窗:《道教文化新典》,第 884—887 页,上海文艺出版社,1999 年。

在长期的历史进程中,道教禁忌与民俗活动是结合在一起的。在民间社会中,岁时典礼禁忌是重要的内容。所谓"岁时典礼禁忌"指的是一岁当中各种纪念节日,诸如春节、中秋节、重阳节;此外,还有各种各样的神明诞辰节、升天节、喜庆节等等。在这些节日里,民众往往举行各种各样的活动,由于此类活动往往与道教信仰有密切关系,其禁忌也就贯穿着道教的基本精神。例如正月初九日,是道教玉皇大帝诞辰节,禁忌屠宰和将大小便等不净之物拿出室外;二月初二,是龙抬头的"中和节",禁忌推磨;五月十三日,是道教俗神关圣帝君降神日,禁忌磨刀;五月十六日,为天地玄气造化万物之日,禁忌酒色;六月二十四日,是雷神圣诞节,禁忌食荤,屠宰罢市;七月十五日,是中元地官圣诞节,禁忌远门行走,等等。此类节日禁忌,在中国民间与道教组织内部都一样奉行,这就说明道教禁忌与民间社会禁忌几乎是难以分别的。

从总体上看,道教禁忌的范围相当广泛,它涉及日常生活的各个方面,但其核心却是养生禁忌。为实现延年益寿、羽化登仙的目标,道门中人发展了一套保命延生之术,与之相配合的是各种养生禁忌的出现和完善,它涉及到衣食住行最基本的生理活动、医药卫生、疾病防治等诸多领域。推而广之,像下海捕鱼、盖房建阁等各种禁忌其实都是从人的生存角度考虑问题的,体现了道教对宇宙生命的重视态度。

六 道教法术的理性审视

从表现形式与内涵来看,道教法术是相当驳杂的。在科学突飞猛进的时代,我们对道教法术以及与之相伴随的禁忌形式也应该以理性的精神来加以审视。一方面,我们必须认识到道教法术所存在的神秘内容,此类内容与当今的实验科学当然是不合拍的;另一方面,我们也应该看到道教法术也包含一些合理性因素。具体说来,有两个方面尤其值得我们注意。

(一) 道教法术的科学技术内容发掘

尽管道教法术笼罩着浓厚的神秘云雾,但其内容与形式却往往与中国古代的科学技术相互交织。例如太乙、六壬、遁甲的占卜预测术就包含着传统的天文历法知识。无论是太乙、六壬还是遁甲,都是以天体运行为判断依据的,占卜家将卦象、阴阳五行理论以及历法配合起来,应用于气象预测以及军事活动过程中,他们从具体的经验出发,根据时节的变化确定不同的行动方案,体现了具体情况具体分析和具体处理的原则。道教法术的一些模式不仅应用了古代的科学知识,而且在今天看来还具有一定的启迪意义,例如奇门遁甲所建构的"三进位制",对当今的时空统一模式建构是具有参考价值的。再说,由于道教堪舆术数的实施,古代的罗盘技术也因之发展起来,这对于世界航海活动以及建筑行业来说都具有正面的积极意义。

(二) 道教法术所寄托的人文精神

在中国古代,人文文化与科学文化并没有明显的界限,科学家们既探索自然世界,也接受传统人文精神的熏陶,因此,他们的科技发明往往受到人文精神的启迪。这种情况在道教法术领域也得到一定体现。因为道门中人并不是与世隔绝的,其法术活动是不能离开传统文化而单独存在的,所以,道教法术的内容在一定层次上寄托了人文精神,这是合乎历史逻辑的。

道教法术所寄托的人文精神最为重要的是和谐精神。从主体占卜形式——"易占"到易占之变体,从符咒到堪舆,道教法术都以阴阳五行为理论基础。在道教法术的吉凶判断中,和谐是基本的衡量标准,阴阳对应感通、五行相生,被认为是有生机的状态,这就是吉;反之,阴阳无应相隔,五行相克,被认为是没有生机的状态,这就是凶。道教法术的吉凶判断实际上以一套特殊的符号形式来沟通个人与社会的关系、人类与自然的关系,反映了人类的长久生存理念,而与道教法术相伴随的各种禁忌在本质上反映了传统的生命伦理观和某些社会规范,此等观念意识绝非个人纯粹的想象产物,而是集体生活的精神积淀。发掘道教法术的人文内涵,可以为当今社会生活提供某种参照系。

【复习与练习】

1. 什么是占筮之法?占筮在道教活动过程中具有什么地位?

2. 什么是太乙、六壬、遁甲?为什么说此"三式"是占筮之法的变体?

3. 什么是符咒?符号的文化意义何在?

4. 什么是堪舆?道教堪舆在中国古代社会中的作用何在?

5. 什么是禁忌?请说明道教禁忌与伦理规范的关系。

【参考读物】

1. 刘仲宇:《道教法术》,上海文化出版社,2002 年。

2. 卿希泰、詹石窗主编:《道教文化新典》之《占卜》、《堪舆》等,上海文艺出版社,1999 年。

3. 何星亮:《中国图腾文化》,中国社会科学出版社,1992 年。

第十二讲

生生不息的科仪符号

【学习目的】 了解道教科仪的历史渊源、形成过程,掌握分类的原则,认识道教科仪的主要类型,应用符号学方法对道教科仪的内容、结构、功能进行解读。

　　道教将其典礼仪式称为"科仪"。所谓"科"可作"动作"解释。传统戏曲有所谓"科步",指的是程序化的动作,道教所讲的"科"本来也具有这种意义。根据汉代文字学家许慎《说文解字》等书的说明,"科"包含了"程、条、本、品"的多层含义。古语"照本宣科"即是本着一定程序敷演为仪。道门依据一定准则来做道场,称为"依科阐事"。

　　从教外人士的立场看,道教科仪就像是一场"演出",因为在科仪进行过程中,道士们穿着绣花道袍,就好像戏服,他们所唱的曲子就像戏文,至于掐诀、禹步等等穿插在科仪过程中的动作,就像戏剧中的科步。不过,对于道门中人来说,科仪却是十分神圣而严肃的,因为道教科仪不仅是道门中人向自己信仰的神明倾诉情感的形式,而且是沟通人与神、鬼的一种特殊形式。此外,道教科仪也被赋予修真炼性的理趣。

　　有关道教科仪研究,以法国和日本成果较多。中国本土以往在这方面涉及较少。究其原因在于学术界对科仪本身的文化价值认识不足。从某种意义上说,道教科仪是道教文化的缩影。不了解道教科仪,是很难对道教文化的思想蕴涵有全面和深刻认识的。

一　道教科仪的由来

　　道教科仪有自己的体系。要认识道教科仪的内涵与形式特征主要应该根据道教本身的科仪文献。不过,自人类的初层文化积淀出现以来,任何一种后起的文化现象都不能绕开先前的文化形态而凭空产生,必须以前代的文化累积为基础。所以，我们考察道教科仪就不能撇去上古社会的文化；相反，只有通过历史的追索，我们才能明了其发展脉络。基于此等认识，本讲将从道教前史的仪式考察入手来陈述问题。

（一）道教科仪的历史渊源

从总体上看，道教文化与中国上古宗教传统具有密切关系。因此，上古宗教在道教仪式建立过程中给予一定的启发，这不仅是合乎逻辑的，而且也可以得到历史事实的印证。远古时代，先民们在现实生活中曾经对诸多自然现象无法理解，感到神奇莫测，于是便产生崇拜心理，当这种心理外化为一定的举动时，宗教仪式的萌芽也就破土而出。根据宗教学的一般理论，宗教的产生与发展经历了许多不同的历史阶段，最早的阶段是自然宗教，也叫做原始宗教。所谓自然宗教就是对日月星辰、大地、河流等自然现象的崇拜。在景仰心理的驱动下，任何崇拜的举动都可能衍生出一定的仪式，自然崇拜也不例外。根据《尚书》等文献的记载，中国的自然崇拜仪式的发生是相当早的，相传黄帝时期就有祭坛，祭祀的对象是天地，可见那时已经形成了天地崇拜的初步仪式。自尧舜以来，一直到秦汉，有关自然崇拜的仪式见载于各种典册。《国语·楚语》说："天子遍祀群神品物，诸侯祀天地、三辰及其土之山川。"《礼记·曲礼下》谓："天子祭天地、祭四方，祭山川，祭五祀，岁遍。"从《国语》与《礼记》所罗列的对象看，上古自然崇拜的范围是相当广泛的。与此相适应，就形成了一套祭祀仪式。《周礼》称"以实柴祀日月星辰"，就是将供品放在柴火上烧，以禀报日月星辰诸神，这就叫做"柴祭"。当然，"柴祭"并非像晚近民间烧火煮饭那样随意，而是要选择日期并设立祭坛。上古祭天，立圆坛，祭地则立方坛，这种遵循"天圆地方"理念而形成的祭祀仪式在道教之中得到沿袭。《灵宝玉鉴》卷一说："古之王者，祭天必为泰坛，吾教之虚皇坛，亦其遗仪也。"[1]显然，道教对上古的祭天仪式是直接继承的。除了祭天之外，道教也保留了上古祭地与水（河流湖泊诸神）的传统仪式，因为"三官手书"仪式就包括了"地官"与"水官"的仪式在内。上古祭地，将供品埋于地下；祭水则将供品呈入水中。道教祭祀"地官"与"水官"，也采用此等方式。事实表明，道教科仪不是凭空自发产生

---

① 《道藏》第 10 册，第 141 页。

的,而是在上古先民们固有的自然崇拜诸多仪式的基础上发展起来的。

(二) 以斋醮为主体的道教科仪

道教不仅吸收了上古宗教仪式,而且进行融会贯通和创新,从而形成了内容丰富而驳杂的科仪体系。

在道教中,"科仪"常常与"斋醮"连用,称为"斋醮科仪"。这个连称短语可以有两种解释:一是把"斋醮"看做道教科仪的整体,"斋醮"就是"科仪";二是把"斋醮"作为"科仪"的修饰语,这样,"斋醮"就成为道教科仪的属性或者特色、核心内容。我基本上同意第二种理解,即从偏正结构的角度来看待"斋醮科仪"这个用语。在我看来,"斋醮"不能简单等同于"科仪",因为在道教中除了"斋醮"的仪式之外,尚有其他仪式。有鉴于此,我们必须对其名义作进一步说明。

"斋醮"在道教产生之前就已经存在。《史记·周本纪》说周武王得病,"周公乃祓斋"。所谓"斋",按照许慎《说文解字》的说法,就是"戒洁"。这包括两层的意义:一是遵照一定的规矩,如不茹荤、不饮酒、沐浴等;二是从内心上纯化自我,古人称"洗心曰斋"[①]就是这个意思。

至于"醮",本来是古代的"冠娶"之礼。"醮"字从酉,而"酉"字乃是酒罐的一种象形,可见"醮"的仪式最初与"酒"有一定关系。古代男子"加冠"或者"婚娶",要三酌酒,这就是"醮"。这种敬酒的礼节也用于祭祀神明,所谓"醮诸神,礼太一"表明"醮"也成为祭祀神明的一种仪式。由于功能上的接近,斋、醮后来遂被统合。道教创立之初,即有斋醮仪式。《太上玄灵北斗本命延生真经》谓:本命之日,"修斋设醮,启祝北斗、三官五帝、九府四司,荐福消灾,奏章恳愿,虔诚献礼,种种香华,时新五果,随世威仪,清静坛宇,法天像地,或于观宇,或在家庭,随力建功,请行法事"。这里既罗列了斋醮的诸多对象,而且陈述了斋醮的场所、供品、威仪等等,体现了道教斋醮的规模特点。

斋醮是道教科仪的主体,但并不是道教科仪的全部。因为在道教中除了礼敬神明要举行仪式之外,拜师、诵经以及行住坐卧等等都有科仪。道教科仪的丰富多样,是道教文化历史积淀的结果。故而,我们不但应该研究道

---

① 《周易·系辞上》之韩康伯注。

教科仪主体,也应该涉及其他科仪内容。只有从更为广阔的范围看问题,才能避免片面性。

二 道教科仪的分类

道教科仪有一个逐步完善的过程。随着科仪活动的展开,道教学者们便注意到对其过程的记录;同时,又自觉或不自觉地进行分类。这种分类主要体现在斋醮方面。据《历世真仙体道通鉴》卷二三《葛仙公传》记载,三国时人葛玄已力图对道教科仪进行分类,他将上清斋法分为二等,且加三箓七品斋法。南北朝时期的陆修静作《洞玄灵宝五感文》提出了"九斋十二法"的分类方式。唐代以来,斋醮科仪的分类有了一些变化,如《云笈七籤》卷三七所引《玄门大论》等有"十二斋"及"六种斋"的分类。在道教中,所谓"斋"在一定场合往往泛指道教科仪,所以经典上关于"斋"的分类在某种程度上可以看做道教科仪的分类。

道门中人对斋法的传统分类反映了道教科仪的多样性;但由于不同时代不同道派采用的分类标准存在种种差异,后人对于庞大的道教科仪的总体把握遇上了不少困难。况且以"斋"或"斋醮"来统括道教科仪似乎存在着语义上的含混不清。经过一番思考,我将道教科仪重新进行划分。我的划分标准是以"主事者"为中心而建立的。这个"主事者"就是科仪的实施者。主事者实施科仪是"为我"还是"为他",体现出功能上的差别。基于这种考虑,我认为道教科仪可分为三大类。

（一）以个人修身极道为主的道教科仪

道教是很重视个人身心修行的。修身有种种办法,当这些办法被总结起来形成一定程序也就是科仪。至于"极道"本即是"内斋"或"心斋"。《洞玄灵宝玄门大义》引《洞神经》云:"心斋坐忘,极道也。"极道,又称"拯道"。《云笈七籤》卷三七引《本相经》云:"拯道者,谓发心学道,从初至终,念念持斋,心心不退。"[1]可见,这是做心地功夫的一种修持方法,因为形成了程序,故列入斋门。我在这里借用"极道"一词,意在说明这种仪式是为

---

[1] 《道藏》第22册,第258页。

达到个人与道合一的宗旨服务的。

修身极道是一个过程。首先必须从主事者个人的日常生活起居做起，日积月累，一步步地通向终极的大道之门。与此相对应，修身极道的科仪也是有层次的。

要修身极道，首先就必须拜师。因为师承是入门的关键，无师则难以入门，在主张秘传的年代里，无师甚至是不可能入门的，所以，拜师就成为学道的入门前提。拜师要有拜师的样子和程序，这就是所谓"威仪"。拿正一道来说，入门拜师是很讲究的。《正一威仪经》不仅说明了拜师的意义，而且对其仪式作了具体规定。除了受"券契"之外，还必须履行如下仪式：一是奉受治箓三归五戒；二是奉受仙灵符箓；三是奉受九州社令；四是奉受斩邪符箓；五是奉受九宫捍厄六害神符；六是奉受九天兵符；七是奉受天灵赤官元命符箓；八是奉受二十八宿七星符箓；九是奉受都章毕印四部禁炁；十是奉受紫宫大箓；十一是奉受破魔箓等等。这些规定主要是符箓派提出来的，对于其他道派不一定适用，但从中却可以看出，入门拜师在道教中是必定要举行的仪式。

拜了师，入了道门，就可以修道了。修道不是一刹那间的事，也不是靠心血来潮就能奏效的，必须从日常生活的一言一行做起。这其中也有威仪，譬如读道经便很有讲究。按照《正一威仪经》的说法，读经时，应该"冠带祝漱，捻香存念"①，并且要端身恭坐，调柔声气，至心诵读，中途不得停顿；读卷毕，如果有事要站起，必须将经典收入函中，三捻香礼拜，才能离开。

个人修身极道的主要程序是"内斋"，这就是清洁自身心灵的修持科仪。《灵宝无量度人上经大法》陈述了内斋的四个层次："一则心斋，二则常斋，三则清净斋，四则长斋。"②内斋的四个层次都在于做心地功夫，只不过一层比一层要求严格罢了。

侧重于个人修身极道的斋法在不同道派不同时期有不同的提法和不尽相同的内容。考究起来，下列数种是比较值得探讨的：一是以黄土泥额为外观特征的"涂炭斋"；二是以"清素为贵"的"指教斋"；三是以升虚入妙为特征的"上清斋"；四是通过忏悔以修行本心的"八节斋"；五是通过自我内心

----

① 《道藏》第18册，第254页。

② 《道藏》第3册，第618页。

与仙真谈话的"靖斋"。此类斋法的大要所在是虚心入境，与道合真。

（二）为他人他事而进行的种种醮神度鬼科仪

道教是相当注重个人修行的，但同时又认为个人升仙还必须广行"济度"，积功累德。于是，为他人他事而进行的醮神度鬼科仪应运而生。此类科仪与前述诸种的区别在于表现出明显的"为他性"，也就是说，此等科仪在宗旨上是服务于"他者"的。这方面名目繁多，无论事生度死、宅舍建造还是安镇乡里，道教科仪几乎全部涉及。

在传统上，道教重大科仪有所谓"三箓七品"之说。三箓指金箓斋、玉箓斋、黄箓斋；七品指三皇斋、自然斋、上清斋、指教斋、涂炭斋、明真斋和三元斋。这个划分见于宋代吕元素《道门定制》中的《斋品》，它是从先前各种斋法概括出来的，本于陆修静的九斋十二法。吕元素在编纂该书时认为九斋十二法中的"八节斋"和"靖斋"是个人修持之斋法，故排除在三箓七品之外，他的这一思考已经体现了将"为我"与"为他"相区别的逻辑精神，但做得并不彻底。从全面的考察中，我们已经可以看出，除了八节斋、靖斋之外，以个人修持为主的斋法尚有涂炭斋、指教斋、上清斋。故而，后面这三种也不在本节考察之列。根据上述的划分原则，三箓七品中以"为他性"为主要特征的便只剩下"三箓"及"七品"中的三皇斋。至于"自然斋"、"明真斋"以及"三元斋"等则属于人我合益型，留待后面再分说。

金箓斋。这是道教大型的斋醮科仪之一，它的服务对象是帝王一级的人物，因其规格最高，故以"金"标之，以示贵重，其宗旨是为帝王祈祷风调雨顺，国泰民安。

玉箓斋。这也是大型道教斋醮科仪之一，其服务对象是帝王眷属、大臣将相。根据阴阳运化理论，道教认为，当天地阴阳失序发生灾难时应该举行相应的科仪。如果乱在阳，应该由天子出面，举行金箓斋；如果乱在阴，则应以皇后或者臣相的名义举行玉箓斋。

黄箓斋。这是一种度亡禳解科仪。所谓"度亡"就是济度孤魂亡魄，而禳解则是调理自然阴阳之失序。从功能上看，黄箓斋的侧重点是用以超度亡灵，所以俗称"度亡道场"。这种科仪之所以有"黄箓"之称，是因为"黄"乃地之本色，地为众阴之首，孤魂亡魄入于阴地，故以"黄"为象征。

三皇斋。这是为赦免宿罪、解释官讼诸灾而设的斋仪，属外斋之一种。

三皇斋盖本于三皇信仰。三皇指的是天皇、地皇、人皇。此等斋仪通过设立三皇神位，虔诚祭祷，以求达到斋主的意愿。

洞渊斋。这是为制魔辟邪而设立的斋仪。吕元素《道门定制》卷六《斋品》谓："洞渊斋，以北帝为主，祛除疫疠，扫荡邪气。"①所谓"北帝"系瘟部神之代表，建斋者通过对北帝统领下的瘟部众神的祭祷，以求辟除"魔鬼之害"。

（三）人我合益的道教科仪

从功能上看，许多道教科仪可以较为明显地看出是侧重于个人修身极道还是侧重于为他人消灾祈福，但是，还有不少斋醮科仪却难以明确区分。尤其值得注意的是，道教科仪经书常有关于"人我合益"的描述。在形式上，此类斋醮甚至还表现出既可用以个人独修亦可用于众人合修的特点。

自然斋。这是出于灵宝派的一种较有影响的斋法。《洞玄灵宝五感文》以自然斋为"普济"之法，以为此法"内以修身，外以济物，消灾祈福，适意所宜"。所谓"普济"就是周普救济，既救人救物，也救己。短短数句之中，一个"内"字和一个"外"字便体现出内外兼修的特点。"内以修身"表明自然斋可当做"内斋"来使用；换句话来说，这种斋法也是讲心地功夫的。"外以救物"则又表明自然斋的外斋特质，而"救物"是个广义的概念，它包括"己身"以外的一切事物和人物。可见，自然斋有很广的适用范围。

三元斋。这是按照三元日向天地水三官谢过的一种斋法。三元日指的是正月十五日上元、七月十五日中元、十月十五日下元。上元为天官之生日，中元为地官之生日，下元为水官之生日。道教认为于三元日向三官坦白有生以来所犯的各种错误甚至罪行，可以求得三官的赦免。三元斋的实施以道士的身心作为人神交会的媒介，该斋法力图通过这种"交会"而达到"内外成真"，这就使实施者与斋主都得到功德。

天公斋。这是以玉皇大帝为祭祷对象祈求平安的一种斋法。按《太上洞神天公消魔护国经》的说法，世间善男信女可选择吉日良辰行此斋法。从程序上看，天公斋首先是一种外斋，善男信女行斋时，应请道士法师数人作威仪，其宗旨是"荷大道生成，酬乾坤覆载，解百生过咎，祈未来福祥，希

---

① 《道藏》第 31 册，第 713 页。

风雨顺时",其"广济"的特征是明显的。再说,民间实施这种斋法,斋主常常也参与其中,他们既为自己祷告,也为家人及村社、国家祷告。故而,从总体上看,天公斋应属人我合益型。

随着道教斋醮法事的流行,各种科仪的功能不断衍生,其"人我合益"的特质更为明显,尤其是那些大型综合性斋醮法事更是如此。所以,我在上面的划分只具有相对意义。如果从动态上考察,相信还能发现彼此功能的转换。"为我性"当中包含着"为他性",而"为他性"当中也包含着"为我性"。从道教天人合一的角度来看,"我"与"他"最终都要汇通于大道,故道教科仪的最高境界也是"大通齐同"境界。从现实的角度看,道教科仪由于强调人神沟通,神秘性成分较为明显,但其中也包含许多道德教化的内涵,具有一定的积极价值。

三 道教科仪的实施条件

对事物进行分类,只是较初步的一种理论工作,我们不能因之而止步不前。当我们对道教科仪的类型有了较为系统的认识之后,应着重探讨其实施条件与过程,以便对其整体有比较全面的了解。

不同的道教科仪所需要的条件是不一样的。尤其是内斋,主要是一种内心的反省存想功夫,因此对外部条件要求较低;但对于外斋来说没有一定的条件是无法实施的。所以,本节将主要就外斋的条件略作说明。

(一)外斋类科仪的主持者

科仪活动必须由人来组织。在道教信奉者心目中,科仪是人向神明联络的媒介,科仪组织必须由专门受过训练的道门中人来主持。

科仪主持的核心人物是"三法师",即高功、监斋、都讲。

高功,原指学识渊博、功德高尚之人。在发展时期的道教中,高功是科仪进行的举足轻重者。对高功的选定,向来有严格的规定。其准则是:"道德内充,威仪外备,俯仰动止,莫非法式。"①这包括三个方面:首先要有很高的道德修养。这个"道德"是从广义上说的,即老子《道德经》所讲的那种化

---

① 陆修静:《洞玄灵宝斋说光烛戒罚灯祝愿仪》,《道藏》第9册,第825页。

生乾坤天地的"道"与涵养万物的"德"。道与德浑然一体,流行于宇宙之间。高功者,天人交感,故能使"道德内充"。其次是要有"美善"之仪表。这种仪表不是一般人所理解的那种"漂亮"的脸蛋,因为道教选择高功并不是为了演戏;所谓"威"指的是"威严"。按道教的理念看来,与神沟通,这是一件严肃的事情,故主事者当有声威。这种"外备"的威仪不是人为的装扮,而是由于"道德内充"的结果,内有美德,善气运行,达于四肢,溢于华表,这就是所谓的"外备"。复次,被选为道教科仪的高功应该是深明法式的人,"法式"就是行动之规范。修行之人必须按照"道戒"来行动,平日间的一举一动都符合道的神韵,故能在科仪进行时完全进入自然法式的状态。高功的任务主要是"通真召灵",释疑解滞,导达群贤。可见他们的言行起着一种导向作用。

作为高功法师的主要辅助者,都讲在法事活动过程中也起着中坚作用。"都"是"总"的意思。都讲,就是科仪赞颂演讲之统领者,通俗地说,即参加科仪的道士领班。对于都讲的品格要求以及基本职责,不同的道教典籍有不同的描述,但一般来说都强调"天赋"素质好。在仪式操作过程中,都讲担当着更为具体的任务,他们对科仪的程序和唱赞之内容应该达到精究的程度。同时,他们也升座"讲说",默契恳祷,可见都讲也担当着沟通人神的一些功能。随着道教科仪的发展和世俗化,都讲的职能也因之而增加,甚至连"击磬齐众,赞唱升坛"诸多要事也由都讲来负责。

在科仪之法师中,监斋是担当监督作用的一个特殊道职。监者,察也,监斋即是监督明察斋醮科仪进行的整个过程。他们必须在整体上对法事基本原则有全面的把握,做到胸有成竹。为了保证其科仪的顺利进行,道教作了种种禁戒性的规定,科仪之实施者必须严格遵守。为严肃起见,道门设监斋一职以督察之。如果发现有违反者,当即依科而纠正之,从而使科仪体现出一种庄严神圣性。从职责上说,监斋必须是铁面无私,不惜人情。他们不仅督察坛场科仪之进行,对"供主"在科仪实施过程中的举动也依章察检。

(二) 科仪坛场的设立

坛场是宗教举行活动的场所。在客观上,坛场的设立是仪式进行的空间保证。故而,几乎所有的宗教在仪式举行之前都要设立规范化的坛场。在道教中,坛场是一项基础性设施。在中国,坛场设立由来已久。上古时期即有天坛或泰坛之类，道教承袭古制而有所变通，因科仪之宗旨而设立种种坛场，诸如戒坛、醮坛、斋坛、上章坛，等等。

斋坛是道教科仪设施最基本的一种，它是为举行大型斋仪而设定的。按照《灵宝领教济度金书》卷一的记载，坛场按五方位置来建构，依天地人三才对应模式设立三层坛场，分别称为内坛、中坛、外坛。这三个坛场按照一定比例来布置。内坛高三尺，方广一丈八尺，上安纂二十枚；中坛高一尺五寸，方广三丈，上安纂二十四枚；外坛以平地为之，方广四丈，安纂二十八枚。三层之外，方广四丈六尺，安花柱三十二枚。三坛之外，尚有金箓灯图，法三十六天、二十八星宿。

醮坛是道教科仪的另一种基本设施，是为修真降圣、祷神祀灵而建立的。《灵宝领教济度金书》卷一于《三界醮坛图》之下释云："醮坛，即醮筵也。"①筵是席位的意思。"醮筵"就是祭祷神明所设立的席位。"三界醮坛"是祭祷三清胜境诸神的一种坛场，该坛场的建构突出三清的地位，于中间高设三清座，前方留有数尺，以便通行；又设"七御座"，每位高牌曲几，香花灯烛，供奉如法，以示尊贵。另有左右班列圣之位等交"降圣司"自排高下。坛中别立掌醮、降圣二位，预先祈请以降圣。

道教科仪坛场设立之后，并不能马上举行仪式。要使这种坛场能为正式科仪服务，还必须进行"敕坛仪"，这是正式科仪进行之前的一种"准仪式"。敕坛必须先办理水、剑之物，安于地户上，于剑、水之处所进行一系列的存思、恳祷以及步罡踏斗活动，然后再正式实施斋醮科仪。

（三）科仪法器、法服、供品、文检诸物的预备

道教科仪是一种具有综合文化特征的仪式活动，它的展开需要种种物品相辅助。比较重要的有如下几方面：

第一，法器。这是道教科仪所需的作法器具。除了坛场准备所涉及的旗、幡、剑、水、灯之类外，最常用的尚有镜、令牌、木函、钟鼓等。

木函，是存放呈告神灵章表的一种木制匣子。一般地说，木函以柏木或梓木制作而成，其尺寸大小在道经中记载不一。《灵宝玉鉴》以为其阔四寸，以法师中指中节度量之，每节算一寸。由于木函起着一种联络人神的

① 《道藏》第7册，第28页。

"邮递"作用,道门中人在制作时还在外观上刻上星象之类,以示天人感应之"符信"。

木检,是道教科仪中表示行礼禀告所用的一种器具。其名称不一,或称作笏,或称作朝板、手板等等。笏,是一种狭长的板子,一般用竹子制作而成,故从竹。举行科仪时,道人执木检有一定的规矩,即要把"木检"捧在当心位置,以示虔诚、天地和通。

香炉,是道教宫观中常备的器物之一,道教科仪也少不了它。在法事进行过程中,香炉成为一种具有象征意义的法器,它不仅是为了烧香之用,而且是"玄根"之所系。在道门中人心目中,罗天胜境,太上大道君所居处的"七宝自然之台"就像一个香炉,旋绕香炉周转就像在天上绕着七宝自然之台旋转。

钟,是一种古乐器。在道教早期神仙传说中,"钟"已经富有传奇色彩,后来道教更认为钟是人神相互感应的重要工具,这种认识决定了"钟"在道教科仪中的突出地位。

有了钟,还需要鼓相配合。此外,他如磬、木鱼、策杖、旌、法印、节、如意、宝盖等物也是道教科仪必需的法器。

第二,法服及其他。除法器之外,道教科仪对法服、供品、文检也有专门的规定。

法服,是冠服的一种。中国是一个礼度之邦,强调穿着应该合乎礼仪。道教科仪是中国古代礼制的一种神学变格,所以在科仪中就必须有合乎道法的礼服。道教科仪法服分上圣服和道士服两类。上圣服是神仙真人之服,其制作在早期较为复杂,后来渐趋简化;至于道士科仪之服,乃按照科仪过程中所担当的职务不同而有不同。在各地区,道教法服也随着时代的变化而有所变化,但不论情况如何,在科仪举行之前,就准备好整洁法服,这是基本的要求。

供品,是道教科仪必备的献祭物品。在仪式进行过程中向自己所崇拜的神明献上供品,这是一种传统的法度。道教科仪按其品类之不同而有种种供品之设,最基本的是"五供",即:香、花、灯、水、果。另一种做法是以金、木、水、火、土为"五供"。明清以来,形成了"十献"的供品制度,除了五供之外,再加上茶、斋、宝、衣、钱。

文检,作为道教科仪文书,也是不可缺少的。文检指的是关牒、表申、章奏之类。这些品式基本上是在科仪正式举行之前就拟定的,主事者必须做好充分准备。

四　道教科仪系统的符号性

道教科仪是一个系统,这是没有疑问的。因为它本身不仅有相对独立性,而且由各种类别组合而成。从哲学的反映论观点看,道教科仪是以一种带有神秘色彩的动作系列以及自然语言系列、心理意象系列相结合来表达中国先民禳灾祈福的内心愿望的意识聚合态。由于它是在交流过程中表现其存在和功能的,就必然造成一种观念存在机制,这一机制是符号化的。因此,我们不但要看到道教科仪的系统性,而且还必须认识其符号性。

（一）符号的类型和属性略说

从产生的角度看,符号是人类意识投射的一种标记。物质世界,客观事物千千万万,在它们还没有打上人类文化印记时只是存在着的实体,如山石树木这种物理实体以及野兽的种种叫声,作为客体存在,本来并没有代表性,因此也就不具备符号意义。但是,当客观存在物与人接触、成为人思考的对象之后,符号产生的条件也就具备了。

如果某一客观存在物在人们的观念中成为另一种客观存在物出现的先兆,那么这种先兆已经被赋予代表性的意义,故而转变为符号。由于这种符号是直接来源于自然界,带有自然质朴性,可称之为自然符号。

为了交流和说明的需要,人类对自然界各种事物的音响形态进行模拟,遂有最初的人工符号。其后,经过较长时间的演变,人类的生活劳动创造了高级的人工符号——语言文字。它们有着更为丰富多样的表意功能,故其"符值"也就更高。然而,不论是高级的人工符号还是低级的自然符号,都有一个共同点,就是代表性。它们在人类意念思考下不是标志着自身的存在,而是标志着"别者"的化身。弄通这种属性,我们就比较容易把握道教科仪的符号性了。

（二）道教科仪的符号特性分析

从总体上说,道教科仪的符号性指的是它由一系列具有代表意义的科仪群组合而成。这些科仪群可以分解为不同的科仪体,即具有相对独立性的科仪个体;而科仪个体亦可分解为科仪元,科仪元可分解为物的或人的组合因素。作为科仪组合的最小单位——科仪素,当它们游离于科仪元时就没有科仪的代表意义;但是,当它们被组合起来构成科仪元时也就有代表意义了,从而便具备了符号性。例如说手印,当它发生于普通人的手上,只能是一种自然状态的手势动作,这时它不指称什么也不代表什么;但是,当手印发生于行斋中的道士手上便生成了指称意义,成为某种观念的代表。在道教中,手印又称印诀、掐诀、捻目,系道人行法诵咒时以手结成的形态符号。道门向来很看重这种动作符号。《道法会元》卷一六〇称:"祖师心传诀目,通幽洞微,召神御鬼,要在于握诀。"①这个"诀目"系指"掐诀"的手势。每一个"诀目"都有一定的代表意义。行斋人之手无论是掌或指纹都有相应的象征蕴涵。所谓北斗七星、十二时辰、九宫八卦、二十八星宿罗络于一掌之中便体现了这种旨趣。就拿指纹来说,道门以二、三、四指的九个关节纹为九宫八卦阵,中指中纹代表中宫,配上洛书之中数五,其余八纹代表乾、震、坎、艮、坤、巽、离、兑八卦。另一种法式是以手指之劳宫穴为中宫,八卦分布于掌上八个方位,这样,手上每一个部位便有相应的代码意义。在古人的心目中,八卦往往代表了整个宇宙,当它们在手掌上有了相对应的位置时,行斋人之手实际上便成了浓缩的宇宙图式。由此不难发现,当手印成为科仪元的组成因素时,其相应的代码意义便是可以随机生成的,因为《易经》八卦本来就是"空套子",可以代表宇宙间各种各样的事物。

　　当然,不只是掐诀这么一种科仪元具有符号性;实际上,整个道教科仪都是符号性的。这可以从两个角度来说明:第一,存在状态的符号性。道教科仪的实施本身并不是目的,而只是手段;科仪的观念即思想的本体并没有直接露面,也不可能直接露面。因为思想是无形的,"无"不可自显,必须通过"有"来显示。而有形之仪在实施者操作过程中也一定是在无形的观念催动下才发生有序组合,这是一种"有无相资"。由于有形之仪表现的不是它自身,而是无形观念的化身,这就产生了符号性。第二,实施程序的符号性。存在是空间与时间的统一。实施的程序既离不开空间又离不开时间。程序的空间性特征表现为某种物质形态或心理意象的舒展,离开了空间也

---

① 《道藏》第30册,第6页。

就没有程序的状态。另一方面，程序也具有时间性。科仪中的物质形态或心理意象按一定方向的运行体现了时间性。但是，具有时空统一性的道教科仪程序并不像大千世界的物理运动一样，此物由甲地到乙地只具有自然流程的意义；相反，道教科仪程序是被一定的目的规范，且在特定观念指导下组合起来的。因此，程序也不代表程序自己，而是祈福消灾观念象征的"集合链"，这种"集合链"在特定空间与时间状态下把人类的某些内心愿望或追求映射出来，这就是程序的符号性。从这个意义上说，道教科仪程序乃是此等科仪实施者内在心灵轨迹的符号编码，它以时空统一性之状态表现了符号的组合功能。

五　道教科仪是一种通讯语言

道门创造了丰富多彩的科仪符号，其目的是什么呢？从最终意义上说，当然是为了消灾解难乃至羽化登仙；但从功能学的角度看，创造科仪符号却是为了通讯，即与天地各界的所谓"神鬼仙真"交通。故而，我们可以把道教科仪当做一种独特的通讯语言。各种科仪元就是这种通讯语言的语汇，科仪体是词组，科仪群是句子或段落，构成科仪程序的原则便是它的语法。

（一）道教科仪的表意功能

任何一种语言都必须能够表意。也就是说，语言必定要具备传达思想情感的功能。道教科仪是否具备表意特征呢？回答是肯定的。因为道教科仪是自然语言、心念意象、动作造型的混合编码，这三者都是一定社会历史条件下的产物，是一种精神积淀品，故具备表意功能是毋庸置疑的事。

所谓"自然语言"是指在一定历史时期自然形成的社会成员之间交流思想的语言。道教科仪中常有"宿启"、"诵经"的节目，其言词都是以古代汉语写成的。例如《灵宝领教济度金书》卷一六《补职说戒仪》有这样一段"启白"："伏以建斋行道，威仪夙列于三元；分任设官，俯仰聿符于四极。诸天临轩而校录，众真侍座以监观……"①以下说明所补各类道职，这是直接对所信奉的神明说话，所表之意是明白的。

---

① 《道藏》第 7 册，第 115 页。

科仪中的心念意象是斋主因祈祷等心理活动所造成的内在形象,它们是意念的直接产物,当然也具有表意功能。至于动作造型,是服从于整个科仪目的,诸如三跪九叩、化坛、烧香、捻香之类,作为个体都有一定的意指,合而成为程序,更是寄托了斋人的特定思想观念、情感愿望。

(二) 道教科仪的信息传递

有了交通对象又具备了表意功能,道教科仪的语言特征也就显示出来了。但是,这种语言又是如何成为通讯手段的呢? 这牵涉到对通讯概念的理解。所谓通讯,不同的学派可以有不同的理解或解释。一般地说,通讯是一种行为。在这种行为中,信息的发出者按一定的代码、通过一定的信息媒体,将该信息传达给信息的接受者。这个通讯定义包含着六大要素:(1)信息发出者;(2)语境;(3)信息;(4)信道;(5)代码;(6)信息接受者。

从上面的分析中,我们可以发现,道教科仪不仅有实施的主体,而且有交通对象;如果把实施主体——斋人当做信息发出者,那么其交通对象就可以相应地看做信息接受者,而中间的四个要素,最重要的是信息。因此,我们有必要对道教科仪的信息性作一番侧重考察。由于道教科仪是以符号形式出现的,必然会具备信息性,因为符号是意义的代表,它与意义不可分离地处于统一体中。符号代表的意义也就是信息。信者,人言也;息者,发言者心灵之表达也。斋人选择一定的符号传达心声,就形成了独特的道教科仪信息。

道教科仪中的种种信息是怎样传递的? 这有种种情况,必须分别加以说明。由于古代的条件限制,那时还不可能想到用无线电来进行联络;不过,道门自有道门的信息传递办法。很早的时候,古人曾经通过邮驿来传送信件或公文军令,这种形式也被道教科仪所借用。道教举办外斋类科仪,要设立“四驿”,这是仿照世间邮驿而建造的四座驿站,即蛟龙驿、金龙驿、风火驿、金马驿。每座驿站内都设有状如力士的神吏,手持黄色令旗,道士行仪作法时,据说可以书符相召,让这些神吏来传达符檄、表申之类。另一种传达信息的使者是所谓直符神。道教认为,一日十二时辰,每一个时辰都有直符神“值班”,举行科仪时亦可依时辰不同而向相关的直符神发出邀召之符令。这样,直符神便可将有关表申送往仙真圣界,以便及时沟通处理。这种通过驿站神吏或十二时辰直符神来传达信息的方式主要运用于外斋类科仪，尤其是大型斋醮法事中。至于内斋，由于是一种心理活动过程，其邮驿或直符是通过存想实现的，虽然并不像外斋法式要设立有形驿站，但传递信息的通道或媒介还是有的，只不过是一种心理意象而已。斋人在内心上存想，信息便随着其心理设定的"邮驿"传送出去，或传递回来。总之，道教科仪的信息交流尽管只是一种宗教的心灵境界，但却建构了一个通讯模式。这个模式虽然并无物理学意义，但对于心理学的语言通讯研究来说却具有重要价值。

六　道教科仪语言的内在结构

作为一种特殊的"通讯语言"，道教科仪必定有其内在的语法结构和章法规则。我们知道，通讯语言是通过代码来传递信息的。写信，用文字代码；打电话，用声音代码；发电报，用电讯代码。没有代码，信息就无法传递。道教科仪语言也是代码化的。因此，我们研究道教科仪语言的语法与章法实际上就是探讨其代码的组合规则。

道教禳灾祈福、羽化登仙的观念在斋醮科仪中由一系列程式来表现。这些程式就是代码。每一个代码，有相应的意义；代码因一定的规则而联结或组合，则表达了一定的观念或思想，信息量传递的多寡取决于程式代码的组合数量，而信息的内容则取决于程式代码的组合样式。就语言学的角度看，内在结构至少应包括词法、句法与章法。道教科仪语言是怎样发生并应用的呢？我们也应对其词法、句法与章法有一个基本的了解。

（一）道教科仪语言的词法

在天然语言即会话语言中，词是基本的语言单元，又是意义介入语言形式的单元。另外，词还是句子的组成成分。传统的语法学十分重视"词"的研究。现代西方结构主义语言学进一步对词进行细分，提出了"词素"的概念等等。在道教科仪语言中是否存在构词的"词法"呢？如果有构词法，那么这种词法规律何在呢？这是需要认真琢磨一番的。由于道教科仪语言使用"混合编码"，其词的形式与天然语言是有区别的；但彼此之间也可以有对应性，正像在天然语言中外国语与本国语可以互相对译一样，我们在混合编码的道教科仪语言与自然语言之间也可以实行对译。

道教科仪语言中的"词"有什么表现形态呢？为了认识这个问题，我们首先可以将道教科仪元看做词的单位。例如"发炉"，它是科仪中的相对独立的"时间段"，也就是在一个时间段内完成的相对独立的科仪动作，这个动作有起有止，合而为一元，因此是个科仪元；转换成型态语言来说，它便是"词"了。值得注意的是，运用天然语言来描述，"发炉"可以分解为两个部分，即"发"与"炉"。本来，"发"与"炉"在天然语言中属于两个词，一个是动词，另一个是名词；但在科仪语言中，"发炉"已经联为一体，彼此是不可分割的；这样，我们发现了道教科仪语言的一种构词法则，即科仪实施者发出一定的动作，作用于某一对象，遂形成了一个科仪语言的词。不过，在具体分析时，我们还必须注意到两种情况，即对象的显性存在与隐性存在。

　　所谓"显性存在"即科仪动作的对象是明显可见的，像上面提到的"发炉"，其动作对象是"炉"，这个"炉"就握在高功法师手中，诸如此类与法器相结合的型态都属于显性存在；所谓隐性存在指的是动作对象在接受者的视域内虽然并不存在，但在科仪的心理世界中却又是存在的。例如"心香"就是如此。《重阳全真集》卷七《踏莎行·咏烧香》："身是香炉，心同香子。香烟一性分明是。"在这里，烧香的动作对象是心理意象，它是一种潜在的、模拟性的。科仪语言中主体动作对象的显性存在与隐性存在，一阴一阳，互为其根，遂造成了其词汇的不断丰富。

（二）道教科仪语言的句法

　　在天然语言中，有了词，就可以构成词组，由词组又可以构成各种句子。人类口头陈述，句子千变万化，但最基本的是三种，即陈述句、疑问句、祈使句。在道教科仪语言中也可以找到对应的形式结构。

　　第一，道教科仪语言陈述句。陈述句是对事物存在状态的表达或说明，道教科仪陈述句是运用一系列代码对某种意蕴的暗示。对道教科仪陈述句的读解，首先应抓住科仪元的主干，进行有关成分的"添加"。在道教科仪中，一个陈述句的主干成分有几个科仪元，这要依具体情况而定。例如对于"生日本命仪"的举行来说，它由升坛、发炉、署职、上香、忏方、命魔、三启、三礼、举愿这些程序组成。怎样在有关的科仪元上划出相应程序段以便进行句子成分的添加或复原呢？这要看划段时是否能获得相对独立的意义。按这个准则，我们可以把"升坛"与"发炉"分一段，"署职"分一段，"命魔"分一段，"三启"、"三礼"分一段，"举愿"分一段。然后添加成分，构成句子。其实，每一个科仪元基本上是以动作为核心来命名的，其主格被省略了。如果将实施者恢复进科仪元之中，就可以发现其句子的结构，例如，在"升坛"之前加上我或者你、他，就会形成"我（你、他）升坛"这样完整的句子。其他各科仪元也是如此。

第二，道教科仪语言祈使句。祈使是一种驱动信号的发布。在天然语言中，凡是命令、号召、要求都有祈使功能。在道教科仪中，祈使有的时候直接运用天然语言来传达，但更多的则是通过动作造型来传递。由于道教科仪元的代码信号有许多具备了祈使意义，当斋人完成了具有这种功能的科仪程序时，实际上等于发布了一道祈使的"命令"。例如上面所言及的"发炉"，从表面上看是斋人在一定时空范围完成了规定的动作，是一种陈述。但是，这种陈述又带有祈使意义，因为"发炉"表示的是斋人要求"太上道君，太上老君"召出斋人身中的"三五功曹"等能为之完成一定任务的"神仙"。由此看来，道教科仪语言中的陈述句与祈使句并非存在着一条不可逾越的鸿沟：在一定层次上看，它们是陈述句；但在另一层次上看又变成祈使句。

第三，道教科仪语言疑问句。疑问句是对某种不明白之事的发问或询问，科仪举行时也存在着一些需要解答的问题。如何向科仪对象表示疑问的存在呢？在许多情况下，斋主可以直接地面神而陈；但也有一些情况是用动作来表示的。如"分灯"仪式中，高功法师在问到"灯光明否"时将火束晃动，这便是表示一种疑问，它与天然语言的发问同时发生于斋主的身上。如果把火束晃动独立出来，它便具有疑问句的功能了。此外，像"掐诀"之类，按八卦九宫方位掐出卦印，这本身也包含着一个询问神明的潜在层次。因为在《易经》中，求卦是以某种疑问为发生前提的。再说，属于内斋方面的科仪，常常会通过一定的心理意象表示某种疑问。当疑问解决了，心斋也就达到了一个满意的境界。

（三）道教科仪语言的章法

有了句子就可以构成文章。任何一种文章看起来千变万化，但也有一定的建构规则。通常在写作学中所谓"篇章结构"说的就是章法。文章的体裁多种多样，论述性的文章与描述性的文章各有不同的写作规则。

如果我们把道教的"科仪体"当做文章的段落，那么"科仪群"可以说就是一篇完整的"文章"了。由于道教科仪类别众多,其构成的章法各有特色,我们的研究也就难于进行细致的推究。尤其是有关内斋方面的科仪,其"章法"因受"存想"的功能催动,并非有固定的格式。另一方面,正像张三写的文章与李四写的文章各有不同风格一样,道教科仪的章法在具体运用过程中,也是因时因地因事而变更的。但是,倘若从总体上把握,我们仍然可以发现一些带有普遍意义的规则。

第一,时间性衔接。科仪是一种活动,而活动必定是在一定时间范围内进行的。因此,"科仪章法"具有时间性,这是不言而喻的。在道教中许多科仪文献往往有实施程序的描述,言及×日"节目",例如"明真斋三日节目"、"开度黄箓斋五日节目"等。这些节目安排都是依时间的先后顺序而定的。这正如写作上的记叙文有一种按时间先后安排故事情节的方式一样。科仪章法的时间性是人类生活时间性的一种表现。斋人要完成既定科仪的各种节目,不可能在一个非常有限的时间中全部进行,必须分出阶段来。这样做,可以体现一种自然秩序感。

第二,因果性连接。因果性连接是以时间性连接为前提的。有因必有果,有果必有因。事物的发展只能是因在先而果在后,有先有后,这就是一种时间性。但是,我们不能反过来说,任何时间性连接的科仪章法都是因果性的。事实上,在时间上先后出现的事物并不一定都有因果关系。譬如说三十年前有一男子出生,三十年后又有一男子出生,我们不能据此便断定前一个男子是后一个男子的父亲。他们之间是否存在父子关系,必须从血缘上找到根据才能确定。

从道教科仪体到科仪群的组合,其间是否有因果关系,也应该从观念的意指上加以考察。当然,必须指出,科仪中的因果与客观中的因果还不能等同起来。因为科仪因果的认定是宗教信仰的一种产物。例如"十回度人经法道场"的举行在道门看来就是一种因果设定。该道场之实施,先要告奏三清大帝、三天门下省十方灵宝天尊、三十二天上帝玄师等,遍告斋意,乞赦罪放魂,赴坛闻经听法;午后则立真师幕,次又立玄师幕,开启斋坛,次发放招魂符札;入夜宿启玄坛,关灯破狱,摄召正度魂灵及宗祖冤仇,赴坛全形沐浴,等等。这种程序安排体现了道门的一种因果观念,即:因为先祖有罪,魂魄入于炼狱,所以启禀天神放魂;因为魂入狱之后方向不明,所以必须以符札召之,等等。其次序间存在着一种"设定因果"。尽管前提是设定的,但其程序却有内在的逻辑关系。

第三,空间性组合。道教科仪的规模不等,小的科仪只在一个空间区域进行,但大的科仪可以同时在几个空间区域内进行。例如罗天大醮便是这样。罗天是道门认定的天之三界的极高处。《无上秘要》卷四称天有欲界、色界、无色界等共二十八天,"三界之上,渺渺大罗"。在道人心目中,大罗天是神仙居住妙境。举行罗天大醮是为了国泰民安,同时也是为了消罪谢恩、祈寿延年等,其规模非常盛大。1993 年,由中国道教协会发起进行的罗天大醮,其主道场设立于北京白云观,而在四川、湖北、香港等地又设立分道场,四方呼应,体现了广袤的空间感。

总之,道教科仪虽然千姿百态,但在总体上又是有一定章法的。这种章法是它作为道教专门的符号语言、作为一种通讯手段的必然要求。它是一定社会历史阶段的产物,在其深层次上潜藏着社会属性和个人属性的对立统一。

【复习与练习】

1. 什么是科仪？什么叫斋醮？道教斋醮科仪是如何形成的？
2. 道教科仪的主要类型有哪些？道教科仪的基本实施条件及其作用如何？
3. 为什么说道教科仪是一个符号系统？
4. 道教科仪的通讯特点体现在哪些方面？
5. 怎样认识道教科仪的"语言"特征？

【参考读物】

1. 陈国符:《道教斋醮仪源考略》,《明清史国际学术讨论会论文集》,1962 年。
2. 卿希泰:《关于道教斋醮及其形成问题初探》,《世界宗教研究》1986 年第 4 期。
3. 陈耀庭:《照彻幽暗,破狱度人——论灯仪的形成及其社会思想内容》,《道家文化研究》第 5 辑,上海古籍出版社,1994 年。
4. 张泽洪:《道教斋醮符咒仪式》,巴蜀书社,1999 年。

第十三讲

包容广阔的道教文学

【学习目的】　了解道教文学概念的形成过程,弄清道教文学的基本内涵,分析道教文学的主要体式和特点,掌握鉴赏的方法,发掘道教文学的审美价值,认识道教文学的历史地位。

从道教科仪研究的工作就有可能得出"道教文学"的命题,因为道教科仪向来与文学具有密切关系,道门中人上章、赞颂所采用的形式在一定程度上具有文学价值。科仪中的各种文诰往往以骈文体裁来写作,具有较高的文学欣赏价值。当然,就整体而言,道门中人并非仅仅在科仪举行过程中才使用文学手段。其实,如果我们仔细阅读一下《道藏》,就可以发现,道门中人在道教活动过程中创作了许许多多有价值的诗词、散文作品。至于《道藏》之外,有关道教内容的文学作品也具有相当可观的数量。

在以往的文学通史类著作中,尽管比较少论及道教文学的内容,但近二十年来,学术界对道教文学的研究却是越来越升温,或者追溯源流,或者进行体裁划分,或者进行专题专史考察,这一切都显示了道教文学研究的生命力。

一　道教文学概念的形成与含义

道教文学是以道教活动为基本题材内容的文学作品的总称。道教文学研究是中国文学研究的一大专题,同时也是道教文化总体研究不可缺少的组成部分。

（一）道教文学概念的提出

"道教文学"虽然是在 1988 年出版的《中国大百科全书·宗教卷》中才正式定名,但在此之前这个概念已有学者使用。如台湾地区的李丰楙在1978 年完成的博士论文《魏晋南北朝文士与道教的关系》以及日本学者游佐升在福井康顺等人监修的三卷本《道教》之第二卷《道教的展开》中都可见到这个概念的使用。作为一个具有边缘学科意义的名称，道教文学的正式定名并逐步获得社会承认，是具有学术研究的深厚背景的。早在上世纪二三十年代，一些学者已开始对道教经籍中富有文学色彩的作品开展研究，并且出版了若干部有一定学术价值的著作，如 1929 年魏应麒的《福建三神考》、1933 年潘昶的《金莲仙史》。这两部著作虽然并不是专门从文学角度对道教进行探讨，但却为后来学者对道教神仙人物形象的分析开拓了视野。在这一时期，一些有关道教神仙形象分析的论文也陆续发表，如梁韦 1926 年发表于《东方杂志》的《灶神的研究》以及灶景深、叶德钧、浦江清等人对八仙故事传说的研究成果，都为人们了解、认识道教神仙形象及其社会影响提供了有益的启示。另外，有些学者则对道教神仙诗或道教信徒的诗词作品进行了搜罗、整理、探究，如 1935 年上海邑庙翼化堂书局出版的常遵先先生的《吕祖诗解》、1943 年重庆商务印书馆出版的李长之的《道教徒的诗人李白及其痛苦》，展示了文学研究的新视野。1977 年以后，随着道教研究的恢复和逐步发展，与之相关的多种交叉性探究工作受到学者的关注。中国古代文学与道教的关系研究日渐兴盛，其成果主要表现在三个方面：第一，从总体上探究道教对中国古代文学的影响。如葛兆光在《文学遗产》1987 年第 4 期发表的《想象的世界——道教与中国古代文学》，指出道教对古代文学的影响表现在它刺激了人们的想象力、提供了许多神奇意象，这些意象的凝固形态作为"典故"渗透在古典诗词之中，其扩展形态作为情节、场面及"原型"表现在中国古典戏曲、小说之中。第二，探讨某种文学体式与道教的关系。如黄幼珍在《文学遗产》1988 年第 4 期发表的《柳词与全真道士词》、汪义生在《上饶师专学报》1986 年第 3 期发表的《试论明弋阳腔剧本中的原始道教思想印迹》、侯光复在《文学遗产》1988 年第 5 期发表的《元前期曲坛与全真教》、刘守华在《思想战线》1988 年第 2 期发表的《道教与中国民间故事传说》等，这些文章分别从诗词、戏曲、故事等方面发掘道教思想蕴涵，展现道门中人对文学体式的应用。第三，具体分析作家作品与道教的关系。如柳存仁在六七十年代撰写的有关《封神演义》以及《四游记》作者及版本内容的数篇有分量的论文，牟钟鉴在《宗教学研究》1988 年第 3—4 期合刊本上发表的《〈红楼梦〉与道家道教》、陈辽在《吉林大学社会科学学报》1987 年第 5 期发表的《道教和〈封神演义〉》等等，这些文章尽管尚未接触"道教文学"的概念问题,却为道教文学研究打通了许多渠道。

(二) 关于道教文学定义范畴的看法

日本学者游佐升在对"道教与文学"进行交叉性探讨时应用"道教文学"这个概念,他在论述过程中把道门中人创作的与道教相关的文学即所谓道教内部产生的文学当做"道教文学";不过,由于他的研究重心仍是要探讨道教与文学的相互关系问题,故未能对其所指的"道教文学"作品做具体细致的考察,对于所谓道教内部产生的文学的发展也缺乏条理的说明。后来,四川大学宗教学研究所古存云先生为《中国大百科全书·宗教卷》撰写"道教文学"条目时有了明确的界定,指出道教文学是以宣传道教教义、神仙出世思想以及反映其宗教生活为题材内容的各种形式的文学作品。该条目对道教文学的主要形式游仙诗、步虚词、青词、神仙道化剧、神魔小说、道情等作了概括性阐述。

《中国大百科全书·宗教卷》第一次清晰地揭示了道教文学的主题与内容的基本特色,为后来学术界对道教文学历史脉络的追索与多层次考察铺平了道路。1992 年 5 月,拙作《道教文学史》由上海文艺出版社出版。在该书的《导论》中,我对"道教文学"概念作了进一步阐述,指出道教文学是伴随着道教的出现而出现的,没有道教也就没有道教文学;同时,书中还说明了道教文学"以道教活动为题材"的具体含义指的是其形象的塑造和意境的创造都是以道教活动为本原的。基于前人的许多研究成果,我以为道教活动的基本要素应该包括六个主要方面:(1)活动的精神支柱——道体与诸神仙;(2)活动的主体——人,包括职业道士和一般信仰者;(3)活动的方式——仪式以及诸方术的实施;(4)活动的场所——宫观名山;(5)活动的基本理论指导——教义;(6)活动所产生的情感、作用及成效。这就是说,凡是以说明道体本身或者叙说道教神仙及信仰者(包括道士)的事迹、活动以及描写道教的宫观、名山,记录道教斋醮仪式活动和阐明道教教义,并宣扬信奉之效果及自我体道的情怀为题材的文学作品都可以说属于道教文学的范畴。概而言之,道教文学就是对道教活动的反映,但这种"反映"又不是千篇一律的。作为文学的"反映"允许艺术的想象和夸张。

二 从题材角度看道教文学的范围

正如其他文学艺术形态一样,道教文学经过长期的发展不仅形成了自己独特的内容,而且也具有相对稳定的体式。我们研究道教文学不仅要考察其内容,而且必须了解其体式特征。从这两个方面深入,是我们把握道教文学基本性质功能的基本工作。为了便于论述,本节将从题材内容角度讨论道教文学的研究范围。

(一) 道教文学的内容范围

自《中国大百科全书·宗教卷》问世以来,人们阐述"道教文学"的概念内涵是从题材内容入手的。既然人们以反映"道教活动"作为道教文学的题材,那就意味着在研究过程中必须以此类题材的作品为基本对象。因此,我们不但应该研究收入《正统道藏》、《万历续道藏》、《道藏辑要》、《藏外道书》、《道藏精华》等丛书中的文学作品,而且也要研究道教丛书以外的其他反映道教活动的文学作品;不仅要研究道门中人的文学作品,而且也要研究非道门中人所创作的以反映道教活动为内容的文学作品。必须强调的是,以道教活动为题材内容,并不要求作者百分之百地站在道教立场上说话,或者完全以道教的思想为作品的主题思想。作者可以站在道教立场上说话,也可以从批评道教的角度来反映道教活动。从反面的角度亦可窥探道教活动的一些特点。

道教文学的研究范围,还应包括那些受道教思想影响的作品。事实证明,在中国古代文学的大观园中,有相当一些作品虽然并非专门以道教活动为题材,亦非纯粹以道教思想为其主题思想,但受道教思想影响却是不容抹煞的。如《长生殿》基本属于言情类,但由于主人公杨贵妃曾经当过道姑,因此,书中亦不能不借助道教素材,不能不牵涉到有关道教的教理;再如一些描写唐朝李家皇朝创业过程的作品,以反映现实生活为主,但又有很浓的道教图谶传说的味道。像唐朝钟辂撰《前定录》,多言征应,玄虚神秘,即源于道教图谶。对这类作品进行研究,也是弄清道教文学在发展中的纵横交叉关系所必需的。况且,有些作品在一定历史时期属于受道教思想影响一类,随着时代的变迁,经有些人加以改编,就从受影响一类转变为道教文学作品了。可见,道教文学作品与受道教思想影响的作品,两者既是相互区别,又是可以相互转化的,我们不能用静止的观点看待这类作品,而应从动态中来考察和研究它们。

　　道教文学研究,也要讨论那些以老庄道家思想为宗旨的作品。这是因为以老庄为代表的先秦道家学派虽不同于汉代以后的道教,但它们之间并不存在不可逾越的鸿沟。过去,学术界谈到道家与道教时,更多的是注意其相互区别。不错,以老庄为代表的道家和汉代后的道教有各自不同的特点,但道教继承了老庄道家的基本思想,这也是显而易见的。道教"逆向运动"的修行观,正是从老庄那里来的。老子在《道德经》中就说到"大曰逝,逝曰远,远曰反",这是逆推往返观念的概要性表述。庄子也有这种思想。在《齐物论》中,庄子从"有"与"无"的基本概念出发,探究宇宙本始,其寻根究底的思维方式也是一种逆向运动。正是通过这种逆向运动,庄子也寻求到了"道"。在这个根本问题上,先秦道家和汉代后的道教是一致的,只是道教逆推的路程更长,内容更复杂罢了。再说,对于神、帝、鬼的理解,道教与道家也基本一致。先秦道家并没有否认鬼神的存在。如老子谈及道时,说它存在于"帝之先"。庄子亦称:道者,"神鬼神帝,生天生地"[1]。老庄均把神、帝放在道之下。神、鬼、帝与道相比,降居次要地位,但毕竟还占有一席之地。后来的道教虽然大大发展了神仙鬼怪思想,但仍然是把道放在首要地位,以为一切神鬼都是依道而生,由道而显。此外,在清静与幻想问题上,道家与道教也有共同点。道家提倡清静无为,但并非就没有幻想,庄子就是一个非常喜欢幻想的人,正是由于他好幻想,才成为浪漫主义奠基人之一;而道教虽好幻想,但也并不是不讲清静无为,其实,道教的修炼过程是十分讲究虚静效果的。著名道教学者成玄英的"重玄"论、司马承祯的"坐忘"论就是贯彻清静宗旨的典型。既然道教与道家在许多根本点上存在着一致性,道教继承了道家的典籍和思想,那么,研究道教文学也就不能排斥那些以道家思想立意的作品。作为一条辅线,它们也应该在道教文学研究中占有一定地位。这样,我们才能够把握住道教文学发展的来龙去脉和复杂状况。

---

　　① 《庄子集解》卷二《大宗师》,《诸子集成》本,中华书局,1954 年。

（二）道教文学题材内容的边缘性问题

从道教与道家的关系问题，又可以推出另一个问题，就是道教与玄学的关系以及如何处理受玄学影响的文学作品。魏晋时期，《易》、《老》、《庄》号称"三玄"。《易》一书，对儒家学派来说是极为重要的经典，千百年来，一注再注，广为流传，而先秦道家可以说对《易》理的应用更为直接。老子《道德经》本来同《易》就有"血缘关系"，其对立统一观念、矛盾转化观念、量变质变萌芽思想均源于《易》。有些名词术语甚至是直接取自《易》，如损益、刚柔、阴阳等。《庄子》更是明确地说《易》的基本理论是"道阴阳"。可见，《易》、《老》、《庄》本来就有相通之处，将此列为"三玄"，说明魏晋人好玄思。他们倡"三玄"，但更主老庄。如王弼、郭象，以老庄思想注儒家经书，一时玄风大起，一班文人津津乐道，相继创作玄言诗、游仙诗。这类作品是否也应纳入道教文学史的研究范围呢？回答是肯定的。因为道家和道教既然在许多基本问题上具有一致性，玄学就不能不同道教发生密切关系。所以，对于那些受玄学影响或直接以文学形式弘扬玄理的作品也须论及。

道教文学还涉及反映隐逸的作品以及志怪和以阴阳五行为宗旨的文学作品。这几类作品虽然并不是专门反映道教活动的，但却与道教活动、道教义理有千丝万缕的联系。拿隐逸来说，隐者不必是道士，但道士兼隐士者亦常有之。志怪不一定都是道教活动中怪异现象的记载或神化，但其中存在这方面的大量内容则是毫无疑义的。如张华的《博物志》就有相当一些关于神仙的描述。此外，如干宝的《搜神记》、王嘉的《拾遗记》等均具有神仙内容。而以阴阳五行为宗旨的文学作品，既有很浓的神秘色彩，与道教活动亦难以分割。因为道教的基本理论就包括了阴阳五行的观念。这种观念在道教思想体系中甚至是十分重要的。

考虑到体现历史总进程的需要，我以为对道门中人所创作的以阐述哲理为主的作品也要稍加探讨。因为在某一阶段，如果离开了这一类作品的研究，就无法显示出历史的连续性。当然，把个别阐述教理为主的哲学思想类作品划入道教文学的研究范畴，并不意味着要专门来研究其哲学思想，如果那样做，就等于将道教文学研究混同于一般的道教思想研究。在涉及这类作品时，主要也是要从形式上加以研讨，从文学的价值方面加以发掘。

三　道教文学的主要体式

任何作品都必须具备内容,同时也应该有自己的结构形态。经过一定的历史积淀所形成的稳定的结构形态,就是"体式"。在文学发展史上,人们一般把作品的结构形态称作"体裁",我所谓"体式"与"体裁"虽然没有本质区别,但却侧重于其规范的稳定。道教文学体式与一般文学体式既存在共同的部分,也有不同的部分。现选择一些比较主要的加以介绍。

(一)道教散文

《道藏》五千多卷经书大半属于道教散文。另外,在其他许多中国古代丛书,诸如《四库全书》子部道家类、《四部丛刊》、《四部备要》中,均收有不同数量的道教散文作品。按体裁分,道教散文主要包括议论散文、叙事散文、赋体散文三种。

道教议论散文是阐述道教教义的一种文学体裁。由于道教乃是以先秦道家为母体,列子、庄子等先秦道家学派的散文作品遂成为道教散文之祖。道教创立之初,教派领袖一方面号召信徒们学习先秦道家典籍,另一方面又亲自动手创作散文作品,以建立教义,弘扬道法。为了使信徒们便于理解,早期道教议论散文大多采取语录体形式。如《太平清领书》基本上属于语录体散文。作者既摘录前贤语录,又搜集流行于民众中的口头语言,然后加以整理成书。后来,随着逻辑思维的发展,对话的成分逐渐减少,最后形成了一种阐明教义的畅玄体散文,这在魏晋时期已略见端倪,隋唐之后更有大发展。

与议论散文形成鲜明对照,道教叙事散文以记叙为本。在这种体式中,虽然偶有说理之处,但其主体却是记叙描述,有的篇章纯粹是描述,从表面上捕捉不到"义理"的影子。不过,在内层却往往又寄托着道教的哲理。如白玉蟾的《涌翠亭记》即是如此。其略云:"嘉定戊寅,琼山白玉蟾,携剑过玉隆,访富川,道经武城,双凫凌烟,一龙批(披)月,憩武城之西,望大江之东,抚剑而长呼,顾天而长啸,环武城皆山也。苍崖翠壑,青松白石,寒猿叫树,古涧生风,峭壁数层,断岸千尺,翼然如舞天之鹤,宛然如罩烟之龙者,柳山也。白苹红蓼,紫竹苍沙,鱼浮碧波,鸥卧素月,琉璃万顷,舳舻千梭,窈然如霞姬之帔，湛然如湘娥之縠者，修江也。山之下而江，江之上而亭。亭曰'涌翠'，盖取东坡'山为翠浪涌'之句。观其风物，披其景象，如章贡之郁孤台，如浔阳之琵琶亭者，涌翠亭也……倒影蘸水，天光水色，上下如镜，烟柳云丝，高低如幕……"①在这里，作者根据视线的变更来描述涌翠亭景观。先是交代自身途经武城的背景，接着笔锋一转，视线由远而近，引出了"涌翠亭"的地理位置，通过"柳山"与"修江"的面貌勾勒，以烘托的笔法，呈现出涌翠亭沁人心脾的景色。其文辞都是描述性的，但由于作者是以一个道士的眼光来观赏记述涌翠亭的，故而景色描述的字里行间又寄托着"效法自然"的思想情趣。另外，还有一些叙事散文侧重于故事的记述，例如记录某位道士的某项活动、介绍某所宫观的建造变迁情况等等。这类散文作品在道教经籍中为数不少，除了具有相当的资料价值之外，某些篇章亦具有较高的文学价值。

至于赋体散文在道教经籍中虽然比较少见，却也别具一格。赋体散文的重要特点或功能之一就是铺排描写。它适合于道士们表现自己对大自然的体验和修道生活，所以一些道教学者也采用了这种写作形式，或以之描写炼丹性状，或以之铺叙读经感受，等等。有的作品在标题上明确标出"赋"的字眼，有的作品虽未明言为赋，却仍属赋体散文一类。如萧廷芝的《读参同契作》，虽然未自称为赋，却具备了赋体散文铺叙描写的基本特征。他写道："复临泰壮夬乾兮，六阳左旋；姤遁否观剥坤兮，六阴右转。百八十阳兮，日宫春色；百八十阴兮，月殿秋光。月不自明，由日以受其明；日之有耀，因月以发其光。"②这一段主要是表达作者对《周易参同契》以"十二消息卦"象征金丹火候事的理解，抓住了"日月"的基本意象，再现金丹火候阴阳昇降的情状。

（二）道教小说

作为道教文学的一大类型，道教小说的内容丰富多彩。正像其他形式一样，道教小说也有一个形成和演变发展过程。

从渊源上看，道教小说的孕育可追溯到先秦时期的神仙传说。诸如

---

① 《道藏》第 4 册，第 751—752 页。
② 同上书，第 650 页。

《山海经》、《穆天子传》一类作品,已有不少神仙传说内容。两汉以降,随着道教的建立和道教活动的逐步展开,各种新的神仙传说、道人故事不断产生。道教领袖人物为了树立理想典型,为信徒们提供效法的楷模,遂注意搜集整理各种故事传闻,编纂成书。较早的有托名刘向的《列仙传》,继之有葛洪的《神仙传》,以及不知撰者的《三茅真君传》、《洞仙传》等,都是在这种气候下产生的,从目的上看,作者在编纂此类作品时,尚未有小说创作的自觉意识,他们基本上采用了史传文学的笔法;但由于其搜集来的素材大多出于民间传说,本身已带有某种夸张、虚构成分,故而一旦被整理成篇,也就具备了小说的基本要素。

隋唐开始,中国小说进入重要发展阶段,在志怪小说的基础上出现了传奇小说。一些道士和奉道文人借鉴传奇家之笔法,创作了道教传奇小说。鲁迅先生指出:"小说亦如诗,至唐代而一变,虽尚不离于搜奇记逸,然叙述宛转,文辞华艳,与六朝之粗陈梗概者较,演进之迹甚明,而尤显者乃在是时则始有意为小说。"①就道教小说的发展状况而言,也是如此。隋唐阶段,描写神仙道士的小说作品大量产生。除了道士本身注意继续编撰神仙传记之外,许多文人也广泛搜罗当时流行于民间的各种神仙故事传闻加以创作。例如李复言《续玄怪录》中的杜子春、谷神子《博异记》中的阴隐客、陈翰《异闻集》中的仆仆先生、李隐《潇湘录》中的益州老父,等等。在这些作者所撰的故事中,无论是酒徒、园叟、药贩、工匠、乞丐、胡人、书生、逸人,还是臣僚与富豪,只要虔诚信仰道教,努力修炼,都会成为有高超道术的神仙。

道教小说的鼎盛时期是元明清三代。在这一历史时期中,作家们不仅继续创作道教志怪传奇体作品,而且注意其通俗化工作,于是出现了为民众讲故事的"话本体"道教小说。究其源,道教话本体小说与南北朝阶段所流行的"变文"、"俗讲"一类说唱文学作品有一定的关系。随着讲唱需要的发展,说书人更加注意以情节取胜手法的应用,他们从古文献中采撷资料,以当时民众流行的口头语言进行创作。说书的范围很广,神仙志怪是其内容之一。此类作品往往将民间传说系统化,对一些关键性的细节进行加工,以道教法术描写警示世人。如《西湖三塔记》、《定州三怪》着力描述精灵鬼

---

① 《鲁迅全集》第9卷,第70页,人民文学出版社,1981年。

怪,字里行间笼罩着浓厚的恐怖气氛。在这一时期,还出现了模拟小说话本的体制进行创作的作品。如冯梦龙的《喻世明言》、《醒世恒言》、《警世通言》以及凌蒙初的《初刻拍案惊奇》与《二刻拍案惊奇》。文学史上将此五部作品称为"三言"、"两拍"。此类拟话本小说题材多种多样,其中亦不乏表现道教神仙思想观念或反映道教生活的篇章,例如《吕洞宾飞剑斩黄龙》、《旌阳宫铁树镇妖》,等等。拟话本道教小说往往采撷历史上影响广泛的神仙故事,将文献资料通俗化,寓教化于故事情节的展开过程中,体现了作者广博的历史知识和对道教掌故的谙熟。尤其值得注意的是,明清之际还出现了一大批以道教生活为题材、以宣扬道教思想为宗旨的长篇章回体小说,如《封神演义》、《吕仙飞剑记》、《四游记》、《韩湘子全传》、《绿野仙踪》等。这些作品或者将道门、民间流传的神仙故事加以系统化,进一步幻想化,或者借用历史故事的框架以阐发道教信念。此外,还有一些作品本是用以宣传佛教思想,但其中亦深受道教影响,如《西游记》即是如此。至于由此衍化而出的《唐三藏西游释厄传》、《西游记传》一类"西游续书",则更具浓厚的道教色彩。

（三）道教诗词

中国是一个诗歌发达的国度。中国文学史上,诗歌占有很大分量和重要地位。在道教文学中,诗歌数量之多也是引人注目的。早在东汉行世的《太平经》中,即可找到有关修身养性的"七言歌谣"。如该书卷三十八所载《师策文》就是一篇。这篇歌谣在用韵上"句句连押",可视为七言诗的雏形。差不多与《太平经》同一时代问世的《周易参同契》则有四言诗与五言诗的句式。魏晋时代,道教诗词的种类随着道教活动的扩大和神仙传说的流播而增加。此时,用以暗示炼丹方法的七言炼丹诗以及四言咒语诗在道门中秘行。七言炼丹诗的主要代表作有《黄庭内景经》与《黄庭外景经》。该书企图以人体五脏六腑作为诸意象联结的链条,通过对各脏腑神明形象的描绘,以唤起修习者的内在感觉图像,达到内炼金丹的效果。

当然,就文学的艺术手法角度考察,无论是七言炼丹诗还是咒语诗,都比较缺乏艺术感染力。与之相比,游仙诗的艺术造诣则略高一筹。所谓游仙诗即是一种歌咏神仙漫游之情的诗歌作品,其体裁多为五言,句式不一。魏晋南北朝间,不仅道士作游仙诗,许多著名的文人也创作游仙诗,如曹操及其子曹丕、曹植,还有嵇康、阮籍等等也有各自的作品行世。此外,这一时期,随着道教斋醮法事的开展,道门中还注意创作仙歌道曲词,配乐演唱。有些仙歌道曲的体式还为文人们所雅好,如步虚词即是其中之一。步虚词属于乐府文学,唐代吴竞《乐府古题要解》称步虚词为"道家曲","备言众仙缥缈轻举之美"[1]。步虚词一般为五言十首,演唱时依八卦九宫方位,绕香案"安徐雅步,调声正气",循序而歌,以象征天上神仙绕"玄都玉京山"斋会之情景。供演唱用的步虚词主要见于《太上洞渊神咒经》卷十五《步虚解考品》,还有收入《洞玄灵宝玉京山步虚经》中的《空洞步虚章》,也在道门的斋醮法事中广为应用。

南北朝以降,道教诗词勃兴。不仅一般能文之道士热心诗词创作,而且许多文人也运用诗词体裁以歌咏道事。从隋唐诗人王绩、王勃、张九龄、李白、李贺、李商隐等集中都不难找到反映道教生活、创造神仙境界的作品。唐代的许多大诗人积极创作神仙诗,宋代有为数不少的诗人也是如此。两宋三百多年中,诗人灿若群星,在众多诗作中,回旋着一股股仙风道气。从西昆体诗人到江西派诗人,从陈与义到文天祥,或多或少都写下了神仙诗。大诗人苏轼歌罢"大江东去",也吟唱《宿九仙山》,力图通过神仙境界的描绘排遣心中的苦闷。宋代的另一位大诗人陆游也写了一些表现道人生活的作品,例如《钟离真人赞》、《钱道人赞》、《幽居》等,他在隐居山林期间写了许多表现游山玩水、修道炼丹情趣的诗歌,如:"江上穷秋日,庵中独夜时。丹灵欧竖子,神定出婴儿。粱熟犹余梦,柯摧未毕棋。神仙元可学,往矣不须疑。"[2]字里行间不时流露出对玄道的感悟思绪。

与唐宋诗有密切关联的词也是道教文学的重要体式之一。首先,有相当一部分词牌之得名即起于道教的有关神仙故事或成语、俗语和掌故。不论是《瑶池宴》、《解佩令》,还是《华胥引》、《献仙音》,其背后都有一段生动有趣的仙话。根据清康熙五十四年刻印的《钦定词谱》所罗列的词牌进行分类统计,可知出于神仙故事或与道教活动有关的词牌至少有 42 种,足见词的诞生的确与道教有不解之缘。

在道教诗歌天地中,还应该叙及的是"道情"。按照传统分类法,道情

---

① 《乐府古题要解》卷下,《学津讨原》本,上海博古斋据明汲古阁本影印。
② 《四库全书》第 1162 册,第 140 页,台湾商务印书馆,1986 年。

入散曲之列,为乐府歌词之一种,故《太和正音谱》将其与步虚词并列。道情多为游方道士所演唱,其言辞较通俗,所以能在民间流行。历史上有许多道士曾经利用"道情"形式来宣传教义,表达自己的修道感受。考《张三丰全集》卷三中有《道情歌》1 首、《无根树道情》24 首、《四时道情》4 首、《青羊宫留题道情》4 首、《五更道情》25 首、《九更道情》9 首、《叹出家道情》7 首、《天边月道情》9 首、《一扫光道情》12 首。道士写"道情"不拘一格,或七言,或四言,或杂言,重在以通俗语言点破玄机,启人了悟。如张氏之《道情歌》所云:"道情非是等闲情,既识天机不可轻,先把世情齐放下,次将道理细研精。"①其用语明白如话,却有一种感召的力量。明清之际,随着道教在民间传播,道情也为民众所喜爱,一些文人也仿道情之体作诗,如徐大椿作有《洄溪道情》一卷,郑燮作有《板桥道情》一卷,袁学澜作有《柘湖道情》一卷,其声调婉转、情理融通,别具风味。

（四）道教戏曲

戏曲在道教文学中也占有不可忽视的地位。过去,文学界尚未有人使用"道教戏曲"这一概念,但类似的概念却早已有之。明代戏剧家朱权在《太和正音谱》中将元戏分为十二科,第一科为"神仙道化",第二科为"隐居乐道"。这两科之所谓"道"即隐遁修真、神化度人之道。道教戏曲的概念乃是在此基础上通过概括抽象提出的,它是以修炼成仙或隐居乐道为主导思想的。道教戏曲的发端当在元代以前。宋代的"优伶篴戏"有许多道、儒、释演说经旨的内容,可视为道教戏曲的萌芽。据陶宗仪《南村辍耕录·院本名目》记载,金代流行的院本戏曲甚多,其中属于道教方面的有《庄周梦》、《瑶池会》、《蟠桃会》。至于南戏中的传统剧目尚有《老莱子斑衣》,此亦出于道教的神仙故事,足见元代之前已有道教戏剧行世。不过,其鼎盛时期是元代。据钟嗣成《录鬼簿》所载,元杂剧至少有四百种,就其题目、正名来看,属于道教戏曲一类的至少有 40 种,约占总数的十分之一。明代臧楙循所编《元曲选》,收录了 94 种元人的作品和 6 种明初人的作品。今人隋树森于本世纪 60 年代又据脉望馆抄校本《元明杂剧》等资料,成《元曲选外编》,收入元杂剧 62 种。在这两部作品集中属于道教戏曲的

---

① 《张三丰全集》,第 27 页,江苏古籍出版社,1990 年。

有《陈抟高卧》、《岳阳楼》等17种,亦约占流传总数的十分之一。从题材与思想看,道教戏曲的类型可分为:传道度人、点化精怪、断案明戒、隐居修真。

传道度人是道教戏曲的重头戏。最为有名的是马致远《邯郸道省悟黄粱梦》。该剧的宗旨在于表现全真道祖师钟离权通过梦的形式来度化吕洞宾,告诉世人出世超凡、皈依大道的全真旨趣。作为一条主线,梦贯穿了全剧。当然,道教神仙启人悟道的方式是多种多样的。像《汉钟离度脱蓝采和》采取的则是灾难谴告,即让主人公经过一番灾难,遭受痛苦,然后才晓之以道教大义。但不论是哪一种方式,作者创作此类戏剧作品乃是宣传道教神仙信念,警示世人不要被尘事迷了本性。

与传道度人密切相关的是点化精怪。从宏观的立场出发,道教认为神仙的来源有多种途径,精怪经过一定时间的修炼,在仙人点化之后也能长生成仙。这种观念也成为道教戏曲作家们的指导思想,故而有一些作品便以点化精怪为主题,如《吕洞宾三醉岳阳楼》即是。该剧写吕洞宾成仙之后,领师父之旨,从天而降,到岳州的岳阳郡点化柳树精和梅花精。在吕洞宾的指点下,这两个精怪行善积德,终于转世投胎为人,累积阴功,脱离“六道轮回”。像《吕洞宾三醉岳阳楼》之类戏剧作品常常采取拟人化手法,让精怪也和人一样有思想、有语言,通过情节的推进,劝人为善,具有明显的道德教化色彩。

道教戏曲另一重要题材内容是演述神仙断案故事,从而宣传道教天条戒律。如《张天师断风花雪月》便是如此。该剧以桂花仙子思凡与书生陈世英相会为开端,继而写陈世英得了相思病之后,张天师如何作法审理桂花仙子犯天条戒律的事。在作品中,张天师命令天上“直符神将”将有嫌疑的荷花、菊花、封十八姨、雪天王之魂一一勾出审问,最后才弄清是桂花仙子下凡,致使陈世英得相思病,作品反映了道教戒律实施的一些情况,其“纲常名教”的观念也较明显。

除了上述三种之外,道教戏曲还注意表现道人隐居修真的生活情趣。这方面的代表作有《西华山陈抟高卧》。作品演述华山道士陈抟不贪名利、专心修行的故事,宣扬了道教“清净”、“寡欲”、“不争”等教义思想。

四　道教文学的基本特点

既然道教文学的存在是一种客观事实,认识其特点就相当必要了。只有抓住其特点,才能深入其本质。任何事物的特点都有主次之分,道教文学的特点也不例外。我这里所说的"特点"是指主要方面。经过一番审视,我认为以下两点尤其值得注意。

(一) 生命理想化的强烈意识

道教文学是一种宗教文学。顾名思义,所谓"宗教文学"就是以宗教活动和思想为反映、表现对象的文学。有宗教文学,就有"非宗教文学",后者指的是除宗教题材之外其他一切题材的文学,诸如社会关系题材文学、生产创业题材文学、战争题材文学等等。此类非宗教题材的文学尽管关注的具体对象不同、立意不同、表现手法不同,但有一点却是一致的,这就是着眼于人的现实活动过程,或者说以人的现实活动为反映、表现的主体。例如关于社会关系题材中的男女两性关系题材,文学作品往往侧重反映或表现两性的交往过程;关于生产创业题材,文学作品往往侧重反映或表现社会团体中的人的奋斗历程;关于战争题材,文学作品往往侧重反映或表现两军对战的过程。虽然,此类非宗教题材的文学所有情节都因人的生命存在而发生,但关于生命的精神指向却不是直接的主题。与"非宗教文学"相比,宗教文学可以说直接切入"生命精神指向"这个主题,因为任何宗教都非常关心生命的存在价值、生命的归宿,反映或表现宗教生活、宗教思想的宗教文学当然就具有明确的"生命精神指向",或者批判现实的生命苦难,或者追求自我生命的超越,或者颂扬彼岸世界的生命升华。道教文学当然也以"生命的精神指向"为其思想旨趣,这是它作为宗教文学所具备的特质。

然而,不同宗教对于生命的价值与归宿却具有不同的认识或理解。如果说基督教文学以人类"原罪"为前提力图引导人的生命通过种种忏悔方式而升入天堂,佛教文学以人生为苦难力图引导人的生命往生西方极乐世界,那么道教文学则以成仙意识及其修炼活动为表现的主体。在道教文学所创造的艺术世界中,尽管也有现实的生命苦难,但作品不在于否认现实个体生命的存在价值,更不是引导人们对自我生命的"失望",而是表现"我命在我"的世俗超越与生命延续理念。一方面,道教文学通过大量的神仙故事传说、艺术典型形象说明超越人类生命局限的可能;另一方面,道教文学又通过种种艺术空间的创造、修行手段的象征表达,指示生命延续乃至长久存在的路径。从魏晋以来,这种"生命理想化"的倾向就已经在道教文学的诸多体式中得到表现,尽管其表现程度依作品的艺术水平而有所差异,但将之与其他宗教文学相比,无疑是相当强烈的。例如在"游仙诗"里,作品往往通过修炼活动和遨游仙境的描写,体现脱胎换骨的生命超越;在"神仙道化剧"里,作品往往通过一系列超凡入圣的动作和"借尸返魂"的荒诞故事来寄托延年益寿、羽化登仙的生命理想,暗示超越现实生命局限的法门。"游仙诗"与"神仙道化剧"可以说是道教文学的典型体式,此类作品的风格在一定程度上显示道教文学关于生命理想化的强烈意识。

(二)生命理想原型的象征表达及其变格

基于生命理想化意识,道教文学在艺术表现手法上也形成了自己的风格,这就是通过一系列意象组合以运载生命理想原型的意义,通过生命理想原型的意义扩展来构造特异的艺术时空。

按照弗莱的说法,"原型"指的是"典型的反复出现的意象"①。作为艺术批评的一个基本概念,"原型"往往指在不同的作品中经常出现的具有稳定性的象征、神话、意象等等,它根源于社会心理和历史文化,将文学与生活联系起来,并体现出文学传统的力量。② 心理学家荣格认为,"原型即领悟的典型模式。每当我们面对普遍一致和反复发生的领悟模式,我们就是在与原型相遇"。荣格还指出,人生中有多少典型情境就有多少原型,这些经验由于不断重复而被深深地镂刻在我们的心理结构之中。③ 由此看来,所谓"原型"虽然多种多样,但它是可重复的。在不同的文学作品中,原型以顽强的生命力表现了一种传统的延续。中华民族是注重传统的民族,所以我们的文化自然存在着许多富有特色的原型。

或许是由于生存的艰辛,我们的祖先很早的时候就对生命特别关注。他们通过巫术的形式,力图避免伤害和达到生命延续的目的。这种目的促

---

① 弗莱:《批评的解剖》,第99页,普林斯顿大学出版社,1957年。
② 胡经之、王岳川主编:《文艺学美学方法论》,第114页,北京大学出版社,1994年。
③ 转引自上书,第118页。

使先民们创造出幽深瑰丽的仙话,渴望超越现实生命的局限,这就是生命理想的原型。这种原型不仅推动着道门中人去从事修真炼性的实践,而且也刺激文人们积极地构筑生命理想的艺术时空。如果说早期的神仙传记是以一种真诚信仰的态度来传达先民们超越自我生命局限的愿望,那么后来的各种诗词、小说、散文、戏剧所塑造的诸多仙人典型则是以变格的方式体现了生命理想原型的力量。

在道教文学中,生命理想原型的再现既是写实的,又是象征的。所谓"写实",就是记叙具体的人物和事件、论证修仙的可能、说明修仙的方法。由于道门中人是怀着一种特有的生命理想来展开各种活动的,记叙、论证或说明的作品也就运载着此等生命理想原型。从这个意义上说,道教文学是表现生命原始律动的文学,道门中的作家或奉道作家以虔诚态度将神仙故事的记载描述当做一种历史的真实。在这里,艺术的创作与现实的记录被"齐同合一"了,它们成为后来的信奉者效法的典型,因此也运载着"原型"的信息。所谓"象征"就是通过一系列的意象、符号来暗示或者表现生命理想。在这种方式中,生命理想之原型不是自露地得到昭示,而是曲折地获得传递。道教文学中的诗歌、戏剧、小说往往通过环境的烘托、意象的组合、典型的塑造等等方式隐晦地表达超越现实局限的生命理想,表现生命的境界。北齐颜之推的《神仙诗》充分地表现了这种理想境界,他写道:"风云落时后,岁月度人前。镜中不相识,扪心徒自怜。愿得金楼要,思逢玉钤篇。九龙游弱水,八凤出飞烟。朝游采琼实,夕宴酌膏泉。峥嵘下无地,列缺上陵天。举世聊一息,中州安足旋。"①诗人对镜自照,猛然间发现自己老了,以至于无法认识自己的本来面目了。一方面,他感叹时光流失,青春无存,流露出一种伤感的情调来;另一方面,他又表示争取获得仙人传授"玉钤篇",通过龙飞凤舞的场景和上天下地的艺术想象,表现仙人世界的美妙,创造了一个超越世俗局限的生命空间。在这里,诗人虽然没有追溯其灵感的源泉,但却以意象的叠合运载和传递中华民族古老的生命理想原型信息。

在道教文学中,生命理想的原型正像一种"基因",这种基因在历史过程中一方面被"转录",另一方面则又被注入新的意义,于是生命理想原型

---

① 《文苑英华》卷二二五。

像一个"雪球"滚动起来,在不同的时代中具有不同的黏着物,而其表现形式也由此获得不断更新、变化。然而,无论情况如何变化,传统的生命理想原型信息的结构却是相当稳固的。尽管作家的行文不同、修辞格式不同,但生命的原乡依然充满无限魅力,以至于在新的社会背景下,小说、散文、电影、戏剧还以各种意象隐晦地传达生命理想的原型信息。

五　道教文学作品之鉴赏

把握道教文学的基本特点,是我们进行艺术鉴赏的重要工作;但是,仅仅了解道教生命理想原型的知识,对于实际的鉴赏活动来说是不够的。因为道教思想是复杂的,道教活动也是具有丰富意义的,所以我们要对道教文学进行鉴赏还需要许多相关的文化知识和入门的路径。为了更好地进行道教文学的鉴赏活动,我这里简单介绍一下有关注意事项。然后,再选择某些作品略加分析。

(一)道教文学鉴赏的注意事项

怎样鉴赏道教文学作品呢?从接受美学的立场来看,任何阅读过程本身也是鉴赏过程。然而,由于每个人经历的不同、文化素养的差异,对作品的理解将会有许多差异,其感受甚至是大相径庭的。

对于道教文学鉴赏而言,除了熟悉中国社会的基本历史脉络、文化传承之外,还必须了解道教组织形成、发展、变迁的历史。这是因为道教文学是关于道教活动的反映或者表现,道教活动是在一定的思想推动下展开的,道教思想观念的出现和发展是以道教组织的形成和发展为前提的。任何道教文学作品都是具体的历史时期的产物,如果不了解道教组织的情况,就很难进入道教文学作品所创造的生命空间,也不可能真正把握其精神实质。比如说,对于表现全真道思想情趣的作品,我们只有将之回归于全真道的创教过程中来思考,才能理解作品的意蕴;对于表现正一道的作品,我们也应该对照该道派的历史传承情况,才能弄通正一道关于符法科仪与身心修炼的精神。另外,对于道教历史上的一些最基本的经典也应该有一定的了解,比如《太平经》《周易参同契》《黄帝阴符经》等经典如果比较熟悉了,就可以避免许多思想歧义的发生。

对有关道教掌故进行稽考,弄清其来龙去脉,也是道教文学鉴赏的一个不可忽略的环节。在道教产生之前,我国历史上已经形成了许多神仙故事和身心修炼的方法。道教产生之后,此类故事与方法大多积淀成为道教文学的掌故,例如沧海桑田、嫦娥奔月、朝三暮四、玉兔捣药、黄帝遗珠、紫气东来,等等。这些掌故在各种道教文学作品中具有元艺术与元精神的地位。此外,道门在传教过程中由于信念的立场和修持的需要,还创造和整理了大量的故事传奇,它们在后来的流传中同样积淀为掌故,比如鸡犬升天、黄粱美梦、八仙过海、吴猛孝母、误入桃源,等等。此类掌故往往作为作品的"基调",传递着道教的原初精神,所以追溯其本始意义,注意它们在具体文化背景下的变格表现,是进入道教文学作品殿堂应该考虑的。

在道教文化体系中,语言表达也是富有特色的。由于担心"道传非人",道门高士在撰写经典时往往使用隐语,就拿金丹修炼的药物来说,道教经典作家往往不是直截了当地陈述,而是使用与药物实体相差甚远的名称,如把"丹砂"叫做日精、珍珠、赤帝、朱鸟;把"汞"叫做铅精、神胶、姹女、玄水、流珠、青龙,等等。如果我们不知道这种"言在此而意在彼"的表达方式,就可能在理解上造成背道而驰的局面。这种情况在道教文学作品中是大量存在的,所以在阅读时必须给予足够的重视。

(二) 道教文学作品鉴赏举例

道教文学作品繁多,要在短时间内掌握其鉴赏方法,是困难的。我这里拟以《黄庭经》的七言诗为例稍加分析。《黄庭经》主要指《黄庭内景玉经》和《黄庭外景玉经》,属"存想"和"内丹"著作,现存于明《正统道藏》洞玄部本文类。作为早期上清派所崇奉的重要经典之一,《黄庭经》所阐述的存思法,在功理方面有许多神秘内容。尽管如此,南北朝以后,随着上清派的不断发展,存思法逐渐成为道教流行的主要修炼方法之一。因此,该经在道教医学史上占有重要的一席之地。不论是《黄庭内景玉经》或者是《黄庭外景玉经》都是用七言诗形式写成的,因此具有文学价值,可作为道教文学作品来鉴赏。

《黄庭经》的本意在于暗示内丹功法。这种暗示是建立在人体经络的描述基础上的。不过,作者的描述并不是直接性的,而是通过那些具有媒介作用的意象的组合而呈现出来的:

娇女窈窕翳霄晖，重堂焕焕扬八威。天庭地关列斧钺，灵台盘固永不衰。①

闭塞三关握固停，含漱金醴吞玉英。遂至不饥三虫亡，心意常和致忻昌。五岳之云气彭亨，保灌玉旁以自偿，五形完坚无灾殃。②

从字面上看，这两首诗好像都是描写景物的。从第一首中，我们所得到的直接感受是有关宫廷的情景。在那个深宫里有窈窕淑女翩翩起舞，有披挂将士手持兵器坐阵护卫。但是，只要我们从道教辞源上进行分析，就会看出在表面的景物描写背后，还有更深一层的含义。根据道门的传统解释，所谓"娇女"系耳朵的代称，"重堂"指喉咙，"天庭"指两眉之间，"灵台"指心脏。由于主要的意象都有隐义，表层的图景也就潜藏着一幅人体器官气血运行的"内景"。至于第二首也同样是通过隐语来表述的。如果我们没有弄清其写作意图，只是单纯从作品语词的直接意义上来欣赏和思考，很可能还会以为上引第二首诗是在写一个"炼形人"喝酒观光之事。然而，正如第一首一样，那些主要的意象都有特殊的引申意义。如"三关"一词，一般指天关、地关、人关，道人们又把它们引申为口、手、足，以及脐下三寸之"关元"；而"金醴"本指甜酒，"玉英"本指精美之玉，在《黄庭内景经》中均被用以表示口中之津液；"五岳"本指东南西北中的五座大山，这里被用以表示五脏。《黄庭经》意象隐语的动力关系基本上是建立在内景物象与外在物象具有相似点这一基础上的，如喉咙管道由许多软骨相叠着，好像是重叠着的楼房一样，所以称作"重堂"或"十二重楼"；再如"金醴"与口中津液都是液体，具有流动性，味甘美，所以能够引起联想，达到譬喻隐说的目的。不过，也必须看到，《黄庭经》隐晦性意象的运用也并不都能够形成两物间的"动力定型"，也就是说，作者并没有能够在任何场合都根据"隐说本体"③的特点来选择和组织意象，故而读起来往往有生硬的感觉。

《黄庭经》可以说是道教文学作品的一种类型代表。从其语言应用情况来看，道教文学作品的确是必须花费一番功夫才能弄通其意义的。当然，并非所有的道教文学作品都如此难读，后来有许多白话式的小说、传记，其

---

① 《道藏要籍选刊》第3册，第526页。
② 同上书，第533页。其中"旁"字似当作"炉"。
③ 这里的"隐说本体"指被譬喻或拟指的本来事物。

隐语是比较少的,即使出现某些隐语,作者有时也在适当的时候给予解释,因此,我们也不必被其隐语所吓倒。

六 道教文学研究的价值

1992 年,当拙作《道教文学史》出版时,我曾经以此为基本内容讲授一门选修课,课程名称与书名一致。当时,我觉得只要把"道教文学"这个概念说明清楚,其研究价值也就显示出来了。可是,课后,依然有同学向我提出了"研究道教文学有什么价值"的问题。可见,概念的解释与价值的发掘,这两者还是不能等同的。所以,这里也有必要就这个问题陈述一下。

（一）关于道教文学定位的误区

在学术界,人们常常把"文化"分为两大板块:一是雅文化,即主流文化;二是俗文化,或者称作非主流文化。根据这样一种板块理论,道教文学往往被划入第二个板块之中,并且受到一些所谓"正宗学者"的贬低,甚至冠上"粗疏"等帽子。

其实,将道教文学绝对地划入"俗文化"的板块中,这本身就不符合事实,也违背辩证法的基本精神。因为在长期的历史发展过程中,创作道教文学作品的作者有很多具有很高的文化素质,例如魏晋南北朝时期的嵇康、阮籍、郭璞、葛洪、陶弘景,唐宋以来的王勃、李白、李贺、李商隐、贺知章、白居易、苏东坡、陆游,这些著名的诗人、作家,或者运用神仙典故以抒发信道的思想情感,或者通过仙境的描写以表征生命理想,或者通过记载自身游览道教圣地的历程以净化自我身心,或者通过神仙人物塑造以寄托一种超凡入圣的美好愿望,他们的作品具有相当高的艺术欣赏价值。例如李白写的《怀仙歌》便相当令人神往:

> 一鹤东飞过沧海,放心散漫知何在? 仙人浩歌望我来,应攀玉树长相待。尧舜之事不足惊,自余嚣嚣直可轻。巨鳌莫载三山去,我欲蓬莱顶上行。①

看到一只白鹤东飞过海,诗人不仅像孩童那样天真地猜测着它的具体落脚

---

① 《李太白全集》,第 448 页,中华书局,1977 年。

点,而且即刻想象茫茫沧海之中引吭而歌的仙人。面对幻幻真真、真真幻幻的情景,诗人的态度是攀上玉树,长久相待。这种态度既表明了李白对沧海仙人的景仰,又体现了他自己所具有的神仙气派。看他连尧舜时代的事似乎都是自己亲身经历过一样,并不觉得惊奇,这说明他把自己当做了历尽沧桑的仙人。不仅如此,他还可以直接地指挥巨鳌,颇有那么一种潇洒自如的仙家风度。

李白的诗歌在一定程度上反映了道教文学作品的艺术内涵,其气质是比较高雅的,这就说明笼统地将道教文学划入俗文化板块是不合理的,至于将道教文学戴上"粗俗"的帽子,也是过于绝对化的说法。应该承认,从作家的角度看,其经历是各种各样的,水平也有比较大的差别,有相当一批作者本来并非有意识地进行道教文学创作,他们只是利用文学的体裁来记载故事、阐述信仰的内容、说明修道的方法,为了让一般民众也能接受,许多作者采用了他们所处时代一般民众所通行的语言,所以其中往往夹杂着俗语、俚语等等。即便如此,我们在评价时恐怕也不能简单地在总体上戴上"粗疏"的帽子,因为许多人民群众所喜闻乐见的小说之所以有吸引力,俗语、俚语的使用也是其中一个重要原因。再说,正如我在论及道教文学特点时所指出的,道门中人在进行经典创作时往往使用隐语,此等隐语其实是象征的表达,当这种语言被移植到诗歌、小说、戏剧中时,随着新的意义生成,生命理想的原型也受到强化。这就说明,道教文学本身是相当复杂的,只有根据具体的作品进行具体的分析,才能比较客观地加以评价。

(二)关于道教文学总体价值的思考

我不赞成以鄙视的态度来看待道教文学的做法,当然也不提倡对道教文学作品大唱赞歌。不过,需要肯定的地方,我认为还是应该给予肯定。

就内容方面来看,道教文学所包含的信息是相当广泛的。因为道教本身是一种特殊的社会精神现象,这种精神现象不是脱离社会而孤立存在,而是与人们的现实生活存在密切关系的。从根本上讲,人们最重要的问题是生存问题;然而,自然规律却是人类个体至今未能摆脱死亡的命运。为了尽量延长人类个体的生存时间,道教积极探索生命的奥秘、宇宙的来历、人与天地自然的关系,设计了种种修道延生的路径,提出了富有生命伦理、生态伦理内涵的诸多主张。这些思想内容也在道教文学作品中得到反映甚至强化。从这个角度看,道教文学乃是先民们生命体验的一个巨大的信息库,其中蕴含着先民的生存智慧,这种生存智慧在今天看来依然有一定的借鉴意义。

从形式方面看,道教文学作品既有继承,也有创新。像游仙诗、步虚词、道情等体式都是道教文学所独有的,这种创新无疑丰富了中国文学的品类。阅读此类作品,我们可以发现其想象力是比较丰富的,也是耐人寻味的。例如李贺的《梦天》:

> 老兔寒蟾泣天色,云楼半开壁斜白。玉轮轧露湿团光,鸾珮相逢桂香陌。黄尘清水三山下,更变千年如走马。遥望齐州九点烟,一泓海水杯中泻。①

该诗从夜晚入梦开篇,极写梦游天上之所见。作者把嫦娥奔月、玉兔捣药的古老仙话传说同他那种带有幽冷色调的丰富想象融为一体,用意奇特,引人入胜。不过,由于忧思愁绪的缠绕,李贺即使梦游月宫也没有忘怀人间。他不仅想到了变幻无常的黄尘清水、沧桑交替,而且想到了日夜居处的九州大地。然而,在他鸟瞰的视域里,中国九州,尽管有泱泱大国之称,却渺小得像九点烟尘;浩瀚的海洋,亦不过是泻在杯中的一汪清水。在此,作者既围绕天以状物写景,又借助美术上的俯视手法,把大地万物最大限度地缩小,其构思、运笔、着色颇具匠心。

李贺的《梦天》只是道教文学大观园中的一个小例子。如果我们放开眼界,纵观道教文学的发展历程,就会发现,在这个大观园之中,现实的描写、历史的追溯、典故的聚合与艺术的想象往往交融在一起,这就为人们的鉴赏提供了丰富的层次。

【复习与练习】

1. 什么是道教文学？试从逻辑和历史相统一的角度说明道教文学概念的成立。

2. 道教文学有哪些主要的体式？它们的形成与发展在中国文学史上的意义何在？

---

① 叶葱奇疏注:《李贺诗集》,第28页,人民文学出版社1959年版。

3. 什么是"原型"？在道教文学作品中,最基本的原型是什么? 这种原型是如何随着时代的发展而变形的?

4. 如何对道教文学作品进行鉴赏? 请具体分析一些道教文学作品的内容和艺术手法。

【参考读物】

1. 李丰楙:《六朝隋唐仙道类小说研究》,台湾学生书局,1986 年。

2. 詹石窗:《道教文学史》,上海文艺出版社,1992 年。

3. 詹石窗:《道教与戏剧》,台湾文津出版社,1975 年。

4. 张松辉:《三维人生》,海南出版社,2002 年。

第十四讲

率情任真的道教艺术

【学习目的】 了解道教艺术的种种形式,包括舞蹈、戏剧、音乐、绘画、雕塑、建筑等方面的内容,分析其基本特点,从符号象征的角度考察道教艺术的价值和所蕴涵的人文精神。

艺术是道教文化的重要门类。关于道教艺术的研究,目前学术界已取得一些成果,例如蒲亨强所撰《道教与中国传统音乐》等等,在一些杂志中,近年来也发表了部分此类论文。这些研究成果为我们的进一步探索奠定了基础。不过,也应该看到,正如其他许多学科领域一样,道教艺术需要研究的内容也是相当广泛的,还有许多问题值得认真探讨。

作为一种重要的意识形态存在形式,道教艺术实际上已广为应用。如果我们进一步考察,就会发现,道教艺术乃是整个道教体系的大载体,不论是其神仙思想还是道人的法事活动,也不论是教理的象征暗示还是方术的功用的展现,道教艺术都传播了独到的信息,这就更加说明了研究道教艺术的必要性。这种研究有助于我们更加深刻地理解道教的思想体系,形象具体地把握道教的文化脉络。

从“道”的领悟方面来看,修道的法门要通过艺术的形式引导而获得,在根本上,甚至可以说,整个道教信仰乃是通过艺术载体来传播的。就此角度观之,不了解道教艺术,也就不能进入道教文化宏伟殿堂之门,不能真正弄清道教信仰的整体。故而,研究道教艺术乃是全面把握道教文化的必然要求。

任何一种艺术形式的形成都有其特定的内在原因,道教艺术类型之形成自然不会例外,从历史的角度看,道教艺术乃是道教活动的必然要求,同时也是那些道教信奉者抒发其修道情感的一种“美”的结晶。由于道教活动需要的多样性和修道情感表达的多面性,道教艺术形成了多元的局面。在道教文化的艺术殿堂里,道教音乐、舞蹈与戏剧构成琳琅满目的众多层面,跨进此殿堂,不难领略其"率情任真"之旨趣。

一　道教音乐理想与形态

音乐对人的感动具有独到的效果,这不仅是世俗音乐家的体会,同时也是宗教艺术家在长期的传道活动中得到的一种感悟。西方的宗教为了使得教堂充满庄严、肃穆的气氛,往往别出心裁地播放或演奏各种各样的乐曲。在乐曲之中,传道者把一批又一批的信奉者送进了与"神"沟通的"云雾之中"。足见音乐在宗教活动中具有非常重要的作用。

道教与音乐的结缘具有悠久的历史,如果步入其洞天福地,领略那神奇的风光,往往也会被那些保持着民族纯朴之风的道教音乐所吸引。今日之道观,可以说道教音乐已成为其存在的一种不可缺少的因素。在几经波折之后,道教音乐得以保存下来并逐步弘扬光大,自然有其道门传统的生命力。

(一) 音乐理想

不言而喻,理想的产生是受人们的社会经历和社会活动制约的。音乐理想也是如此。考察一下儒道音乐理想,不难发现彼此存在着一定差别。以老庄为代表的道家学派音乐理想是崇尚自然。老子从哲学的本体"道"出发,提出了"大音希声"的著名音乐命题。这一命题表明,最宏伟的乐音乃是"无声之声"。之所以如此,是因为道本身是无状之状,无声无息,听之不闻,视之不见,而人效法地,地效法天,天效法道,道效法自然,则所追求的最高音乐境界也应当是与"道"相应的"无声之声"。一切出于自然,而非人为。沿着老子的步履,庄子更提出"天籁"的音乐境界说。所谓"籁"就是音响,天籁即天然音响。与天地"共吹"的"天籁"乃是一种大和谐境界。

当道家在返观自然中建立"大音"、"天籁"的音乐境界时,以孔夫子为代表的儒家学派则根据《周易》的"感应"观念,建立"同夫大礼"的音乐理想,从儒家经典《礼》、《乐》中可见此等"理想"之一斑,儒家以"神道设教",倡导与天地同和之"大乐"、与天地同节之"大礼"。这种以伦理教化为目的的音乐理想深深影响于中国历史。

道教将老庄的"天籁"音乐理想与儒家"和人伦"的音乐观念汇通起来。

《太平经》主张"以乐治身"。之所以如此，是因为"乐可和合阴阳"。该书《以乐却灾法》指出，"元气乐即生大昌，自然乐则物强，天乐即三光明，地乐则有常，五行乐则不相伤，四时乐则所生王，王者乐则天下无病……故乐者，天地之善气精为之，以致神明，故静以生光明，光明所以候神也"。《太平经》所谓"乐"在此既是指快乐的心理、快乐的行为，又是指音乐。在《太平经》看来，天地、万物、鬼神都可以有乐的行为。乐的最终目的是要"得道本"。《太平经》通过类比推理，力图说明人若能以乐调和阴阳，即可达到天地、万物、四时、五行在立体上的"同乐"之功，如果把"得道本"看做《太平经》的音乐理想，那么其旨趣所在即是复归于道。当然，作为道教的一部基础性典籍，《太平经》的音乐理想是与其神学立场密切联系在一起的。《太平经》把音乐的引动分为三种境界：第一为天界，第二为地界，第三为人界。以什么样的旋律什么样的和声奏乐，所引动的对应层次也是不同的，由此而产生的效果当然也是不同的。基于"天尊地卑"的观念，《太平经》把引动的最高目标投向天界，力图"上得其意"而乐天神，"俱得其意"而使帝王安游，从而获得天地万物感通和顺、却病消灾、乐身度世的效果。如此，则《太平经》已从原先"效法自然"的朴素音乐理想走向"人神感应"的玄想之中。从《太平经》的有关论述里，我们不难看出道教音乐理想的特质。

（二）道教音乐品式要略

道教的音乐理想是与其音乐实践活动密切相连的。作为一种追求的目标和向往的境界，道教音乐理想与其他理想共同的地方在于其中存在着趋向性感奋力量，理想必定要催动人们去创造，去实践；反过来说，实践与创造形成的成果也会促进理想的升华。在道教中，其音乐理想与音乐实践活动的关系也是如此。因此，我们可以看到，随着道教音乐理想的形成与逐步成熟，道教音乐实践活动也广泛开展起来，由此便形成了道门各种音乐品式。概而言之，主要有如下数种：

第一，仙歌。顾名思义，所谓"仙歌"就是神仙所唱的歌。道教以神仙作为理想典型。表现在音乐问题上，便出现了信奉者对"神仙"的讴歌，同时赋予神仙高超的歌咏品格。这就是说，一方面是通过音乐的艺术形式来赞颂神仙的"超越"，另一方面是被道门中人当做楷模的神仙表现出神奇的歌唱演奏本事。在道教传记类文献里，有许多关于神仙奏乐的描述，例如

《无上秘要》所保存的"三茅真君"传说里便有此类记载。其中有:西王母为茅盈作乐,命侍女王上华弹八琅之璈,又命侍女董双成吹云和之笙,又命侍女石公子击昆庭之金,又命侍女许飞琼鼓震灵之璜,又命侍女琬绝青拊吾陵之石,又命侍女婼成君拍洞阴之磬,又命侍女段安香作缠绵之钩,于是众声彻合,灵音骇空,王母命侍子于善宾、李龙孙歌玄云之曲,其辞曰:"大象虽云寥,我把九天户。披云泛八景,倏忽适下土。大帝唱扶宫,何悟风尘苦。"从这段描述中可以看出,道门中人心内的所谓神仙不仅精通各种乐器,而且似乎个个都有一副美妙的歌喉。

第二,步虚声。据南朝刘敬叔《异苑》所载,在道教建设早期曾出现了歌颂神仙轻举之美、宛如步行虚空的道调,这就是"步虚"。吴兢《乐府古题要解》亦称之为"道家曲也,备言众仙缥缈轻举之美"。这说明"步虚"即是道乐的一种品式。

"步虚"之缘起,历来说法不一。晁公武《读书志》卷十六尝云:"《步虚经》一卷。右太极真人传左仙公。其章皆高仙上圣朝玄都玉京,飞巡虚空所讽咏,故曰步虚。"此处"太极真人"指的是徐来勒;"左仙公"指葛洪之从祖葛玄。又有清汪汲《词名集解》卷二引《吴苑记》称,陈思王(曹植)游鱼山,闻岩里有诵经声,清远嘹亮,因使解音者写之,为神仙之声。道士效之,作步虚之声。按以上二说,似乎"步虚"由来颇早,然徐来勒之事迹甚为神秘,故其人是否传有"步虚"尚属可疑。至于曹植时道士作有"步虚声"或许有一定根据。即使曹魏时代尚无成熟之"步虚",则两晋之际当已有之,因出于此时的《太上洞渊神咒经》卷一五即录有《步虚》二十余首。另有《洞玄灵宝玉京山步虚经》问世亦较早。此后,文人道士相继作"步虚"。从北周的庾信到清代的郑板桥,从陆修静到吴筠,均有步虚之作行世。

第三,音诵与课诵。任何一种成熟的宗教,都有自己的经典。有了经典,就要念诵。道教在长期的发展过程中也造作了为数众多的经典。众经中有的是用来阅读的,但重要者往往要念诵。怎样念诵,其体式又颇有讲究。道经之造作韵散合用。韵文有相对固定字数,配上曲调,便形成仙歌道曲,可以独立出来演唱。至于经中之散文经过道人们的念诵实践,也逐步形成高低起伏、节奏变化的调式,这就是音诵与课诵。

"音诵"是与"直诵"相对而言的,两者都是诵经的方式。所谓"直诵"就是一种质朴平直的吟咏法式,而"音诵"则必须按照较复杂的富于变化的调式来吟咏。与"音诵"最为接近者是课诵。这是道门的日常功课,因配以曲调而诵咏之,故而有课诵音乐之体。道门课诵,又称朝暮功课,每日早晚,念诵经文,向心修道。今所见课诵经书主要有两种版本,一为《玄门日诵早晚课》,一为《太上全真早晚坛课经》。课诵之际,经咒、念唱、吟唱交替进行,配以法器,形成了别具一格的调式。

第四,斋醮音乐。道教斋醮科仪作为重要的法事活动,从一开始便与音乐结下不解之缘。经过长期的发展,斋醮音乐也不断丰富和完善。由于道教斋醮的种类不同,所使用的音乐调式自然是不一样的。不过,从总体上看,也有一个基本的模式或曰框架。以《施食科》之演唱而言,先是开坛,高功法师发鼓集众,经师班齐;在高功发牒、上疏后便咏唱《步虚》;继而高功揖让,拈香说文,咏唱《举天尊》。如此念与唱结合,单人唱与众经师合唱交替;其歌曲有散板引腔,亦有变奏仄复。在高功法师的主导下,斋醮法事依其规模大小、时间长短,调整曲目,穿插器乐演奏或法器牌子作为过渡等。就目前尚存的情况看,用以斋醮科仪的曲牌与歌词是为数不少的。除了《步虚韵》、《举天尊》外,尚有《双吊挂》、《天尊板》、《风交雪》、《柳枝雨》等。这些曲子与中国古代的宫廷音乐、民间音乐都有密切关系,颇值得进一步研究。

第五,纪念法事音乐。道教科仪种类繁多,纪念法事是其中重要的一类。所谓纪念法事是指道门中具有特殊纪念意义的日期举行的法事活动,譬如尊神圣诞、道派创立纪念、修行节气纪念,等等。每逢重要的纪念日,道教都要举行一定的法事活动。这种活动与斋醮法事活动一样,都运用了音乐的形式。甚至可以说,音乐已经成为其纪念法事科仪的组成部分。纪念法事科仪按一定步骤进行,与之相对应,音乐运用也有一定的安排。纪念法事之道乐根据朝科之进行,采用曲牌连缀体。就是说,整个科仪过程中,道乐是由一系列曲名、形态、内容不同的歌曲配合连缀而成的;分开来看,每首歌曲有一定的独立性,配合起来又形成了统一的整体。

二　道教舞蹈与戏剧神韵

舞蹈、戏剧本来就与音乐难于分割。道教舞蹈、道教戏剧与道教音乐的关系也是如此。故而,当我们对道教音乐的情形有了大体了解之后,便可以对其舞蹈与戏剧略作介绍。

（一）道教舞蹈

道教舞蹈与道教音乐有着同样悠久的历史。这是因为道教音乐的演唱是适应道教法事科仪之需要，而法事科仪的动作体系从某种意义上说就是舞蹈。道教科仪起源于中国上古的巫文化。大家知道，古代巫师的重要职能之一就是以"歌舞"来"事神"、"悦神"、"降神"。远古时期有《云门》、《韶》之类作为图腾崇拜的宗教乐舞。随着时间的推移，这种宗教乐舞的表演形式已难于明了。不过，若从文化史的角度加以追溯，便可发现，道教科仪实际上保存着中国古代巫舞的许多因素。

道教斋醮科仪之进行，高功法师等唱《步虚》声韵，往往与"步罡踏斗"相配合。所谓"步罡踏斗"又称"禹步"，实际上就是古老的巫舞步法之沿袭。禹步之法，由来已久。《洞神八帝元变经·禹步致灵第四》称："禹步者，盖是夏禹所为术，召役神灵之行步；以为万术之根源，玄机之要旨。"《洞神八帝元变经·禹步致灵第四》还进一步谈到禹步之迹成离坎卦。这就是说，起步在坎卦，而最后一步止于离卦。《秘藏通玄变化六阴洞微遁甲真经》卷上描述了具体的线路顺序为：坎、坤、震、巽、乾、兑、艮、离、行走轨迹形成一个九宫八卦图，与后天八卦方位如出一辙。可见，禹步即是根据后天八卦方位而定的。在"步虚声韵"的演唱过程中，根据禹步的进退曲伸、变态离合、对比反叉而有了人体内部"气"的流变和呼吸的节奏感，这就形成了轻重缓急、抑扬顿挫的舞蹈韵律。

道教舞蹈不仅在科仪进行过程中得以应用，而且被引进宫廷，成为中国古代颇受欢迎的一种艺术形式。这从唐代大诗人白居易的《霓裳羽衣歌》中即可寻找到踪迹。白居易最为喜爱的"霓裳舞"是根据道调"霓裳羽衣曲"编排而成的。霓裳羽衣不仅是古老宗教巫师的服装，而且也是神仙道士的服装。《霓裳羽衣曲》正是道教从古老宗教仪式传统中沿袭而来以服饰命名的一种乐曲。霓裳羽衣舞的队形变化可能是根据斋醮的原理设计的。在舞场上，还有玉鸾展翅收翅、白鹤引颈长鸣的陪衬，而这两种动物在道教中常常是以神仙的使者或运载工具的面目出现的。"霓裳羽衣舞"的演出是道教舞蹈艺术升华的一个例证，表现了浪漫的艺术情思。它在宫廷演出，不仅受到文人的赞赏，而且获得皇帝的青睐，这就说明了道教舞蹈有其独特的艺术魅力。

必须看到的是，道教舞蹈形成不仅与古老宗教的仪式有关，而且与民间舞蹈也有一定的联系。不可否认，道教舞蹈的创制曾经利用了民间舞蹈的艺术资料，借鉴了其动作套式和技巧；但在另一方面，道教舞蹈对民间舞蹈也有深刻的影响。以福建泉州为例，该地区民间舞蹈的某些动作舞姿、形体上呈现出与道教舞蹈相似的特征。对于这种情形，过去的舞蹈研究者一般认为那是因为道教搬用了民间舞蹈的动作、套式形成的。其实，只要稍加追索，就不难看出民间舞蹈对道教舞蹈摄取的一面。泉州民间舞蹈中有些科步显然出自于道教舞蹈，如"舞判"即是。"舞判"本是表演钟馗捉鬼所用的舞蹈，也叫五鬼戏钟馗。其主题思想渊源于道门。《钟馗斩鬼传》及《钟馗平鬼传》之类道教故事被搬上舞台，遂形成了具有道教思想意蕴的舞蹈科步——"舞判"。这显示了道教舞蹈与民间舞蹈、神仙传说间的复杂交会关系。

（二）道教戏剧

舞蹈在古代与戏剧往往也互为交错。故而戏剧在其发展过程中与舞蹈一样，也成为道门进行思想教化的一种艺术形式。戏剧与道教的密切关系表现于如下数端：

第一，从戏剧神方面看。在过去，每逢重要节日，尤其是神仙诞辰节、过年喜庆节，都有各种戏剧演出。走进戏班子的后台，常常会看到戏班所供的神龛，龛上的横联写着"翼宿星君"或"九天翼宿星君"几个字。龛正中一般立有一尺多高的神像，脸色白皙如小儿之状，穿着黄袍，这便是戏剧界所供奉的戏剧神。其名称不一，但若加追索，即可发现其与道教信仰的不可分割的联系。这个戏剧神，或直称"二郎神"。最早的"二郎神"乃指李冰及子二郎。作为治水英雄人物，其传说在流布过程中逐步道教化，二郎神进入道教仙谱。道典《历代神仙通鉴》有二郎神之传，足见戏剧界以二郎神为戏神乃体现了道教神仙思想的深刻影响。另一种说法，以为戏神"翼宿星君"乃指唐玄宗。历史上，唐玄宗曾创办"梨园戏班"，后来升座"梨园神位"。唐明皇被当做翼宿星君，表明星宿之神的具体化和道教神仙崇拜观念对戏剧的渗透。

第二，从作家的角度来看。从现存古文献中，我们可以看到为数不少的文人积极投身于戏剧的创作之中。这方面的主要作家有马致远、李文蔚、吴昌龄、李寿卿、尚仲贤、张国宾、岳伯川、史九敬先(仙)、李时中、郑光祖、钟嗣成、朱权等近80人。有些戏剧作家还有道号,如贾云石,号芦花道人;朱权,号涵虚子;高则诚,号菜根道人;黄周兴,号笑包道人。尽管自号"道人"或"仙人"者不一定加入道教组织,但至少表明他们对道教思想的认同或部分认同,或者在情感上与道教亲近、共鸣。有些戏剧作家本身即是道教信徒,像周履靖与朱权这样的戏剧作家在中国历史上代表了信道的一派,他们的思想倾向必然会在戏剧作品中表现出来。

　　第三,从作品方面看。由于作家受到道教思想影响或者具有道教信仰,戏剧作品也就或多或少渗透了道教思想内容。即使是一般的描写世情生活的作品,我们也可以发现其道教思想色彩。例如许多以婚恋为题材的作品往往也穿插神仙故事或借用神仙意境来为戏剧情节推进、人物塑造服务。当然,更为重要的是,历史上出现了一大批表现道教思想情趣、反映道教活动的戏剧作品。此类作品可统称为道教戏剧,其表现形式有杂剧和传奇等。杂剧当中有神仙道化之科,但其鼎盛时期毫无疑问是在元朝。据钟嗣成《录鬼簿》所载,元杂剧至少有四百种。就其题目、正名来看,属于神仙道化剧一类的至少有40本,约占元杂剧总数的十分之一。明代戏剧学家臧懋循于故乡闲居时曾编有《元曲选》,收录了94种元人的作品和6种明初人的作品。今人隋树森于上世纪60年代又据脉望馆抄校本《元明杂剧》等资料,成《元曲选外编》,收入元杂剧62种。在《元曲选》与《元曲选外编》这两部元杂剧作品集中,属于神仙道化剧的有18种。在传奇戏曲中,有关道教神仙题材的作品亦颇可观,最有代表性的要数《邯郸记》、《韩湘子九度文公升仙记》、《龙沙剑传奇》等。无论是杂剧还是传奇戏曲,都可以看出,道教观念已成为重要的主题思想之一。另一方面,由于戏剧形式的应用,道教思想观念更易于在民众之中传播;而戏剧作家在进行这方面创作时耳濡目染,道教原有的浪漫象征思维刺激了他们的想象力,这就使中国古代的戏剧园洋溢着一种独特的艺术气息。

三　古朴飘逸的道教绘画

　　绘画作为一种具象性的艺术形式,在很早的时候便已被道门中人及崇道画家采用为宣传道教思想或表现修道情感服务,且形成多种类型。

(一) 神仙道人画

神仙道人画是指以神仙或道人作为艺术对象的一种绘画,也就是说这种绘画是以神仙故事、道人活动为题材的。

从道经中就可以找到许多神仙画,最有名的要算《太平经》内的《乘云驾龙图》。这幅图虽然有许多陪衬性的画面,但其主角却是天尊。画中之天尊乘舆、端拱捧笏,其后有二侍者亦捧笏,相顾如交谈貌。天尊所乘舆旁各有神人、仙童一人于套绳外步行侍护。其舆前有三龙在前驾辕,二龙于后拉套,两边云烟飞腾,如波浪状;舆上华盖丝带飘飘,舆后旌旗迎风招展。整个队列向右而行,衣、袖、带向左而飘,有徐徐前行之感。这幅神仙画由于有云龙的陪衬,整个画面更显得主题突出、层次分明,充满了道教艺术思维的梦幻色彩。作为道经插图的神仙人物画较著名者尚有《三才定位图》与《玄元十子图》。前者之绘制乃本于《易》学"三才"思想,后者则是根据历史传说来确定的。此类插图的绘制乃出于道门宣教的需要。

由于道教的神仙故事迷离恍惚的特色,文人画家在进行此类题材的创作时,其艺术思想力被进一步激活。于是,神仙画也就不仅仅作为道经的插图,而且成为独立的绘画品类。神仙画中,有一类作品的主角颇具怪诞性。例如元代颜辉之《铁拐图轴》即是这样。此图以山壁为背景,八仙人物铁拐李坐于山石之上,侧身面左,瞪目昂头,仰视前上方凌空一仙童。其络腮胡子与散披之头发,相映成趣。其穿着打扮也别具一格,深色袍,右肩一袋斜挎,葫芦从袋上凸起,尤为醒目。作者对其手脚着力刻划:左手扶左腿,右手向前伸展,铁拐倚靠右臂,张开的手指与脚趾显得粗壮而有力。再看其脸部表情,紧闭的嘴唇透出严肃的气色,颇显飘逸风采。此图笔法粗犷,然粗中有细、细中有粗。

随着道教组织的壮大,宫观建设的发展,道教壁画也应运而生,并且逐步增加。道教壁画题材多样,但最基本的则是神仙人物画或曰神仙故事画。据有关资料看,这类壁画在宋代以前已经有了,并且出现了道教壁画的著名画家,像吴道子即是此类人物,宋代的武宗元亦擅长此道。景德年间,宋真宗诏告,营造玉清昭应宫,武宗元受命出任左部之长,总管壁画绘制。玉清昭应宫的主题即是神仙故事,如五方帝君朝拜玄元皇帝。玉清昭应宫的神仙画代表了道教壁画的主流。此后,道教壁画进一步发展起来,元朝达到了鼎盛。今所见山西永乐宫壁画可以说是道教壁画鼎盛的历史见证。作为全真道三大祖庭之一,永乐宫壁画是极为壮观的。尤其是其中的龙虎殿和三清殿,所画均为大型的神仙人物,令人惊叹。

(二) 山水画、方术示意画及其他

研究道教绘画不可不论及中国的山水画。作为中国画的主流之一,山水画的立意及内容也是变幻多端的。然而,正如日本著名学者村上嘉实所指出的:"中国的山水画,究其起源及思想,与神仙道教(包括老庄思想)有着密切关系。"这道出了中国山水画产生和繁荣的一大秘密。

从人的角度看,道教神仙的一大原型即是隐士。出于追求宁静生活情趣、远离社会不良干扰信号的需要,隐士多喜欢在山水佳胜处隐居。他们原本有较好的文化修养,知书能画,故而写山水以抒性灵的绘画作品自然便从隐士的手笔下诞生。隐士在中国古代人们的心目中往往是神仙式的人物。当隐士变成道士的时候,原先作为生活场景和心灵寄托的山水也就成为道教神仙的衬景。这就是道教山水画的肇端。所谓"道教山水画"是从两个意义上说的。首先,这是指通过山水景观表现道教思想旨趣的绘画;其次,这是指道教信奉者所作的山水题材之绘画。前者是从题材说的,后者是从作者的身份说的。事实上,山水画的道教神仙意识不仅存在于画论中,而且付诸实践。今藏于故宫博物院的《仙山楼阁图》即是一个例证,此图系王时敏所作。另有袁江作《海上三山图轴》,同属以山水表现道教仙境、羽化登仙的作品。

在道教绘画中值得注意的还有方术示意画。为了羽化登仙,道教信士们进行"玄想探索",从而总结出一套修炼的理论,形成了种种的方术,例如炼丹等等。道教对方术的表达,有一种矛盾的心理。一方面,是担心泄漏天机,认为道法是天神对有缘人的暗示,只有诚心正意有缘者才能得到其秘义,如果传给"非人"就会受到上天的惩罚;另一方面,对于教派之内,又必须按规矩予以传授,不能闭塞"天道"。这就造成了有关方术的典籍的某种神秘性。这种神秘性在那些方术示意画中表现得尤为明显。例如《五岳真形图》即可为证。在道门中,五岳真形图既是一种抽象的地形符号图式,又是导引行气的感应图。古人从天人合一的观念出发,认为人体之中也存在

"五岳"，东西南北中合木金火水土。依图存想，就是调理体内五行平衡。就这个角度看，五岳真形图又是很值得重视的。在《道藏》中，像五岳真形图之类的方术指示图是为数不少的，它们构成了道教绘画艺术中颇为奇特的一部分。

四　凝固的空间旋律:道教雕塑与建筑

道教美术，作为自成体系的艺术门类，不仅以其题材独特、构思精巧的绘画为世人所称道，而且以其雕塑、建筑之类造型显示了"圆融"的艺术旨趣。

（一）以印篆、造像为主体的道教雕塑

雕塑，作为造型艺术的一种，指采用石膏、泥土、木、石、铜、铁等不同材料雕刻和塑造出有体积的立体或半立体形象。道教雕塑是为道教的基本目的服务、表现了其思想内容的雕塑艺术，形式上主要可分为"印篆"和"神仙雕像"两个方面。

中国古代一向很重视印章的功用，道教对印章也是很重视的。道教印章，道门称为"神印"或"印篆"，象征着天界神仙的权威。它发端于上古巫师方士所使用的秘印。据《抱朴子内篇·登涉》所载，古有《黄神越章之印》，"广四寸，其字一百二十"。考东汉元嘉二年(152)曹氏解除瓶上有"封以黄神越章之印"字样，可见该印由来已久。道教不仅沿袭这种上古已有的巫师方士印，而且也创制新印。道教印章主要有四类:第一，尊神圣仙印。这是以道教尊奉的神仙名号为文的印章，例如天罡印、天蓬印、城隍印等。第二，符咒印。这是以符咒为文的印章。道教符图咒语根据需要，或聚或散，遂成此类秘印。诵之于口，则为咒说;刻之于玉石木器则成印。两者相辅为用，以增强其道法功能。第三，经文印。这是摘取道教经文重要辞句刻成的印章。道教将经文看成是天神秘语的记录。重要经文辞句在道人心目中乃是神命的象征，故将之刻成印章作为修持布道的符信。如以《灵宝无量度人上品妙经》的有关文句制成的《严摄北酆明检鬼营印》及《混同赤文印》即是。第四，道士印，即以道士的职司为文的印章。如天师印之类即是。此类印章一般以道派首领之名号、职位为常见。

道教造像是道教雕塑的主体。道教造像主要指建造于庙堂、石窟、洞壁及野外天然石岩等处供信徒们奉祀朝拜的神仙道人的塑像。正如其印篆等艺术品式一样，道教造像也有其悠久的渊源。从目前出土的有关历史文物中可以看出，道教造像主要是在中国传统雕塑艺术基础上发展起来的。西安近郊曾出土的汉代"羽人铜像"就是一个例证。所谓"羽人"就是羽化登仙之人，羽人铜像作跪坐状，两肩至后背生出双翼，这与西汉时期的画像石或古镜仙人像形态是相类似的，是同一种观念在不同形式上的表现，所反映的正是"羽化而登仙"的道教信仰。羽人铜像的出土有力地证明道教神像雕塑具有悠久历史，它打破了向来所认为的早期道教不供奉神像的说法。由于道教发展本身的不平衡性和其他种种原因，早期道教中的神坛塑像所留存的资料十分罕见，不要说像汉代的羽人铜像，就是有关文字记载也不多。不过，晋代以来的道教造像不仅多见载于典册，而且有实物证据。如"三尊式造像"即是其中之一。该造像系石刻，造于北魏永平年间（508—512），为半圆形，由三尊构成一组，故称"三尊式"。出于一种"尚中"的观念，三尊式造像以中间一尊造型为大，高肉髻，衣领呈交叉形，袖子较窄，倚坐，双手置于胸前。左右两侧造像均双手作合十状。背面上方有两个浮雕成火焰纹的飞天。其长方座雕双狮、博山炉。从其碑铭落款的"道民"字样可断定该造像乃出于道教信徒之手。两晋至南北朝间较著名的道教造像尚有：北魏延昌二年（513）张相造天尊像，南朝齐隆绪元年（527）女官王阿善造像碑，北周保定元年（561）的马洛子造像，北周保定二年（562）的李昙信兄弟造像，北周天和三年的杜世敬造老君像等。这类造像题铭，标示其塑造年代和作者，或称"道士"或称"道民"，可见造像乃出自道教信徒之手。

隋唐以来，道教广为传播，造像也进入了一个兴盛时期。除了道教宫观内有造像外，还出现了许多石窟造像及摩崖造像，如四川省大足县的南山石窟造像、舒成岩石窟造像、石门山石窟造像、山西龙山石窟造像、青城山天师洞三皇像、丹棱摩崖造像、鹤鸣山摩崖造像、子云亭摩崖造像等。

在道教造像中，木雕作品也别具一格。现存道观中，尚有许多木雕神像。如四川省南江县的禹王宫供奉的禹王坐像，以整块樟木雕成，高达四米，体态魁梧，相貌端庄，表现了大禹的豪迈气概。再如北京白云观内的玉皇像，以木雕的天然纹理刻画玉皇大帝的形态，坐于龙椅上的玉皇大帝头戴冕冠，身着帝装，在金童、玉女的侍卫下显得端庄肃穆。

（二）协和有情的道教建筑艺术

道教建筑是以道教宫观为主要形式、体现羽化登仙信仰精神的一种宗教建筑。其门类有桥、坊、榭、塔、亭、台、坛、门、阙、阁、廊、斋、轩、舍、馆、楼、庙、府、堂、殿、观、宫等等。这些建筑门类或用以祭祀，或用以斋醮祈禳，或用以修炼，或用以生活居处，或用以游览憩息。作为一种建筑群体，道教建筑不仅具有使用价值，而且具有艺术价值。一般地说，道教名山宫观建筑群，本身就是综合性的园林式建筑，是渗透了道教文化内蕴的艺术结晶。

从起源上看，道教建筑与上古时期作原始崇拜之用的"灵台"、"灵沼"之类建筑物有一定关联。上古之灵台尽管筑得宏伟高大，但在风格上只是对山岳的模拟，而不以结构之美见称。但到了周秦之际，"明堂"的产生则标志着灵台向房舍建筑方向的发展，带有建筑结构艺术与宗教情感相糅合的特质。正因为如此，明堂建筑的格局才能被道教所接受，成为其宫观建筑的本原。出于崇尚神明的观念，古人建造明堂之类，从首要的意义上说是为了登高以"观"，招来"神明之属"，于是明堂发展而为"观"，观以载天道，所以称"道观"。据称，道教最早的宫观建筑是陕西省周至县的楼观台。魏晋以来，特别是唐宋时期，由于有了统治者的扶植和文人士大夫的参与，道教获得大发展，其宫观建筑随之大兴。大江南北，有所谓三十六洞天、七十二福地，无处不有宫观楼台建筑，像五岳名山中的东岳庙、西岳庙、南岳庙、北岳庙均以其规模宏大而著称。他如北京的白云观、江苏茅山的九霄万福宫、浙江余杭县大涤山中峰下的洞霄宫、江西新建县的西山万寿宫等，皆各具艺术特色。

在布局手法上，道教宫观建筑主要是遵循易学的八卦方位模式。江西省上饶三清山的建筑群体就是典型例证。三清山，原名少华山。宋乾道六年（1170），王鉴公之十世孙王霖于该山首建三清宫，供奉三清尊神，故改称三清山。从地理形势看，三清山位于一个山谷小盆地内，构成一个"壶中之山"的自然格局，符合金丹修炼的炉鼎架构。海拔1500米的三清山，四周岗峦起伏环抱，风卷林梢，而中间谷地则伸展如凹，绿草如茵。就在盆地的周沿，按八卦方位，排列着八大建筑。北面有天一水池，南面有雷神庙，东有龙虎殿，西有涵星池，西北有飞仙台，东北有王佑墓，西南有演教殿，东南有詹碧云墓。这是三清山道教宫观建筑群的主体。在理论上，这组建筑群不仅合于阴阳五行学说,而且体现了丹鼎派依卦炼功的观念,是宇宙真气运行的一种象征。

　　道教的建筑主要是作为道人进行宗教活动的场所和生活场所,但由于其设置多在名山胜境,故又是园林化的。中国历史上的园林建筑一般分为四种类型,即皇家园林、寺观园林、第宅园林、名胜园林。道教建筑以道观为主体。从某种意义上说,这可称为道观园林,它属于中国园林四大类型之一——寺观园林中的一种。不言而喻,道观园林在主旨上是合于道教修行情趣的。随着魏晋以来大批文人对道教的信奉,道观园林建设又成为士大夫们隐逸修真的场所。古老仙话传说那种清幽飘逸在道士和奉道文人们看来具有奇妙的陶冶性情的功用。因而,道观园林往往又根据仙境传说来架构,自然的山山水水和人工建筑物合成一体,表现了"巧夺天工"的魅力。道观园林与道教的绘画、雕塑艺术一起将"道的旋律"蓄存在这玄妙的空间里,以特殊的"静止"衬出了永恒的流动。

五　道教艺术的符号象征

　　黑格尔说过:"'象征'无论就它的概念来说,还是就它在历史上出现的次第来说,都是艺术的开始……"①换句话讲,艺术一开始便是象征性的。按照黑格尔的观点,象征首先是一种符号。它与单纯的符号或记号不同,意义与表现意义的手段的关系不是一种完全任意构成的拼凑;在艺术里,意义与象征的联系是密切吻合的。

(一)符号象征的理论追溯

　　符号象征,作为美学研究的一大概念,引入道教艺术研究领域,这是我们理解其深层意义或隐意之必需。道教艺术怎样成为符号象征呢? 这首先牵涉到对"象征"意义的理解。在人文思想史上,象征是一个被广泛应用的概念。在哲学、美学、文学、历史、社会学、心理学、人类学领域中,人们对"象征"作了多方面的讨论和种种规定。由于讨论的角度不同,人们对象征意义的理解也多有分歧。一般地说,所谓象征是指用具体事物表现某种特

---

　　① 黑格尔:《美学》第 2 卷,朱光潜译,第 9 页,商务印书馆,1981 年。

殊意义。黑格尔认为，"象征一般是直接呈现于感性观照的一种现成的外在事物，对这种外在事物并不直接就它本身来看，而是就它所暗示的一种较广泛较普遍的意义来看。因此，我们在象征里应该分出两个因素，第一是意义，其次是这意义的表现。意义就是一种观念或对象，不管它的内容是什么，表现是一种感性存在或一种形象"①。在这段话中，黑格尔把象征分为"意义"与"表现"两个因素，又从"表现"上升到"形象"。他运用抽象分析法，对象征的构成作了界定。通俗一点说，象征就是不直说本意，而以含蓄的感性存在物来暗示所要表达的意义。这样，象征也就有了隐喻性，可以造成一种朦胧的诗意美。故而，艺术家们大多喜欢运用象征。

就一般意义来说，黑格尔把"象征"看做一种代表一定意义的"现成的外在事物"，这是说得通的。需要补充的是，这种外在事物既可以是存在于自然界的天然之物，又可以是人工创造的。事实上，作为艺术品，当它成为象征物时本身便打上了人的精神烙印，不管它是对自然物的肖似模拟还是变形处理，都是人类的艺能的外化。当同一题材的某一形象在不同场合反复出现时，这一形象便成了符号，它是某种意义的代表。因而，这种象征有别于一般的"外在事物"象征，而是一种符号象征。

从符号象征的视角来审视一下道教艺术便会有不同的发现，从而产生新的认识。道教艺术中的各种品类，无论是道教音乐还是道教舞蹈，无论是道教绘画还是道教雕塑，它们的形成不是作者对某一客体的"照相式"反映。与那些对人类现实生活进行描摹的艺术作品不同，道教艺术表现出鲜明的带有梦幻特征的浪漫性。哪怕是那些以道教历史故事为主要根据进行创作的艺术作品，也往往带有一定的夸张和变形。

（二）从符号象征角度看道教艺术

作为道教艺术象征的符号是复杂多样的。以"艺能"作为尺度来划分，便有自然符号与人工符号的区别。

自然符号就是赋予自然物象以特定意义的符号。这种情形在中国远古时期便已发生。道教信奉者们酷爱大自然，故山山水水、花草树木都成为其修道情感的寄托。相传天师道鼻祖张陵入蜀之前曾于云锦山中炼丹，丹成，

① 黑格尔：《美学》第 2 卷，朱光潜译，第 10 页。

抬头一看,云锦山恍然有龙虎之形,故易名龙虎山。在道教炼丹中,龙虎是重要的隐语之一,用以代称丹药、气血、精气等。炼丹中龙虎的这种隐语最初是从观察自然山形而得出的。张天师在云锦山以龙虎为法象来炼丹,正是赋予自然山形以符号意义的见证。

如果说张天师以龙虎为炼丹的符号象征尚未带艺术性,那么道教中的园林建筑内山水花草的隐喻性便是艺术化了的。道教园林以山为仙境,而花木则为"仙人"。在宫观四周往往栽树种花。树木花草的栽培固然有其观赏的意义,但更重要的是它们在道人心目中乃是神仙的象征。"树有树神,花有花仙。"道人们真诚相信,当天机界临之际,树神花仙都会被感动而显现。道观园林依山形而设,山峦叠嶂假花木而奇。它们相映成趣,仿佛神仙往来于其间。从性命修行的教理上看,道观园林的花木还象征着超尘脱俗,比喻驱邪益寿、青春常在。

道教艺术不仅以山水草木为自然符号,赋予象征意义,而且创造了大量的人工符号。从广义上看,道教音乐的曲线谱(又叫声曲折)、道教的舞蹈动作、道教戏剧的人物科步、道教的书法与绘画、道教雕塑与建筑都是人工符号,具有深刻的象征意义。例如西王母的塑像或画像便很值得探讨。在浙江省崇德县崇福寺西塔内有一尊西王母像,头部以象牙雕成,而衣冠身躯则用墨色沉香木雕成。其头部低垂,肩部自然扭曲,动态微妙。沉香木与象牙相辅为用,使得晶莹如玉的面部与凝重的身态得到巧妙的艺术对比。西王母画像雕像是道教人工符号的一个小例子。若以此为媒介,仔细地考察道教艺术的众多作品,就能在更大程度上发现它们作为人工符号运载信息的奇妙功能了。

人工符号与自然符号的划分是我们认识道教符号象征的美学意蕴的一个重要步骤。为了进一步了解道教艺术的符号象征的特质与功能,我们还可以从存在形态上进行划分,这就又有了具象符号与抽象符号的区别。

具象符号是一种具体的形象符号,它与"肖似性符号"既有共同点又有不同点。所谓"肖似"就是对客体的反映尽可能保持其原貌,譬如张三之像或李四之像,明眼人一看就知道它所代表的是谁。"肖似"不是原客体本身,但必须是对原客体的按比例的模拟。具象符号在一定层次上也是肖似的。在操作过程中,具象符号的创造是有具体事物作范本或原型的,但它不是简单地照搬原物。为了突出某一性质特征,具象符号往往作变形性处理。

在音乐上，就是对主旋律的变奏；在绘画、雕塑、舞蹈上，就是在某些方面变动其造型。例如，同是"老子骑牛像"，晁补之所画之牛两角上翘，两耳伸展，是一头壮牛；而元代"老子骑牛铜像"之牛乃牛犊，头低下，显得较温顺。具象符号中的造型变化自然有作者爱好因素的作用，也有群体意识的作用。生活于具体时代的道教艺术家因其艺术禀赋在自觉或不自觉状态将群体的道教精神融进了艺术作品之中。由于这种精神不是以直接的形式表达出来，而是通过艺术语言以暗示隐喻的形式出现，就造成了具象符号与本意之间一定的距离感。然而，正是这种距离感呈现出一种美的韵律。从这个意义上说，具象符号不仅是道教传达道体信息的艺能载体，而且蕴涵着积极象征的美学功能。

与具象符号相比，抽象符号与本意之间的距离就更远了。从哲学上讲，抽象本是与"生动的直观"相对而言。它指在比较分析的基础上，从事物的许多属性中撇开非本质属性，抽出本质属性。应该说，抽象符号的形成在最终意义上也遵循这种"扬弃"原则。但是，必须看到，抽象符号不是事物外观形态因素的简单"抽取"，而是经过一番"理念的玄想过程"。因此，并不是所有道教艺术品均有抽象符号功能，只有那些经过道教艺术家"玄想运作"的作品才具有抽象符号的功能。抽象符号的创制也可以有一个"内心描摹"的对象，但它对原物的"映象"则是曲折的，必须经过理念的转换。这种转换可以使本是声音的原物变成色彩，本是色彩的东西化而为声。在这种抽象过程中，形与色已经没有明显的界限。

在道教中，带有抽象符号意义的"灵图"甚多。像《五称符上经》所言"二十四真图"均属此类。而备受道门崇尚的当推《元览人鸟山形图》。道人谓："无数诸天，各有人鸟之山，有人之象，有鸟之形，峰岩峻极，不可胜言。玄台宝殿，尊神所居，林涧鸟狩，木石香花，芝草众药，不死之津，又难具陈。"[1]由此看来，人鸟山系道人存想仙境的一种产物。按文中的描述，人鸟山的景观应是很具体的，有峰峦，有鸟兽，有殿堂。但是，真正画出来的却是如符箓一样的形状，整体上呈长方形，以粗笔曲线交叉而成，中间四小块纯属符箓笔法。道经释曰："妙气之字即是山容。其表异相，其迹殊姿。"[2]这

---

① 《道藏要籍选刊》第 1 册，第 577 页。
② 《道藏要籍选刊》第 1 册，第 577 页。

里的"异"和"殊"充分体现了道教艺术中的抽象符号与事物本体间的巨大差别。它不是形态的写真,但却是"妙气"神水的流泻,故谓之"真形"。

道教艺术的符号象征是中国传统象征哲学的结晶,更是道门玄想实践的产物。早在远古时期所产生的《易经》八卦便有符号象征的功能。道教在修炼实践活动中借鉴了《易经》的卦象思维,更将之发挥光大。通过宗教的存想修持,道门中人不断丰富原有的神仙胜境,形成了多彩多姿的神仙传说,它们成为文人艺术家创作的活水源头。当文人艺术家以重复变奏的法式使神仙符号在不同场合再现时,象征意义也就不断生成。道教符号象征也就有了更为复杂的意蕴。

六 道教艺术审美情趣与人的精神

道教艺术的美学阐释是"多面型"的。从表现形态与内在意义的关系进行考察,可以发现其符号象征特质;而从鉴赏的视点作一番审视,则又会发现新的美学意义。正如符号象征可以找到多层底蕴一样,道教艺术所表现出来的审美情趣也是不拘一格的。

(一)道教艺术怪诞美、模糊美与自然美

在许多人的心目中,"怪诞"似乎成了丑陋荒唐的代名词,毫无美感可言。但是,在道教艺术中,怪诞的题材却受到青睐。无论是绘画还是雕塑,都可以发现怪诞的艺术形象。例如,在民间年画或工艺品里,那手持钱串、蓬头嬉笑、站在地上舞弄金蟾的仙人形象刘操的"怪味"即颇浓。据说,刘操本是辽国进士,有道人自称正阳子谒之,操待以宾礼。道人为之演清静无为之旨,且索鸡卵十枚、金钱十文,一文置几上,累十卵于金钱上,若浮图状。操曰:"危哉!"道人曰:"居荣禄,履忧患,其危殆甚!"遂以其钱劈破掷之,辞去。操大悟,辞官隐终南山,号曰海蟾。"刘海蟾戏金钱"的绘画即以此传说为题材。作品中的刘海蟾不修边幅,或耍弄金钱,或肩负金蟾,颇具幽默感。

不论情况如何,以怪诞为美,这种观念在道教艺术中是根深蒂固的,可以远溯至中国上古神话传说时代,经过长时期的流传与演变,遂成为道教艺术重要的审美原则。怪诞之所以引人注目,就在于它有异于常态。王充

《论衡·自纪篇》谓之"诡于众而突出曰怪"。不言而喻,在形式上怪诞偏向于丑的一面,它以不规则、不确定、偏畸无形的状态显示其存在。然而,大千世界,阴阳相对,有常必有怪。怪诞与优美并生共存,这是大自然的造化。雨果在《克伦威尔·序》中说:"滑稽丑怪作为崇高优美的配角和对照,要算大自然给予艺术的最丰富的源泉。"这话显示了怪诞存在的必然性。道教艺术中带有怪诞色彩的作品,由于其幽默和滑稽感往往更有亲和力,为广大民众所喜闻乐见。怪诞的不确定性、倾斜性对于接受者有一种特殊的刺激作用,它能引起人们丰富的想象和补充效应。这是怪诞产生美感的功用所在。

　　正如怪诞与常态的对比产生了美一样,模糊与清晰的对比也会产生美感。就道教音乐的演唱来说,住宫道的课颂类音乐由于并非舞台表演,在"咬字"上就"不求清楚"。这种模糊,避免了爆破音的刺激。吐字圆润连贯,气息出于丹田,舒缓沉着,从容不迫,不卑不亢,这就使曲调音腔能够柔美圆和。可见,模糊实际上是"腔圆"的要求。模糊美,在道教美术中也有突出的表现。作为神仙人物衬托的山水,莽莽苍苍,朦朦胧胧,仙家逸趣跃然纸上。向来,山水画家强调神似,以澹泊之笔,调出"幽渺"之色。道士画家中多有擅长此道者。如元代的方从义,善画云山墨戏,笔下之景色,冷漠里更带着幽僻,朦胧之中显示出深沉;另一位元代道士画家张雨善画石木,设色以淡彩见长,其《霜柯秀石图》、《双峰含翠图》点染不凡,默契神会,亦有幽韵。

　　雅好怪诞、崇尚模糊,这是道教艺术的重要审美特质,但从根本点上看,道教更为看重的则是自然美。"清水出芙蓉,天然去雕饰",崇道诗人李白的这一名句脍炙人口,它表达了作者"天道无为,任其自然"的美学主张,将之用以说明道教艺术的审美旨归也是合适的。道门中人为了修道,远离尘世,归隐山林,与木石为伴,同鸟兽作友。自然山水寄托了他们修性圆命的情趣,也启迪了他们的艺术思维,或步虚啸咏,或挥笔疾书,亦歌亦画,且雕且塑,自然而成妙品。这种返归自然的艺术之路在道教艺术家的合力开拓下展示了广阔的前程。从晋代五斗米道信奉者王羲之的草书到清代郑板桥的山水画,从司马承祯的"金剪刀"笔法到李体德的穹窿山读画楼,都折射出了道教艺术崇尚自然的精神闪光。在道教艺术中,和谐美的集中表现是先天太极图。只要你迈入道教的洞天福地,几乎到处都可以看到太极图。

它已经成为道教的基本标志。太极图看起来很简单，但却蕴涵着道教宇宙观的全体，也是道教艺术审美观的融缩。

（二）道教艺术美与人的精神

道教艺术的审美指归与人的精神高扬是一体化的。从表层上看，道教艺术的表现对象多是神仙幻境，似乎远离了人自身，但实际上是以符号性的生命体验表达了强烈的自我意识。

道教艺术作为符号象征，其隐意是多重化的；但只要深入其巍峨的殿堂，便能感受到生命的律动。英国诗人、大英博物馆东方绘画馆馆长劳伦斯·比尼恩（Laurence Binyon，1869—1943）在谈到中国的绘画艺术时指出："单单是秩序，以及对秩序的顺从，永远也不会使人的精神完全满足。在那种精神里，欲望经常隐藏起来，经常受到压抑，然而却一直持续不断，超越自己；它变得面目皆非。它逃避，它扩张，它创造。在某种意义上说，这是对自身命运的对抗。而这种欲望可以通过渴望摆脱日常生活那种桎梏人的环境这样一种形式表现出来；这就是浪漫精神，在行动的天地里激发着为冒险而冒险的精神，而在想象的领域里则渴求着美；它醉心于怪异的、遥远的、奇迹般的、不能达到的东西。或者它采取一种有力而又持久的形式，一心想超越自身的局限，使自己与外界存在物同化，最后它达到升华而与宇宙精神、与无所不在的生命精神合而为一。"①这种对欲望的曲折表达、对自我的超越，在很大的程度上是符合道教艺术的精神境界的。搜奇猎异，逍遥八极，充满浪漫色彩，道教艺术正是以此为主要特色。这种色彩斑斓的外观铺排映射出一种超越自我局限的需求。可以说，道教是迄今为止最关心生命价值的宗教。道教看到了，人生的最大局限就在于生命的短促。为了改变这种局限，道教把眼光移向了浪漫的艺术世界，在这个世界里进行精心的营构。故而，我们有理由认为，道教运用艺术形式对天界的咏叹实际上也是对自我生命的讴歌。在尘世中得不到的最根本的生命永恒追求在艺术世界里得到了充分的满足。现世中的自我也许在短暂中消失了，但在艺术世界中却永存了，因为这时的自我已经与天地化为一体，万物的存在就是"我"的存在，宇

---

① 〔英〕劳伦斯·比尼恩：《亚洲艺术中人的精神》，孙乃修译，第20页，辽宁人民出版社，1988年。

宙的精神就是"我"的精神的本体。

事实上，道教艺术作为追求生命永恒的象征符号并不只是一种逻辑的推想而已，在道教经籍里即可找到确凿的证据。《灵宝无量度人上品妙经符图》内收有《灵宝始青变化之图》、《碧落空歌之图》、《大浮黎土之图》。对于这三图，道门中人的解释都体现了神仙圣境与生命理想的结合。例如对《灵宝始青变化之图》，作者称之"天真皇人以紫笔记灵宝之炁，交始青之炁、变化之象也。主世间及天地鬼神之生道，能资蓄生炁以抱魂，结炼以得真也。兆能有之，以青书竹帛之上，面西北服之，保生延年，神炁不散，固全生道。佩之则生气归身，返老回婴。应运灭度，身经太阴，带服始青变化之图，始青帝君与兆同升，逍遥太空也"[1]。按照这种解释，《灵宝始青变化之图》是宇宙精气的写照，又是宇宙运化的法象。因为"灵宝"在道门中本是精气的另一种表示。陈观吾说："气谓之灵，精谓之宝；寂然不动，感而遂通曰灵，上无复祖，唯道为身曰宝。"又说："灵宝者，精气也。精气者，汞铅也。汞铅者，阴阳也。阴阳者，离坎也。"[2]宇宙精气，有阴有阳，阴阳相感，变在其中，所以说这又是"变化之象"。将这种象征宇宙精气的"图"画在竹帛上，烧化和水服之，据说能使"生气归身"。这个说法体现了宇宙精气与人体内气的对应，由此可见作者对人的生命的关注。

劳伦斯·比尼恩说："大自然的生命并不是被设想为与人生无关的，而被看做是创造出宇宙的整体，人的精神就流贯其中。"[3]事实正是如此。道教艺术之所以充满生命的气息和律动，正在于人的精神之作用。由于这种精神的"流贯"，艺术便闪烁着独具魅力的美的灵光。

【复习与练习】

1. 什么是道教艺术？

2. 什么是道教音乐？道教音乐的形式与道教音乐理想关系如何？

3. 道教美术的主要形式有哪些？在思想上道教美术与道教基本信念有何关系？

---

① 《灵宝无量度人上品妙经符图》，《道藏》第 3 册，第 63 页。

② 《原始无量度人上品妙经注解序》，《道藏》第 2 册，第 392 页。

③ 劳伦斯·比尼恩：《亚洲艺术中人的精神》，孙乃修译，第 53 页。

4. 什么是符号象征？如何认识道教艺术的符号象征意义？

5. 道教艺术的人文精神体现在哪些方面？

【参考读物】

1. 张金仪:《汉镜所反映的神话传说与神仙思想》,台北故宫博物院,1981 年。

2. 刘文三:《台湾神像艺术》,台湾艺术家出版社,1981 年。

3. 史新民主编:《中国武当山道教音乐》,中国文联出版公司,1987 年。

4. 蒲亨强:《神圣礼乐》,巴蜀书社,2001 年。

第十五讲

魅力无穷的洞天福地

【学习目的】 了解道教洞天福地的思想渊源，认识洞天福地思想体系的形成过程与基本内涵，透析洞天福地的文化内容、生态结构，考察洞天福地的旅游价值。

如果说道教文学艺术创造了一种幻象的生命空间，那么洞天福地则是道门中人理想生存空间的奇特形态。

神仙信仰与修道需要促成了宫观的建造，但仅有宫观，还不能完全满足神仙信仰与修道的需要。在长期的发展过程中，道教还提出了"洞天福地"概念，对其神仙胜境做出了种种描绘。所谓"洞天神地"乃是道门认定的神仙居处胜境。早期所谓"洞天福地"具有比较明显的神秘性，尽管此等胜境也是自然世界的一种存在空间，但一般而言是不对世俗人开放的；后来，洞天福地的空间属性获得发展，它们成为修道者向往的圣地，也是实在的生存场所。在人们心目中，洞天福地具有无穷的魅力。历史上，有关洞天福地的文献相当之多，既见于《道藏》之中，也散见于《道藏》之外。在现代社会，许多小说、散文、戏剧甚至电影电视作品也以洞天福地作为空间环境来构造故事，就更加显示出洞天福地的光彩。

一 洞天福地的思想渊源

洞天福地是道教宇宙理论模式的一种空间体现。由于修道者的理想典型——神仙就活动在洞天福地之中，道门的基本精神便随之而贯注。从这个意义上讲，洞天福地乃是道教文化的一种缩影。

（一）地理博物传闻：道教洞天福地模式的原初资源

从思想渊源上看，道教洞天福地的仙境模式与古老的地理博物传闻具有相当密切的关系。所谓"地理博物传闻"指的是那些记叙山川名胜、奇物珍品的传说资料。此类资料虽然相当驳杂，但对于后来道教洞天福地理念的形成和实体化却具有重要的启迪作用，因为在这些资料中往往包含着山川洞窟、异人神物的描述。例如《山海经》所描述的通天之山就颇具吸引力。该书称"华山青水之东，有山名曰肇山，有人名曰柏高，柏高上下于此，至于天"。按照郭璞的看法，这个"柏高"乃是上古的"仙者"。《管子·地数》篇有黄帝问于柏高的言论记录，可知柏高当是黄帝时期的一位大臣；但在《山海经》中，他却成为一个能够从肇山上下沟通天人的神仙。既然柏高进行天人沟通的场所是肇山，则肇山就具有了特殊的意义，已具有仙境的初步特征。像"肇山"这样的处所在《山海经》中是为数不少的，此类记载表现了《山海经》作者搜奇猎异的追求，也为后来的仙境场所奠定了基础。秦汉以来，有关地理博物的著述大量增加，张华的《博物志》是典型的代表作。该书写山水物产以烘托神仙生活。在卷一的《自叙》之后，张华引《河图括地象》叙地南北之距及方位，首推昆仑之高广，谓之为神物所生，圣人仙人之所集。其《山水总论》云："五岳视三公，四渎视诸侯。诸侯赏封内名山者，通灵助化，位相亚也。故地动臣叛，名山崩，王道讫，川竭神去，国随已亡。海投九仞之鱼，流水涸，国之大诫也。"《博物志》将山川的变化与国家存亡联系起来，这当然是天人感应思想的体现，但从空间的角度看却具有"堪舆"的资料意义，而"堪舆"理念本来就是道门洞天福地思想形成与不断完善的一种观察实践基础。

（二）海外仙岛的体系化

在上古的地理博物传说中，海外仙岛对于道教洞天福地思想的形成与体系化来说具有典型的作用。由于求仙风潮的推动，各种仙岛的传说也应运而生。其中最重要的就是"十洲三岛"的故事。《道藏·洞玄部·纪传类》收有《十洲记》一书，题东方朔集；另有《云笈七签》卷二六摘录了《十洲三岛》，也题东方朔集。所谓"十洲三岛"指的是祖洲、瀛洲、玄洲、炎洲、长洲、元洲、流洲、生洲、凤麟洲、聚窟洲以及方丈、蓬丘、昆仑三大海岛神山（按：聚窟洲条又附有沧海岛；方丈山条又附有扶桑岛，所以海中仙岛之数实有五）。从其行文内容看，"十洲三岛"的体系化虽然完成于汉代之后，但其传说的渊源却由来已久。因为有关方丈、蓬丘、昆仑的海外仙岛资料在先秦的文献之中并不乏见。

十洲构想虽源于古代以《易》为基础的舆地学，但已不单纯是一种地理传说，而是通过模式的建造为道士提供修行的胜境。在这个构想中，仙人系统与仙居胜景巧妙地配合起来。其篇章是以东方朔的"自述"为基本线索的。一开始，东方朔即向汉武帝谈起自己学仙、跟随师主旅行的经过。诸如朱陵扶桑、蜃海冥夜之丘，纯阳之陵，始青之下，月宫之间……践赤县而邀五岳，行陂泽而息名山，似乎整个宇宙都走遍了。作者正是以这种旅行家叙说所见所闻的笔法来描写十洲当中的仙人仙居的。每洲当中，几乎都有仙人掌管着。如"玄洲"条中称，上有太玄都，仙伯仙公所治；长洲有紫府宫，天真仙女游于此地；沧海岛有紫石宫室，九老仙都所治；方丈有九源丈人宫，主领天下水神及龙蛇巨鲸，阴精水兽之辈；扶桑岛有太帝宫，太真东王父所治；蓬丘山有九天真玉宫，太上真人所居……有的洲岛中甚至有仙人数万，甚或数十万；有的时候，作者没有详说哪位仙长掌管，但至少也是"多仙家居处"。可见，作者所构想的十洲三岛（或五岛）是仙人统治的独特世界。

二　洞天福地体系的形成

如果"十洲三岛"的传说还只是为洞天福地的模式建构提供蓝图的话，那么在道教形成之初所出现的"治"则可以视为洞天福地的一种雏形。早在东汉末年，道教刚刚诞生不久，便有"治"的修道场所的设立。三国时期遂有"二十四治"与"二十八治"的空间概念。

（一）二十四治的内容与堪舆理念

作为一种空间存在与政教依托形式，道教的"治"已具有堪舆学①的蕴涵。《云笈七籤》卷二八载："治者，性命魂之所属也。"②天师道认为，要使身体与精神有所依托，就必须有"治"的存在。《云笈七籤》卷二八引张天师《二十四治图》称："太上以汉安二年（143）正月七日中时下二十四治，上八治、中八治、下八治应天二十四气，合二十八宿，付天师张道陵奉行布化。"③作者将二十四治与二十四节气及二十八星宿相配，这是有历史依据的。根

---

① 关于"堪舆"的意义与方法，详见本书第十一讲第四部分。
② 《道藏》第22册，第208页。
③ 同上书，第204页。

据《云笈七籤》收录的资料，前人在描述各治情况时往往对其地理形势进行提示性说明，并且指出其与二十八星宿的对应关系。例如"阳平治"：

> 治在蜀郡彭州九陇县，去成都一百八十里，道由罗江水两岐山口，入水路四十里。治道东有龙门拒守，神水二柏生其上；西南有大泉，决水归东。治应角宿，贵人发之。①

作者着意于治所路径、龙门、大泉、水流，说明其心目中已有自觉的堪舆意识，因为路、门、泉等项向来是堪舆学家们所注意的。另外，在上述关于阳平治的文字中，作者还特别指出与星宿的对应问题。所言"角宿"即东方苍龙七宿中的第一宿，按安徽休宁万安桥罗经店所制罗盘盘面刻度标志在东南方向，是二十八宿的起点。天师道以第一治配二十八宿的第一宿，亦有起始之意义。接下来，每治配一宿。依次为：鹿堂山治，在汉州绵竹县界北乡，应亢宿；鹤鸣神山上治，在蜀郡临邛县界径道三百里，应氐宿；漓沅山治，在彭州九陇县界，应房宿；葛璝山治，在彭州九陇县界，与漓沅山相连，应心宿；庚除治，在广汉郡绵竹县西去五里处，应尾宿；秦中治，在广汉郡德阳县东九里处，应箕宿（以上为上八治）；昌利治，在怀安军全堂县东四十里处，应牛宿；隶上治，在广汉郡德阳县东二十里处，应女宿；涌泉山神治，在遂宁郡小汉县界，应虚宿；稠粳治，在犍为郡新津县，应危宿；北平治，在眉州彭山县，应室宿；本竹治，在蜀州新津县，应壁宿；平盖治，在蜀州新津县，应娄宿（以上为中八治）；云台山治，在巴西郡阆州苍溪县东二十里处，应胃宿；浕口治，在汉中郡江阳县，应昴宿；后城山治，在汉州什邡县，应毕宿；公慕治，在汉州什邡县，应觜宿；平冈治，在蜀州新津县，应参宿；主簿山治，在邛州蒲江县界，应井宿；玉局治，在成都南门内，应鬼宿；北印山治，在东都洛阳县，应柳宿（以上为下八治）；复有张道陵所"补充"的四备治：第一冈氐治，在兰武山，应星宿；第二白不治，在玄极山，应张宿；第三县山治，在饭阳山，应翼宿；第四钟茂治，在元东山，应轸宿。经过一番整饰，二十八治便与二十八星宿一一对应，有条不紊了。按照《云笈七籤》所摘录的材料看，天师道立二十八治的目的是为了"济世度人，以至太平"②。如果说"济世"含有政治色彩，

---

① 《道藏》第 22 册，第 204 页。
② 同上书，第 210 页。

那么"度人"则具有了神仙境界的意义,因为以道法将世人度过苦海,就是要奔向仙境。

（二）从二十四治到洞天福地

道教信奉者在修炼过程中,由于现实需要,渐渐形成了洞天福地境界的模式。从现有材料看,有关二十四治的记载里已涉及仙洞胜境。例如关于《二十四治图》的一些解说性文字就谈到阳平洞等。据说富人张守珪遇到一位少年,有异术,能够以杖扣树得盐。守珪问其异术得自何人。少年曰:"我阳平洞中仙人耳。因有小过,谪于人间,不久当去。"①当张守珪问到洞府大小与人间城阙是否相似时,少年又说:

> 二十四化,各有一大洞。或方千里、五百、三百里,其中皆有日月飞精,谓之伏神之根,下照洞中,与世间无异,其中皆有仙王、仙官、仙卿、辅相佐之,如世之职司。有得道之人及积功迁神反生之者,皆居其中,以为民庶,每年三元大节,诸天有上真,下游洞天,以观其所理,善恶人世、生死兴废、水旱风雨,预关于洞中焉。其龙神祠庙血食之司,皆为洞府所统也。二十四化之外,其青城、峨嵋、益登、慈母、繁阳、嶓冢亦各有洞天,不在十大洞天、三十六小洞天之数,洞之仙曹如人间郡县聚落耳,不可一一详记之也。②

身怀异术的少年不仅谈到了仙洞,而且使用了"十大洞天"、"三十六小洞天"的概念。由于记述少年事迹的《云笈七籤》乃成书于宋代,少年口中的"洞天"景观描绘可能经过唐宋人的整饰,不过也决非没有来历。据称《二十四治图》是由张天师所撰,故与此有关的洞天传说恐怕在唐宋之前就已产生。到了唐朝,洞天福地传说遂大行于世。盛唐时期的道士司马承祯作《天地宫府图》首列十大洞天,继以三十六小洞天、七十二福地,每个洞天及福地,作者都标明其处所和范围,形成了独特的风水格局。晚唐道士杜光庭在司马承祯《天地宫府图》的基础上,复作《洞天福地岳渎名山记》。他在序言中说:

> 乾坤既辟,清浊肇分,融为江河,结为山岳。或上配辰宿,或下藏

---

① 《道藏》第 22 册,第 205 页。
② 同上。

洞天,皆大圣上真主宰。其事则有灵宫閟府、玉宇金台,或结气所成,凝云虚构,或瑶池翠沼,流注于四隅,或珠树琼林,扶疏于其土,神凤飞虬之所产,天骥泽马之所栖,或日驭所经,或星躔所属,含藏风雨,蕴蓄云雷,为天地之关枢,为阴阳之机轴,乌标华于海上,或回疎于天中,或弱水之所萦,或洪涛之所隔,或日景所不照,人迹所不及,皆真经秘册,叙而载焉。太史公云,大荒之内,名山五千,其间五岳作镇,十山为佐。又《龟山玉经》云:大天之内,有洞天三十六,别有日月星辰,灵仙宫阙主御罪福,典录死生,有高真所居,仙王所理。①

杜光庭在序里以《周易》的乾坤气化论为根基力图说明大地山川的形成。他对洞天福地的美妙境界进行了颇具诱惑力的描述。在他的笔下,洞天福地一派绮丽风光,令人神往。不言而喻,杜光庭的描述带有梦幻般的想象色彩,他所"展现"的那些灵宫秘府、瑶池翠沼、珠树琼林、神凤飞虬都是道人神奇想象世界的产物,是用来装点神仙胜境的;但他所引述的"洞天三十六"却又包含着道教堪舆学的结构模式。道教信奉者们为了修身养性,积极地观察自然界,从而形成了三十六天的宇宙模式。翻开《灵宝无量度人上品妙经》卷二,可以读到有关三十六天的一段描述:"三十六天,三十六帝,玉宸隐名,天中自然,九室灵章,上清隐道,皇极之真,洞虚之尊,太空之神,玉京秘范,大化之文,变升之格,开度之灵,九晶十明,明堂降生。玉宸大道,深不可详,豁落七真,普度天人。"《度人经》所谓"三十六天"是按照九宫法推演而成的。天地有东西南北四面,每面各有九天。东方有玉宸梵遥天、纪乐元须天、抱素冲寂天、上化重空天、九光空素天、朱极静修天、曲照含离天、崇仁德修天、龙胎曜华天;南方有粹华无镇天、道辩冲容天、濯广滋元天、炎景耀明天、福应极真天、玉苑法持天、定名紫元天、上极思真天、玄龙隐羽天;西方有大无空洞九明天、丹回绿锁天、觉源赤玉天、素明庆奉天、皇籍度生天、境阳浩称天、芒忽变由天、九畴质阳天、盖车青极天;北方有中极太素天、太上广化天、白魂英遥天、惠明招济天、都照元阳天、亮极玄竺化灵天、子定平无天、易常究中天、光空百宗天。这些名称古里古怪,是道教信奉者们通过玄想而得出的,却为道教整合仙居风水模式奠定了基础。从天人相应

① 《道藏》第11册,第55页。

的立场出发,道教信奉者们把"三十六"这个奥妙的数字用在修道处所上,于是有了"洞天"的美名。洞者,通也,"洞天"即是通天。另外,三十六的倍数是七十二,合于汉魏间流行的"七十二候"法式,于是又有了七十二福地。在道教信奉者看来,洞天福地别有"日月星辰",它们是道人修道的风水宝地,也是"地仙"通天的胜境。

三　洞天福地与宫观圣迹

在道教洞天福地中,宫观圣迹是特别重要的实体标志。所以,考察洞天福地历史以及存在状态不能缺少宫观圣迹方面的内容。应该怎样来看待洞天福地与宫观圣迹之间的关系呢? 为了能够更好地说明问题,有必要对宫观的名义及其建构等情况作一番稽考。

（一）道教宫观的由来与建设

"宫观"是"宫"与"观"的统合称呼。历史上,"宫"本是房屋的通称。《周易·系辞下》说:"上古穴居而野处,后世圣人易之以宫室。"由此可知,"宫"是穴居场所的一种变革产物。古时候,不论是贵族人士还是平民百姓,其所居住的房屋都可叫"宫"。秦汉以后,一般民众的房屋不再称作"宫",唯有帝王居处的房屋、宗庙以及道人居处的室宇才称作"宫"。至于"观"本来是作动词用,表示"看"的意思,如《论语·为政》所谓"视其所以,观其所由"中的"观"即作"看"解。《周易》六十四卦有一个"观卦",其《象》辞谓:"风行地上,观,先王以省方观民设教。"其中的"观"也是在察看的意义上来使用的。古人为了察看天象,筑高台以观,就叫做"观台"。相传关令尹喜得知老子欲过函谷关,即在陕西省周至县一胜境筑草楼以观星气,此楼即称"楼观",后来许多道士集聚此处修炼,遂形成了楼观道派。由于"观"从动词演变为名词,被赋予命指道门居处屋宇的功能,人们便将之与"宫"联结起来,成为道门居处室宇的合称。早期的道教宫观或称"治"、"靖",或称"馆"等等。"治"是五斗米道祭祀神明的地方,也是管理教民的核心机构;"靖"与静相通,表示入室修养而宁静。"馆"也就是"客馆",以仙人为贵客,故仙人所居处之屋宇即称"仙馆",由于此等馆舍最初乃设在五斗米道的二十四治之中,所以又称作"治馆"。作为道教修炼的一种场所,"治馆"起于汉末。释明概《决对傅奕废佛僧事并表》称张陵客游蜀土,"置以土坛,戴以草屋……治馆之兴,始乎此也"①。北周武帝时期,改"馆"为"观"。唐朝开始,由于朝廷的大力支持,道教大兴。鉴于楼观台道士在唐王朝起兵过程中的相助,唐皇帝在取得全国政权之后在终南山下建造"宗圣宫",以祭祀老子。其他各地也依照朝廷的敕命建造了许多道宫。自此以后,凡是规模较大的道教活动场所就称作"宫观"。此外,尚有"庙"、"院"等类型。由于神明信仰的多元化等原因,各地道教宫观的形式各具特色。一般来说,比较典型的道教宫观建筑群包括山门、钟鼓楼、灵官殿、主神殿、玉皇殿、三清殿、祖师殿等。②

(二)道教宫观与洞天福地的关系

既然"宫观"是一种场所,便具备了空间的特性,这就与洞天福地对应起来,因为洞天福地说到底也是一种空间的存在方式,只不过空间范围不同而已。如果说洞天福地是一种较大的修行空间,那么宫观则是较小的修行空间。

正如星球的存在是以宇宙为大空间一样,道教宫观则以洞天福地的自然态势为布局的基础。因此,宫观地点的选择及营造如何与自然态势相协调,是必须考虑的问题。考察一下各地的道教宫观尤其是那些规模较大的宫观,我们不难看出,其设计建造者们一般都重视选址布局与自然态势相呼应,例如武当山的道教宫观建设便相当具有自然神韵。历史上,武当山称作"玄岳",位于湖北省西北部,其主峰天柱峰海拔 1612 米,耸立在丹江口市西南部,余峰蜿蜒起伏,仪态万千。作为道教七十二福地之一,武当山从魏晋开始便有道人于此修炼。由于居处和传教的需要,道人们在山中陆续建造了许多宫观。宋元之际,"玄武"信仰升格,武当山道教发展迅速,宫观建设也随之大兴。永乐十二年(1412),明成祖命工部侍郎郭琎等督军夫数十万人于此大兴土木,历时十余年,建成了一批雄伟的宫观,分布于 70 余里的范围,从北端的净乐宫到天柱峰顶上的金殿,展示了道教名山的非凡气派。据山志等书所载,在明代武当山道教宫观建筑群中,最著名的有玉虚宫、遇

---

① 《广弘明集》卷十二,《大正藏》卷五三,第 171 页。
② 参见卿希泰《中国道教史》第一卷,第 552 页;又参见胡孚琛《中华道教大辞典》,第 1644 页。

真宫、元和观、复真观、紫霄宫、太和宫、金殿等。这些宫观虽然有的已经崩塌不存，但基址犹在。从现存的宫观紫霄宫及其他基址来看，武当山的宫观乃是顺应山形地貌的变化而布局的，整体上错落有致，其人工建筑与自然景观相映成趣。古代设计师追求的是一种人与自然的和谐境界，这在宫观名称上也体现出来，最具代表性的就是太和宫。"太和"一词首见于《周易·乾卦·象传》："乾道变化，各正性命，保合太和，乃利贞。"意思是说，大自然运行变化，万物各自禀赋天性而得形躯，保全至上的和谐状态，这是利于生长的正道。后来的道家与道教继承了《周易》的思想理念，崇尚阴阳和谐之道。《老子河上公章句》第十章说："一者，道始所生，太和之精气也，故曰一。"①《老子河上公章句》收入《道藏》之中，而河上公也被道教尊奉为神仙。因此，这种"太和"精神自然也就在道教中传续着。武当山的诸多道教宫观之所以给人一种自然淳朴的感觉，很重要的一个原因就是贯注着和谐的理念。当然，武当山道教宫观仅是洞天福地中人工建筑的一个例子而已。如果亲临其境，加以考察，相信这种感觉将会更加具体。

道教宫观一方面以洞天福地的态势为布局和营造的自然准则，另一方面也给洞天福地营造了人文的气息。倘若洞天福地没有宫观，那就与其他地方的自然景观没有什么本质区别。但是，当道教宫观在洞天福地耸立起来之后，情况便发生了本质的变化，因为宫观象征着道教活动，蕴涵着延年益寿、羽化登仙的道教思想旨趣，所以，我们考察洞天福地，很重要的一个方面是体会此等空间之中的人文精神。

四 洞天福地的文化积淀

文化是人创造的，有人的地方就有文化。洞天福地既然是神仙圣地和道人们修真炼性的地方，此地所创造的文化也就打上了道教神仙信仰的烙印；不过，也必须看到，洞天福地对于道门之外也有相当大的吸引力。从文人墨客到一般百姓，只要有机会到达道教洞天福地或者接触到洞天福地的有关信息，都可能参加洞天福地的文化创造。另外，历史上由于社会维持和

---

① 王卡点校：《老子道德经河上公章句》，第 34 页。

管理的需要，皇帝或者朝中大臣往往为道教洞天福地题词送匾，这也构成了洞天福地文化的重要内容。从某种意义上讲，洞天福地的文化乃是道教文化的主体，其内容是相当广泛和丰富的。不过，本节并不是要把洞天福地的所有文化现象都罗列殆尽，也不可能罗列殆尽。请各位朋友注意本节标题中"积淀"两个字的含义，我这里所要陈述的是"文化"的积淀问题，而不是洞天福地文化的全部。从文化学的角度看，所谓"积淀"是指相对稳定的文化内涵。在洞天福地中，道教的基本精神、思想理念往往通过各种各样的传说或者碑刻、雕塑等形式积淀下来。如果说道教神仙故事传说是以口头方式积淀下来，那么宫观建筑及其碑刻、雕塑则通过物化形式积淀下来。这里，我想就洞天福地中的故事传说与有关的碑铭题刻稍加介绍。

（一）洞天福地的故事传说

故事传说虽然可能随着讲者的癖好而在内容和形式上发生变化，但无论情况如何，它们是具有自身魅力的。洞天福地故事传说题材多样，或者叙说神仙往来、飞升变化的情形，或者描绘道人修真炼性的过程，或者陈述宫观、楼台亭阁的兴建历史，或者表现景观名物的特性等等。此类故事传说往往通过丰富的想象力和浪漫的情节寄托一种理想追求或美好的愿望。例如道教第十六洞天武夷山的山名传说就是这样。相传唐尧时代，彭祖来到崇安居住，当时洪水泛滥成灾，民不聊生，彭祖的两个儿子彭武和彭夷便开山挖洞，疏通洪水，他俩所挖的河道就成了九曲溪。后来人们为了纪念彭祖的两个儿子，就把该山称作武夷山，并且在九曲溪汇入崇阳溪的地方建造了武夷宫。"武夷"得名传说一方面表现了古代闽越族抵御自然灾害的愿望，另一方面则蕴涵着长生寿老的生命理想，因为彭祖在道教中已经成为长寿的一种符号或者意象，所以该山以彭祖为开发的先祖，就具有典型的生命理想意义。

一般说来，洞天福地故事传说的情节比较单一，但在经过后人整理形成文字之后往往产生了艺术的升华，有的故事传说还相当注意典型形象的塑造。例如华山中关于陈抟的传说就是如此。当地的人们说，陈抟是亳州真源（今河南省鹿邑县）人，到了四五岁的时候才开口说话，在孩提时代就喜欢山水，经常在家乡的涡水之滨玩耍。成人以后，由于双亲去世，他经常外出游历，与泰山等地的道人讨论人生处世之道，受到道教思想的深刻影响。

据说他在长兴元年(930)举进士不第,遂不求仕途,移情于山水。先是隐居于武当山的九室崖下,后来移居华山。一日,陈抟出游到了京师,唐明宗听到消息后,便下了诏书,召见陈抟。经过一番对答之后,明宗知道陈抟满腹经纶,才华横溢,是一个难得的人才,便赐号清虚处士,并且准备赐予宫女三人。陈抟上书表示感谢,但对其所赐宫女坚辞不受,写了一首诗歌以作答:"云为肌体玉为腮,多谢君王送出来。处士不生巫峡梦,空烦云雨下阳台。"他将此诗交给来访的官吏,便扬长而去。① 这个故事传说表明陈抟并不是追求什么美女钱财,而是乐于修道之事。故事从一个侧面表现了道门中人信念坚定的个性特点。

（二） 洞天福地的碑铭题刻

在洞天福地之中,碑铭题刻是道教文化的宝贵资源。对于此类文化遗存,历史上曾经有人加以整理。现存《正统道藏》之中就有许多碑铭题刻,如《西川青羊宫碑铭》、《宋东太乙宫碑铭》、《宋西太乙宫碑铭》、《宋中太乙宫碑铭》、《宫观碑志》等。此外,《正统道藏》以及《万历续道藏》、《道藏辑要》、《藏外道书》等道教大丛书所收的各种山志一般都有"艺文志"部分,编纂者也注意到名山宫观碑铭题刻的收集整理。上世纪前期,我国著名学者陈垣先生曾经把实地考察以及文献中所见到的诸多碑铭题刻汇编成《道家金石略》,为道家与道教研究积累了十分宝贵的资料。后来,各地的许多学者也注意收集这方面的材料,厦门大学人文学院郑振满教授曾经与加拿大学者共同编辑《福建宗教碑铭》,其中主要是道教与民间信仰方面的碑铭题刻。四川省在这方面也做了大量工作,龙显昭与黄海德主编的《巴蜀道教碑文集成》代表了这方面的重要成果。该书所收碑文以关乎道教者为准,凡道教的碑记、像记、塔记、洞记等等都尽可能收录,其时限上起后汉,下至清末,也包含少量民国时期的碑文。编纂者主要依据《隶释》、《隶续》、《文苑英华》、《全唐文》、《全宋文》、《宋代蜀文辑存》、《全蜀艺文志》等文献选编,同时也进行实地考察,据碑实录,汇集成书,全书所收凡 457 篇,内容相当丰富。

与故事传说相比,洞天福地的各种碑文题刻具有浓厚的历史氛围。从

---

① 参见穆忠民、潘学森:《华山揽胜》,第 85 页,中国青年出版社,1989 年。

大量的碑文题刻之中,我们可以深深感受到洞天福地环境的美妙和道教活动的具体面貌。例如娄钟所撰的《小七曲建庙记》就是这样。《记》曰:"石牛堡小七曲山,山脉来自石牛,长冈蜿蜒。雁门在右,天马在左,卧龙对峙,双峰拥后。诸峰来朝,势若星拱。咸丰二年,余署理邑篆,过境观瞻,见其地雄胜,因建桂香以及家庆堂等庙,节仿七曲之规模,名曰小七曲山。谚云:半麓弯环,七曲一般,不染俗境,自是仙寰。"①这篇庙记虽然很短,但措辞相当讲究,传达的信息也很丰富,作者准确地交代了其山形的来龙去脉、风水格局、建庙过程和具体年代,以小见大,展示了道教宫观的深刻思想内涵。像《小七曲建庙记》一类碑记在洞天福地之中为数不少,表明道教的人文积淀是很深厚的。

五　洞天福地的生态结构

道教洞天福地的生态结构是自然时空模式与人文时空精神相叠合的结果。因此,要了解其生态结构依然应该从自然与人文两个角度加以考察。

(一) 生态与洞天福地的空间特征

英国学者坦斯利(A. G. Tansley)指出,生态系统基本概念是物理学上使用的"系统"整体,这个系统不仅包括有机复合体,也包括形成环境的整个物理因子复合体。根据这种理论,生态系统包括有生命的成分和无生命的成分。有机体与环境各组成部分之间并非孤立存在、静止不动的,而是相互联系相互制约的,并且处于不断的运动变化之中。在生态系统中,一种因素的变化会引起相关因素也跟着变化,甚至影响到整个生态系统的结构。

正如其他生态系统一样,道教洞天福地的生态系统也是由多种成分组成的。概括起来,洞天福地的生态因素主要指其中的"仙民"及其生活环境。一方面,洞天福地的自然环境成为"仙民"的基本活动空间;另一方面,"仙民"因为延年益寿的各种修炼需要而展开的诸多创造活动及其结果又

---

① 龙显昭、黄海德主编:《巴蜀道教碑文集成》,第 471 页,四川大学出版社,1997 年。

影响了洞天福地的存在状态。

　　与世俗人的生活环境相比，洞天福地具有特殊的空间模式。这种模式对于世俗人来说是神秘的，但对于神仙而言却是"真实"的。从道教流行的"壶天"故事，我们就可以发现洞天福地空间模式的特异之处。故事首见于《后汉书·方术列传·费长房传》：

> 　　费长房者，汝南人也。曾为市掾，市中有老翁卖药，悬一壶于肆头，及市罢，辄跳入壶中。市人莫之见，唯长房于楼上睹之，异焉。因往再拜，奉酒脯。翁知长房之意其神也，谓之曰："子明日可更来。"长房旦日复诣翁，翁乃与俱入壶中。惟见玉堂严丽，旨酒甘肴，盈衍其中，共饮毕而出。翁约不听与人言之，后乃就楼上候长房曰："我神仙之人，以过见责，今事毕当去……"

这一段话的大概意思是，在汝南当酒店老板的费长房曾经看见一个老翁在闹市上卖药，每日罢市的时候这个老翁就跳进一个壶里。市上的人都不知道老翁的这种神奇的生活方式，只有费长房在楼上看见这一现象，感到特别奇怪。费长房去拜访老翁，并且奉上酒脯。老翁知道费长房关心的是他入壶的神奇事，于是交代费长房第二天再来。白天的时候，费长房再度拜访老翁，老翁就携带费长房一起进入壶中。费长房在壶中大开眼界，他看见了用白玉建造的庄严富丽的殿堂，到处是美酒佳肴，与老翁共同享用了其中的美酒佳肴之后又从壶里出来。老翁吩咐费长房不可对外界声张这件事。后来，老翁上楼对费长房说："我是修炼多年的神仙，因为有过错，被贬责，现在期限已到，今天就离开这里。"

　　以上故事的着眼点虽然在于描写老翁的神奇本领，字里行间却透露了道教理想中的洞天福地的空间状态。一壶虽小，却可以包揽茫茫的环宇，这就是道教所追求的神奇空间。当然，道教洞天福地的空间系统并非仅仅存在于理想化的仙话故事之中，在名山志、游记等诸多文献中，我们也常常可以看到洞天福地空间系统的描述文字，例如《武当福地总真集》卷上在言及武当山的地理位置时即称：武当山"应翼轸角亢，分野在均州之南，周回六百里，环列七十二峰、三十六岩、二十四涧……乾兑发原，盘亘万里，回旋若地轴天关之象,地势雄伟,非玄武不足以当,因名之曰武当"①。作者先根据传统的"二十八星宿"区域分布表示法,点出武当山所处的地理位置,紧接着展示武当山的整体态势和地貌特征。在这之后,作者分别对七十二峰、三十六岩、二十四洞进行细致说明。在陈述过程中,作者注意描写其自然景色,如称天柱峰"晨夕见日月之降升,常有彩云密覆其岭,东西长七丈,南北阔九尺,四维皆石脊如金银之色,地产异草,细叶延蔓,四时弗凋"②。正是这种自然本色吸引了追求生命理想的道门中人前来"修真炼性",而道门中人的活动则使洞天福地增添了人文的色调。所以《武当福地总真集·跋》说:"自有宇宙则有山川,然洞天福地表表于宇宙间,则未有不因人而重者,故南障以匡俗所庐而易其名,天台以桐柏所治而新其号。山有仙则名,信矣。"③作者认为,洞天福地之所以有名气,很重要的一个因素是因为有"人",他所说的"人"当然不是什么凡俗之人,而是神仙人物。与凡俗人不同,神仙人物不是破坏洞天福地的自然景观,而是让自己生存的理念与自然景观和谐一致,换句话来说,洞天福地中的文化生态与自然生态不是冲突的,而是融合为一体。在洞天福地中,自然生态是文化生态的基础,文化生态是自然生态的一种朴素延伸。

(二)洞天福地的时间特征

在洞天福地的资料中,我们还可以体会到一种特殊的时间系统。长期以来,道门中人或者奉道文人往往通过笔记小说或者诗词的形式表现洞天福地时间系统与世俗世界时间系统的差异。例如苏东坡《满庭芳》词有这么一句:"顾问同来质子,当烂汝,腰下长柯。"④在这首词中,苏东坡应用了"棋中烂长柯"的典故。梁代任昉《述异记》称,晋代衢州人王质,曾经入石室山砍柴,在山中,见几个童子在下棋,他就站在一旁观看。其中一人给他一物如枣核,并且吩咐他将枣核含在嘴中,便不饥。棋局终了时,童子对他说:"你可以回家了。"王质拿起斧头一看,发现柯木已全烂了。他赶紧回家,一打听,才知道世间已过了一百多年了。据说后来王质又入山当仙人去

---

① 《道藏》第 19 册,第 648 页。
② 同上。
③ 同上书,第 668 页。
④ 《东坡词》,《四库全书》本。

了。这就是苏东坡词中所谓"应烂汝,腰下长柯"典故之由来。故事中的童子乃是仙童,他们生活的场所也就是洞天福地。在这里,故事虽然主要是表现童子生活的悠然自在,却也透露了洞天福地时间系统的特异性。

像"腰下烂柯"所反映的时间绵延性在其他许多故事中也可以发现。如《太平广记》卷六一"天台二女"条录《搜神记》称,有书生刘晨、阮肇误入天台洞天,在该洞天中刘、阮二人被天台洞天的仙女招为夫婿,尽其欢乐,他们一起生活了半年,后来刘、阮想家了,央求仙女让其回返。仙女苦苦挽留无效,只好同意刘、阮离开天台洞天。刘、阮回家之后,发现乡邑零落,经查访才知道子孙延续已经十代了。再如《太平广记》卷四五录《原化记》说,唐代贞元间,有王卿者入神仙洞府居留六七日,回到尘世发现已经过了一整年了。此类故事大量见于神仙传记以及文人的笔记小说中,尽管都具有幻象的特质,却表现了洞天福地时间系统与世俗世界时间系统的区别。

时间是生态系统形成与维持的见证,道教洞天福地生态系统之形成与维持当然也与时间有关。时间流逝之缓慢,从某种意义上映射了洞天福地生态变化的缓慢性。既然道教理想中的洞天福地比世俗世界中的时光流逝要缓慢得多,那么其生态结构也就相对稳定得多。因为系统中的诸多因素都可以持续比较久的时光,所以彼此所建立的动力定型也就可以保持相对持久的平衡。

世俗世界与洞天福地之时光对比,一方面体现了仙凡之间的存在差异,另一方面却又暗示了彼此之间可以换算和沟通。从这个意义上说,道教洞天福地的时间系统乃暗示先民们既希望超越凡世的局限,又力图保持稳定的生存环境。

六　洞天福地的旅游价值

在古代文献中,有关洞天福地的记载包含着两个相互交错的层面:一是理想化的层面;二是现实性的层面。像上面所介绍的"壶天"世界和洞中时光体验均具有明显的理想色调。然而,如果洞天福地完全处于理想化的层面,那就根本谈不上实在的旅游;如果反过来仅有现实性的层面,其旅游也就与其他地理区域的风光游览没有什么本质区别。从根本上说,洞天福地之所以具有特殊的旅游价值,就在于"亦实亦虚"的本色。

（一）从历代诗人的诗词创作看洞天福地的旅游价值

如何评估洞天福地的旅游价值？从不同角度将会有不同的认识。关于这个问题，与其我费尽口舌来张扬一番，不如以历代诗人们的游历感受来证明。在历史上，为数甚多的文人墨客不仅到道教洞天福地游览，而且留下了相当可观的诗词作品，尤其是自唐代开始更是如此。从"东皋大隐"王绩到"酒仙"李白，从香山居士白居易到擅长阴柔艺术的李商隐，从大诗人到小诗人，从贵族诗人到平民诗人，不论他们是否信道，只要到了道教的洞天福地，几乎都会被那里的青山绿水和变化飞升的传奇故事所激动，在激动之余便施展文人的本事，或细致描写洞天福地的各种景观，或借助道门流传的各种典故以抒写胸臆。试读孟浩然的《梅道士水亭》即可见分晓：

> 傲吏非凡吏，名流即道流。隐居不可见，高论莫能酬。水接仙源近，山藏鬼谷幽。再来迷处所，花下问渔舟。①

青山绿水之间，楼台亭阁何其多。若不细心观察，只是走马观花，楼台亭阁或许显现出差不多的模式，分不清彼此，甚至可能很快就遗忘了。这是眼光迟钝者游览之后一般会有的一种结果。而目光敏锐者则不同，他们能够于同中见异、异中见同，把握鉴赏物有别于他物的个性。孟浩然《梅道士水亭》一诗为人们提供的景象就具有这样的个性。显然，作者并不着墨于亭本身的构造，而把笔端投向亭子赖以存在的外围。可以想象，作为梅道士生活起居场所之一，水亭必定是修道玄趣的"物化"。作者正是从这种玄趣中来把握水亭的风貌。他写亭旁之水，但那不是一般的流水，而是紧接"仙源"之水；他写亭下的山，但那不是仅有翠绿覆盖的山，而是深藏着仙人鬼谷子洞所具有的那种幽趣的山。这说明作者在对水亭外围"上色"之际已把它的主人梅道士的情趣作为一种基本的"色素"溶进调色盘里。于是，当通往水亭的迷人曲径和花丛之下湖泊里静静的渔舟也点缀完毕的时候，画面上就沁出一股独特的道味。

尽管孟浩然这首诗篇幅不长，但承载的旅游信息却相当丰富。一方面，我们从诗歌中可以感受到空间客体的实在性，因为在诗人所游览过的地方，有山有水，山水之间有亭子、花朵、渔舟等，在其客体之中既有自然的，又有

---

① 《孟浩然集》卷三，《四部丛刊》本。

人工的,它们的存在构成了一幅生动有趣的画面。另一方面,我们从诗歌中也可以感受到幻象性,作品的主人公梅道士虽然在标题上出现了,可是他隐居起来而"不可见",还有那"鬼谷仙迹",以其清幽见胜,这一切都令人遐想,增添旅游的情趣。再者,历代文人墨客游历之后所留下的大量篇章也作为一种文化积淀给后人无限的想象空间。

（二）洞天福地旅游的复合功能

从孟浩然的诗作《梅道士水亭》中,我们已经可以感受到洞天福地旅游的某些乐趣了。如果我们沿着诗人提供的精神路径,放开眼界,就可以领略洞天福地神奇的风光。

洞天福地旅游首先是一种赏心悦目之游。不,应该说,这是一种"悦目赏心"之游。我之所以把"悦目"摆在前头,是因为"游"的时候必须睁着眼睛看路、看物。其实,"路"本身就是景,任何旅游场所都必须有路,洞天福地也不例外。只是洞天福地之路乃是"通仙"大道。无论是水路还是陆路,只要是修道者踩出来的,都贯注着修道的价值取向。此等路径,不以豪华铺张扬名,而以朴素自然见力。这种不留雕饰痕迹的路径当然是可以悦目的。至于路径周围的各种物,无论是自然的,还是人工的,也都因为流灌了大道的精华而显示了一种摆脱烦杂的色调,故而也是悦目的。"路"与"物"由于能够悦目,进而就能够赏心,获得旅游的初步功效。

洞天福地旅游也是一种养生文化之游。不,应该说,这是一种"文化养生"之游。我之所以把"文化"放在"养生"之前,是因为洞天福地文化在根本上是由养生愿望和活动引起的,所以此等文化对于游历者来说就具有养生的功能。洞天福地中的自然景观乃寄托着修道者的养生精神,树木、石头、道路、河流,往往成为养生方法的符号表征,例如江西省鹰潭市的龙虎山象征着男女两性和谐相处的"房中养生",也蕴涵着阴阳气血调理的原则。至于各种动物以及动物的造型往往成为模拟养生的对象。更为重要的是,洞天福地的各种碑记题刻、文书、仪式也都以富有个性的形式传递着道门的具体养生信息。如果能够集中精力地加以欣赏,那就不仅可以了解到许许多多的道教文化常识,而且可以从这些常识之中得到养生思想的启迪。

洞天福地旅游又是一种升华境界之游。不,应该说,这是一种"境界升华"之游。我之所以把"境界"放在"升华"之前,是因为洞天福地本身就是一种境界。置身洞天福地之中,不仅可以领略其自然风光,而且可以激活大脑的遐想机制。因为洞天福地的物理时空与人文时空是交错的,各种自然物和人工建筑物往往都附有生动有趣的故事传说,此等传说让人摆脱了平常那种灰色理性的束缚,从而进入了想象的世界,而想象不仅可以调节人体的反应能力,提高人体的免疫力,而且帮助我们把大脑的左右半球联系起来,激发新的创造力。①

朋友们,快到洞天福地游览吧! 快张开你想象的翅膀吧! 健康和创造属于你!

【复习与练习】

1. 什么叫洞天福地? 道教有哪些洞天福地?

2. 如何看待洞天福地的文化价值?

3. 洞天福地具有什么生态结构? 这种生态结构对于当今的生活具有什么意义?

4. 为什么说洞天福地旅游有益养生和创造? 如何在洞天福地旅游中升华自我境界?

【参考读物】

1. 吴涛:《洞天福地是双龙》,《浙江档案》1998 年第 6 期。

2. 俞高双:《可持续发展的洞天福地旅游》,《华东森林经理》1998 年第 1 期。

3. 丁志林:《洞天福地桃花源》,《中国道教》1998 年第 3 期。

---

① 参见美国《星媒体》网站 2002 年 10 月 10 日的文章《展开想象翅膀》。

后　记

　　从 1992 年开始到 1998 年,前后多年,我曾经花费了相当精力,与业师卿希泰先生一起组织编写了《道教文化新典》一书。从名称上看,《道教文化新典》好像是一部辞书,其实这是一部专题性的论著。这部著作是集体编写的,篇幅较大,偏重于学术性,因此一般读者恐怕比较难于理解。这次撰写《道教文化十五讲》,我尽可能穿插各种轶闻趣事,措辞也尽可能通俗,但愿能够雅俗共赏。在写作过程中,我力求遵循道教文化发展的历史逻辑,由源及流,逐步展开道教文化诸多方面的内容,希望这能够对于人们了解传统道教文化有所帮助。

　　本书是在台湾大学教授、厦门大学客座教授陈鼓应先生的推荐和鼓励下撰写的,北京大学中文系主任温儒敏教授对本书的具体撰写工作提出许多宝贵意见。为了尽可能吸收最新研究成果,我在写作过程中参考了前贤和时人的大量论著,在此一并表示谢意。

詹石窗

谨识于厦门大学童蒙斋

2002 年 10 月 28 日

修订版后记

　　本书初版至今已近十个年头。在这段时间里,社会经济文化发展迅速,人们的精神需求大大增长,愉逢好时机,本书读者与日俱增,北京大学出版社先后印刷了 6 次。与此同时,本书在台发行繁体字版,并且被译为韩文在韩国出版。

　　前不久,北京大学出版社编辑艾英来电言及:按照合同,十年到期,可以续签,也可以另行处理。我当即表示续签。艾英问我是否有什么修订,我脱口即说要修订。原因在于:经过近十年时间,学术界的道教文化研究已经取得许多新成果,而我本人对道教也有新认识。于是,我重读书稿,静心推敲,着手修订工作。这次修订,基本框架没有变动,主要是在一些表述上做了适当加工和润饰,例如关于道教发源、兴起的标志,采用道教界自身的肇始于黄帝的说法。此外,这次修订,重新核对引文,个别引书换上不同版本,例如葛洪《神仙传》,初稿使用的是《四库全书》本,这次修订则采用胡守为《神仙传校释》本,该书由中华书局于 2010 年出版,在内容上比以往的版本更加全面准确。由于在引书方面采用了新版本,行文自然与初版有所不同,希望这种修订能够为读者提供更加可靠的信息。

詹石窗

谨识于四川大学老子研究院

2012 年夏